Excel 2013

initiation

Guide de formation avec exercices et cas pratiques

Dans la collection *Les guides de formation Tsoft*

P. MOREAU. – **Excel 2013 avancé.**
N°12812, 2013, 260 pages.

P. MOREAU. – **Word 2010 initiation.**
N°12879, 2010, 206 pages.

P. MOREAU. – **Word 2010 avancé.**
N°12880, 2010, 198 pages.

Y. PICOT, P. MOREAU. – **Access 2010 Utilisateur.**
N°12825, 2010, 352 pages.

S. LANGE. – **Configuration et dépannage de PC.**
N°13421, 4e édition, 2012, 624 pages.

Autres ouvrages

N. BARBARY. – **Excel 2013 expert.**
N°13692, *à paraître en novembre 2013.*

L.-G. MORAND. – **Windows 8 avancé.**
N°13483, 2013, 420 pages.

B. LEBELLE. – **Convaincre avec des graphiques efficaces.**
Sous Excel, PowerPoint, Tableau...
N°55399, 2012, 258 pages.

C. HERBADJI. – **La gestion sous Excel et VBA.**
N°55166, 2012, 344 pages.

A. FERNANDEZ. – **L'essentiel du tableau de bord.**
Méthode et mise en pratique avec Microsoft Excel.
N°54996, 2011, 252 pages.

C. PRINS et M. SEVAUX. – **Programmation linéaire sous Excel.**
N°12659, 2011, 388 pages.

T. CAPRON. – **D'Excel à Access.**
N°12066, 2008, 350 pages.

I. TAYLOR, B. JELEN. – **Analyse marketing et reporting avec Excel.**
N°12251, 2008, 250 pages.

Excel 2013

initiation

Guide de formation avec exercices et cas pratiques

Philippe Moreau

EYROLLES

TSOFT
10, rue du Colisée
75008 Paris
www.tsoft.fr

ÉDITIONS EYROLLES
61, bd Saint-Germain
75240 Paris Cedex 05
www.editions-eyrolles.com

Avant-propos

Conçu par des pédagogues expérimentés, l'originalité de cet ouvrage est d'être à la fois un manuel de formation et un manuel de référence complet présentant les bonnes pratiques d'utilisation.

FICHES PRATIQUES

La première partie, *Manuel Utilisateur*, présente sous forme de fiches pratiques les fonctions de base d'Excel 2013 et leur mode d'emploi. Ces fiches peuvent être utilisées soit dans une démarche d'apprentissage pas à pas, soit au fur et à mesure de vos besoins, lors de la réalisation de vos propres documents. Une fois les bases du logiciel maîtrisées, vous pourrez également continuer à vous y référer en tant qu'aide-mémoire. Si vous vous êtes déjà aguerri sur une version précédente d'Excel ou sur un autre logiciel tableur, ces fiches vous aideront à vous approprier rapidement la version 2013 du tableur Excel

EXERCICES DE PRISE EN MAIN

Dans la deuxième partie, *Exercices de prise en main*, il s'agit de réaliser des exercices simples, comprenant chacun une étape guidée pas à pas pour revoir les manipulations et une étape mise en pratique. Ces exercices s'adressent en priorité aux utilisateurs débutants, mais ils seront également utiles aux utilisateurs déjà aguerris sur une version antérieure à Excel 2013 qui veulent passer directement à la pratique de la nouvelle version 2013, notamment pour une utilisation tactile.

La réalisation du parcours complet permet de s'initier seul en autoformation.

Un formateur pourra aussi utiliser cette partie pour animer une formation aux manipulations de base de Microsoft Excel 2013 : mis à disposition des apprenants, ces exercices permettent à chaque élève de progresser à son rythme et de poser ses questions au formateur sans ralentir la cadence des autres élèves.

CAS PRATIQUES

La troisième partie, *Cas pratiques*, consiste à réaliser des applications en se servant des commandes de Microsoft Office Excel 2013. Cette partie vous propose onze cas pratiques, qui vous permettront de mettre en œuvre la plupart des fonctions étudiées dans les deux parties précédentes, tout en vous préparant à concevoir vos propres applications de manière autonome.

Les fichiers nécessaires à la réalisation de ces cas pratiques peuvent être téléchargés depuis le site Web *www.editions-eyrolles.com*. Il vous suffit pour cela de taper le code **13811** dans le champ <RECHERCHE> de la page d'accueil du site puis d'appuyer sur ⏎.
Vous accéderez ainsi à la fiche de l'ouvrage sur laquelle se trouve un lien vers le fichier à télécharger. Une fois ce fichier téléchargé sur votre poste de travail, il vous suffit de le décompresser dans le dossier *C:\Exercices Excel 2013* ou un autre dossier de votre choix.

Conventions typographiques

Pour faciliter la compréhension visuelle par le lecteur de l'utilisation pratique du logiciel, nous avons adopté les conventions typographiques suivantes :

Ruban :   les onglets, les groupes, les boutons et les zones qui sont sur le Ruban.

Commande :   noms des commandes dans les menus contextuels et des dialogues (*).

`Saisie` :   noms de dossiers, noms de fichiers, texte à saisir.

[Commande] :   boutons de commandes qui sont dans les dialogues (*).

■ Actions :   les actions à réaliser sont précédées d'une puce.

(*) Dans cet ouvrage,
 « dialogue » désigne une « boîte de dialogue » ;
 « actionner un élément » signifie « cliquer ou appuyer sur un élément ».

TABLE DES MATIÈRES

PARTIE 2
EXERCICES DE PRISE EN MAIN

4. METTRE EN PAGE ET IMPRIMER 155

5. MANIPULER LES DONNÉES 161

PARTIE 3

CAS PRATIQUES

PARTIE 1
MANUEL UTILISATEUR

ERGONOMIE
EXCEL 2013

1

LANCER EXCEL

Vous pouvez lancer Excel 2013 de diverses manières décrites ci-dessous. Excel démarre et ouvre une fenêtre application Excel sur l'écran Bureau avec un classeur ouvert : classeur vierge nouvellement créé ou fichier classeur ouvert si vous l'avez lancé en ouvrant un fichier existant.

Vous pouvez lancer plusieurs instances de programme Excel, afin d'avoir plusieurs fenêtres Excel simultanément sur le Bureau.

À PARTIR DE L'ÉCRAN ACCUEIL SOUS WINDOWS 8

- Si la vignette Excel 2013 a été épinglée à l'écran *Accueil*, actionnez-la. Sinon, affichez toutes les applications puis actionnez la vignette *Excel 2013* dans le groupe *Microsoft Office 2013*.

À PARTIR DU MENU DÉMARRER SOUS WINDOWS 7

- Cliquez sur le bouton 🔘 *Démarrer* à gauche de la barre des tâches Windows, puis cliquez sur *Tous les programmes*, ensuite sur *Microsoft Office 2013*, enfin sur *Excel 2013* ❶.

Si le nom du programme Excel 2013 a été épinglé au menu *Démarrer*, vous pouvez cliquer directement sur *Microsoft Excel 2013* dans le menu *Démarrer* ❷. Pour épingler le programme sur le menu *Démarrer*, effectuez un clic droit ou un appui long sur le nom du programme sous *Microsoft Office 2013* puis sur la commande *Épingler au menu Démarrer* dans le menu contextuel.

AVEC UN RACCOURCI POSÉ SUR L'ÉCRAN BUREAU

 Si un raccourci vers le programme *Excel 2013* a été posé sur l'écran Bureau, effectuez un double-clic ou un double-appui sur le raccourci.

Le raccourci vers Excel 2013, n'est pas mis en place par l'installation d'Excel. Pour ajouter ce raccourci sur l'écran *Bureau* :
- sous Windows 7, cliquez droit sur le nom du programme dans le menu *Démarrer* puis sur *Envoyer vers*, puis sur *Bureau (créer un raccourci)* dans le menu contextuel.
- Sous *Windows 8*, à partir de l'écran *Accueil*, affichez la « barre d'actions » de la vignette *Excel 2013*, puis actionnez l'icône *Afficher l'emplacement*, effectuez un clic droit/appui long sur le raccourci *Excel 2013*, enfin actionnez *Envoyer vers* puis *Bureau (créer un raccourci)*.

AVEC UNE ICÔNE-RACCOURCI ÉPINGLÉE À LA BARRE DES TÂCHES

Si une icône-raccourci a été épinglée à la barre des tâches, clic droit ou appui long sur l'icône puis actionnez l'option Excel 2003 ou le nom du fichier Excel à ouvrir.

EN OUVRANT UN FICHIER EXCEL DEPUIS UN DOSSIER

Les extensions des noms de fichier Excel sont `.xls` (mode compatibilité versions Excel 2003 et antérieures) et `.xlsx` (format spécifique depuis la version 2007). L'installation d'Excel associe ces extensions à l'application Excel.

- Dans l'explorateur de fichiers, sélectionnez le dossier qui contient le fichier Excel (extension `.xls` ou `.xlsx`), puis effectuez un double-clic ou un double-appui sur le nom du fichier Excel.

EN OUVRANT UN FICHIER EXCEL DE LA LISTE DES DOCUMENTS RÉCENTS (WINDOWS 7)

- Sous *Windows 7*, cliquez sur l'icône 🔘 *Démarrer*, puis sur *Documents récents* puis, dans la liste proposée par Windows, sélectionnez le fichier Excel (extension `.xls` ou `.xlsx`) (la commande *Documents récents* doit avoir été activée dans les propriétés du menu *Démarrer*).

LANCEMENT AUTOMATIQUE À L'OUVERTURE DE SESSION WINDOWS

Excel est lancé automatiquement à l'ouverture de session Windows si un raccourci vers le programme Excel a été placé dans le dossier : *C:\Utilisateurs\Nom_compte\Appdata\Roaming\ Microsoft\Windows\Menu Démarrer\Programme\Démarrage*.

ARRÊTER EXCEL OU BASCULER VERS UNE APPLICATION

Arrêter Excel consiste à arrêter le programme Excel et à le retirer de la mémoire. Basculer vers une autre application consiste à quitter la fenêtre Excel pour travailler dans une autre application tout en conservant Excel en mémoire, on peut par la suite rebasculer vers la fenêtre Excel.

ARRÊTER L'APPLICATION EXCEL

Si plusieurs fichiers Excel ont été ouverts, chacun est géré par une instance différente d'Excel dans une fenêtre distincte. Il faut arrêter chaque instance d'Excel (fermer chaque fenêtre d'Excel).

- Effectuez un clic-droit/appui long sur la barre de titre puis actionnez l'option **Fermer**, ou actionnez la case x *Fermer* ❶ de la fenêtre Excel située à droite sur la barre de titre, ou Alt+F4.

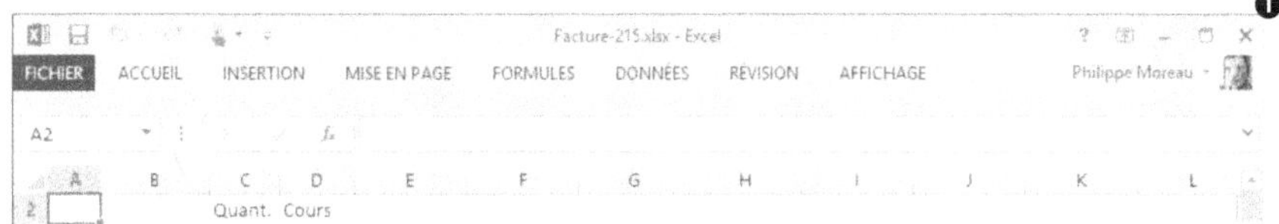

Le fichier Excel ouvert dans la fenêtre Excel va être fermé. Si des modifications apportées n'ont pas été enregistrées, Excel affiche un message d'invite :

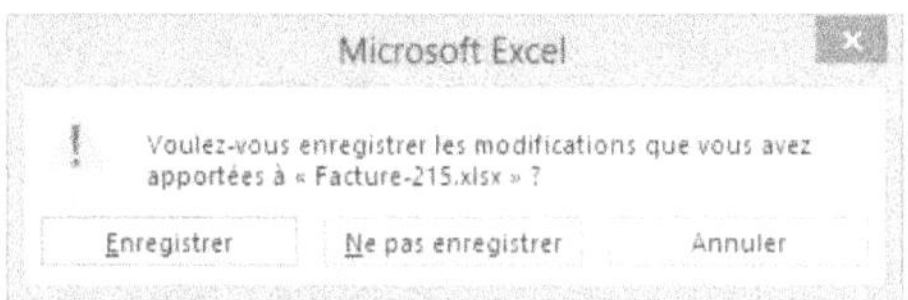

Dans ce cas, actionnez l'un de ces trois boutons : [Enregistrer] pour enregistrer le classeur, [Ne pas enregistrer] pour ne pas enregistrer les modifications, [Annuler] pour revenir au classeur sans arrêter Excel ni fermer le fichier.

FERMER UN FICHIER EXCEL SANS FERMER LA FENÊTRE EXCEL

Lorsqu'il ne reste plus qu'une fenêtre Excel ouverte, vous pouvez fermer le classeur en laissant la fenêtre Excel ouverte.

- Actionnez l'onglet **Fichier** puis l'option **Fermer**, ou Ctrl+F4.

BASCULER VERS UNE AUTRE APPLICATION

Plusieurs applications (par exemple Excel et Word) peuvent avoir été lancées. Il est possible de basculer de l'une vers l'autre, par exemple pour copier/coller des informations.

- La « barre des tâches » du Bureau contient une icône encadrée pour chaque fenêtre application ouverte : actionnez cette icône pour basculer vers l'application.

Si plusieurs fichiers (fenêtres) sont ouverts pour une même application, leurs icônes encadrées sont superposées (empilées), c'est la propriété *Combiner les boutons* de la « barre des tâches ». Actionnez cette pile d'icônes, les différentes fenêtres s'affichent alors en miniature, actionnez celle que vous voulez afficher au premier plan du Bureau.

- En maintenant la touche Alt enfoncée, tapez sur la touche ⇆ pour faire défiler dans une mini-fenêtre le nom des applications. Lorsque le nom de l'application ou du fichier voulu s'affiche relâchez la pression.

Trois fichiers Excel ouverts = 3 icônes encadrés combinés

- Pour revenir à la fenêtre Excel : dans la « barre des tâches », actionnez l'icône puis la miniature de la fenêtre Excel à mettre au premier plan du Bureau ou utilisez Alt+⇆.

PHYSIONOMIE DE LA FENÊTRE EXCEL

La fenêtre Excel permet d'afficher et de travailler sur des feuilles de calcul. Les cellules d'une feuille de calcul sont repérées par leur numéro de colonne (A, B, C... XFD) et leur numéro de ligne (1, 2, 3... 1048576) qui sont affichés en en-tête de colonne et de ligne. Sur le pourtour de la fenêtre sont disposés les outils de travail de l'application Excel.

Les fichiers Excel contiennent plusieurs feuilles de calcul, c'est pourquoi on les appelle des « classeurs », et le nom par défaut proposé au premier enregistrement est *ClasseurN*.

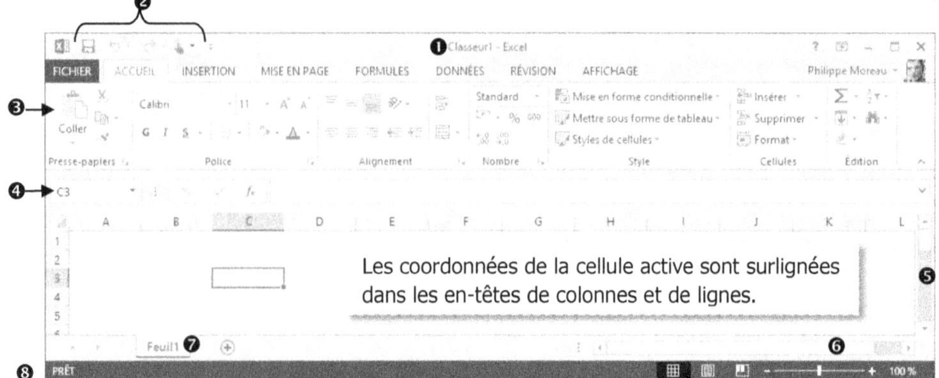

❶ **Barre de titre** : elle affiche le nom du classeur en cours. Si le fichier n'a encore jamais été enregistré il est nommé automatiquement `ClasseurN` (Nième classeur créé). À droite, les icônes _Réduire, Niv.inférieur/Agrandir_ et _Fermer_ permettent d'agir sur la fenêtre.

❷ **Barre d'outils Accès rapide** dans laquelle vous placez les outils que vous utilisez le plus fréquemment. Vous pouvez ajouter à la barre d'outils _Accès rapide_ les outils du Ruban que vous utilisez souvent, et même certains outils qui ne figurent pas sur le Ruban.

❸ **Ruban** : il permet d'accéder aux outils d'Excel organisés par tâches sous des onglets. Chaque onglet contient plusieurs groupes d'outils, par exemple l'onglet **Accueil** contient les groupes **Presse-papiers**, **Police**, **Alignement**, **Nombre**, **Style**, **Cellule** et **Édition**. L'onglet **Fichier** permet d'accéder aux commandes de fichier _Nouveau, Ouvrir, Fermer, Enregistrer, Imprimer..._

❹ **Barre de formule** : contient à gauche une zone qui affiche l'adresse ou le nom de la cellule active ou de la sélection, et à droite une zone de saisie/modification du contenu de la cellule active. Pour masquer la barre de formule ou la rendre visible : Onglet **Affichage**>groupe **Afficher**, décochez ou cochez la case <☑ Barre de formule>.

❺ **Barre de défilement vertical** : faites glisser le curseur ou actionnez sur les flèches de défilement pour faire défiler verticalement la feuille dans la fenêtre.

❻ **Barre de défilement horizontal** : faites glisser le curseur ou actionnez les flèches de défilement pour faire défiler horizontalement la feuille.

❼ **Barre des onglets des feuilles** du classeur permet de sélectionner les feuilles du classeur par simple clic sur l'onglet, des boutons servent à faire défiler les onglets de feuille, lorsque la place laissée à l'affichage des onglets est insuffisante pour les voir tous à la fois.

❽ **Barre d'état** : affiche dans la zone située à gauche des indicateurs d'état d'activité d'Excel et du clavier, dans la zone centrale des résultats de calcul rapide sur les cellules sélectionnées, et dans la zone située à droite des boutons de mode d'affichage et une zone de réglage du zoom.

FENÊTRES CLASSEUR

Si vous ouvrez plusieurs classeurs Excel, chacun d'eux s'installe dans une fenêtre Excel différente de celle des autres. Une fenêtre Excel, comme toute fenêtre application Bureau, peut être :

- *Agrandie* : elle occupe tout l'espace de l'écran Bureau, lorsqu'elle est active elle recouvre toutes les autres sous-fenêtres classeurs. C'est l'affichage le plus utilisé pour travailler.
- *Normale* : elle occupe seulement une partie de l'écran Bureau, lorsqu'elle est active elle laisse visible en arrière-plan les autres fenêtres, c'est un affichage utile pour voir les contenus de plusieurs classeurs sur le même écran.
- *Réduite* : elle est réduite sous forme d'une icône encadrée dans la « barre des tâches » du Bureau, cet affichage permet de laisser l'espace de travail aux autres classeurs.

Chaque fenêtre classeur a sa propre barre de titre et peut être redimensionnée sur l'écran Bureau. À l'extrémité droite de la barre de titre, trois cases permettent de gérer l'affichage de la fenêtre :

- *Réduire* : réduit le classeur à une icône sur la « barre des tâches » ;
- *Agrandir*/ *Restaurer la fenêtre* : agrandit en plein écran / restaure la fenêtre normale ;
- *Fermer* : ferme la fenêtre et le fichier classeur.

Vous pouvez réorganiser la disposition des fenêtres ouvertes (c'est-à-dire non réduites) en cascade ou en mosaïque, ou vertical ou horizontal de façon à mieux occuper l'espace de l'écran Bureau.

- Onglet **Affichage**>groupe **Fenêtre**, actionnez **Réorganiser tout**, puis cochez une forme de réorganisation, actionnez [OK].

Lorsque vous voulez revenir à l'affichage d'une seule feuille occupant la totalité de l'écran Bureau, actionnez la case *Agrandir*.

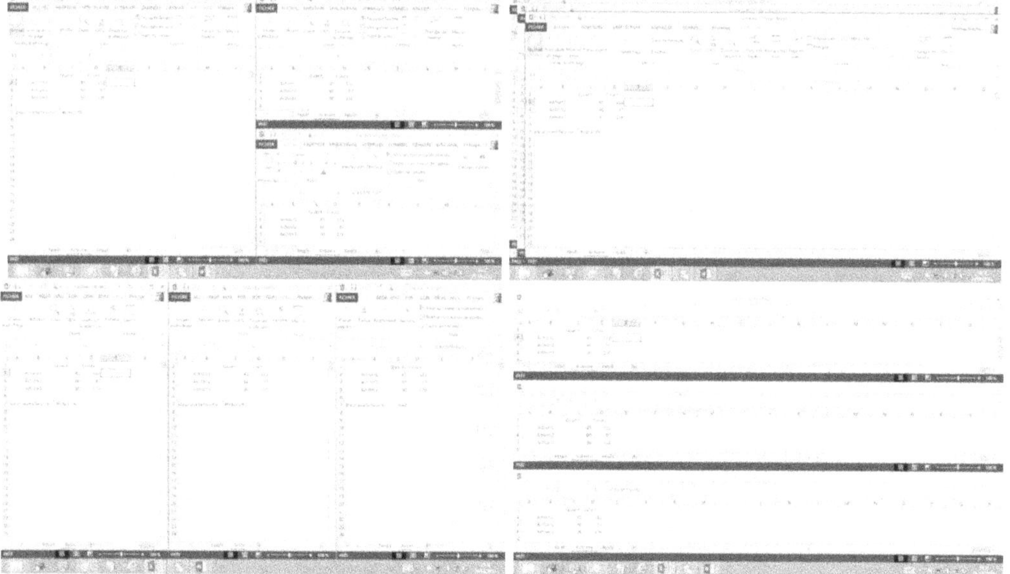

ATTEINDRE UNE FENÊTRE CLASSEUR

Si vous avez ouvert plusieurs fichiers classeur, chacun d'eux est affiché dans une fenêtre. La fenêtre classeur active est en avant-plan et recouvre les autres fenêtres classeur. Pour atteindre une fenêtre classeur qui est en arrière-plan :

- Actionnez sur l'icône encadrée sur la barre des tâches du Bureau puis sur la miniature de la fenêtre, ou sous l'onglet **Affichage**>groupe **Fenêtre**, actionnez le bouton **Changer de fenêtre**, puis sélectionnez le nom du classeur.

BARRE DE FORMULE ET BARRE D'ÉTAT

BARRE DE FORMULE

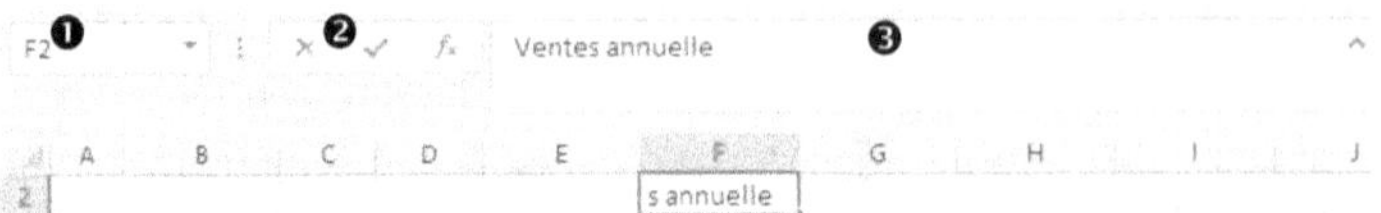

❶ La zone <Nom> : affiche l'adresse ou le nom de la cellule active ou de la sélection.

❷ Les boutons *Annuler* et *Valider* ne s'affichent que si une saisie a été faite dans la zone de saisie.

–   *Annuler* : annule la saisie ou la modification en cours (le même effet par Echap).

–   *Valider* : valide la saisie ou la modification en cours (le même effet par Entrée).

–   *Assistant fonction* : affiche le dialogue *Insérer une fonction*.

❸ La zone de saisie/modification du contenu, valeur ou formule, de la cellule active.

■ La barre de formule peut être masquée puis réaffichée : onglet **Affichage**>groupe **Afficher**, décochez/cochez <☑ Barre de formule>.

■ La zone de saisie/modification peut être redimensionnée en hauteur pour pouvoir afficher une formule très longue : faites glisser la bordure inférieure de la zone, ou actionnez la tête de flèche située à droite de la zone.

■ La zone <Nom> peut être redimensionnée en largeur pour ne pas tronquer le nom affiché : faites glisser le symbole à gauche des boutons pour augmenter/diminuer la taille de la zone.

BARRE D'ÉTAT

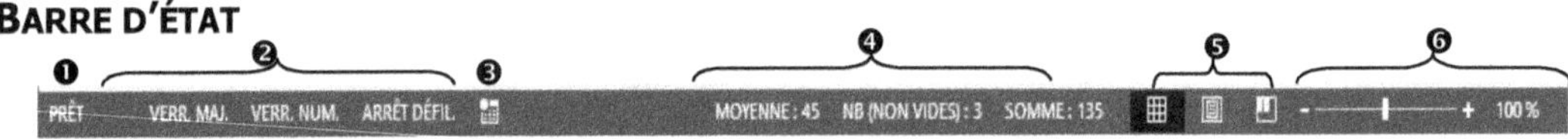

La barre d'état affiche des informations d'état sur l'application Excel et sur le clavier. Elle affiche les résultats de calculs rapides faits sur les cellules sélectionnées, et dans sa partie droite, elle fournit des outils pour changer le mode d'affichage de la feuille et le zoom.

❶ État d'activité Excel :
– PRÊT : indique que l'application Excel est en attente d'une action de l'utilisateur.
– ENTRER : indique qu'une saisie est en cours dans une cellule.
– MODIFIER : indique qu'une modification du contenu d'une cellule est en cours.
– CALCULER : indique qu'il est nécessaire de recalculer les formules de la feuille.
– ENREGISTREMENT : indique qu'un enregistrement est en cours.

❷ État du clavier : cette zone affiche les indicateurs de clavier.
– VERR.NUM : si le pavé numérique est activé.
– VERR.MAJ : si le clavier est verrouillé en majuscule.
– ARRÊT DÉFIL. : si le défilement est activé par la touche Arr défil.

❸ Bouton pour déclencher l'enregistrement d'une macro.

❹ Lorsque vous avez sélectionné des cellules contenant des nombres, des calculs statistiques : SOMME, MOYENNE, NOMBRE... sur les valeurs contenues dans ces cellules.

❺ Icônes pour changer le mode d'affichage : *Normal, Mise en page, Aperçu des sauts de page*.

❻ Réglage du zoom soit en faisant glisser le curseur, soit en cliquant sur les symboles ▬ ➕.

Vous pouvez choisir les informations qui seront visibles sur la barre d'état :
■ Clic droit ou appui long sur la barre d'état, puis cochez les informations que vous souhaitez voir.

LE RUBAN ET LES ONGLETS

Le Ruban situé dans le haut de la fenêtre sous la barre de titre présente les boutons de commande d'Excel organisés sous neuf onglets représentant chacun une tâche principale.

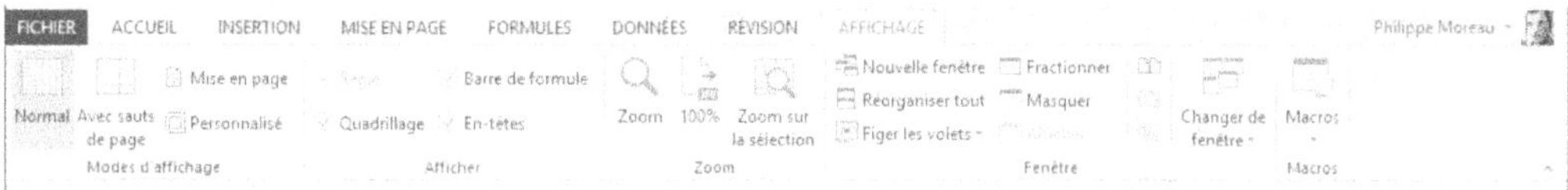

- **Fichier** : exécuter les commandes sur le fichier, *Enregistrer, Imprimer, Informations*...
- **Accueil** : manipuler les données et les mettre en forme.
- **Insertion** : insérer des objets, créer des diagrammes et des formes graphiques.
- **Mise en page** : définir la mise en page, l'échelle, les options pour l'impression.
- **Formules** : accéder aux fonctions de calculs, nommer les cellules, auditer les formules.
- **Données** : accéder à des données externes, trier, filtrer, analyser et structurer les données.
- **Révision** : gérer des commentaires, protéger les données, organiser le travail collaboratif.
- **Affichage** : organiser les fenêtres, afficher les sauts de page, fractionner l'affichage.
- **Développeur** : créer et gérer des macros, accéder à la programmation Visual Basic. L'affichage de cet onglet est optionnel (Options Excel, dans la rubrique *Personnaliser le ruban*).

Des onglets supplémentaires s'affichent lorsque c'est nécessaire par le contexte. Par exemple, les trois onglets contextuels **Outils de graphique : Création/Disposition/Mise en forme** s'affichent seulement lorsque vous avez sélectionné un graphique.

LES ONGLETS ET LES GROUPES D'OUTILS

Sous chaque onglet les commandes sont regroupées. L'onglet **Accueil** comprend les groupes :
- **Presse-papiers** : fonctions de copier/coller.
- **Police** : mettre en forme des cellules.
- **Alignement** : aligner l'affichage dans les cellules.
- **Nombre** : formater les résultats numériques affichés dans les cellules.
- **Style** : mettre en forme des tableaux.
- **Cellules** : insérer supprimer des lignes ou des colonnes.
- **Édition** : trier, filtrer, rechercher et remplacer des données.

À droite de l'intitulé de certains groupes, vous pouvez trouver une icône **lanceur** de boîte de dialogue. En cliquant sur le lanceur vous affichez le dialogue permettant de spécifier tous les paramètres détaillés relatifs au groupe.

TRAVAILLER AVEC UN RUBAN RÉDUIT

Lorsque le Ruban est réduit on voit seulement les noms des onglets, cela laisse plus de place pour l'affichage de la feuille.
- Pour réduire le Ruban : Ctrl+F1, ou double-clic/appui sur l'onglet actif du Ruban, ou effectuez un clic droit / appui long sur un onglet puis actionnez *Réduire le ruban* pour activer l'option, ou actionnez la flèche de la barre d'outils *Accès rapide* puis *Réduire le ruban*.
- Pour accéder aux boutons lorsque le Ruban est réduit : actionnez l'onglet que vous voulez utiliser, les outils de cet onglet s'affichent, après exécution de la commande le Ruban se réduit.
- Pour restaurer le Ruban : Ctrl+F1, double-clic/appui sur un onglet du Ruban, ou effectuez un clic droit / appui long sur un onglet du Ruban puis actionnez *Réduire le ruban* pour désactiver l'option, ou actionnez la flèche de la barre d'outils *Accès rapide* puis *Réduire le ruban*.

LA BARRE D'OUTILS ACCÈS RAPIDE

La barre d'outils *Accès rapide* est située en haut à gauche de la fenêtre juste au-dessus ou au-dessous du Ruban selon votre choix ❶. Vous y placerez vos outils fréquemment utilisés afin de les avoir immédiatement à portée de clic.

AFFICHER/MASQUER LES BOUTONS STANDARDS

Quatre des boutons standards sont visibles par défaut dans la barre d'outils *Accès rapide* :

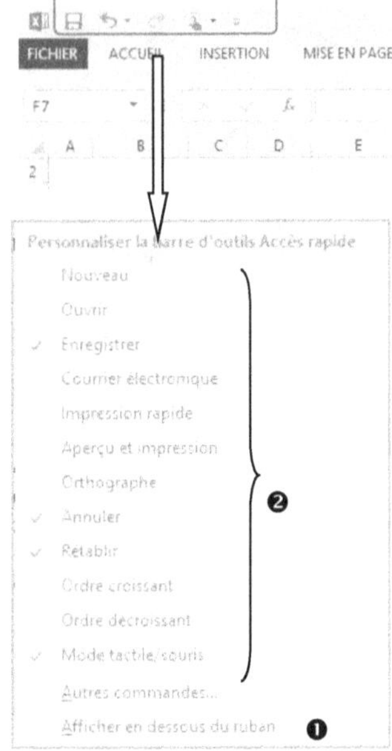

- *Enregistrer* : enregistre le classeur.
- *Annuler* : annule l'action précédente ou les dernières actions précédentes (en cliquant sur la flèche de l'outil).
- *Répéter* ou *Rétablir* : répète la dernière action effectuée ou, s'il s'agissait d'une annulation, restaure ce qui a été annulé.
- *Mode tactile/souris* : espace les onglets et les boutons sur le Ruban pour faciliter une utilisation tactile.

Les boutons standards ❷ doivent être activés pour être visibles :

- Actionnez sur la flèche à droite de la barre *Accès rapide*, puis l'option correspondant à un bouton standard à activer : *Nouveau, Ouvrir, Enregistrer, Courrier électronique, Impression rapide, Aperçu et impression, Orthographe, Ordre croissant, Ordre décroissant, Mode tactile/souris.*

Pour masquer un bouton standard, effectuez la même procédure que pour le rendre visible, ce qui a pour effet de le désactiver.

AJOUTER/SUPPRIMER D'AUTRES BOUTONS

Ajouter un bouton qui figure sous un onglet du Ruban

- Effectuez un clic droit/appui long sur le bouton sous un des onglets du Ruban, puis actionnnez la commande *Ajouter à la barre d'outils Accès rapide*.

Ajouter un bouton d'une commande qui ne figure pas sur le Ruban

- Actionnez la flèche située à droite de la barre *Accès rapide*, puis *Autres commandes...*

Le dialogue *Options Excel* s'ouvre en affichant sur l'option *Barre d'outils Accès rapide*.

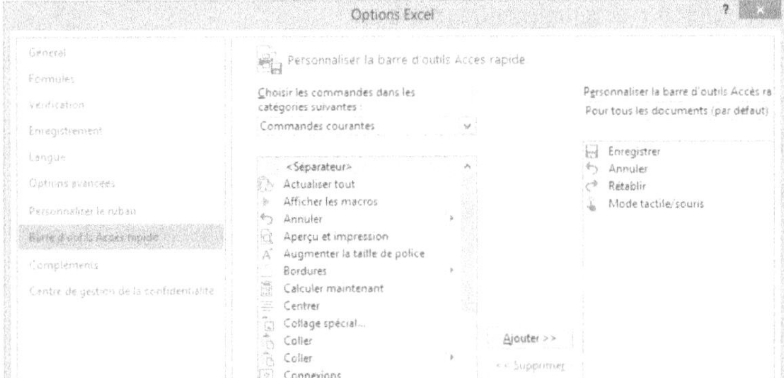

- Dans la zone <Choisir les commandes dans les catégories suivantes> : choisissez la catégorie *Toutes les commandes* puis sélectionnez l'outil, actionnez [Ajouter>>], dans la zone <Personnaliser la barre d'outils Accès rapide> : choisissez *Pour tous les documents (par défaut)* ou *Pour nom_document_actif*, validez par [OK].

Supprimer un bouton

- Effectuez un clic droit / appui long sur le bouton dans la barre d'outils *Accès rapide*, puis actionnez la commande *Supprimer de la barre d'outils Accès rapide*.

LES BOÎTES DE DIALOGUE

Un simple clic/appui sur un bouton sur le Ruban ou sur la barre d'outils *Accès rapide* déclenche l'exécution immédiate de la commande. Mais certaines commandes nécessitent des paramètres qui doivent être spécifiés dans une boîte de dialogue.

LANCEUR DE DIALOGUE

Vous trouverez à droite de certains intitulés de groupe une icône **lanceur** de dialogue, qui donne accès à la boîte de dialogue pour spécifier tous les paramètres détaillés.

Voici par exemple, les boîtes de dialogue des groupes **Police** et **Alignement** de l'onglet **Accueil** :

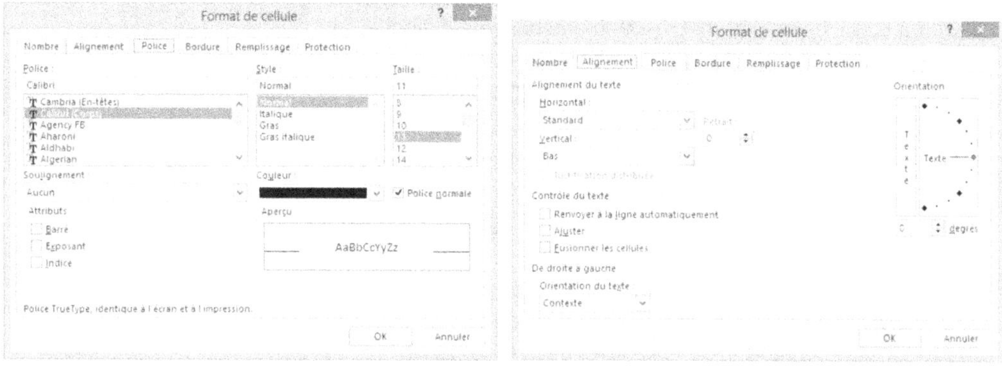

Une boîte de dialogue présente les paramètres sous des onglets : actionnez un des onglets pour faire apparaître la page des paramètres, spécifiez les paramètres, validez par [OK].

COMMANDE OUVRANT UN DIALOGUE

Dans d'autres cas, une boîte de dialogue s'ouvre en actionnant une commande (suivie de trois points de suspension) dans un menu associé à un bouton ou dans un menu contextuel, par exemple sous l'onglet **Accueil**>groupe **Police** actionnez la flèche du bouton **Bordures**, cela affiche un menu qui présente en haut une galerie de bordures prédéfinies et en dernière commande *Autres bordures…* qui donne accès au dialogue *Format de cellule/onglet Bordure*.

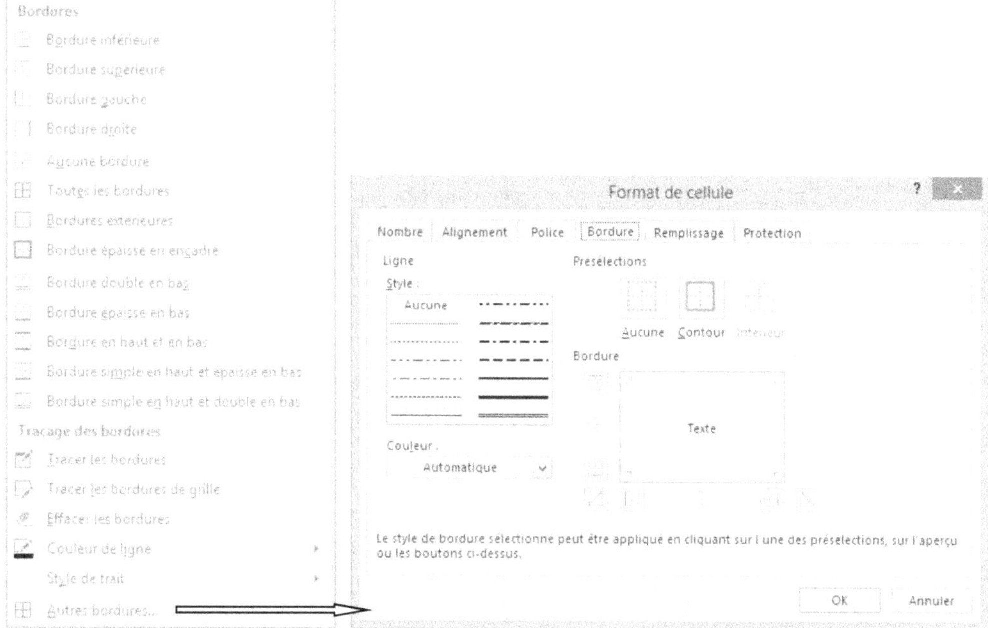

LES MENUS, LES GALERIES ET LES COMMANDES

LES MENUS ET LES GALERIES

- Actionnez un bouton du Ruban pour déclencher l'exécution d'une commande simple qui s'applique sur la cellule ou l'objet sélectionné, par exemple *Centrer le texte*, *Mettre en gras*.

Certains boutons sont dotés d'une **flèche** qui donne accès à un menu d'options ou de commandes.

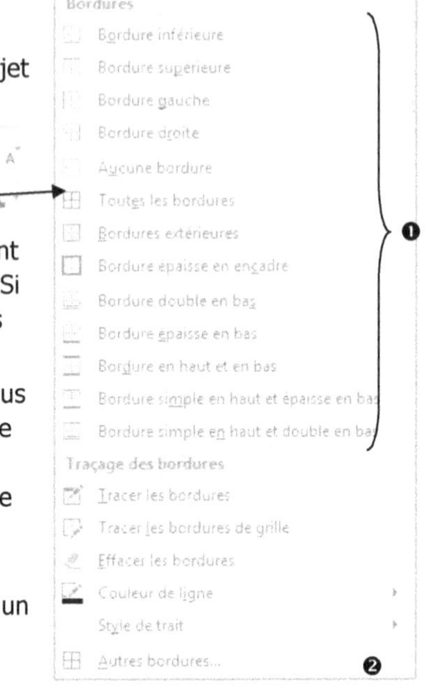

Un menu présente une galerie ❶ de choix prédéfinis qui évitent d'avoir à spécifier les paramètres dans une boîte de dialogue. Si les choix prédéfinis ne vous suffisent pas, vous trouvez au bas du menu la commande ❷ qui permet d'accéder au dialogue.

Par exemple, si vous actionnez la **flèche** du bouton **Bordures** sous l'onglet **Accueil**>groupe **Police**, le menu présente une galerie de bordures prédéfinies ❶, et en fin de liste vous trouvez la commande *Autres bordures...* ❷ qui affiche l'onglet *Bordure* de la boîte de dialogue *Format de cellule*.

Pour la plupart des boutons dotés d'une flèche, comme le bouton **Marges** sous l'onglet **Mise en page**>groupe **Mise en page**, un clic/appui sur le bouton a le même effet que sur la flèche : afficher un menu.

- En revanche, pour certains boutons dotés d'une flèche (bouton **Bordures**), il faut actionner expressément la flèche pour afficher le menu ; un clic/appui sur le bouton déclenche l'exécution de la commande en appliquant le choix prédéfini de la précédente utilisation du bouton.

MENUS CONTEXTUELS ET MINIBARRE D'OUTILS

Un menu contextuel a la particularité de n'afficher que les commandes applicables à l'élément sélectionné (une cellule, un diagramme, une forme graphique...). On invoque le menu contextuel d'un élément, par exemple une cellule, par un clic droit ❶ / appui long ❷ sur l'élément.

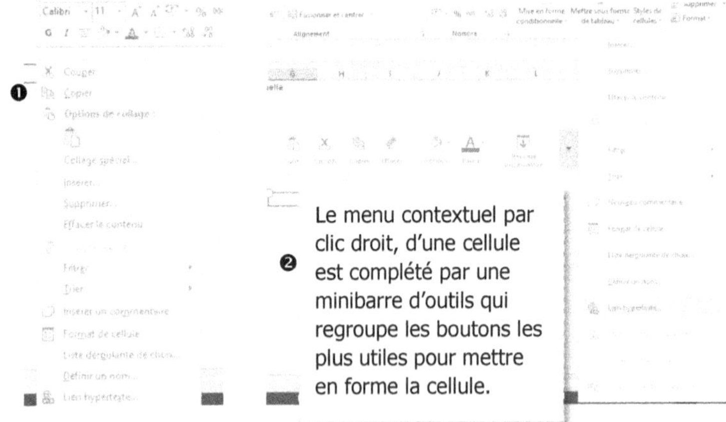

Le menu contextuel par clic droit, d'une cellule est complété par une minibarre d'outils qui regroupe les boutons les plus utiles pour mettre en forme la cellule.

CONVENTIONS D'ASPECT DES COMMANDES DANS LES MENUS

Une commande suivie de trois points affiche un dialogue.

Une icône devant la commande indique qu'il existe un bouton équivalent.

Une commande suivie d'une flèche affichera un sous-menu.

Une commande en grisé n'est pas disponible dans le contexte en cours.

Une telle commande sert à cocher ou décocher une option.

UTILISATION DU CLAVIER

L'utilisation du clavier pour exécuter des commandes est toujours possible avec Excel 2013.

UTILISER LES INFOBULLES DE CLAVIER

- Appuyez sur la touche Alt ou sur F10.

  Sur chaque onglet apparaît une infobulle indiquant le caractère à taper pour activer cet onglet.

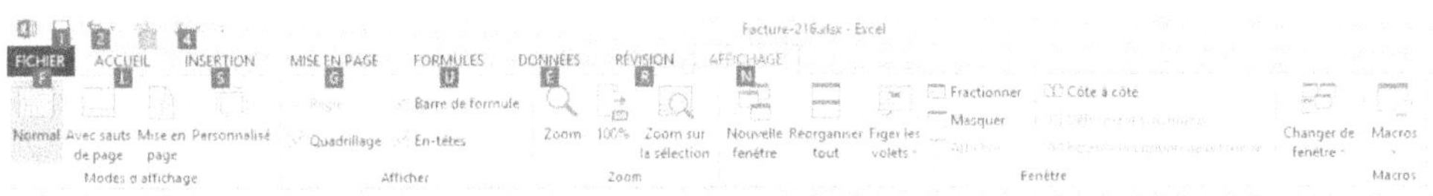

- Par exemple, appuyez sur L pour activer l'onglet **Accueil**.

  Une fois l'onglet **Accueil** activé, une infobulle apparaît sur chaque bouton sous cet onglet, indiquant le(s) caractère(s) à taper pour exécuter la commande associée au bouton.

- Par exemple, appuyez sur BB pour activer le bouton de commande **Bordures**.

  Le menu présente les commandes précédées d'une infobulle avec une touche par commande.

NAVIGUER DANS LE RUBAN EN UTILISANT LE CLAVIER

- Après avoir affiché les infobulles de clavier par Alt ou sur F10, utilisez les touches fléchées :
  - → ← pour passer d'un onglet à l'autre, puis ↓ pour passer dans la zone des boutons sous l'onglet ;
  - → ↓ ↑ ← pour passer d'un bouton de commande à l'autre dans un onglet.
- Exécutez la commande associée au bouton sélectionné par ↵.

L'ONGLET FICHIER ET LES OPTIONS EXCEL

L'onglet **Fichier**, le premier sur le Ruban, donne accès aux commandes de fichier : **Nouveau, Ouvrir, Enregistrer, Imprimer, Fermer** un fichier…. et aux options d'Excel. On retrouve un onglet similaire **Fichier** dans toutes les applications Office 2013.

L'ONGLET FICHIER

- Actionnez l'onglet **Fichier** puis, dans le panneau de gauche, sélectionnez une commande. Le panneau de droite affiche les choix ou les paramètres associés à cette commande.
  - **Informations** : modifier les autorisations, protections, inspecter, modifier les propriétés du classeur.
  - **Nouveau** : créer un classeur vierge basé sur le modèle par défaut (Nouveau classeur) ou sur un modèle.
  - **Ouvrir** : ouvrir un classeur utilisé récemment ou un classeur existant dans un dossier ou sur SkyDrive.
  - **Enregistrer** : enregistrer le classeur actif.
  - **Enregistrer sous** : enregistrer le classeur actif sous un autre nom, un autre format, dans un autre dossier.
  - **Imprimer** : paramétrer l'impression en visualisant l'aperçu avant impression et lancer l'impression.
  - **Partager** : inviter des personnes à partager le fichier ou l'échanger par messagerie.
  - **Exporter** : Créer un fichier PDF/XPS ou modifier le type de fichier.
  - **Fermer** : fermer le classeur actif.
  - **Compte** : choisir le compte Microsoft Live associé à Office et les services connectés.
  - **Options** : modifier les options d'Excel et les compléments.

RÉGLER LES OPTIONS EXCEL

- Actionnez l'onglet **Fichier**, puis la commande **Options**. Sélectionnez la rubrique dans le panneau de gauche, puis faites défiler les sections et spécifiez les options dans le panneau de droite.

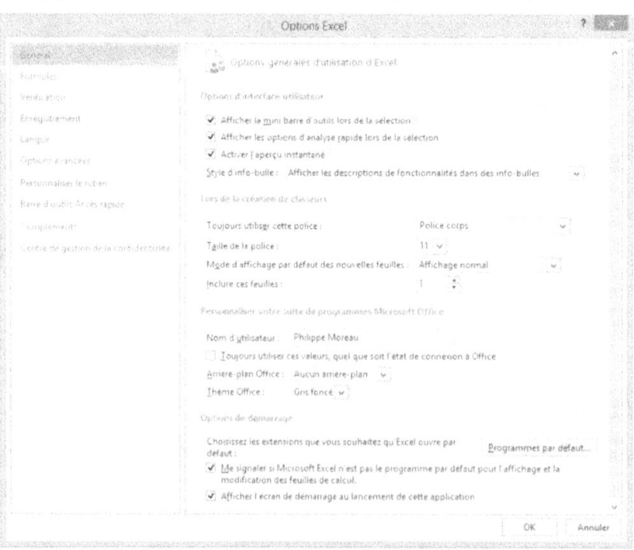

- Lorsque vous avez spécifié les différentes options dans les différentes pages d'onglet, validez en actionnant [OK] ou en appuyant sur la touche ⏎.

ANNULER, RESTAURER, RÉPÉTER ET RÉCUPÉRER

ANNULER OU RESTAURER

Annuler la dernière commande ou action

- Actionnez le bouton ↶ dans la barre d'outils *Accès rapide* ou appuyez sur Ctrl+Z.

Restaurer les dernières annulations

Si la dernière action est une annulation, le bouton ↷ *Rétablir* est activé (sinon il est grisé) :

- Actionnez le bouton ↷ *Rétablir* pour rétablir l'action qui a été annulée.

Il est possible de restaurer plusieurs actions annulées à la fois. Actionnez la flèche associée au bouton ↷ puis actionnez le énième item de la liste pour restaurer les n dernières annulations.

RÉPÉTER LA DERNIÈRE ACTION

La répétition peut être utile lorsque vous venez d'appliquer un ensemble de paramètres par un dialogue à un élément, et que vous voulez les appliquer aussi à d'autres éléments. Actionnez ces éléments un à un et actionnez le bouton ↻ *Répéter* ou utilisez le raccourci Ctrl+Y.

Notez que le bouton *Répéter* n'est pas standard sur la barre d'outils *Accès rapide*, il faut personnaliser cette barre d'outils en lui ajoutant le bouton *Répéter*, reportez-vous à la page 14.

RÉCUPÉRER LE DOCUMENT APRÈS INCIDENT

Si Excel a été arrêté anormalement, lors de son redémarrage suivant, il propose de récupérer les classeurs qui étaient en cours d'utilisation, le plus à jour possible, à partir de fichiers de récupération qui ont été enregistrés automatiquement. Les noms des classeurs récupérés sont affichés dans le volet *Récupération de document*.

Pour chaque classeur à récupérer, Excel présente jusqu'à trois versions récupérables par ordre d'ancienneté, la plus à jour se trouvant en haut de liste. Si le nom d'une version de classeur contient (version), elle est plus récente que la version dont le nom contient (Original).

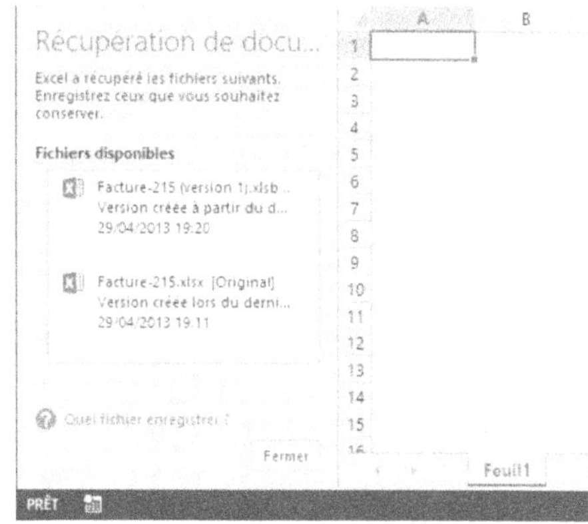

Sélectionnez la version proposée la plus à jour et examinez le classeur... S'il semble correct, effectuez un clic droit / appui long dessus dans la liste des fichiers disponibles, puis actionnez *Enregistrer sous* pour enregistrer le fichier... À ce stade, votre fichier est récupéré. Sinon, essayez avec une version plus ancienne.

Par défaut, la récupération automatique est active, cependant vous pouvez la désactiver pour Excel ou pour un classeur ouvert en particulier dans les options d'Excel (rubrique *Enregistrement*).

Si un fichier classeur reste endommagé, vous pouvez essayer de l'ouvrir et le réparer :

- Sous l'onglet **Fichier**, actionnez **Ouvrir**, dans le panneau de gauche sélectionnez *Ouvrir d'autres dossiers*, sélectionnez le dossier puis le fichier à réparer, actionnez la flèche associée au bouton [Ouvrir], puis actionnez l'option *Ouvrir et réparer...*

SI L'INSTALLATION D'EXCEL SEMBLE ENDOMMAGÉE

Microsoft Office sait se réparer lui-même en identifiant et en régénérant les fichiers système endommagés ou manquants. Lancez cette procédure si Excel se met à avoir un comportement inhabituel et devient régulièrement instable.

- *Panneau de configuration>Programmes et fonctionnalités*, sélectionnez la version Office à réparer, et actionnez *Modifier* puis [Continuer]. Choisissez entre <Réparation rapide> ou <Réparation en ligne>, puis actionnez [Réparer].

- Actionnez l'icône ? *Aide sur Microsoft Excel (F1)* située à droite au-dessus du Ruban ou tapez sur la touche F1.

L'Aide est constituée de deux bases de données d'articles, que vous pouvez consulter à partir de mots de recherche. Une base de données est enregistrée sur votre ordinateur et sert lorsque vous cherchez dans l'Aide hors connexion (à partir de votre ordinateur). Une base de données actualisée par Microsoft est en ligne sur Office.com.

CHOISIR HORS CONNEXION OU EN LIGNE

- Actionnez le symbole ▼ à droite du titre *Excel - Aide*, puis choisissez *Aide à partir de votre ordinateur* ou *Aide à partir d'Office.com*.

CONSULTER DES ARTICLES

- Saisissez les mots de recherche dans la zone ❶, puis actionnez l'icône ⌕ *Rechercher dans l'Aide*. La liste des articles contenant ces mots vous est proposée.
- Faites défiler la liste d'articles, puis actionnez le lien vers l'article qui vous intéresse.
- Consultez l'article, il peut contenir lui-même des liens vers d'autres articles, parcourez les articles de liens en liens. Les icônes ← → servent à revenir à un article précédent ou à un article suivant déjà consulté.
- Les mots de recherche restent dans la zone ❶, à tout moment vous pouvez donc réexécuter la recherche et retrouver la liste initiale des articles trouvés.

- Sous *Recherches fréquentes* :
  des mots de recherche fréquemment employés sont listés, sous forme de lien que vous pouvez actionner directement.

- Sous *Prise en main* :
  un lien ouvre un article présentant les *Nouveautés d'Excel 2013*, un autre lien un article sur les *Raccourcis clavier* et enfin un lien sert à accéder à des *Formations de découverte d'Excel 2013*.

UTILISER L'AIDE

- Sous *Notions de base et avancées* :
  un lien ouvre un article sur les *Tâches de base dans Excel 2013*, un autre lien ouvre un article sur les *Tâches de base dans Excel Web App* (afficher et modifier les classeurs Excel dans votre navigateur web), un troisième lien vous amène à un *Guide des fonctions tactiles dans Office*.

INFOBULLE D'AIDE SUR UN OUTIL

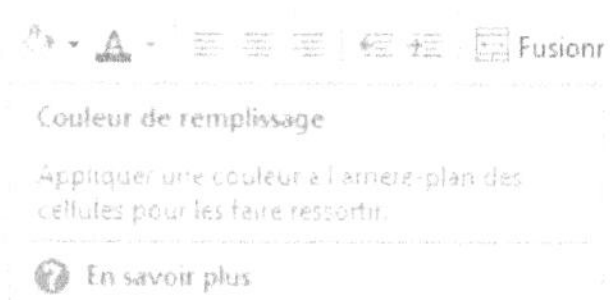

- Amenez le pointeur sur le bouton, une infobulle décrit l'usage de l'outil. Si le texte de message l'indique vous pouvez appuyer sur F1 pour obtenir plus d'informations d'aide.

L'affichage des infobulles peut être activé ou désactivé par les options Excel : actionnez l'onglet **Fichier** puis sur **Options**, sélectionnez *Général*, puis dans <style d'info-bulles> choisissez l'option.

OBTENIR DE L'AIDE SPÉCIFIQUE À UN DIALOGUE

Lorsqu'un dialogue est ouvert, actionnez le bouton **?** situé à droite de la barre de titre du dialogue, ou tapez F1. La fenêtre d'aide affiche alors les articles relatifs aux options du dialogue.

L'obtention d'Aide spécifique à un dialogue n'est possible que si vous avez choisi l'Aide en ligne sur Office.com.

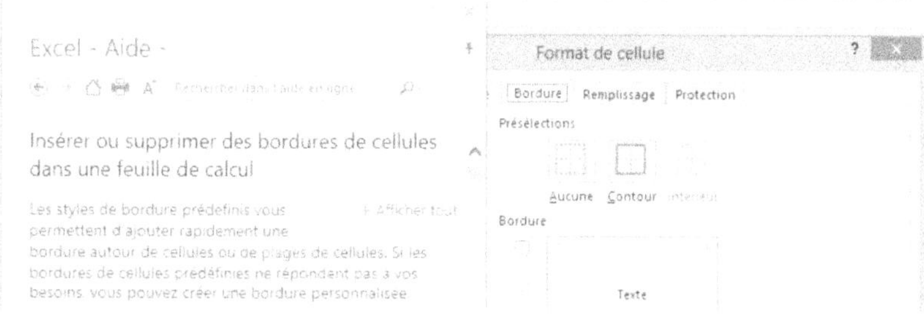

IMPRIMER UNE RUBRIQUE D'AIDE

- Actionnez sur l'icône 🖶 pour imprimer l'article de l'aide affiché.

DEMANDEZ DE L'AIDE À D'AUTRES UTILISATEURS

- Vous pouvez accéder à des communautés sérieuses sur les produits Microsoft sur le site `http://www.microsoft.com/france/communautes`, qui est un portail des communautés. Sur ce site, vous pouvez chercher des communautés (sites de passionnés ou de conseils....) ou des forums de questions-réponses.
- Il existe aussi des sites Web qui ont pour vocation de diffuser des informations ou des actualités utiles. Voici par exemple un site sur lequel vous trouverez des forums, des tutoriels, des conseils... `www.developpez.com`.

GÉRER LES FEUILLES DE CALCUL ET LES CLASSEURS

- Vous pouvez créer un classeur aussi bien au lancement d'Excel que si une fenêtre Excel est déjà ouverte sur une feuille de calcul.
- Au lancement d'Excel, vous avez le choix entre ouvrir un fichier ou créer un classeur.

- À partir d'une fenêtre Excel déjà ouverte sur le Bureau, actionnez l'onglet **Fichier** puis **Nouveau**.

- Pour créer le nouveau classeur, vous devez toujours choisir un modèle :
- soit le modèle de base : actionnez l'icône *Nouveau classeur*. Vous pouvez aussi utiliser le raccourci clavier Ctrl+N ou le bouton *Nouveau classeur* de la barre d'outil *Accès rapide*.
- soit un des modèles existants : actionnez l'icône du modèle, puis [Créer].

Dans Excel 2013, le modèle de base est un classeur contenant par défaut une seule feuille de calcul, ce nombre est modifiable dans *Fichier> Options> Général>Lors de la création de classeur*.

Un certain nombre de modèles sont enregistrés sur votre ordinateur dès l'installation d'Excel 2013, ils sont proposés si votre ordinateur n'est pas connecté à Internet.

Si vous avez enregistré des modèles de classeurs dans un dossier et que vous l'avez défini comme dossier par défaut pour les modèles dans les options Excel, alors ce dossier est proposé lorsque vous créez un nouveau modèle, il est désigné par PERSONNEL. Par exemple, créez comme dossier de modèles `C:\Users\Public\Documents\Modèles` (sous *Documents publics* pour être accessible par tous les utilisateurs de l'ordinateur).

OUVRIR ET FERMER UN CLASSEUR

OUVRIR UN FICHIER CLASSEUR EXISTANT

Dans la version Office 2013, pour ouvrir un fichier vous passez par le mode Office Backstage (*), qui présente les emplacements dans lesquels vous pouvez ouvrir des fichiers.

- Au lancement d'Excel 2013, le mode Backstage s'affiche d'emblée dans la fenêtre Excel. Vous pouvez ouvrir un des classeurs utilisés récemment ❶ ou sélectionner le dossier contenant le classeur ❷ (la page *Ouvrir* s'affiche, voir plus bas).

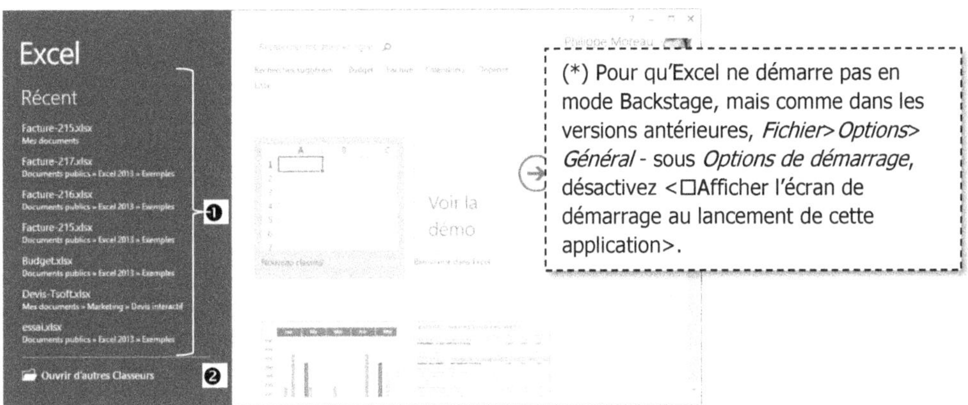

- À partir d'une fenêtre Excel déjà ouverte sur le Bureau, actionnez l'onglet **Fichier** puis **Ouvrir**, ou actionnez le bouton *Ouvrir* dans la barre d'outils *Accès rapide* ou `Ctrl`+`O`.
  La page *Ouvrir* du mode Backstage s'affiche dans la fenêtre.

Notez que si vous voulez accéder directement à la boîte de dialogue *Ouvrir*, au lieu de passer par le mode Backstage, utilisez le raccourci `Ctrl`+`F12`.

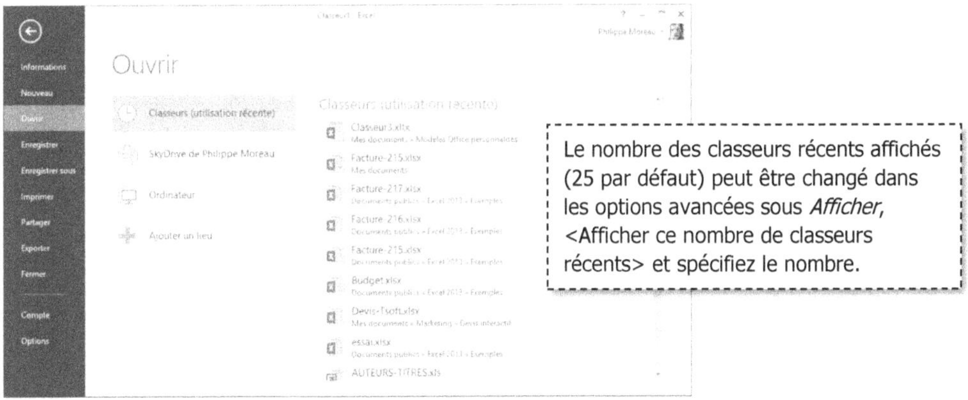

- Sélectionnez *Classeurs (utilisation récente)*, puis sélectionnez le nom du classeur dans la colonne de droite. Ou,
- Sélectionnez un des emplacements proposés : *SkyDrive, Ordinateur*, ou *Ajouter un lieu* (pour ajouter un emplacement sur le cloud), puis sélectionnez le dossier dans la colonne de droite, sélectionnez enfin le classeur dans la boîte de dialogue *Ouvrir* et validez par [Ouvrir].

À l'ouverture d'un classeur, Excel désactive les macros, toujours susceptibles d'abriter des virus, et le signale par une barre sous le Ruban, pour que vous activiez le contenu si vous le souhaitez.

⚠ **Avertissement de sécurité** Du contenu actif a été désactivé. Cliquez pour plus d'informations. Activer le contenu

Le niveau de sécurité vis-à-vis des macros se définit dans les options Excel, dans les *Paramètres des macros* du *Centre de gestion de la confidentialité*.

OUVRIR ET FERMER UN CLASSEUR

MODES D'OUVERTURE

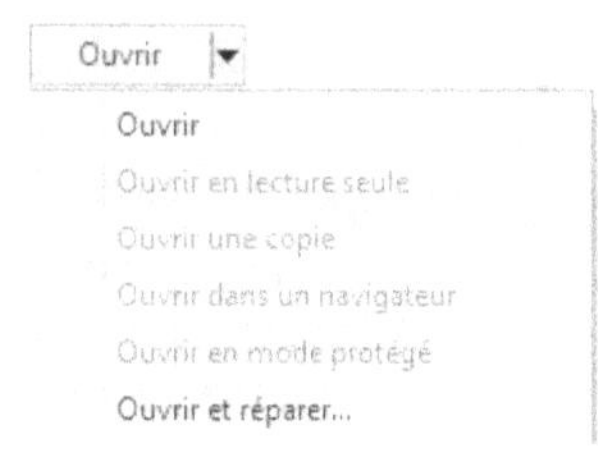

Dans la boîte de dialogue *Ouvrir*, une petite flèche est présente sur le bouton [Ouvrir]. En cliquant sur cette flèche, vous accédez à une liste déroulante de modes d'ouverture possibles.

- *Ouvrir* : ouverture normale, équivaut au clic sur [Ouvrir].
- *Ouvrir en lecture seule* : les modifications ne pourront être enregistrées.
- *Ouvrir une copie...* : crée une copie du classeur et ouvre cette copie.
- *Ouvrir dans un navigateur* : ouvre le fichier dans un navigateur.
- *Ouvrir en mode protégé* : la plupart des fonctions d'édition sont désactivées.
- *Ouvrir et réparer* : tente de réparer le fichier détérioré tout en l'ouvrant, un dialogue s'affiche : Actionnez d'abord [Réparer] puis, si la réparation n'aboutit pas, recommencez en actionnant [Extraire des données] pour essayer de récupérer des données et des formules.

OUVRIR UN ESPACE DE TRAVAIL

L'espace de travail est une fonctionnalité qui a été supprimée dans la version 2013 d'Excel. Mais il reste possible d'ouvrir un espace de travail (extension `.xlw`) enregistré dans une version précédente : l'ensemble des fenêtres classeur ouvertes retrouvent leur disposition précédente.

OUVERTURE AUTOMATIQUE DE CLASSEURS AU DÉMARRAGE D'EXCEL

Excel ouvre à son démarrage tous les classeurs enregistrés dans le dossier de démarrage `XLSTART : C:\User\nom_user\Apdata\Roaming\Microsoft\Excel\XLSTART`.

Vous pouvez aussi définir un autre dossier de démarrage :

- Dans les *Options avancées*, puis sous *Général*, dans <Au démarrage, ouvrir tous les fichiers du dossier> : saisissez le chemin d'accès au dossier.

OUVERTURE D'UN CLASSEUR PARTAGÉ

Si le classeur se trouve dans un dossier partagé en réseau, et qu'il est déjà ouvert par un autre utilisateur, Excel affiche un message *Fichier en cours d'utilisation*. Actionnez [lecture seule] si vous n'avez pas à modifier le classeur ; si vous actionnez [Notifier], vous pouvez consulter le document en lecture seule et lorsque le classeur aura été fermé par l'autre utilisateur vous serez prévenu par un message *Fichier désormais disponible*.

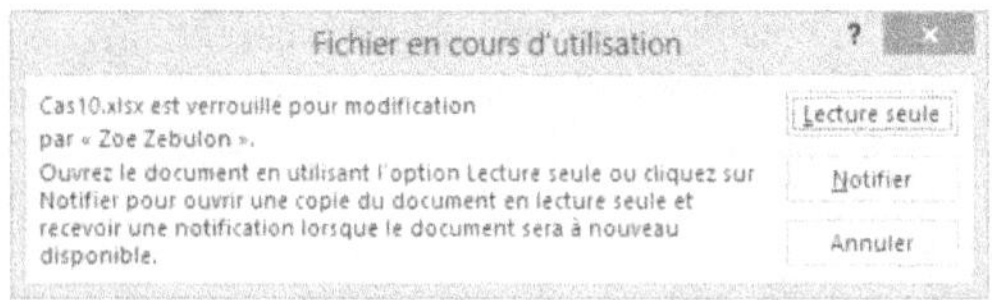

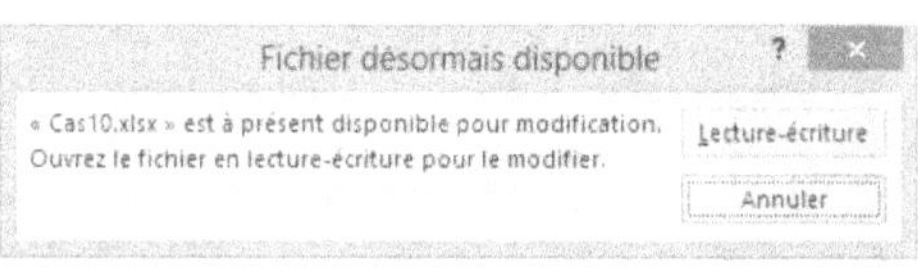

FERMER UN CLASSEUR

- Actionnez l'onglet **Fichier**, puis **Fermer**. Si les modifications n'ont pas toutes encore été enregistrées, Excel affiche un message :
- Actionnez l'un des boutons :

- [Enregistrer] : enregistre les modifications et ferme le classeur.
- [Ne pas enregistrer] : abandonne les dernières modifications et ferme le classeur.
- [Annuler] : n'enregistre pas les modifications et laisse le classeur ouvert pour continuer.

ENREGISTRER UN CLASSEUR

Un classeur est enregistré dans un fichier au format version 2007-2013 (extension `.xlsx`), ou dans un format compatible avec les versions antérieures Excel 97-2003 (extension `.xls`).

ENREGISTREMENT RAPIDE

Si le classeur en cours a déjà été enregistré dans un fichier, et que vous voulez seulement enregistrer les modifications récentes que vous avez faites en mémoire :

- Actionnez le bouton ⊟ *Enregistrer* de la barre d'outils *Accès rapide*, ou utilisez le raccourci `Ctrl`+S, ou actionnez l'onglet **Fichier**, puis **Enregistrer**.

Aucun dialogue ne s'affiche et la version en mémoire remplace et écrase la dernière version enregistrée. C'est facile et rapide, enregistrez souvent un document en cours de modification.

ENREGISTREMENT SOUS UN AUTRE NOM, DANS UN AUTRE DOSSIER...

- À partir de la fenêtre Excel du classeur, actionnez l'onglet **Fichier** puis **Enregistrer sous**.
  La page *Enregistrer sous* du mode Backstage s'affiche dans la fenêtre.

- Sélectionnez un emplacement ➊ pour le dossier, par exemple pour un dossier sur votre ordinateur choisissez *Ordinateur*, pour enregistrer sur votre SkyDrive choisissez *SkyDrive*, pour crér un nouvel emplacement sur le cloud choisissez *Ajouter un lieu*.
- Sélectionnez le dossier ➋ dans lequel vous voulez enregistrer le classeur, la boîte de dialogue *Enregistrer sous* s'ouvre (voir ci-dessous) : changez éventuellement le dossier courant, et dans la zone <Nom de fichier>➌, modifiez le nom que vous voulez donner au fichier ou confirmez celui qui est proposé, validez par [Enregistrer]➍.

La boîte de dialogue Enregistrer sous

Le volet de navigation à gauche sert à naviguer dans les dossiers et à en sélectionner un, le volet de droite affiche le contenu du dossier courant (liste des noms des fichiers ou des sous-dossiers).

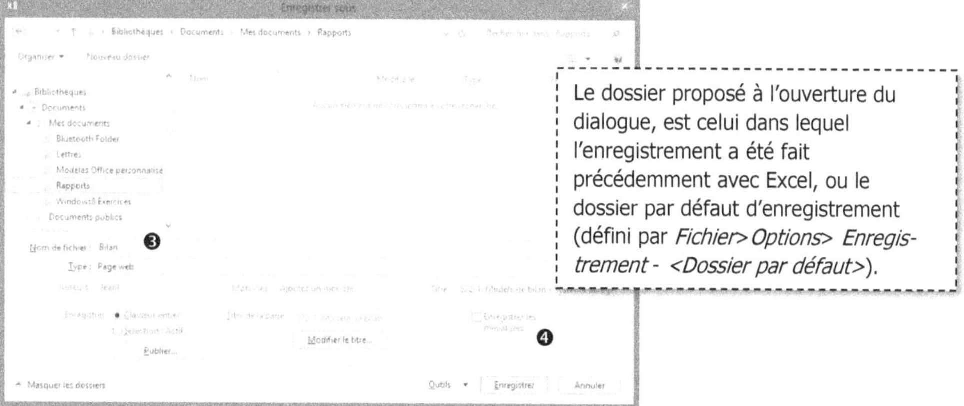

ENREGISTRER UN CLASSEUR

Notez que la touche F12 permet aussi d'accéder directement à la boîte de dialogue *Enregistrer sous*, au lieu de passer par le mode Backstage.

GÉRER LES DOSSIERS ET FICHIERS DANS LE DIALOGUE ENREGISTRER SOUS

La barre de menus fournit des outils pour gérer les dossiers et les fichiers :

- *Organiser* : pour copier, coller, supprimer... des fichiers.
- *Nouveau dossier* : pour créer un sous-dossier du dossier courant.
- *Changer l'Affichage* : pour modifier les détails de l'affichage des noms de fichiers.

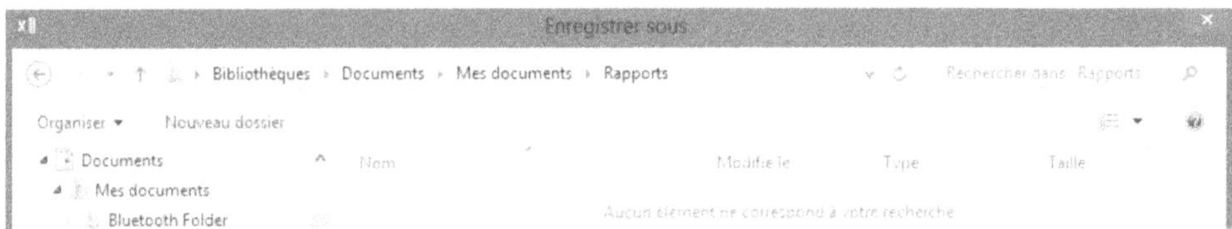

La barre de navigation, sous la barre de titre, contient des boutons qui permettent de revenir au dossier sélectionné précédent ou suivant, la zone d'adresse affiche le chemin d'accès du dossier courant, la zone <Rechercher> à droite sert à trouver un fichier par une partie de son nom.

ACCÉDER À UN DOSSIER FAVORI

Dans le volet de navigation de la boîte de dialogue *Enregistrer sous...* vous pouvez vous servir des Favoris pour accéder directement à des dossiers. Créez des liens vers les dossiers auxquels vous voulez accéder directement dans la section *Favoris*.

- Créer un lien favori : dans l'arborescence des dossiers du volet de navigation, faites glisser le dossier dans la section *Favoris*.
- Accéder à un dossier favori : actionnez le lien favori.
- Supprimer un lien favori que vous avez ajouté : effectuez un clic droit/appui long sur le lien puis actionnez *Supprimer*.

ENREGISTRER DANS UN DOSSIER SUR LE RÉSEAU

- Dans le volet de navigation de la boîte de dialogue *Enregistrer sous*, ouvrez la section *Réseau*, (actionnez le symbole ▷ devant Réseau), puis ouvrez ensuite l'ordinateur serveur, puis sélectionnez le dossier partagé, actionnez enfin [Enregistrer] pour enregistrer le fichier dans ce dossier.

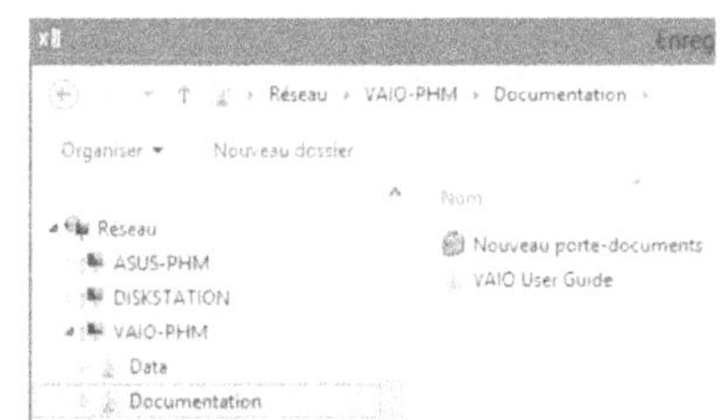

ENREGISTRER SOUS UN AUTRE FORMAT DE FICHIER

- Dans la boîte de dialogue *Enregistrer sous*, dans la zone <Type> sélectionnez le format de fichier, sélectionnez le dossier dans lequel vous voulez enregistrer, puis actionnez [Enregistrer].

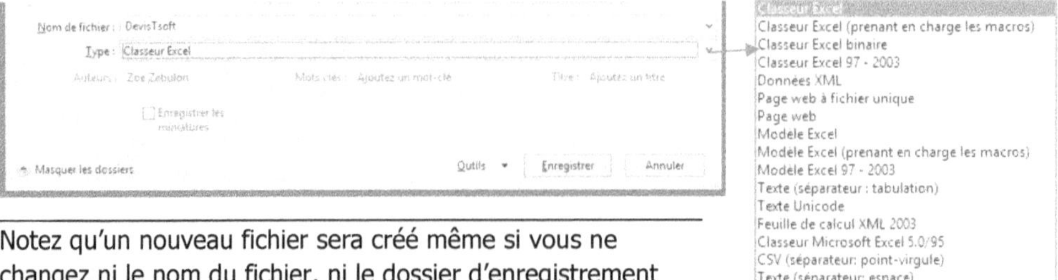

Notez qu'un nouveau fichier sera créé même si vous ne changez ni le nom du fichier, ni le dossier d'enregistrement puisque l'extension du nom du fichier sera différente.

OPTIONS D'ENREGISTREMENT

Les options Excel de la rubrique *Enregistrement* permettent de paramétrer le format
d'enregistrement par défaut, la récupération automatique, le dossier d'enregistrement par défaut.

■ Actionnez l'onglet **Fichier**, puis **Options**, sélectionnez la rubrique *Enregistrement*.

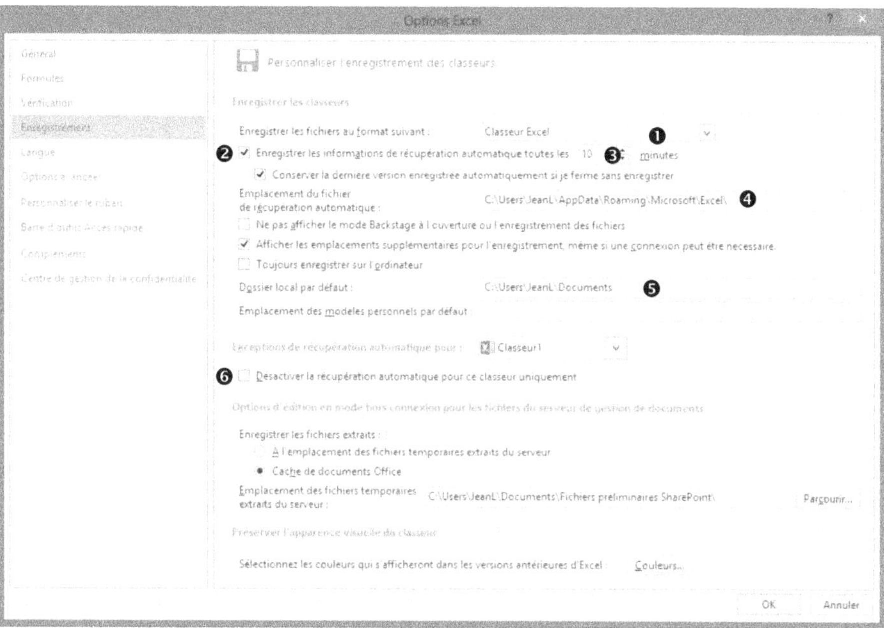

FORMAT D'ENREGISTREMENT PAR DÉFAUT

Définissez le format de fichier que vous utilisez le plus fréquemment, par exemple si vous devez
utiliser le format des anciennes versions d'Excel, pour échanger des fichiers avec des utilisateurs
qui ne travaillent pas encore avec les versions Office 2007 ou 2010.

■ Dans la zone ❶, sélectionnez le format : *Classeur Excel (*.xlsx)*, *Classeur Excel 97-2003 (*.xls)*,
ou *Classeur Excel 5.0/95 (*.xls)*…

RÉCUPÉRATION AUTOMATIQUE EN CAS D'INCIDENT

La récupération automatique se fait à partir de fichiers de récupération qui sont enregistrés
automatiquement toutes les n minutes (10 par défaut). Pour désactiver/activer cette fonction :

■ Décochez/cochez la case ❷ et choisissez l'intervalle d'enregistrement des fichiers de
récupération ❸, le dossier d'emplacement des fichiers de récupération est défini en ❹.

Si l'ordinateur se bloque ou subit une coupure de courant, lorsque vous redémarrez, Excel tente de
récupérer le document qui était en cours d'utilisation. Excel détermine s'il a pu récupérer les
modifications qui avaient été enregistrées dans les fichiers de récupération et, si c'est le cas, il
affiche la version la plus récente du classeur.

Sinon, le programme affiche automatiquement le volet de récupération avec jusqu'à trois versions
récupérées par ordre d'ancienneté. Sélectionnez la version récupérée la plus récente, examinez le
classeur et s'il semble correct, clic droit/appui long sur ce choix dans le volet de récupération, puis
Enregistrer sous… pour enregistrer le fichier. Sinon essayez avec une version plus ancienne.

Vous pouvez exclure (❻) le classeur actif de la récupération automatique, tout en conservant
l'option pour les autres classeurs.

DÉFINIR LE DOSSIER D'ENREGISTREMENT PAR DÉFAUT

■ Dans la zone ❺ : saisissez le chemin d'accès complet du dossier. Si le dossier se trouve sur le
réseau, saisissez le nom UNC : `\\nom_serveur\chemin_d'accès`.

CRÉER ET UTILISER DES MODÈLES

Un modèle de classeur est un type de classeur qui crée une copie de lui-même lorsque vous l'ouvrez. Les fichiers modèles portent l'extension `.xltx` ou `.xltm`, ce dernier permettant d'activer les macros dans le classeur.

Un modèle sert de base de départ pour créer des classeurs dont la structure et la présentation sont toujours identiques (reporting hebdomadaire, tableaux mensuels, trimestriels, etc.).

Tout classeur Excel est créé sur un modèle, les caractéristiques du modèle de base sont définies dans le registre Windows, les seules options modifiables de ce modèle de base sont situées dans les Options Excel (rubrique *Standard*, sous *Lors de la création de classeurs*).

LE DOSSIER DE MODÈLES

Si votre ordinateur n'est pas connecté à Internet, des fichiers modèles `.xltx` sont proposés chaque fois que vous utilisez **Fichier>Nouveau**. Ces fichiers ont été créés sur votre ordinateur, à l'installation d'Excel, dans les dossiers `C:\Programmes\Microsoft Office 15\root\Templates\ 1036` et `C:\Program Files (x86)\Microsoft Office\Templates\1036`.

Si votre ordinateur est connecté à Internet, les modèles proposés lorsque vous utilisez **Fichier>Nouveau** sont en ligne sur le site Microsoft Office.com. Un modèle est téléchargé et enregistré dans `C:\Users\nom_user\AppData\Roaming\Microsoft\Templates` la première fois que vous l'utilisez pour créer un classeur.

Vous pouvez créer vos prores modèles personnalisés, ils sont enregistrés dans le dossier des modèles. Par défaut, ce dossier est *Documents\Modèles Office personnalisés*, (créé automatiquement par Office à votre première création d'un modèle personnalisé). Vous pouvez définir un autre emplacement dans les options Excel (rubrique *Enregistrement*, sous *Enregistrer les classeurs* dans la zone <Emplacement des modèles personnels par défaut>).

CRÉER UN MODÈLE PERSONNALISÉ

Pour créer un modèle, créez un classeur avec les données de structure, la mise en forme, les styles, les en-têtes et pieds de page... puis enregistrez ce classeur comme modèle :

- Actionnez l'onglet **Fichier**, puis **Enregistrer sous**, sélectionnez l'emplacement Ordinateur puis actionnez le bouton *Enregistrer* sous, le dialogue *Enregistrer sous* s'affiche. Dans la zone <Type> : sélectionnez *Modèle Excel (*.xltx)* ou *Modèle Excel (prenant en charge des macros) (*.xltm)*, le contenu du dossier des modèles s'affiche. Dans la zone <Nom de fichier> : saisissez le nom du modèle, puis validez par [OK].

MODIFIER UN MODÈLE PERSONNALISÉ

- Actionnez l'onglet **Fichier**, puis **Ouvrir**, sélectionnez l'emplacement *Ordinateur*, puis sélectionnez le dossier des modèles. Effectuez un double-clic/appui sur le nom du modèle (`.xltx`, `.xltm`). Modifiez le modèle de classeur puis enregistrez-le.

Notez que, dans l'*Explorateur de fichier*, un double-clic/appui sur le nom d'un modèle n'ouvre pas le modèle mais crée un nouveau classeur basé sur le modèle. Pour ouvrir le modèle, effectuez un clic droit ou un appui long sur le nom du fichier modèle, puis actionnez *Ouvrir*.

CRÉER UN CLASSEUR BASÉ SUR UN MODÈLE PERSONNALISÉ

- Actionnez l'onglet **Fichier**, puis **Nouveau**. La page *Ouvrir* du mode Backstage s'affiche dans la fenêtre Excel. Actionnez PERSONNEL, puis sélectionnez un modèle du dossier des modèles ;

Un nouveau classeur basé sur le modèle choisi est créé, il porte le nom du modèle suivi d'un numéro de séquence (`Nom_modèleN`).

PROPRIÉTÉS D'UN CLASSEUR

Les propriétés de classeur décrivent le classeur, elles comprennent des informations comme le titre, le nom de l'auteur, l'objet et des mots-clés... Excel y renseigne aussi diverses statistiques (date de modification...). En remplissant les propriétés de manière pertinente, vous facilitez le classement et l'identification de vos documents. Vous pouvez aussi rechercher vos documents à partir de leurs propriétés, par exemple selon la date de modification, un mot-clé...

AFFICHER ET MODIFIER LES PROPRIÉTÉS D'UN DOCUMENT

- Actionnez l'onglet **Fichier**, puis **Informations**. La page *Informations* du mode Backstage s'affiche dans la fenêtre Excel : le panneau de droite affiche les propriétés.

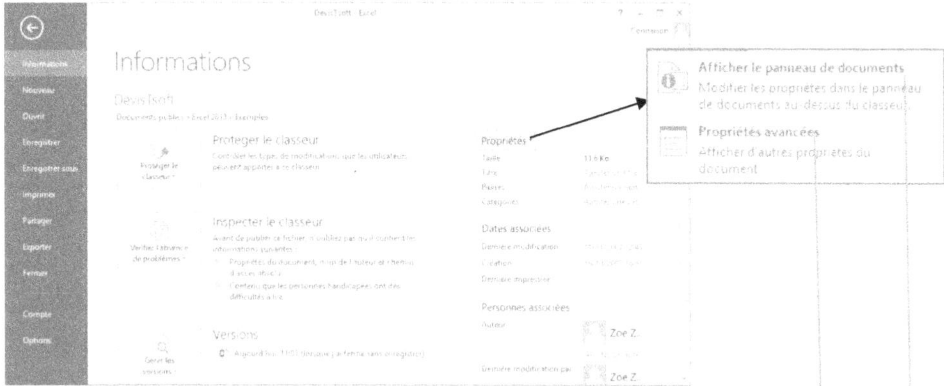

- Actionnez **Propriétés** puis *Afficher le panneau de documents* ou *Propriétés avancées*.

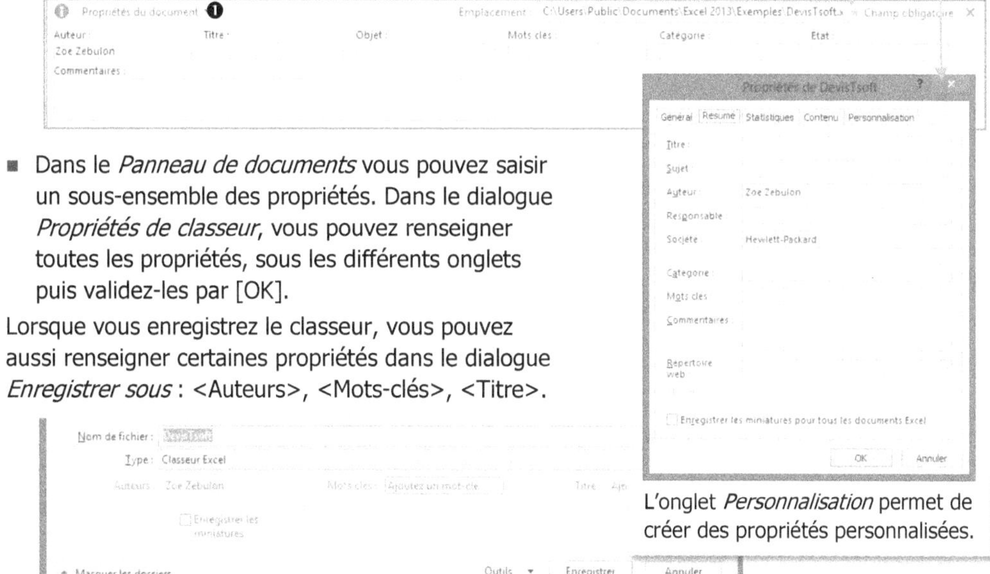

- Dans le *Panneau de documents* vous pouvez saisir un sous-ensemble des propriétés. Dans le dialogue *Propriétés de classeur*, vous pouvez renseigner toutes les propriétés, sous les différents onglets puis validez-les par [OK].

Lorsque vous enregistrez le classeur, vous pouvez aussi renseigner certaines propriétés dans le dialogue *Enregistrer sous* : <Auteurs>, <Mots-clés>, <Titre>.

L'onglet *Personnalisation* permet de créer des propriétés personnalisées.

AFFICHER LES STATISTIQUES DE MODIFICATION

L'onglet *Statistiques* du dialogue *Propriétés* affiche les dates de création, de modification et d'ouverture les plus récentes du fichier classeur.

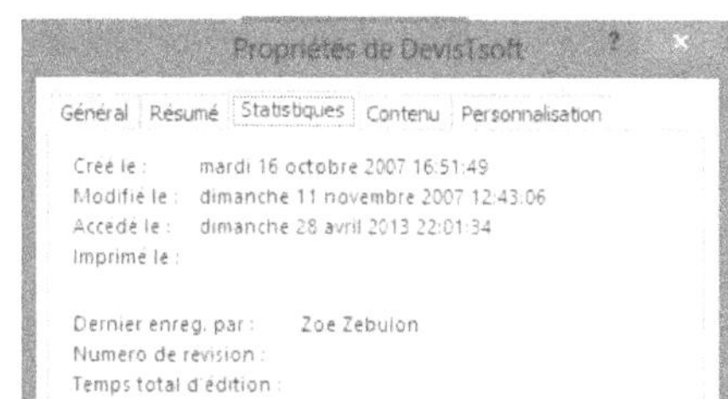

RECHERCHER UN CLASSEUR

Vous pouvez rechercher un classeur par l'*Explorateur de fichiers* en utilisant comme critère l'extension `xls`, vous pouvez aussi rechercher un classeur par la boîte de dialogue *Ouvrir*.

Si l'emplacement de recherche est indexé par Windows, la recherche d'un texte se fait sur les noms et sur le contenu ainsi que sur les propriétés du fichier. Si l'emplacement n'est pas indexé, la recherche ne se fait que sur les noms de fichiers, sauf si vous avez activé l'option *Contenu* dans l'*Explorateur de fichiers* (sous Windows 8, actionnez la zone <Rechercher> puis, sous l'onglet **Outil de recherche/Recherche**>groupe **Options**, bouton **Options avancées** – *Contenu du fichier* ; sous Windows 7 *Organiser*>*Options des dossiers et de recherche*-onglet *Rechercher*). Attention, dans ce cas, la recherche peut être longue, il vaut peut-être mieux indexer l'emplacement.

RECHERCHE DE CLASSEURS SUR UN CRITÈRE DE TEXTE

- Appuyez sur Ctrl+F12 pour afficher la boîte de dialogue *Ouvrir*.
  Sélectionnez l'emplacement dans lequel vous voulez chercher (dossier ou lien favori) ❶, puis dans la zone <Rechercher> ❷ saisissez un mot à chercher (par exemple `fact`).

La recherche renvoie tous les noms de fichiers de type Excel qui contiennent le mot `fact` dans l'emplacement (dossier ou bibliothèque) sélectionné ❸. Si vous voulez voir d'autres types de fichiers, actionnez le bouton ❹ et choisissez un autre type de fichiers.

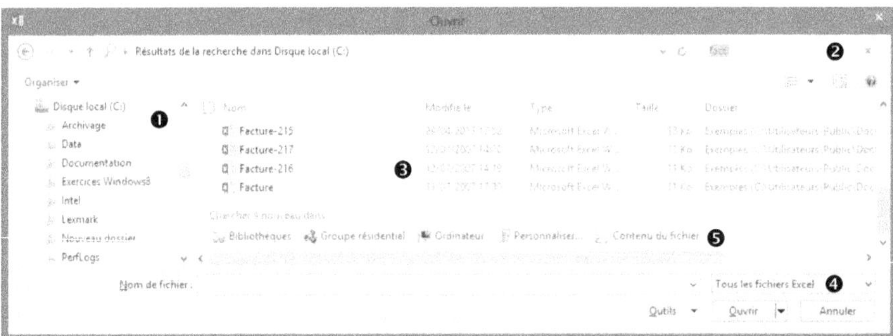

Si le fichier que vous cherchez n'est pas dans la liste de résultats et que l'emplacement n'est pas indexé, le mot est peut-être dans le contenu des fichiers. Vous pouvez reprendre la rechercher du texte dans les contenus en actionnant sur l'invite *Contenu du fichier* ❺.

- Lorsque vous voyez apparaître le fichier classeur que vous cherchez, vous pouvez l'ouvrir en actionnant son nom dans la liste de résultats de la recherche ❻.

RECHERCHE SUR CRITÈRE DE DATE ET DE TAILLE DE FICHIER

- Dans le dialogue *Ouvrir*, actionnez la zone <Rechercher>, un menu s'affiche présentant les précédentes recherches.
- Pour filtrer sur la date de modification du fichier à chercher, actionnez <Modifié le :> et sélectionnez un critère date.
- Pour filtrer sur la taille du fichier à chercher, actionnez <Taille :> et sélectionnez un critère taille.

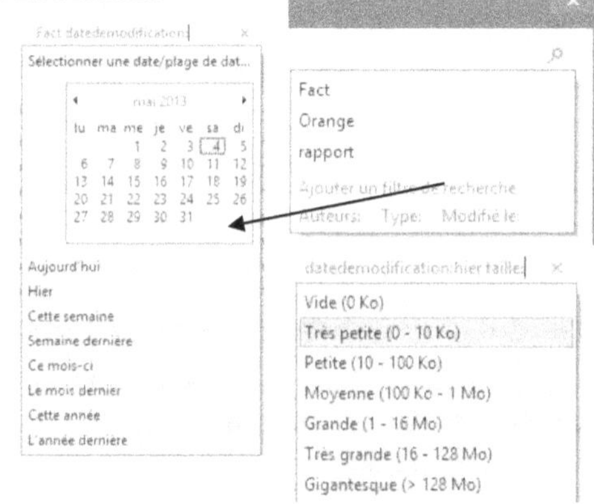

Vous pouvez combiner ainsi un critère texte, un critère date et un critère taille.

EFFACER LES CRITÈRES

- Pour effectuer une autre recherche, actionnez la case x à droite de la zone <Rechercher> pour effacer les critères. Puis, spécifiez les nouveaux critères.

ORGANISER LES FEUILLES DE CALCUL

NOMMER LES FEUILLES

Le nom d'une feuille est inscrit sur son onglet, les onglets des feuilles du classeur sont visibles sous l'affichage de la feuille. Les feuilles sont nommées à leur création par `Feuil1`, `Feuil2`...

- Pour renommer une feuille, effectuez un double-clic ou un double-appui sur l'onglet de la feuille, saisissez le nouveau nom (31 caractères au maximum), puis appuyez sur `↵`.

Au cas où le nombre de feuilles est élevé, il se peut que vous ne voyiez pas tous les onglets à la fois. Pour élargir l'espace réservé aux onglets, faites glisser la limite ❷ ; pour faire défiler les onglets de feuille dans l'espace alloué, actionnez les symboles de défilement ❶.

SÉLECTIONNER DES FEUILLES

Sélectionner une feuille

- Actionnez l'onglet de la feuille.

Un clic droit ou un appui long sur un symbole de défilement des onglets affiche la liste des noms de feuille, sélectionnez dans la liste la feuille souhaitée.

Sélectionner plusieurs feuilles

Lorsque vous avez sélectionné plusieurs feuilles à la fois, une mention [Groupe de travail] est affichée juste après le nom du classeur dans la barre de titre, les modifications apportées sur la feuille active de la sélection sont répercutées sur les autres feuilles sélectionnées.

- Pour sélectionner plusieurs feuilles adjacentes, actionnez l'onglet de la première feuille, puis maintenez `⇧` appuyée et actionnez l'onglet de la dernière feuille.
- Pour sélectionner plusieurs feuilles non adjacentes, actionnez l'onglet de la première feuille, puis maintenez `Ctrl` appuyée et actionnez successivement les onglets des autres feuilles.
- Pour sélectionner toutes les feuilles, effectuez un clic droit ou un appui long sur l'onglet d'une feuille, puis actionnez *Sélectionner toutes les feuilles*.

Dissociez les feuilles sélectionnées

- Actionnez l'onglet d'une feuille non sélectionnée, ou effectuez un clic droit ou un appui long sur l'onglet d'une feuille sélectionnée puis actionnez *Dissocier les feuilles*.

SUPPRIMER UNE OU PLUSIEURS FEUILLES

- Sélectionnez la ou les feuilles à supprimer, puis
- Clic droit ou appui long sur un des onglets sélectionnés, puis actionnez *Supprimer*, ou
- Onglet **Accueil**>groupe **Cellules**, actionnez la **flèche** du bouton **Supprimer**, puis l'option *Supprimer une feuille*.

Si les feuilles de calculs que vous essayez de supprimer contiennent des données, un dialogue vous demande de confirmer la suppression ou de l'annuler.

MASQUER ET RÉAFFICHER DES FEUILLES

Les feuilles masquées continuent d'exister mais ne sont plus visibles.

- Pour masquer des feuilles, sélectionnez les onglets des feuilles à masquer, puis
- Clic droit ou un appui long sur la sélection, puis actionnez *Masquer*, ou
- Onglet **Accueil**>groupe **Cellules**, actionnez le bouton **Format**, puis l'option *Masquer & Afficher*, enfin l'option *Masquer la feuille...*
- Pour réafficher des feuilles masquées : clic droit ou appui long droit sur un onglet de feuille, puis actionnez *Afficher...* ; ou, actionnez le bouton **Format**, puis *Masquer & Afficher*, enfin *Afficher...*, un dialogue s'affiche : sélectionnez les noms de feuilles à afficher, actionnez [OK].

ORGANISER LES FEUILLES DE CALCUL

AJOUTER DES FEUILLES

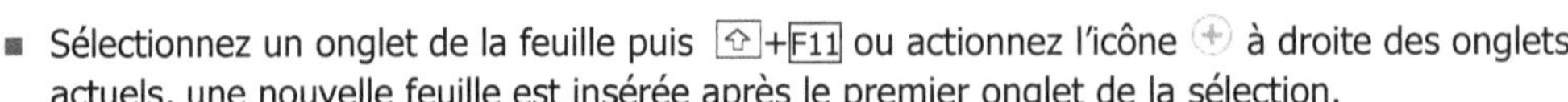

Ajouter une feuille à la fois

- Sélectionnez un onglet de la feuille puis ⇧+F11 ou actionnez l'icône ⊕ à droite des onglets actuels, une nouvelle feuille est insérée après le premier onglet de la sélection.

Ajouter plusieurs feuilles à la fois

- Sélectionnez plusieurs onglets adjacents. Puis, effectuez l'une des actions :
- Onglet **Accueil**>groupe **Cellules**, actionnez la **flèche** du bouton **Insérer**, puis *Insérer une feuille*.
- Clic droit ou appui long sur la sélection d'onglets, puis actionnez l'option *Insérer...* un dialogue s'affiche : sous l'onglet *Général*, sélectionnez l'icône *Feuille*, actionnez [OK].

Les nouvelles feuilles sont insérées avant les onglets sélectionnés.

DÉPLACER OU COPIER DES FEUILLES

Utiliser le glisser/déplacer

- Pour déplacer une feuille ou une sélection de feuilles, faites glisser la sélection des onglets vers la gauche ou vers la droite.
- Pour copier une feuille ou une sélection de feuilles, faites glisser la sélection des onglets vers la gauche ou vers la droite, mais appuyez sur Ctrl après avoir commencé à faire glisser.
  Les feuilles obtenues par copie portent le même nom suivi d'un numéro entre parenthèses (N).

Vous pouvez faire glisser des onglets d'un classeur dans un autre classeur, si les deux classeurs sont visibles en même temps à l'écran dans des fenêtres différentes.

Utiliser la commande *Déplacer ou copier...*

- Actionnez l'onglet de la feuille ou sélectionnez les onglets, puis effectuez un clic droit ou un appui long sur la sélection, enfin actionnez l'option *Déplacer ou copier...*

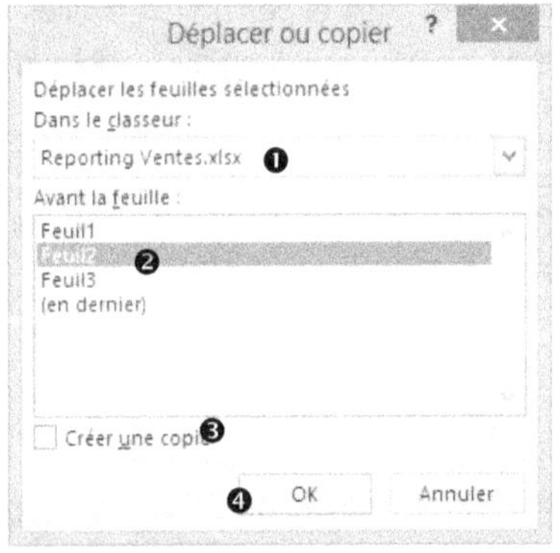

❶ Sélectionnez le classeur destination.

❷ Sélectionnez une feuille, la feuille copiée ou déplacée sera placée devant cette feuille.

❸ Cochez la case si vous voulez faire une copie, sinon ce sera un déplacement.

❹ Actionnez [OK].

CHANGER LA COULEUR DE L'ONGLET D'UNE FEUILLE

- Sélectionnez un ou plusieurs onglets de feuille, effectuez un clic droit ou un appui long sur la sélection, puis actionnez l'option *Couleur d'onglet*.

Une palette de couleurs s'affiche :

- Sélectionnez la couleur (couleur de thème ou couleur standard), actionnez [OK].

Tant que l'onglet est sélectionné, la couleur est estompée, lorsque l'onglet n'est plus sélectionné la couleur occupe tout le fond de l'onglet.

GÉRER L'AFFICHAGE DES FEUILLES

UTILISER LE ZOOM

Lorsque vous avez besoin d'avoir une vision d'ensemble d'une large plage de données, vous pouvez modifier l'échelle de l'affichage et voir ainsi un plus grand nombre de lignes et de colonnes.

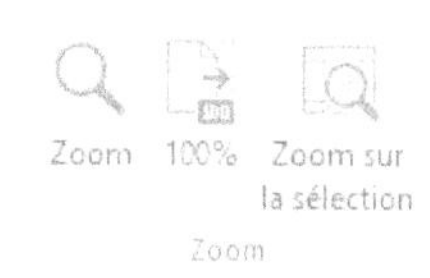

- Onglet **Affichage**>groupe **Zoom**, actionnez le bouton **Zoom**. Dans le dialogue *Zoom*, spécifiez le facteur d'échelle, ou
- Sélectionnez la plage à visualiser en entier et actionnez le bouton **Zoom sur la sélection**, le facteur d'agrandissement est ajusté par Excel en fonction de la taille de la plage sélectionnée, ou
- Utilisez le curseur de zoom situé à droite sur la barre d'état : faites glisser le curseur vers la droite ou vers la gauche pour régler le facteur d'échelle, ou actionnez les symboles ▬ et ➕.

AFFICHER EN PLEIN ÉCRAN

Vous pouvez afficher la feuille de calcul en plein écran sur le Bureau en masquant le Ruban, et la barre d'état. Cet affichage maximise l'espace pour l'affichage des données.

- Actionnez l'icône ⬜ *Affichage des options du Ruban* (située à gauche sur la barre de titre), et choisissez *Masquer automatiquement ruban*. Après cela, vous pouvez réafficher le Ruban lorsque vous en avez besoin en actionnant l'icône ⋯ apparue en haut à gauche de l'écran.
- Pour désactiver le plein écran, actionnez à nouveau l'icône ⬜, puis choisissez l'option *Afficher les onglets* ou l'option *Afficher les onglets et les commandes*.

Pour accroître encore plus l'espace d'affichage des données, vous pouvez masquer la barre de formule, dans les options Excel (rubrique *Options avancées* sous *Afficher*).

OUVRIR PLUSIEURS FENÊTRES SUR LE MÊME CLASSEUR

Si un classeur est déjà ouvert dans une fenêtre Excel, vous pouvez créer une nouvelle fenêtre sur le même classeur.

- Sous l'onglet **Affichage**>groupe **Fenêtre**, actionnez le bouton **Nouvelle fenêtre**. Les titres des fenêtres ouvertes sur le même classeur portent un numéro de séquence, par exemple *Budget:1, Budget:2, Budget:3...*

RÉORGANISER LES FENÊTRES EXCEL

Si vous avez ouvert plusieurs fenêtres Excel. Vous pouvez réorganiser l'occupation de l'écran du Bureau Windows par les fenêtres Excel.

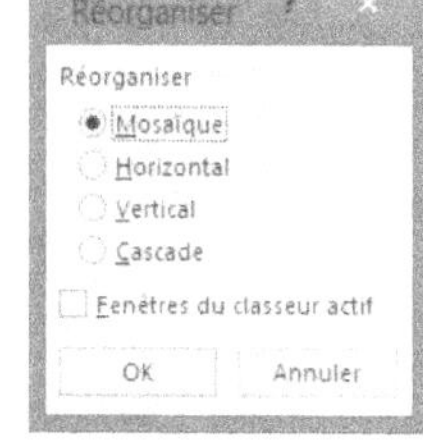

- Onglet **Affichage**>groupe **Fenêtre**, actionnez le bouton **Réorganiser tout**, cochez une réorganisation, actionnez [OK].
- Pour revenir à l'affichage d'une seule fenêtre Excel occupant tout l'écran du Bureau : actionnez sur le bouton ⬜ *Agrandir* à droite de la barre de titre de la fenêtre.

Si plusieurs fenêtres sont ouvertes sur un même classeur, vous pouvez réorganiser l'affichage seulement pour les fenêtres de ce classeur, en cochant l'option <☑ Fenêtres de classeur actif>.

FRACTIONNER L'AFFICHAGE D'UNE FEUILLE

Pour visualiser de façon synchronisée différents endroits d'une même feuille de calcul, il faut fractionner l'affichage de la fenêtre. Dans un fractionnement vertical (horizontal), vous pouvez faire défiler les colonnes (lignes) de la feuille indépendamment dans chacun des volets, mais les lignes (colonnes) de la feuille restent synchrones.

GÉRER L'AFFICHAGE DES FEUILLES

Sélectionnez la cellule où vous souhaitez fractionner la feuille, puis sous l'onglet *Affichage*>groupe *Fenêtre*, actionnez le bouton *Fractionner*.

- Pour supprimer un fractionnement : faites glisser la séparation verticale à droite ou à gauche de la fenêtre, la séparation horizontale en haut ou en bas de la fenêtre.
- Pour supprimer tous les fractionnements à la fois, onglet **Affichage**>groupe **Fenêtre**, actionnez le bouton **Fractionner**.

FIGER LES VOLETS

Lorsqu'un tableau est large, cette commande permet de conserver les lignes ou les colonnes contenant les titres, pendant que vous consultez des données très éloignées des titres.

- Sélectionnez la cellule qui se trouve juste sous les lignes de titre et juste à droite des colonnes de titre, puis sous l'onglet **Affichage**>groupe **Fenêtre**, actionnez le bouton **Figer les volets**, puis la commande *Figer les volets*.

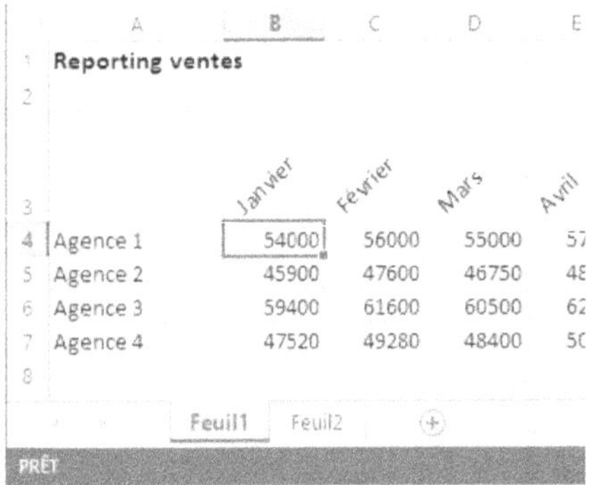 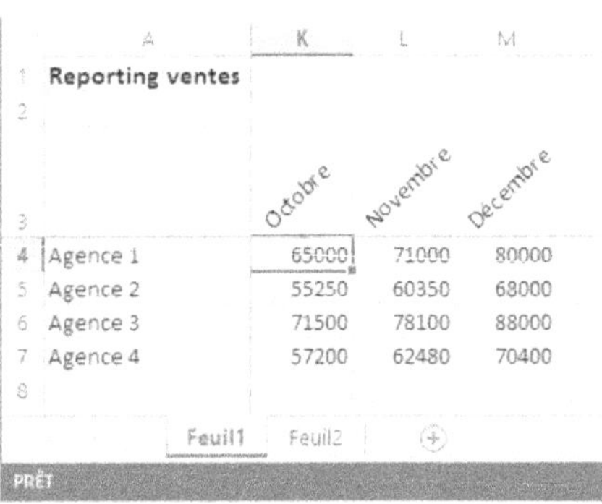

Toutes les colonnes situées à gauche de la cellule et les lignes au-dessus de la cellule sont figées.

Si vous ne voulez pas voir les toutes premières lignes ou colonnes dans les volets figés : vous devez les faire disparaître de l'affichage, avant de figer les volets, en faisant défiler la feuille.

Si vous voulez seulement des volets verticaux, sélectionnez une cellule de la ligne 1 ; si vous voulez seulement des volets horizontaux, sélectionnez une cellule de la colonne A.

- Pour rétablir un affichage normal, sous l'onglet **Affichage**>groupe **Fenêtre**, actionnez le bouton **Figer les volets**, puis la commande *Libérer les volets*.

UTILISER LES AFFICHAGES PERSONNALISÉS

Vous pouvez mémoriser les paramètres d'affichage que vous avez définis pour une feuille (volets figés, zoom, feuilles masquées...).

- Sous l'onglet **Affichage**>groupe **Modes d'affichage**, actionnez le bouton **Personnalisé**, puis dans le dialogue *Affichages personnalisés* : actionnez [Ajouter...], saisissez un nom pour l'affichage, actionnez [OK].

Vous pouvez choisir alternativement différents affichages personnalisés, à l'aide du dialogue *Affichages personnalisés*. Pour supprimer un affichage personnalisé dont vous n'avez plus usage, actionnez le bouton [Supprimer].

METTRE EN PAGE ET IMPRIMER

3

MISE EN PAGE

La mise en page s'applique à la feuille de calcul en cours. Si vous désirez l'appliquer à plusieurs feuilles ou à toutes les feuilles du classeur, sélectionnez au préalable les feuilles. Les commandes de mise en page se trouvent sous l'onglet **Mise en page**>groupe **Mise en page**.

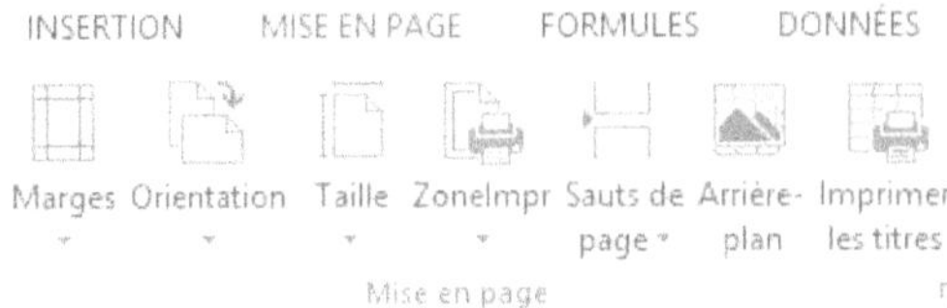

MARGES ET CENTRAGE SUR LA PAGE

- Actionnez le bouton **Marges**, puis sélectionnez le réglage prédéfini (*Normales*, *Larges*, *Hautes*), celui qui vous convient (le dernier paramétrage personnalisé est proposé pour être réutilisé).

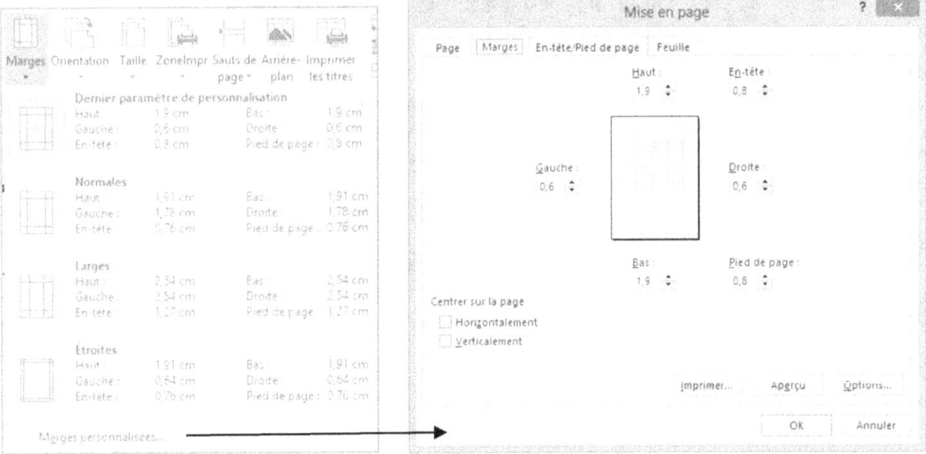

- Si les réglages prédéfinis ne conviennent pas ou si vous voulez centrer l'impression sur la page, actionnez *Marges personnalisées...* pour accéder à l'onglet *Marges* du dialogue *Mise en page*.

ORIENTATION DE L'IMPRESSION

- Actionnez le bouton **Orientation**, puis sélectionnez *Portrait* ou *Paysage*.

TAILLE DU PAPIER

- Actionnez le bouton **Taille**, puis sélectionnez une taille de papier prédéfinie dans la liste déroulante ou si la taille que vous souhaitez utiliser n'est pas listée, actionnez *Autres tailles de papier...* ce qui affiche l'onglet *Page* du dialogue *Mise en page*.

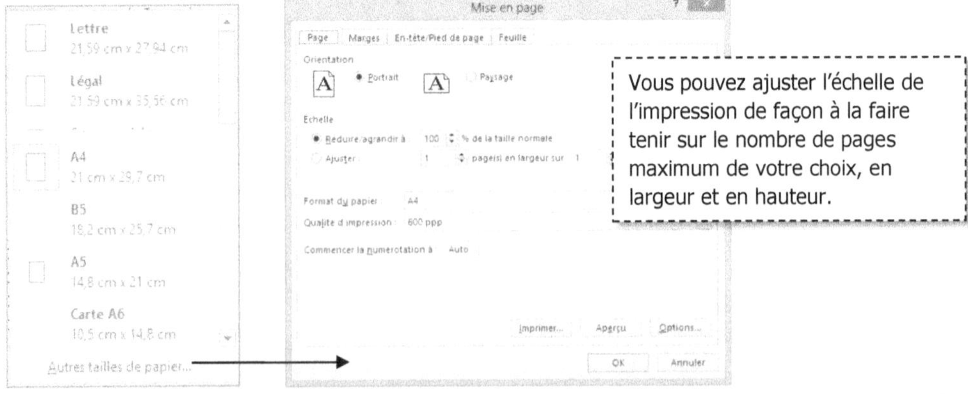

Vous pouvez ajuster l'échelle de l'impression de façon à la faire tenir sur le nombre de pages maximum de votre choix, en largeur et en hauteur.

MISE EN PAGE

RÉPÉTER LES TITRES SUR PLUSIEURS PAGES

Lorsque l'impression d'un tableau s'étend sur plusieurs pages, il est utile de pouvoir répéter des lignes de titres ou de colonnes sur toutes les pages.

- Actionnez le bouton **Imprimer les titres**.
  L'onglet *Feuille* du dialogue *Mise en page* s'affiche.

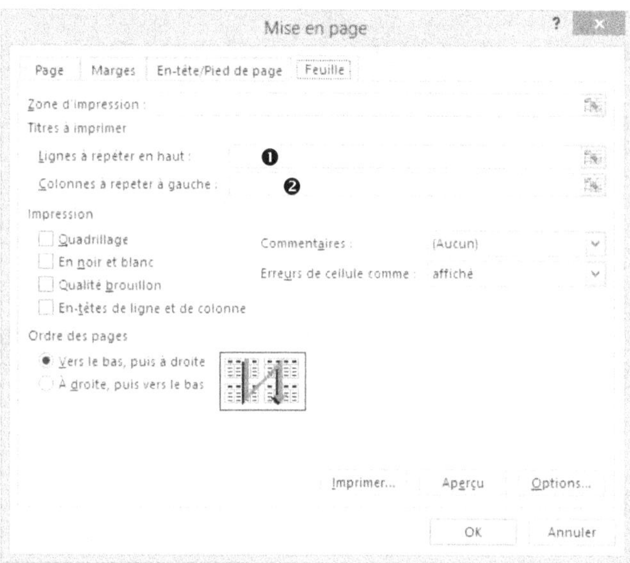

- Actionnez la zone ❶ et sélectionnez les lignes dans la feuille, en général les premières lignes, en haut de la zone d'impression.
- Actionnez la zone ❷, et sélectionnez les colonnes dans la feuille, en général les premières colonnes à gauche de la zone d'impression.

N'incluez pas les lignes ou les colonnes à répéter sur toutes les pages dans la zone d'impression, pour ne pas les imprimer deux fois.

ORDRE DES PAGES

- Actionnez le bouton **Imprimer les titres**, l'onglet *Feuille* du dialogue *Mise en page* s'affiche, choisissez l'ordre : <Vers le bas, puis à droite> ou <à droite, puis vers le bas>. 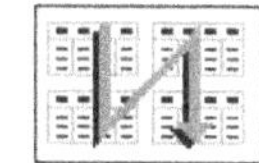

AUTRES OPTIONS D'IMPRESSION

- Actionnez le bouton **Imprimer les titres**, l'onglet *Feuille* du dialogue *Mise en page* s'affiche.

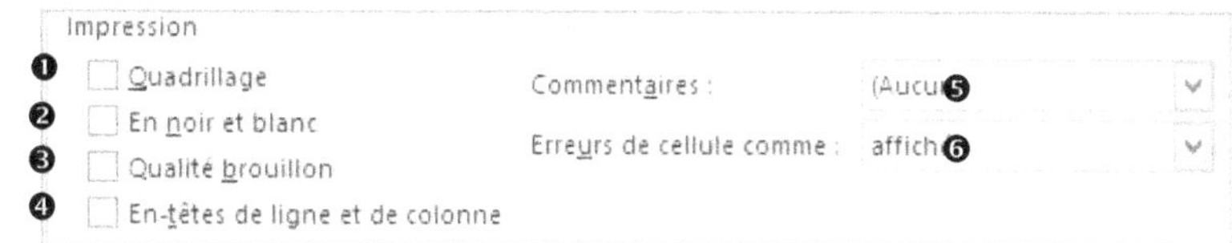

Vous pouvez imprimer un quadrillage des cellules ❶, en noir et blanc ❷ pour faire des essais, vous pouvez opter pour une qualité brouillon ❸, imprimer les numéros de ligne/colonne ❹, les commentaires ❺ peuvent ne pas être imprimés ou être imprimés tels que dans la feuille ou en fin de page. Les erreurs de formules ❻ peuvent être imprimées telles qu'elles sont affichées, ou remplacées par un vide, deux tirets ou #N/A.

GÉRER LES SAUTS DE PAGE

Si l'impression s'étend sur plusieurs pages, Excel continue à imprimer les données sur la page suivante lorsqu'une page est pleine ou lorsqu'il rencontre un saut de page forcé. Vous pouvez afficher un aperçu des sauts de page afin de revoir si besoin les réglages des marges, la position des en-têtes/pieds de page ou de forcer des sauts de page au bon endroit.

INSÉRER UN SAUT DE PAGE FORCÉ

- Sélectionnez la ligne entière ou la colonne entière que vous voulez reporter à la page suivante, sous l'onglet **Mise en page**>groupe **Mise en page**, actionnez le bouton **Saut de page**, puis *Insérer un saut de page*.

Si vous ne sélectionnez qu'une cellule, Excel insère deux sauts de page : un saut de page vertical à gauche de la cellule et un saut de page horizontal au-dessus de la cellule.

APERÇU DES SAUTS DE PAGE

- Sous l'onglet **Affichage**>groupe **Affichages classeur**, actionnez le bouton **Avec sauts de page**.

La zone d'impression est affichée sur fond blanc, et ce qui ne sera pas imprimé est sur fond grisé. Les sauts de page forcés sont matérialisés par des traits bleus épais, les sauts de page automatiques sont en traits pointillés bleus épais, les numéros de page apparaissent en filigrane.

- Pour revenir à l'affichage normal, sous l'onglet **Affichage**>groupe **Affichages classeur**, actionnez le bouton **Normal**.

Déplacer un saut de page forcé

- Placez le pointeur sur le trait matérialisant le saut de page, le pointeur se transforme, faites glisser le trait, le nouvel emplacement du saut da page apparaît en gris.

Supprimer un saut de page forcé

- Sélectionnez une cellule de la colonne immédiatement à droite ou immédiatement au-dessous du trait matérialisant le saut de page, effectuez un clic droit ou un appui long sur la cellule, puis actionnez la commande contextuelle *Supprimer le saut de page*.

METTRE À L'ÉCHELLE

Vous pouvez faire tenir sur une page un document qui déborde un peu sur la page suivante en changeant l'échelle : indiquez sur combien de pages en hauteur et en largeur votre document doit être imprimé et l'impression sera mise à l'échelle pour tenir sur le nombre de pages voulu.

- Sous l'onglet **Mise en page**>groupe **Mise à l'échelle**, actionnez la zone **Largeur** et choisissez le nombre de pages, actionnez la zone **Hauteur** et choisissez le nombre de pages.

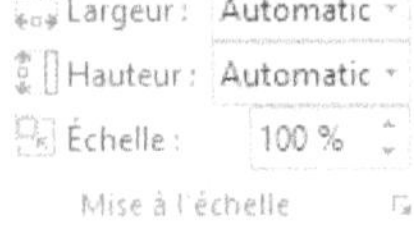

Si vous choisissez la valeur *Automatique* dans chacune des zones, Excel détermine le nombre de pages pour imprimer la zone d'impression en fonction de l'échelle que vous aurez spécifiée (par défaut 100 %).

EN-TÊTE ET PIED DE PAGE

L'en-tête et le pied de page sont imprimés respectivement en haut et en bas de chaque page, dans les marges du haut et du bas. Vous pouvez y insérer des informations automatiques telles que la numérotation des pages, le nom de l'auteur, le nom de la feuille, la date... ou des images.

CRÉER UN EN-TÊTE ET UN PIED DE PAGE

- Sous l'onglet **Insertion**>groupe **Texte**, actionnez le bouton **En-tête/Pied**. Si vous êtes en déjà en affichage *Mise en page*, il suffit de cliquer sur la zone affichée de l'en-tête ou du pied de page. L'onglet contextuel **Outils en-têtes et pieds de page/Création** apparaît.

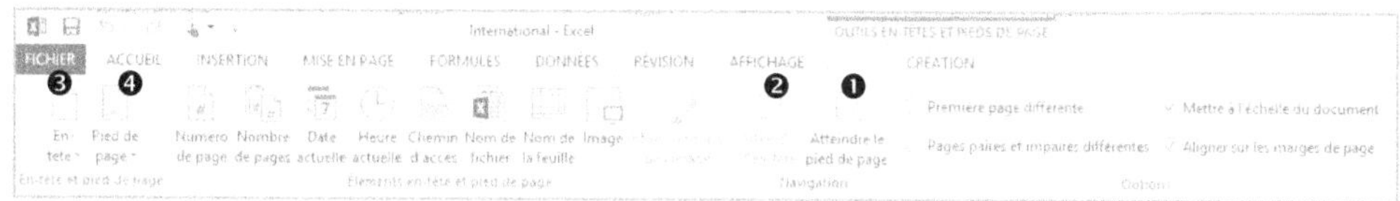

L'affichage passe en mode *Mise en page* et le point d'insertion se trouve dans la partie centrale de l'en-tête de la page. L'en-tête, comme le pied de page, est composé de trois zones, cadrées respectivement à gauche, au centre, et à droite. Dans chacune des zones, vous pouvez saisir du texte et insérer des informations spécifiques (numéro de page, date...) ainsi que des images.

- Pour saisir dans le pied de page : actionnez le bouton **Atteindre le Pied de page** ❶.
- Pour saisir à nouveau dans l'en-tête : actionnez le bouton **Atteindre l'en-tête** ❷.

- Sélectionnez une cellule de la feuille pour valider le contenu de votre en-tête et pied de page.

INSÉRER UN EN-TÊTE OU UN PIED DE PAGE PRÉDÉFINI

Au lieu de saisir vous-même les informations, vous pouvez utiliser des en-têtes et des pieds de page prédéfinis.

- Dans le groupe **En-tête et pied de page**, actionnez le bouton **En-tête** ❸ ou le bouton **Pied de page** ❹.
- Sélectionnez dans la liste des en-têtes ou des pieds de page prédéfinis celui qui vous convient.

INSÉRER DES INFORMATIONS AUTOMATIQUES OU UNE IMAGE

- Placez le point d'insertion à l'endroit voulu dans une des trois zones de l'en-tête (ou du pied de page), et utilisez les boutons du groupe **Éléments en-tête et pied de page** sur le Ruban.

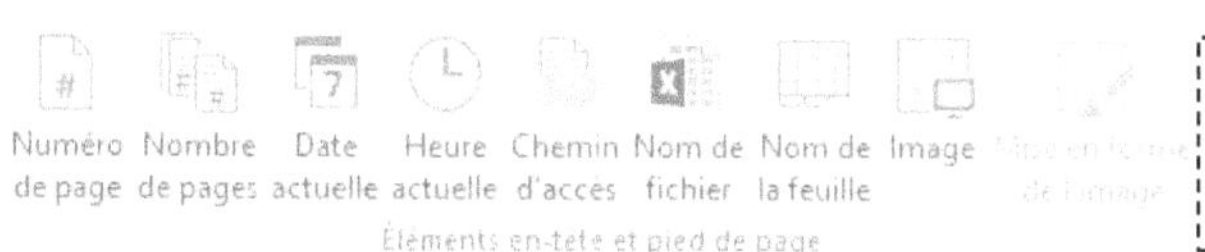

> Un clic/appui sur un bouton insère un code de commande, par exemple &[Date].

OPTIONS DE POSITIONNEMENT

- Utilisez les cases à cocher du groupe **Options** pour définir les positionnements.

❶ Pour définir un en-tête/pied de page de première page différent de celui des autres pages.

❷ Pour définir des en-têtes et des pieds de page différents pour les pages paires et impaires.

❸ Indique si l'en-tête et le pied de page sont mis à l'échelle avec le document lors de l'impression.

❹ Aligne les côtés de l'en-tête et du pied de page sur les marges de la page.

Il est possible d'imprimer la totalité du classeur (toutes les feuilles), ou la feuille en cours ou une sélection de feuilles, ou encore une plage sélectionnée. Pour n'imprimer qu'une partie d'une feuille de calcul sans avoir à la préciser à chaque impression de la feuille, il faut définir une zone d'impression dans chaque feuille qui délimite la partie de la feuille à imprimer.

DÉFINIR LA ZONE D'IMPRESSION

La zone d'impression d'une feuille est la zone qui sera imprimée, par défaut elle couvre la zone active de la feuille, c'est-à-dire la plage entre la cellule A1 et la dernière cellule non vide.

- Sélectionnez la plage de cellules à imprimer, puis sous l'onglet **Mise en page**>groupe **Mise en page**, actionnez le bouton **ZoneImpr** puis la commande *Définir*.

- Pour annuler la définition de la zone d'impression d'une feuille : sélectionnez une cellule quelconque de la feuille, puis sous l'onglet **Mise en page**>groupe **Mise en page**, actionnez le bouton **ZoneImpr** puis la commande *Annuler*.

LANCER L'IMPRESSION AVEC APERÇU AVANT IMPRESSION

L'impression normale passe automatiquement par l'aperçu avant impression, afin que vous puissiez visualiser à l'écran les pages telles qu'elles seront imprimées.

- Actionnez l'onglet **Fichier**, puis **Imprimer**, ou actionnez le bouton *Aperçu et impression* de la barre d'outils *Accès rapide* (si vous l'y avez ajouté).

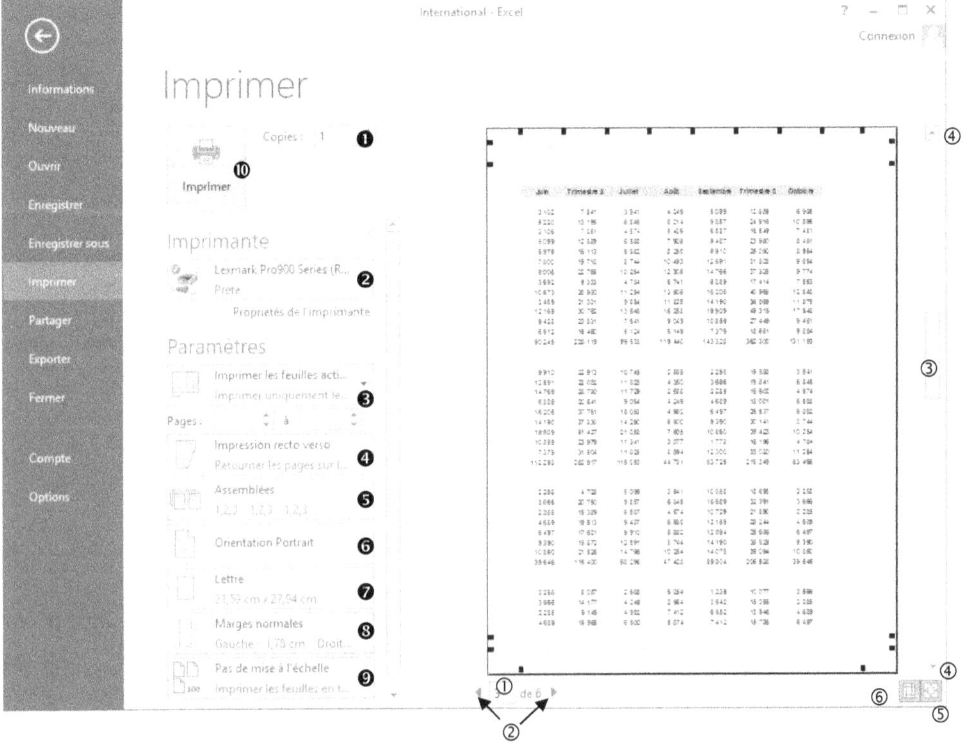

IMPRIMER

Le panneau droit affiche, une page à la fois, l'aperçu avant impression. Le panneau central fournit les outils pour ajuster la mise en page et visualiser immédiatement le résultat.

Naviguer dans les pages de l'aperçu

- Pour passer d'une page à la suivante (ou précédente), effectuez un clic/appui au-dessous (au-dessus) du curseur dans la barre de défilement vertical ③, ou sur la cases de défilement ④, ou sur les flèches de navigation ②.
- Pour aller directement à une page, entrez le numéro de page dans la zone prévue ①.

Zoom ou affichage page entière de l'aperçu

- Actionnez l'icône ⬚ ⑤ pour faire un zoom, des barres de défilement apparaissent autour de l'aperçu pour pouvoir le faire défiler. Actionnez à nouveau cette icône pour revenir à l'affichage page entière.

Ajuster les marges sur l'aperçu

- Actionnez l'icône ⬚ ⑥ pour afficher les marges sur l'aperçu avant impression, vous pouvez alors faire glisser les marges pour les modifier. Actionnez à nouveau l'icône pour faire disparaître les marges.

Ajuster la mise en page

- Orientation ❻ : choisissez entre *Portrait* ou *Paysage*.
- Marges ❽: actionnez le bouton et choisissez entre *Normales*, *Larges*, *Etroites* ou *Marges personnalisées* ou *Dernier paramètre de personnalisation*. Le lien Mise en page permet d'ouvrir le dialogue *Mise en page*.

Définir les options d'impression

- Imprimante à utiliser ❷ : vous pouvez changer d'imprimante si plusieurs pilotes d'imprimantes sont installés sur votre ordinateur. Le lien Propriétés de l'imprimante permet d'ouvrir le dialogue des propriétés du pilote de l'imprimante choisie.
- Mise à l'échelle ❾ : Choisissez entre *Pas de mise à l'échelle*, *Ajuster la feuille à une page*, *Ajuster toutes les colonnes à une page*, *Ajuster toutes les lignes à une page*, ou utilisez *Options de mise à l'échelle personnalisée*.
- Format du papier que vous utilisez dans le bac ❼ : Choisissez entre *A4*, *A5*, *Enveloppe...*
- Feuilles à imprimer ❸ : choisissez entre *les feuilles actives*, *le classeur entier* ou simplement *la sélection* en cours, vous pouvez activer l'option pour *Ignorer la zone d'impression*.
- Pages à imprimer ❹ : vous pouvez spécifier une séquence de pages en indiquant la page de début et la page de fin de la séquence.
- Nombre de copies ❶ : si vous voulez imprimer plusieurs exemplaires.
- Assemblage ❺ en cas de copies multiples : *Assemblé* (chaque exemplaire est imprimé entièrement avant d'imprimer le suivant) ou *Non Assemblé*.

Déclencher l'impression

- Lorsque vous avez fini de définir les options, actionnez le bouton [Imprimer] ❿ pour lancer le travail d"impression dans la file d'attente de l'imprimante et la sortie papier.

L'IMPRESSION RAPIDE

Vous pouvez imprimer rapidement sans passer par l'aperçu avant impression en actionnant le bouton *Impression rapide* de la barre d'outils *Accès rapide*, ou en utilisant la combinaison de touches Ctrl+P.

L'impression est lancée en utilisant les paramètres d'impression en cours (ceux qui ont été définis lors de la précédente impression par l'aperçu avant impression ou les paramètres par défaut).

SAISIR ET MANIPULER LES DONNÉES

SAISIR, MODIFIER ET EFFACER DES DONNÉES

SAISIR DES DONNÉES DANS UNE CELLULE

- Sélectionnez la cellule, saisissez la donnée, puis validez par ⏎ ou ⇧+⏎ ou ⇥, ou ⇧+⇥, ou une flèche de direction.

  La sélection passe sur la cellule du dessous (⏎), du dessus (⇧+⏎) de droite (⇥),de gauche (⇧+⇥), ou sur la cellule voisine dans le sens de la flèche de direction.

La touche pour valider est ⏎. Vous pouvez changer le sens du déplacement de la sélection après validation par ⏎ dans les options Excel, rubrique *Options Avancées* : sous *Options d'édition*, sous la case <☑ Déplacer la sélection après validation> choisissez le sens du déplacement : *Bas, Haut...*

Saisie d'un texte

- Un texte plus long que la cellule dépasse à l'affichage sur les cellules voisines vides.
- Pour qu'un chiffre soit interprété comme un texte, faites-le précéder de l'apostrophe : '2011.
- Vous pouvez appuyer sur Alt+⏎ pour forcer le passage à la ligne au sein d'une cellule.

Saisie d'un nombre

- Pour saisir un chiffre négatif, faites-le précéder du signe moins ou mettez-le entre parenthèses.
- Les séparateurs par défaut des décimales (virgule) et des milliers (espace) peuvent être changés dans la catégorie *Région* du Panneau de configuration Windows).
- Si une cellule affiche #### au lieu du nombre, c'est que suite à un changement du format du nombre la colonne n'est plus assez large pour afficher la valeur.
- Si vous saisissez un nombre trop grand pour être affiché dans une cellule, Excel l'affiche en format scientifique, sous la forme 1,23E+8, qui signifie : $1,23*10^8$, soit 123 000 000.
- Vous pouvez saisir un pourcentage : Excel interprète la saisie de 25% comme 0,25.
- Vous pouvez saisir une valeur en euro en la faisant suivre de € (AltGr +E).

Saisie d'une date

Vous pouvez saisir une date sous la forme 15/8/08 ou 15-8-08, la cellule est automatiquement formatée comme une date. Le contenu de la cellule est en réalité un nombre calculé par Excel. En effet, pour Excel une date est le nombre écoulé depuis 1/1/1900.

Pour saisir la date du jour Ctrl +;, et pour saisir une date du jour qui s'actualise à chaque ouverture du classeur saisissez la fonction AUJOURDHUI().

À propos du changement de siècle de l'an 2000 : les années saisies sur deux positions de valeur 00 à 29 sont interprétées comme correspondant aux années 2000 à 2029. Les années saisies sur deux positions de valeur 30 à 99 sont interprétées comme correspondant aux années 1930 à 1999.

SAISIR DES DONNÉES DANS UNE PLAGE DE CELLULES

Saisir rapidement des valeurs différentes dans les cellules de la plage

- Sélectionnez la plage de cellules, saisissez la valeur de la première cellule puis ⏎, saisissez la valeur de la deuxième cellule puis ⏎ et ainsi de suite pour toutes les cellules de la plage.

La validation sur la dernière cellule de la plage ramène le curseur de cellule sur la première cellule de la plage. Pour enlever la sélection, sélectionnez une cellule quelconque en dehors de la plage.

Saisir une donnée identique dans toutes les cellules d'une plage

- Sélectionnez la plage de données, saisissez la valeur de la première cellule, validez par Ctrl +⏎.

Saisir des données identiques dans des cellules correspondantes de plusieurs feuilles

- Actionnez la première feuille, puis sélectionnez les onglets des autres feuilles
- Saisissez les données dans les cellules de la première feuille, puis Dissociez les feuilles (cf p.33).

Les données existantes écrasées par les nouvelles saisies dans toutes les feuilles.

SAISIR, MODIFIER ET EFFACER DES DONNÉES

SAISIE SEMI-AUTOMATIQUE DE TEXTES EN COLONNE

En cas de données texte déjà saisies dans une colonne, lorsque vous saisissez des caractères dans une cellule contiguë, Excel suggère dès qu'il le peut un texte de la colonne. Vous pouvez accepter la suggestion par ⏎ ou continuer la saisie sans vous en préoccuper.

Cette saisie semi-automatique peut être la désactivée dans les options Excel (rubrique *Options Avancées* sous *Options d'édition* <☐ Saisie semi-automatique des valeurs dans les cellules>).

Vous pouvez aussi utiliser une liste de choix :
- Effectuez un clic droit ou un appui long sur une cellule de la colonne, puis actionnez l'option *Liste déroulante de ce choix*, et sélectionnez le texte à placer dans la cellule.

REMPLISSAGE INSTANTANÉ

Excel remplit automatiquement des cellules en fonction des données déjà saisies dans des cellules connexes. Par exemple, pour scinder une colonne de données contenant Prénom et nom.
- Saisissez le nom dans la première cellule de la colonne à droite, sélectionnez les cellules à remplir en colonne, puis sous l'onglet **Données**>groupe **Outils de données**, actionnez le bouton 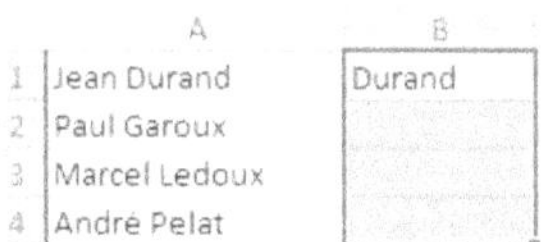 **Remplissage instantané**.

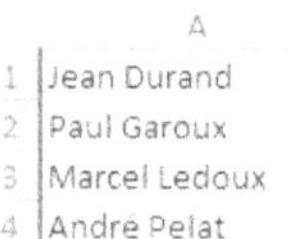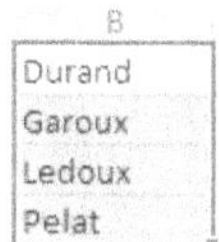

MODIFIER LES DONNÉES D'UNE CELLULE

Vous pouvez modifier le contenu d'une cellule soit dans la barre de formule, soit directement dans la cellule elle-même (modification directe).
- Pour éditer le contenu de la cellule dans la barre de formule : sélectionnez la cellule, puis appuyez sur F2 ou actionnez la barre de formule. Pour éditer le contenu de la cellule directement dans la cellule : effectuez un double-clic ou un double-appui dans la cellule.
- Modifiez le contenu dans la cellule, pour déplacer le point d'insertion des caractères utilisez les touches fléchées : → / ← vers la droite/gauche, et pour supprimer les caractères suivant le curseur Suppr ou les caractères précédant le curseur ←.
- Puis validez par ⏎.

La modification directe dans la cellule peut être désactivée dans les options Excel (rubrique *Options Avancées*, sous *Options d'édition*, décochez la case <☐ Modification directe>).

EFFACER DES DONNÉES

- Sélectionnez la cellule ou la plage de cellules dont vous voulez supprimer le contenu, puis :

- Pour effacer tout le contenu et le format : sous l'onglet **Accueil**>groupe **Édition**, actionnez le bouton **Effacer**, puis l'option *Effacer tout* pour effacer le contenu et le format, ou l'une des autres options.
- Pour effacer le contenu en conservant le format : tapez sur Suppr.

(Souris seulement) Vous pouvez utiliser la poignée de recopie : sélectionnez la plage de cellules à effacer puis, pour effacer tout, maintenez Ctrl appuyée en faisant glisser la poignée de recopie (carré noir situé au coin inférieur droit de la sélection) en arrière vers le haut ou vers la gauche jusqu'à ce que la sélection devienne entièrement grise. La même action sans la touche Ctrl, efface le contenu en conservant le format.

SÉLECTIONNER UNE CELLULE

SÉLECTIONNER UNE CELLULE À LA SOURIS OU À L'ÉCRAN TACTILE

- Si la cellule est affichée dans la fenêtre, il suffit d'actionner (clic ou appui) la cellule.
- Si la cellule n'est pas affichée dans la fenêtre, vous aurez avant de l'actionner à faire défiler la feuille ou vous pouvez atteindre la cellule par son adresse ou son nom.

SÉLECTIONNER UNE CELLULE À L'AIDE DU CLAVIER

- → Cellule à droite.
- ← Cellule à gauche.
- ↑ Cellule au-dessus.
- ↓ Cellule en dessous.
- ⇞ Fenêtre au-dessus.
- ⇟ Fenêtre en dessous.
- Fin, puis ↑ Début colonne en cours.
- ↖ Cellule de début de ligne.
- Fin, puis → Cellule de fin de ligne.
- Ctrl + ↖ Première cellule de la feuille.
- Ctrl + Fin Dernière cellule de la zone remplie.
- Ctrl + ⇞ Cellule de la feuille précédente.
- Ctrl + ⇟ Cellule de la feuille suivante.
- Fin, puis ↓ Dernière cellule de la colonne.

FAIRE DÉFILER LA FEUILLE DANS LA FENÊTRE

La partie de la feuille affichée change mais la cellule active n'est pas déplacée. Après avoir amené la partie de la feuille voulue dans la fenêtre, sélectionnez la cellule que vous voulez rendre active. Si votre souris dispose d'une molette, utilisez-la pour faire défiler le contenu de la fenêtre.

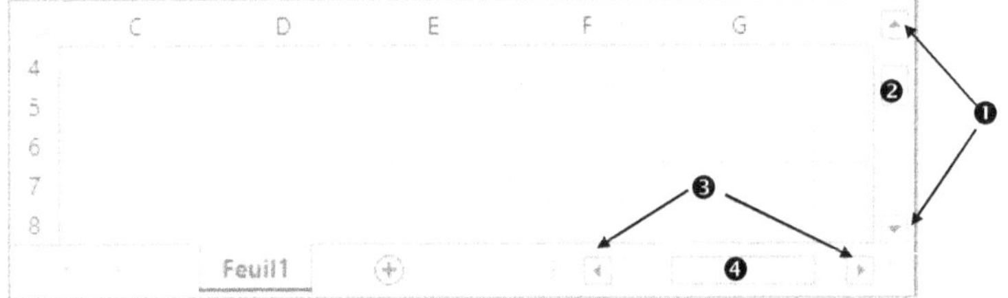

- Défilement vertical par ligne : clic/appui sur une des icônes fléchées ❶.
- Défilement vertical par fenêtre : clic/appui au-dessous/dessus du curseur de défilement ❷.
- Défilement horizontal colonne par colonne : clic/appui sur une des icônes fléchées ❸.
- Défilement horizontal fenêtre par fenêtre : à droite/gauche du curseur de défilement ❹.
- Défilement continu : faites glisser le curseur de défilement ❷ ou ❹.

ATTEINDRE UNE CELLULE (OU UNE PLAGE) PAR SON ADRESSE OU SON NOM

Avec la commande Atteindre

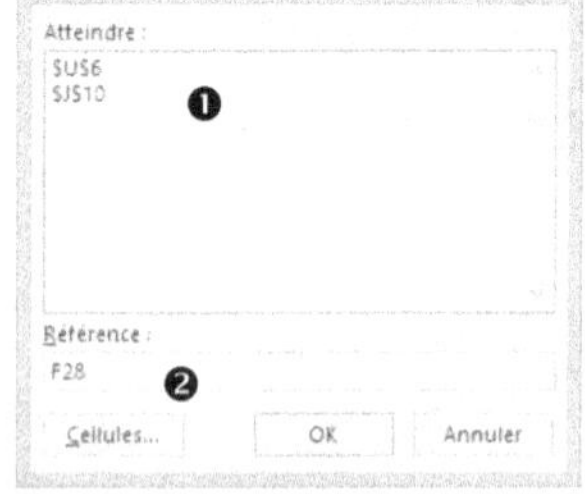

- Sous l'onglet **Accueil**>groupe **Édition**, actionnez le bouton **Rechercher et sélectionner**, puis *Atteindre*, ou appuyez sur F5 ou sur Ctrl +T.
- Dans la zone <Atteindre> ❶, actionnez le nom de la cellule ou de la plage à sélectionner, ou tapez la référence de cellule correspondante dans la zone <Référence> ❷, par exemple, B3 ou B1:B3.
- Actionnez [OK].

Dans la zone <Atteindre> sont listées les cellules ou plages de cellules sélectionnées avant d'utiliser la commande *Atteindre*, ce qui permet de revenir au point de départ.

Avec la zone nom dans la barre de formule

- Actionnez la zone <Nom> à gauche de la barre de formule, puis tapez la référence de la cellule et ↵ ; ou clic/appui sur la flèche de cette zone pour sélectionner un nom de cellule ou de plage à atteindre.

SÉLECTIONNER UNE PLAGE DE CELLULES

SÉLECTIONNER UNE PLAGE DE CELLULES

Avant de passer une commande devant s'appliquer à plusieurs cellules, il faut les sélectionner.

Avec la souris ou l'écran tactile

- (souris) faites glisser le pointeur de la souris de la première à la dernière cellule de la plage ; (tactile) appuyez sur la première cellule, puis faites glisser la poignée tactile ronde jusqu'à la dernière cellule plage

(Souris seulement) clic sur la première cellule de la plage à sélectionner, maintenez la touche ⇧ appuyée et clic sur la dernière cellule de la plage.

Avec le clavier (clavier matériel ou clavier visuel Windows 8)

- Placez le curseur dans la cellule qui se trouve dans le coin supérieur gauche de la plage, appuyez sur F8 : l'indicateur **Étendre la sélection** s'affiche dans la barre des tâches.
- À l'aide des touches fléchées, déplacez le curseur jusqu'à la fin de la plage à sélectionner.

SÉLECTIONNER DES LIGNES OU COLONNES ENTIÈRES

Pour sélectionner une ligne ou une colonne

- Clic/appui sur le numéro en-tête de ligne (1, 2, 3...) ou de colonne (A, B, C...).
- (Clavier matériel ou visuel) sélectionnez une cellule de la ligne ou colonne, puis :
  - Appuyez sur Ctrl + espace pour sélectionner la colonne.
  - Appuyez sur ⇧ + espace pour sélectionner la ligne.

Pour sélectionner plusieurs lignes ou colonnes contiguës

- Clic/appui sur le numéro en-tête de ligne (1, 2, 3...) ou de colonne (A, B, C...), puis faites glisser le pointeur sur les numéros suivants (tactile : faites glisser une poignée tactile ronde).
- (Clavier matériel ou visuel) : sélectionnez la première colonne ou la première ligne, appuyez sur ⇧, sélectionnez les lignes ou colonnes voisines avec les touches de direction.

SÉLECTIONNER DES PLAGES DISJOINTES (SOURIS ET CLAVIER SEULEMENT)

- Sélectionnez la première plage à la souris, maintenez appuyée Ctrl, sélectionnez la seconde plage avec la souris, et ainsi de suite... après sélection de la dernière plage relâchez Ctrl.
- (Clavier matériel ou visuel) sélectionnez la première plage avec la touche F8 et les touches de direction, puis Maj+F8 l'indicateur devient AJOUTER À LA SÉLECTION, déplacez le curseur au début de la deuxième plage avec les touches de direction, puis F8 et sélectionnez la plage, et ainsi de suite... lorsque la dernière plage a été sélectionnée appuyez sur F8.

SÉLECTIONNER LA PLAGE ACTIVE EN ENTIER (CLAVIER SEULEMENT)

La plage active est délimitée par la première ligne et colonne vide avant et après.

- Sélectionnez une cellule du tableau puis appuyez sur Ctrl + ⇧ + espace.

SÉLECTIONNER TOUTE LA FEUILLE DE CALCUL

- Clic/appui sur la case *Sélectionner tout* qui se trouve à l'intersection des en-têtes de ligne et de colonne de la feuille de calcul, ou appuyez sur Ctrl + ⇧ + espace une ou deux fois ou Ctrl+A.

ÉTENDRE LA SÉLECTION D'UNE PLAGE SUR PLUSIEURS FEUILLES

- La sélection d'une plage de cellules peut être étendue à d'autres feuilles du classeur : effectuez la sélection, puis maintenez appuyée la touche Ctrl et clic/appui sur les onglets des autres feuilles.

ANNULER LA SÉLECTION D'UNE PLAGE

- Appuyez sur Echap, ou clic/appui sur une cellule quelconque (ou touche de direction).

Il est impossible d'annuler une partie d'une sélection multiple sans annuler la sélection entière.

INSÉRER ET SUPPRIMER DES CELLULES

La structure d'un tableau peut être amenée à évoluer. Les commandes suivantes permettent d'insérer ou de supprimer des lignes ou des colonnes ou des cellules.

Ne confondez pas « supprimer les cellules » qui décale les cellules situées à droite ou au-dessous et « effacer les cellules » qui ne fait que supprimer le contenu des cellules.

INSÉRER DES CELLULES, DES LIGNES OU DES COLONNES

Avec la poignée de recopie (souris seulement)

- Sélectionnez les cellules après lesquelles vous souhaitez insérer les nouvelles cellules (au-dessous ou à droite). Puis, maintenez ⬆ appuyée en faisant glisser la poignée de recopie (carré noir à l'un des angles de la sélection qui se transforme) vers le bas/la droite.

Les données existantes, couvertes par le glisser-déplacer sont déplacées vers le bas ou la droite selon le sens du glisser-déplacer effectué.

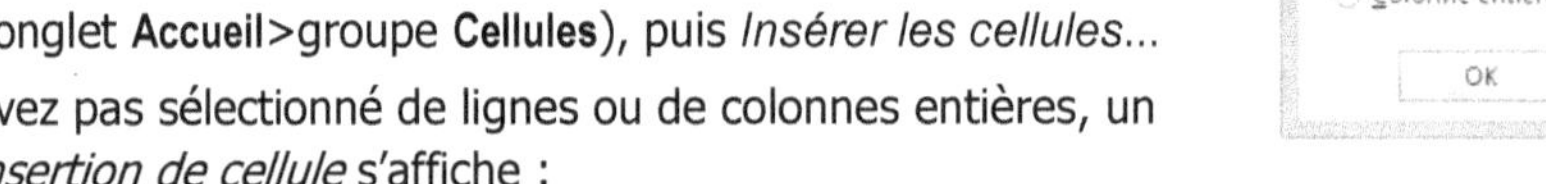

Avec les commandes

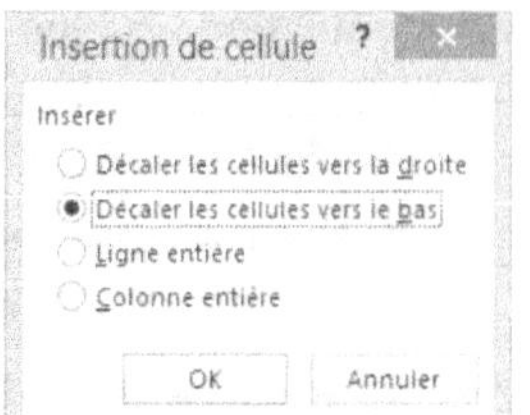

- Sélectionnez la plage de cellules ou les lignes ou colonnes à l'emplacement desquels vous souhaitez insérer des cellules vierges, puis clic droit, ou appui long suivi de ▼, sur la sélection, puis actionnez la commande contextuelle *Insérer...* ou actionnez le bouton **Insérer** (onglet **Accueil**>groupe **Cellules**), puis *Insérer les cellules...*

Si vous n'avez pas sélectionné de lignes ou de colonnes entières, un dialogue *Insertion de cellule* s'affiche :

- Spécifiez si les cellules sélectionnées doivent être décalées vers la droite ou vers le bas sous les cellules vierges insérées, actionnez [OK].

SUPPRIMER DES CELLULES

Avec la poignée de recopie (souris seulement)

- Sélectionnez la plage de cellules, ou les lignes ou colonnes à supprimer. Puis, en maintenant ⬆ appuyée, faites glisser la poignée de recopie (carré noir au coin inférieur droit de la sélection qui se transforme) en arrière vers le haut/la gauche jusqu'à couvrir toute la sélection.

Avec les commandes

- Sélectionnez la plage de cellules, les lignes ou les colonnes à supprimer. Clic droit (tactile : appui long suivi de ▼) sur la sélection puis actionnez l'option *Supprimer...* ;
  ou, sous l'onglet **Accueil**>groupe **Cellules**, actionnez le bouton **Supprimer**, puis une des options *Supprimer les cellules ...* ou *Supprimer des lignes* ou *Supprimer des colonnes*.

Si vous n'avez pas sélectionné des lignes ou des colonnes entières, et si vous actionnez l'option *Supprimer les cellules*, un dialogue s'affiche :

- Spécifiez si les cellules à droite des cellules supprimées doivent être décalées vers la gauche, ou si ce sont les cellules au-dessous qui doivent être décalées vers haut, validez par [OK].

DÉPLACER ET COPIER DES DONNÉES

Vous pouvez déplacer ou copier les données d'une cellule ou d'une plage de cellules, de lignes ou de colonnes entières. Dans le cas général, les données copiées (ou déplacées) remplacent les données existantes dans l'emplacement destination, elles sont copiées avec formules et mises en forme, mais vous pouvez les copier sans mise en forme ou ne copier que les valeurs résultat.

PAR COPIER/COUPER/COLLER

Déplacer ou copier en remplaçant les données destination

- Sélectionnez la cellule ou la plage de cellules à copier, puis sous l'onglet **Accueil**>groupe **Presse-papiers**, actionnez le bouton **Couper/Copier**, ou Ctrl+C pour copier / Ctrl+X pour couper.
- Clic/appui sur la cellule en haut à gauche de l'emplacement destination, dans la même feuille ou dans une autre feuille ou même dans un autre classeur, puis sous l'onglet **Accueil**>groupe **Presse-papiers**, actionnez le bouton **Coller** ou appuyez sur Ctrl+V.

Tant que vous n'avez pas effectué d'autres actions, la sélection initiale copiée reste entourée par une bordure clignotante, cela indique qu'elle peut être collée à nouveau.

À côté de la plage des cellules collées, une balise apparaît qui vous permet de contrôler l'apparence des cellules collées : conserver le format des cellules source ou adopter le format des cellules destination, coller les valeurs résultat et non les formules…

Insérer des données copiées ou coupées

- Actionnez la cellule destination, puis sous l'onglet **Accueil**<groupe **Cellules**, actionnez le bouton **Insérer** ; ou, clic droit (tactile : appui long suivi de ▼) sur la cellule destination. Puis, actionnez l'option *Insérer les cellules copiées* (ou *coupées*)

Un dialogue *Insérer et coller* vous demande de spécifier si vous voulez décaler les données existantes vers la droite ou vers le bas.

PAR GLISSER (SOURIS SEULEMENT)

Déplacer ou copier dans la même feuille de calcul

- Sélectionnez la cellule ou la plage de cellules à déplacer ou à copier :
  - pour déplacer : faites glisser le pourtour de la sélection jusqu'à l'emplacement de destination ;
  - pour copier : effectuez la même action en gardant appuyée la touche Ctrl

Si l'emplacement de destination contient déjà des données, Excel vous demande si les données existantes doivent être remplacées, répondez [Oui] pour coller les données.

Déplacer ou copier dans une autre feuille de calcul

- Sélectionnez la cellule ou la plage de cellules à déplacer ou à copier, puis :
  - pour déplacer : maintenez appuyée la touche Alt ;
  - pour copier : maintenez appuyée la touche Ctrl ;
  - et faites glisser le pourtour de la sélection sur l'onglet de la feuille destination, puis continuez à le faire glisser jusqu'à l'emplacement de destination.

La feuille de destination peut être dans un autre classeur, dans ce cas il faut avoir affiché les deux classeurs dans deux fenêtres.

Insérer les données déplacées ou copiées

- Sélectionnez la cellule ou la plage de cellules à déplacer ou à copier, puis :
  - pour déplacer : maintenez appuyée la touche ⇧ ;
  - pour copier : maintenez appuyée la touche ⇧+Ctrl ;
  - et faites glisser le pourtour de la sélection, qui prend alors la forme d'une barre grisée.
- Faites glisser cette barre grisée entre les lignes ou entre les colonnes où vous voulez insérer les données, puis relâchez le bouton de la souris.
  - Les données déplacées sont insérées en décalant vers la droite ou vers le bas les données existantes de l'emplacement de destination.

DÉPLACER ET COPIER DES DONNÉES

RECOPIER UNE FORMULE DANS LES CELLULES ADJACENTES

Lorsqu'une même formule doit se répéter sur une ligne ou sur une colonne, la méthode la plus rapide consiste à la créer dans la première cellule puis à la recopier dans les cellules adjacentes. Lorsqu'une formule est recopiée, les références relatives sont ajustées.

Par glisser (souris ou tactile)

- Actionnez la cellule contenant la formule à copier, puis,
- (souris) faites glisser la poignée de recopie (carré noir situé au coin inférieur droit de la cellule, le pointeur se transforme en croix noire) sur les cellules adjacentes ;
- (tactile) appui suivi de *Recopie incrémentée*, puis faites glisser la poignée tactile ⊞ sur les cellules adjacentes.

Avec la commande remplissage

- Sélectionnez la plage de cellules commençant par la cellule contenant la formule à copier, puis sous l'onglet **Accueil**>groupe **Édition**, actionnez ⬇ **-Remplissage**, puis l'option *En bas/À droite*.

UTILISER LE PRESSE-PAPIERS OFFICE

Office met à votre disposition un presse-papiers multiple qui peut contenir jusqu'à vingt-quatre éléments que vous pourrez ensuite coller là où bon vous semble. Vous pouvez par exemple extraire des colonnes de différents tableaux pour les réunir dans un autre tableau.

Les éléments sont conservés dans le Presse-papiers Office jusqu'à ce que vous quittiez tous les programmes Office ou que vous les supprimiez du volet Office Presse-papiers.

Activer le Presse-papiers Office

- Sous l'onglet **Accueil**>groupe **Presse-papiers**, actionnez le lanceur.

Le volet *Presse-papiers* s'ouvre sur le bord gauche de la fenêtre Excel. Le Presse-papiers Office ne mémorise les éléments copiés que s'il a été activé dans au moins une application Office. Il ne cesse son activité que s'il est fermé dans toutes les applications Office.

Copier une plage de cellules dans le Presse-papiers Office

- Sélectionnez la plage de cellules, puis sous l'onglet **Accueil**>groupe **Presse-papiers**, actionnez le bouton **Copier** ou [Ctrl]+C.

Les éléments copiés dans le Presse-papiers Office sont représentés par l'icône du programme qui les a créés et par une partie des données. Lorsque le Presse-papiers est plein, l'élément le plus ancien est remplacé par la copie la plus récente.

Coller un élément du Presse-papiers Office

- Sélectionnez la cellule en haut à gauche de l'emplacement destination, puis clic ou appui dans le volet Presse-papiers sur l'élément à coller, répétez cette opération pour chaque élément à copier.

Coller l'ensemble des éléments du Presse-papiers Office

- Actionnez le bouton [Coller tout].

Ce n'est pas la meilleure façon d'opérer car Excel colle tous les éléments les uns au-dessus des autres dans la feuille, cela nécessite une réorganisation des données.

Supprimer des éléments du Presse-papiers Office

- Pour supprimer un élément, actionnez l'élément puis la flèche qui apparaît en regard de l'élément, puis *Supprimer*.
- Pour supprimer tous les éléments, actionnez [Effacer tout].

Fermer le volet Presse-papiers Office

- Actionnez la case ✕ Fermeture ; ou actionnez le symbole ▾ , puis *Fermer*.

RECHERCHER ET REMPLACER

RECHERCHER

- Si vous voulez faire une recherche dans toute la feuille, clic/appui sur une cellule, sinon sélectionnez la plage de cellules sur laquelle vous voulez effectuer la recherche, puis
- Sous l'onglet **Accueil**>groupe **Édition**, actionnez sur le bouton **Rechercher et sélectionner**, puis la commande *Rechercher...* ou appuyez sur Ctrl+F.

Le bouton [Format...] permet de spécifier un critère de recherche sur le format de cellule.
Pour supprimer le critère de format, cliquez sur le bouton [Sans mise en forme].

- Dans la zone <Rechercher> : tapez l'expression à rechercher, par exemple une valeur d'erreur #REF!#. Vous pouvez utiliser deux caractères génériques : * qui remplace une chaîne de caractères et ? qui remplace un caractère unique. Par exemple, l'expression dupon? trouve dupond et dupont et l'expression *-est trouve nord-est et sud-est.
  - ❶ *Feuille/Classeur* : recherche seulement dans la feuille active ou dans toutes les feuilles.
  - ❷ *Par colonne/Par ligne* : recherche dans l'ordre des colonnes ou celui des lignes.
  - ❸ *Formules/Valeurs/Commentaires* : recherche dans les cellules contenant des formules ou dans les cellules contenant des valeurs ou dans les cellules associées à un commentaire.
  - ❹ Activez pour distinguer les majuscules des minuscules dans la recherche.
  - ❺ Activez pour que la recherche ne porte que sur la totalité du contenu de la cellule.
- Lancez la recherche en cliquant sur l'un des boutons :
- – [Suivant] : pour rechercher l'occurrence suivante, ou
- – [Rechercher tout] : pour rechercher toutes les occurrences et lister les adresses des cellules dans la partie inférieure du dialogue.

REMPLACER

- Si vous voulez faire un remplacement dans toute la feuille, clic/appui sur une cellule, sinon sélectionnez la plage de cellules sur laquelle vous voulez effectuer le remplacement.
- Sous l'onglet **Accueil**>groupe **Edition**, actionnez le bouton **Rechercher et sélectionner**, puis la commande *Remplacer...* ou appuyez sur Ctrl+H.
- Si nécessaire, actionnez [Options...] pour afficher le dialogue développé avec les options.
- Dans la zone <Rechercher> : tapez l'expression à rechercher avec, si c'est utile, des caractères génériques. Vous pouvez aussi actionner [Format...] pour spécifier un format pour la recherche.
- Dans la zone <Remplacer par> : tapez l'expression de remplacement, vous pouvez aussi actionner [Format...] pour spécifier un format de remplacement.
- – Spécifiez les options sous l'onglet *Remplacer* du dialogue *Rechercher et remplacer*.
- Actionnez l'un des boutons suivants :
- – [Remplacer tout] : pour remplacer toutes les occurrences sans confirmation.
- – [Suivant] : pour trouver l'occurrence suivante et une fois qu'elle est trouvée, actionnez [Remplacer] : pour la remplacer et chercher la suivante, ou [Suivant] pour ne pas la remplacer et chercher la suivante.

CRÉER LES FORMULES

CRÉER DES FORMULES

Les formules, entrées dans des cellules de la feuille de calcul, effectuent des calculs sur les valeurs contenues dans votre feuille de calcul. Une formule peut contenir des valeurs constantes, des références à des cellules, des fonctions et des opérateurs. C'est le résultat de la formule qui est affiché dans la cellule, la formule est visible dans la barre de formule lorsque la cellule est active.

SAISIR UNE FORMULE

La présence d'un signe égal (=) ou plus (+) ou moins (-) devant la formule permet à Excel de différencier une formule d'une simple valeur. Pour entrer une formule :

- Clic/appui sur la cellule devant afficher le résultat du calcul.
- Tapez = (ou + ou -) pour indiquer que vous allez créer une formule. Si vous utilisez le pavé numérique pour saisir des formules simples le signe égal (=) n'y figure pas.
- Saisissez la formule et terminez par ⏎.
  Pour terminer, vous pouvez aussi cliquer sur l'une des
  icônes qui s'affichent dans la barre de formule pendant la saisie de la formule :

  ✕ abandonne la saisie de la formule, ✓ valide la formule.

LES OPÉRATEURS

Les opérateurs mathématiques sont par ordre de niveau priorité d'exécution :

Priorité 1 : % pourcentage,   ^ puissance.

Priorité 2 : * multiplication, / division.

Priorité 3 : + addition   - soustraction.

Dans une expression, les opérateurs de même niveau sont effectués de gauche à droite. Mais on peut utiliser des parenthèses pour influer sur les priorités de calcul, les expressions entre parenthèses sont évaluées d'abord. Par exemple, `10*2+5` donne `25`, alors que `10*(2+5)` donne `70`.

Il est possible d'imbriquer des niveaux de parenthèses, le niveau le plus bas étant évalué en priorité. Lors de la saisie, chaque niveau de parenthèses possède sa couleur.

Pour les chaînes de caractères, il existe l'opérateur de concaténation `&` : si C3 contient `Paul` et D3 contient `Martin`, la formule `=C3&" "&D3` affiche `Paul Martin`.

MODIFIER UNE FORMULE

- Passez en édition de la formule : soit dans la cellule par un double clic/appui sur la cellule ; soit dans la barre de formule : sélectionnez la cellule, puis `F2` ou actionnez la barre de formule.
- Dans la formule éditée, les cellules référencées sont mises en évidence par un contour coloré. Placez le point d'insertion dans la formule par un clic/appui ou en utilisant les touches d'édition → ← ↖ `Fin`, puis saisissez ou modifiez les caractères.
- Pour valider la modification : appuyez sur ⏎ ou actionnez l'icône de validation (☑).

RECALCUL AUTOMATIQUE OU MANUEL DES FORMULES

Par défaut, dès qu'une valeur, une formule ou un nom est modifié, toutes les formules de la feuille de calcul sont recalculées, c'est le mode calcul automatique. Si le nombre de formules dans la feuille augmente, les calculs des formules prennent plus de temps et cela peut devenir gênant. Vous pouvez passer en mode de calcul manuel. Pour changer le mode de calcul du classeur :

- Sous l'onglet **Formules**>groupe **Calcul**, actionnez le bouton ❶ **Options de calcul**, puis choisissez le mode de calcul : *Automatique, Automatique sauf dans les tables de données, Manuel.*

En mode calcul manuel, les formules ne sont recalculées que lorsque vous actionnez le bouton ❷ **Calculer le classeur** (`F9`) ou ❸ **Calculer la feuille** (`↑`+`F9`).

Les formules sont aussi recalculées avant l'enregistrement, sauf si vous avez désactivé <☐ Recalculer avant l'enregistrement> dans les options (rubrique *Formules* sous *Mode de calcul*).

RÉFÉRENCER DES CELLULES

SAISIR OU COLLECTER DES RÉFÉRENCES DE CELLULES

Une formule fait le plus souvent des calculs sur des valeurs qui se trouvent dans d'autres cellules, par exemple la somme des valeurs des cellules de la colonne au-dessus. La formule utilise alors comme opérande les références des cellules, ainsi lorsque les contenus des cellules référencées sont modifiés, Excel recalcule automatiquement le résultat de toutes les formules.

- C5 est la référence de la cellule située à l'intersection de la colonne C et de la ligne 5 ;
- C5:G15 est la référence de la plage de cellules de la cellule C5 à la cellule G15.
- En cours de saisie ou de modification d'une formule, lorsque vous voulez inscrire la référence d'une cellule dans la formule, vous pouvez :
- soit saisir directement l'adresse de la référence la cellule,
- soit collecter la référence en cliquant sur la cellule à référencer (procédé recommandé) : pour cela, effectuez un clic/appui sur la cellule à référencer, à ce moment cette cellule apparaît entourée de pointillés avec une bordure de couleur et sa référence s'inscrit dans la formule.
- Continuez ensuite la saisie de la formule.

RÉFÉRENCES RELATIVES ET ABSOLUES DANS UNE FORMULE

Références relatives

On utilise une référence relative lorsqu'on veut référencer une cellule par sa position relative par rapport à celle qui contient la formule. Dans ce cas, on veut que la référence soit adaptée automatiquement si l'on copie la formule dans une autre cellule.

Illustrons cela par un exemple : supposons qu'une formule fasse référence aux deux cellules qui sont au-dessus d'elle, si vous copiez la formule ailleurs dans la feuille ou même dans un autre classeur, la formule obtenue par copie continuera à référencer les deux cellules au-dessus d'elle.

Une référence relative à la cellule B2 spécifie simplement l'adresse de la cellule B2. Par exemple, la formule de la cellule B5 est =B2*B3, vous copiez la formule dans la cellule D5, les références sont adaptées et la formule en D5 devient =D2*D3.

Références absolues

On utilise une référence absolue lorsqu'on veut adresser une cellule indépendamment de sa position par rapport à la formule. Dans ce cas, on veut que la référence ne soit pas adaptée si l'on copie la formule dans une autre cellule.

Une référence absolue à la cellule B2 est spécifiée par $B$2. Par exemple, si la formule de la cellule B5 est =$B$2+$B$3, en la copiant dans la cellule D5, la formule en D5 reste =$B$2+$B$3.

Références mixtes (relatives et absolues)

Il peut être utile d'avoir, dans une formule qui va être recopiée, une référence dont l'une des coordonnées (la ligne ou la colonne) est relative et l'autre absolue. En cas de recopie, la coordonnée relative est ajustée selon la position de destination, mais pas l'autre coordonnée.

=RECHERCHEV($A5;$A$5:$F$8;2) — La référence $A5 est absolue en colonne et relative en ligne.

| A5 | Référence relative. | $A5 | Référence colonne absolue et ligne relative |
| $A$5 | Référence absolue. | A$5 | Référence colonne relative et ligne absolue. |

RÉFÉRENCER DES CELLULES

CHANGER UNE RÉFÉRENCE RELATIVE EN ABSOLUE ET INVERSEMENT

- Lors de la saisie ou modification de la formule, placez le curseur sur la référence (par exemple C1), appuyez F4 pour la transformer en référence absolue ($C$1), une deuxième fois F4 pour absolue en ligne et relative en colonne (C$1), une troisième fois F4 pour absolue en colonne et relative en ligne ($C1), une quatrième fois F4 donne à nouveau la référence relative (C1)...

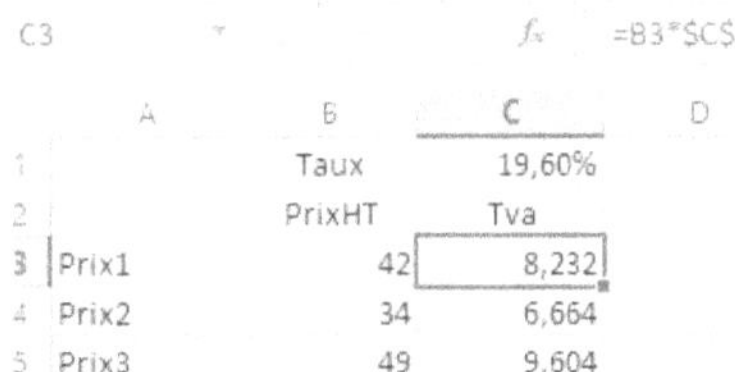

La formule de la cellule C3, =B3*$C$1, peut être recopiée dans les cellules au-dessous (C4 :C5), la référence absolue $C$1 ne sera pas adaptée et fera toujours référence à la cellule $C$1 qui contient la valeur du taux.

RÉFÉRENCES À DES CELLULES D'UNE AUTRE FEUILLE

Par exemple =`'Tarif Articles'!D4*F4`, la formule multiplie la valeur de la cellule F4 de la feuille qui contient la formule par la valeur de la cellule D4 d'une autre feuille *Tarif Articles*. Notez que si le nom de la feuille contient un espace, il faut le mettre entre apostrophes (' ').

Lors de la saisie de formule, vous pouvez collecter la référence à une cellule d'une autre feuille en cliquant la cellule dans l'autre feuille.

RÉFÉRENCES TRIDIMENSIONNELLES (3D)

Une référence 3D est une référence à une même cellule ou plage de cellules dans plusieurs autres feuilles adjacentes, la syntaxe est `Feuil2:Feuil6!Référence`. par exemple `=SOMME(Feuil1:Feuil5!A1:H3)`.

Vous pouvez utiliser des références 3D comme argument des fonctions suivantes : SOMME, MOYENNE, AVERAGEA, NBVAL, MAX, STDEVA, ECARTYPE, STDEVPA, PRODUIT, MINA, VAR, NB, VARPA, ECARTYPEP, MAXA, MIN, VAR.P, VARA.

RÉFÉRENCES EXTERNES

Une référence est une référence à une cellule ou plage de cellules dans un *autre* classeur, la syntaxe est `'[Nom_Classeur]Feuille'!Référence`.

Vous pouvez aussi collecter une référence externe lors de la saisie de la formule. Les deux classeurs doivent être ouverts dans deux fenêtres Excel, au moment de la collecte : accédez à l'autre fenêtre ouverte sur l'autre feuille et sélectionnez la cellule/plage à référencer.

La référence externe collectée est initialement une référence absolue (juste après la collecte), mais vous pouvez la changer en référence relative ou mixte.

VALEURS D'ERREUR D'UNE FORMULE

En cas d'erreur dans une formule, la cellule qui la contient affichera une valeur d'erreur. Les valeurs d'erreur sont les suivantes :

- `#####` La cellule n'est pas assez large pour afficher le nombre dans le format choisi.
- `#VALEUR!` Un type d'argument inapproprié est utilisé.
- `#DIV/0!` Division par zéro.
- `#NOM?` La formule utilise un nom inexistant ou erreur dans le nom d'une fonction.
- `#N/A!` Référence à une valeur non disponible dans la formule ou une fonction.
- `#NULL!` Référence invalide (hors feuille par exemple).
- `#NOMBRE!` Référence contenant une valeur numérique non valide.
- `#REF!` Référence à quelque chose qui n'existe pas ou qui a été effacé.

FORMULES DE LIAISONS ENTRE FEUILLES

Des formules peuvent référencer des cellules d'une autre feuille, aussi bien du même classeur (`Feuil!Référence`) que d'un autre classeur (`'[Nom_Classeur]Feuil'!Référence`), ces formules établissent une liaison entre feuilles.

CRÉER DES LIAISONS SIMPLES

La liaison la plus simple est une formule du type `=Feuille!référence`. On veut que des cellules cibles contiennent des références simples vers des cellules source. Si les cellules sources sont dans un autre classeur il faut que ce classeur ait été enregistré dans un fichier.

Méthode 1 : copier/coller avec liaison

- Ouvrez les classeurs contenant les feuilles, dans le classeur des cellules sources, sélectionnez la plage de cellules, puis appuyez sur `Ctrl`+C ; ou, sous l'onglet **Accueil**>groupe **Presse-papiers**, actionnez le bouton **Copier**.
- Ouvrez la fenêtre du classeur qui contient la formule, placez le curseur sur la première cellule de la plage cible, `Ctrl`+V ; ou, actionnez le bouton **Coller**.
- Actionnez la balise qui s'affiche à côté de la zone de collage, puis *Collage avec liaison*.

Dans chaque cellule cible, une formule de référence simple est créée du type `=Feuil1!B5` si les feuilles appartiennent au même classeur, `='[Classeur.xls]Feuil1'!$B$5` si elles appartiennent à des classeurs différents.

Vous pourriez aussi saisir la première formule cible (tapez sur =, puis collectez la première cellule source et validez par `↵`), puis recopier la formule dans les autres cellules cibles, en prenant soin de changer les références absolues en références relatives s'il s'agit d'une référence externe.

Méthode 2 : formule matricielle

- Ouvrez les classeurs contenant les feuilles, dans le classeur cible sélectionnez la plage de cellules de la même taille que la plage source.
- Tapez = pour commencer une formule, puis dans la feuille source sélectionnez la plage à récupérer et appuyez sur `Ctrl`+`⇧`+`↵` pour confirmer.

Vous avez ainsi créé une référence matricielle, la formule est du type `{= Feuil1!A1:C5}` ou `{='[Classeur1.xls]Feuil12'!$A$1:$C$5}`. L'avantage est qu'il n'est plus possible de modifier par inadvertance une cellule de la plage matricielle.

LIAISONS COMBINÉES DANS UNE FORMULE DE CALCUL

Les classeurs contenant les cellules référencées doivent avoir être enregistrés et être ouverts.

- Commencez à saisir la formule dans la cellule cible : tapez = puis le début de l'expression de calcul… Au moment d'insérer la référence à une cellule source, passez dans la feuille source et effectuez un clic/appui sur la cellule source ou sélectionnez la plage source. Puis, continuez la saisie de la formule,… terminez par `↵` pour entrer la formule.

On obtient par exemple, `=Paris IDF!E10+Régions!E15` si les feuilles appartiennent au même classeur, ou `='[Classeur 1.xls] Paris IDF'!$E$10+'[Classeur 2.xls]Régions'!$E$15` si les feuilles appartiennent à des classeurs distincts.

MISE À JOUR DES LIAISONS EXTERNES (VERS UN AUTRE CLASSEUR)

À l'ouverture d'un classeur, le recalcul des formules à références externes est automatique comme celui des autres formules, sauf si le calcul <⊙ Manuel> est activé dans les options d'Excel. En cours de travail, les modifications des valeurs des cellules sources sont prises en compte immédiatement dans le classeur cible s'il est ouvert, sinon à sa prochaine ouverture.

Une protection existe avec <☑ Confirmer de la mise à jour automatique des liens> dans les *Options avancées* sous *Général*, vous serez alors informé de l'existence des liens, et ce sera à vous de confirmer manuellement la mise à jour.

TRAITEMENT DES ERREURS

DÉTECTION DES ERREURS LORS DE LA SAISIE

Dès que vous validez la saisie d'une formule, Excel la vérifie. Si la formule contient une erreur, Excel affiche un message d'avertissement pour signaler l'erreur et proposer une correction.

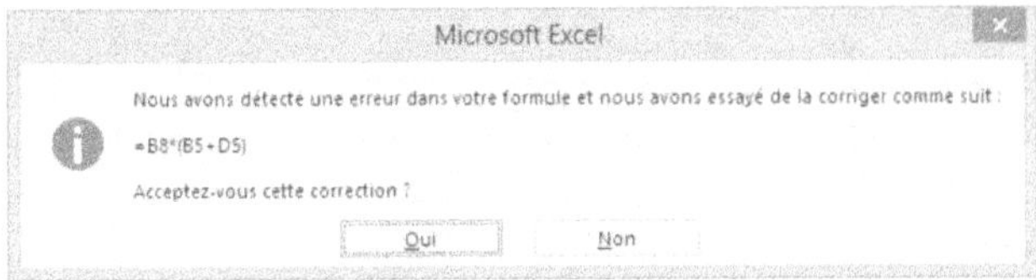

- Si vous acceptez la correction, actionnez [Oui], la formule rectifiée est entrée dans la cellule.
- Si vous la refusez, actionnez [Non], Excel affiche un message descriptif de l'erreur.
  Validez ce message après l'avoir lu, Excel positionne alors le point d'insertion dans la formule à la position de l'erreur signalée et vous laisse corriger manuellement.

REPÉRER VISUELLEMENT LES ERREURS DANS UNE FEUILLE

Lorsqu'une formule contient une erreur, le résultat de la formule est une valeur d'erreur (voir page 58), de plus un triangle vert est affiché dans son coin supérieur gauche. Toutes les cellules en erreur de la feuille sont donc repérables visuellement par le triangle vert.

Si vous sélectionnez une cellule en erreur, une balise s'affiche : actionnez cette balise pour ouvrir un menu qui aide à identifier et à traiter l'erreur.

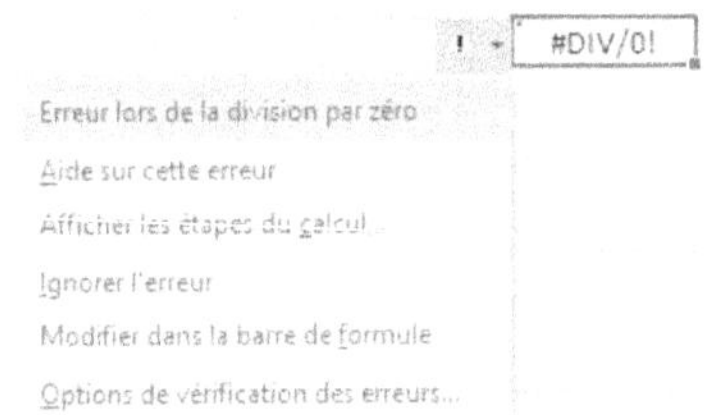

Ce ne sont pas seulement les erreurs qui sont signalées par un triangle vert, mais toutes les incohérences ou les anomalies potentielles. Tout ce qui peut être mis en évidence par un triangle vert dans le coin supérieur gauche de la cellule est défini dans les options Excel :

- Actionnez l'onglet **Fichier**, puis **Options**, sélectionnez la rubrique *Formule* sous *Règles de vérification des erreurs* ; ou, *Options de vérification des erreurs...* dans le menu de la balise :
- Cochez les cases des règles de vérification que vous voulez appliquer, par défaut elles le sont toutes sauf <☐ Formule faisant référence à des cellules vides>.

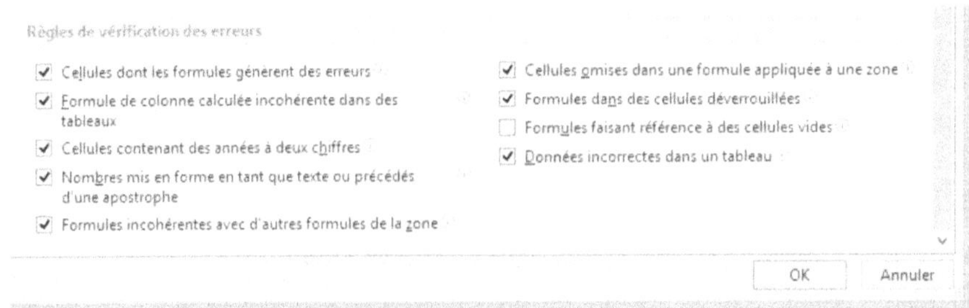

- Actionnez [OK] pour valider.

Vous pouvez désactiver la mise en évidence des erreurs par le triangle vert dans les options Excel : décochez la case <☐ Activer la vérification des erreurs en arrière-plan> (rubrique *Formules* sous *Vérifier les erreurs*). Vous pouvez aussi changer la couleur du triangle de signalisation des erreurs.

TRAITEMENT DES ERREURS

PASSER EN REVUE LES ERREURS DE LA FEUILLE

- Sous l'onglet **Formules**>groupe **Audit de formules**, actionnez le bouton **Vérification des erreurs**.

Excel parcourt la feuille à la recherche des cellules contenant une erreur, à la prochaine occurrence d'une erreur, Excel affiche le dialogue *Vérification des erreurs*.

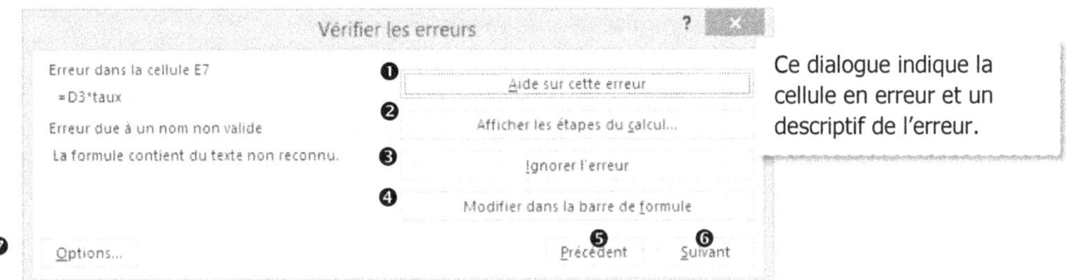

Ce dialogue indique la cellule en erreur et un descriptif de l'erreur.

Des boutons permettent de traiter l'erreur :

❶ Pour accéder à l'Aide en ligne plus complète.

❷ Pour détecter à quel endroit de la formule se produit l'erreur.

❸ Pour passer à l'erreur suivante et ne plus prendre en compte cette erreur.

❹ Pour accéder à la barre de formule et modifier la formule.

❺ Pour revenir à l'erreur précédente sans traiter l'erreur.

❻ Pour passer à l'erreur suivante sans traiter l'erreur.

❼ Donne accès aux options Excel de la catégorie formules dans lesquelles le bouton (Rétablir les erreurs ignorées) sert à remettre en évidence les erreurs précédemment ignorées.

VÉRIFIER LES FORMULES

Les commandes de vérification sont accessibles sous l'onglet **Formules**>groupe **Vérification des formules**. La recherche d'une source d'erreur est facilitée si vous faites apparaître des flèches d'audit qui relient une cellule à la formule qui l'utilise. Les flèches sont de couleur rouge lorsqu'elles partent d'une cellule contenant une valeur d'erreur, elles sont de couleur bleue lorsqu'elles partent d'une cellule sans erreur.

Repérer les dépendants d'une cellule

Les dépendants d'une cellule sont les formules qui font référence à la cellule.

- Sélectionnez la cellule, actionnez le bouton **Repérer les dépendants**, une première fois pour afficher un premier niveau de flèche d'audit, une seconde fois pour afficher un second niveau de flèche (les dépendants des dépendants).

	A	B	C	D	E	F
4	Réf	Article	PUHT	Quant	Montant HT	Montant TTC
5	L004	Lampe	54,00	2	108,00	129,17
6	L011	Abat-jour	40,00	4	160,00	191,36
7	L021	Vase	25,00	5	125,00	149,50
8	L014	Bougeoir	18,00	3	54,00	64,58
9						
10			Total brut		447,00	534,61

Repérer les antécédents

Les antécédents d'une formule sont les cellules référencées par cette formule.

- Sélectionnez la cellule, actionnez le bouton **Repérer les antécédents** une première fois pour afficher un premier niveau de flèche d'audit, une seconde fois pour afficher un second niveau de flèche (les antécédents des antécédents), etc.

	A	B	C	D	E	F
1					Remise :	11%
2					TVA :	19,60%
3						
4	Réf	Article	PUHT	Quant	Montant HT	Montant TTC
5	L004	Lampe	54,00	2	108,00	129,17
6	L011	Abat-jour	40,00	4	160,00	191,36
7	L021	Vase	25,00	5	125,00	149,50
8	L014	Bougeoir	18,00	3	54,00	64,58
9						
10			Total brut		447,00	534,61

TRAITEMENT DES ERREURS

Repérer une erreur

Lorsqu'une formule contient une valeur d'erreur, cette commande flèche en rouge les antécédents qui contiennent aussi une valeur d'erreur et en bleu les antécédents sans erreur.

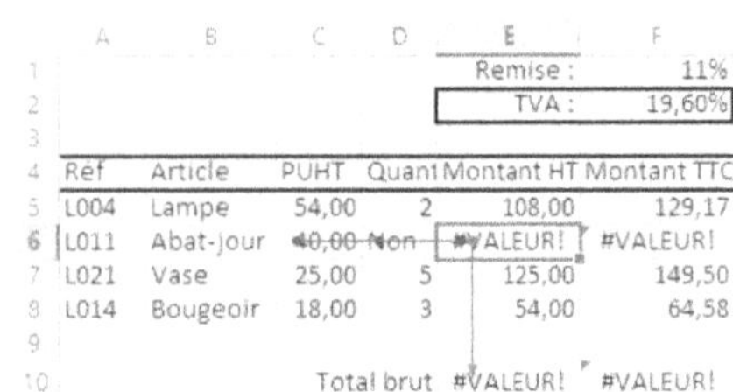

- Sélectionnez la cellule (ici E10) affichant une valeur d'erreur, actionnez la **flèche** du bouton **Vérification des erreurs**, puis *Repérer une erreur*.

Les antécédents affichant aussi une valeur d'erreur (ici E6) sont fléchés en rouge, les antécédents de ces antécédents (C6 et D6) sont fléchés en bleu car ils ne contiennent pas de valeur d'erreur.

Supprimer les flèches d'audit

- Pour effacer toutes les flèches : actionnez le bouton **Supprimer les flèches**.
- Pour effacer seulement les flèches des dépendants ou des antécédents : actionnez la flèche du bouton **Supprimer les flèches**, puis
  –la commande *Supprimer les flèches des antécédents* ;
  –la commande *Supprimer les flèches des dépendants*.

ÉVALUER UNE FORMULE

Une commande permet de suivre pas à pas le processus de calcul d'une formule et de ses antécédents. Vous pouvez ainsi détecter à quel niveau se produit la valeur d'erreur.

- Sélectionnez la cellule à évaluer, actionnez le bouton **Évaluation de formule**, puis
- Sous *Évaluation* : la zone du haut affiche la formule à évaluer, la partie soulignée est celle qui va être évaluée (remplacée par sa valeur calculée) au prochain clic sur le bouton [Évaluer], ainsi à chaque action [Évaluer] le calcul avance d'un pas.
  - Si la partie soulignée est une référence (antécédent), vous pouvez actionner [Pas à pas détaillé] pour faire apparaître une zone supplémentaire qui affiche le contenu, valeur ou formule, de cette cellule antécédente. Si c'est une formule, vous pouvez l'évaluer à son tour pas à pas.
  - À chaque niveau de zone, vous pouvez remonter au niveau précédent en actionnant [Pas à pas sortant], la formule est évaluée et remplace la partie soulignée dans la zone précédente.

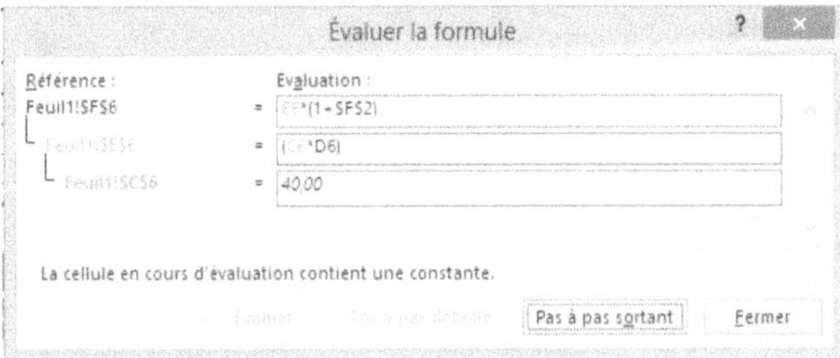

- Lorsque vous avez parcouru toutes les étapes d'évaluation, la valeur résultat est affichée dans la zone du haut.
  - Pour revoir l'évaluation, actionnez [Redémarrer] qui est apparu à la fin de l'évaluation.
  - Pour mettre fin à l'évaluation, actionnez [Fermer].

Le bouton [Pas à pas détaillé] est désactivé pour une référence apparaissant pour la deuxième fois dans la formule, ou pour une référence externe vers un autre classeur.

UTILISER LA FENÊTRE ESPION

Cette commande permet de surveiller dans une *Fenêtre Espion* des cellules que vous choisissez, vous voyez leurs valeurs et les formules qu'elles logent.

- Sous l'onglet **Formules** > groupe **Vérification des formules**, actionnez le bouton **Fenêtre espion**.

TRAITEMENT DES ERREURS

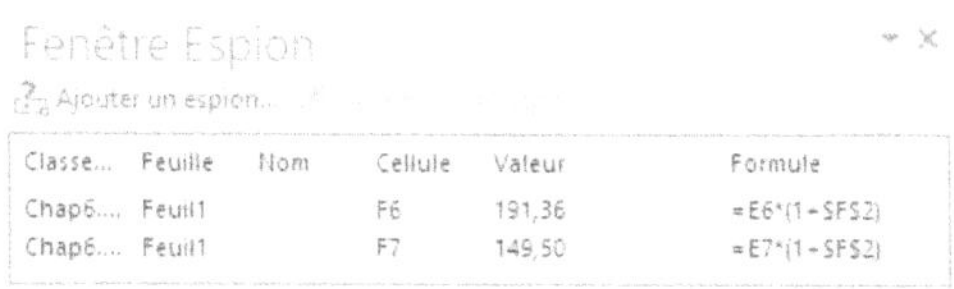

- Pour ajouter une cellule à surveiller : actionnez *Ajouter un espion*, puis sélectionnez la cellule ou une plage de cellules, vous pouvez sélectionner plusieurs cellules ou plages disjointes à surveiller à la fois en maintenant appuyée la touche [Ctrl].
- Pour supprimer la surveillance d'une cellule : sélectionnez-la dans la *Fenêtre espion*, puis actionnez *Supprimer un espion*.

REPÉRER LES RÉFÉRENCES CIRCULAIRES

Une référence circulaire est une formule qui fait référence à sa propre cellule, directement ou indirectement. Si vous avez activé <☑ Calcul itératif> dans les options, Excel peut calculer les formules à références circulaires. Si ce n'est pas le cas, lorsque vous saisissez une formule à référence circulaire, Excel affiche un message d'avertissement.

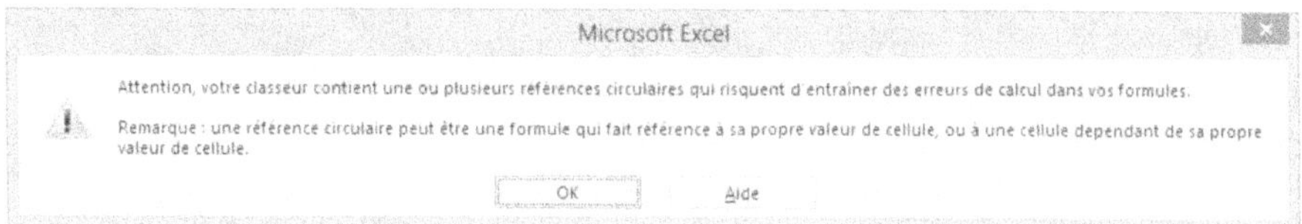

- Pour afficher l'aide en ligne sur les références circulaires, actionnez [OK].
- Pour accepter dans la cellule la formule à référence circulaire, actionnez [Annuler].
  La formule est entrée dans la cellule et des flèches bleues d'audit repèrent la circularité. C'est à vous de rectifier la formule, tant que la formule n'a pas été rectifiée, elle a 0 pour résultat et n'est pas recalculée. Vous pouvez supprimer les flèches d'audit mais tant que la référence circulaire n'a pas été rectifiée votre feuille contient des résultats erronés.

Un indicateur **Référence circulaire** sur la barre d'état s'affiche si le classeur contient au moins une référence circulaire et indique l'adresse de cellule à référence circulaire de la feuille active.

Si vous avez laissé des références circulaires dans une feuille, vous pouvez atteindre une cellule à référence circulaire : sous l'onglet **Formules**>groupe **Vérification des formules**, actionnez la flèche du bouton **Vérification des formules**, puis *Références circulaires...*, qui affiche l'adresse de la première référence circulaire recensée. Clic/appui sur cette adresse et, quand vous avez rectifié la formule, passez de la même façon à la référence circulaire suivante à traiter.

Les références circulaires peuvent être utilisées à dessein pour des calculs itératifs, dans ce cas activez l'option <☑ Calculs itératifs> (voir notre ouvrage Excel 2013 avancé).

AFFICHAGE DES FORMULES DANS LES CELLULES

Ce mode d'affichage affiche les formules et non leur résultat, la largeur des colonnes est adaptée en conséquence, pour afficher les formules à la place des résultats :

- Onglet **Formules**>groupe **Audit de formules**, actionnez le bouton **Afficher les formules**.

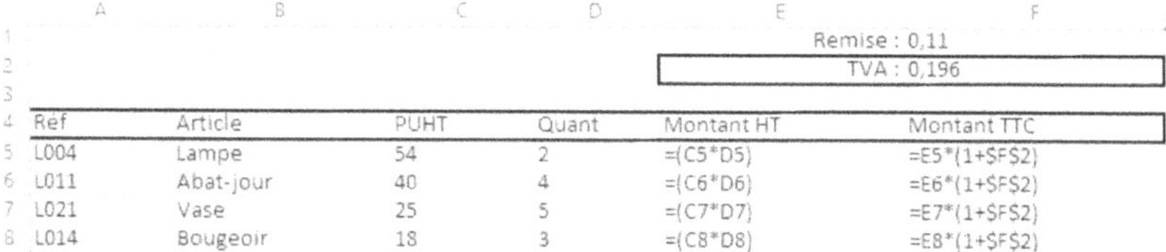

Pour revenir à l'affichage des résultats, actionnez à nouveau le bouton **Afficher les formules**.

DÉFINIR ET UTILISER DES NOMS

Un nom est un libellé significatif qui désigne une référence de cellule ou de plage de cellules, une constante, une formule ou une table. L'utilisation de noms facilite la compréhension des formules.

RÈGLES DE SAISIE DES NOMS

Le premier caractère d'un nom doit être une lettre ou un caractère de soulignement (_). Les autres caractères peuvent être des lettres, des chiffres, des points et des caractères de soulignement (pas d'espace ni tiret entre les mots). Il n'est pas fait de distinction entre majuscules et minuscules.

Vous ne pouvez pas utiliser des noms identiques à des références de cellule : *B9,$B$9…* ni les noms réservés suivants : *Zone_d_impression, Impression_des_titres, Titre_de_la_feuille, Zone_de_consolidation, Base_de_données*, et *FilterDatabase*.

Les noms doivent être uniques : lorsque vous créez un nom qui existe déjà, Excel affiche un message d'avertissement et vous demande de saisir un autre nom.

DÉFINIR DES NOMS

Nommer une cellule ou une plage de cellules dans la barre de formule

- Sélectionnez la cellule ou la plage de cellules, clic/appui dans la zone <Nom> située à gauche de la barre de formule, saisissez le nom et appuyez sur ⏎.

Nommer une cellule, une plage de cellules, une constante ou une formule

- Sélectionnez la cellule ou la plage à nommer puis, sous l'onglet **Formules**>groupe **Noms définis**, actionnez le bouton **Définir un nom**.

Le dialogue *Nouveau nom* s'affiche :

❶ Saisissez le nom.

❷ Sélectionnez la portée du nom (dans toutes les feuilles du classeur ou dans une seule feuille que vous spécifiez).

❸ Vous pouvez entrer un commentaire descriptif.

❹ Spécifiez ce que désigne le nom :

– une plage de cellules : la sélection active est spécifiée par défaut, pour spécifier une autre plage, actionnez l'icône ❺ *Réduire le dialogue*, sélectionnez les cellules, puis actionnez l'icône ❻ *Développer le dialogue*.

– une constante : tapez un = suivi de la valeur de constante.

– une formule : tapez un = (égal) suivi de la formule.

- Pour terminer et revenir à la feuille de calcul, actionnez [OK].

Étendue d'un nom : locale (une feuille) ou globale (le classeur)

Dans la zone <Zone> ❷, vous spécifiez si le nom peut être utilisable dans tout le classeur (toutes les feuilles du classeur : étendue globale) ou seulement dans une feuille que vous choisissez (étendue locale). Il n'est pas possible de modifier l'étendue d'un nom une fois qu'il a été créé, vous pouvez le faire seulement en supprimant le nom et en le recréant avec sa nouvelle portée. Il n'y a cependant pas de limite à l'utilisation d'un nom qualifié, par exemple `Feuil3!nom`.

Lorsque vous copiez une feuille FFF dans un autre classeur, tous les noms qui référencent des cellules de la feuille FFF sont créés dans le classeur cible avec une étendue locale.

Coller la liste des noms dans la feuille

Pour avoir un récapitulatif des noms définis, vous pouvez coller dans la feuille la liste des noms avec ce qu'ils référencent, y compris ceux des constantes ou des formules (exemple page 66) :

- Placez le curseur dans la zone vide de la feuille, appuyez sur F3, ou actionnez le bouton **Dans une formule**, puis *Coller les noms*, enfin actionnez [Coller une liste].

DÉFINIR ET UTILISER DES NOMS

INSÉRER UN NOM DANS UNE FORMULE

Vous pouvez utiliser un nom défini dans vos formules, il constitue une référence absolue.

Au cours de la saisie de la formule, à l'endroit où vous voulez insérer un nom :

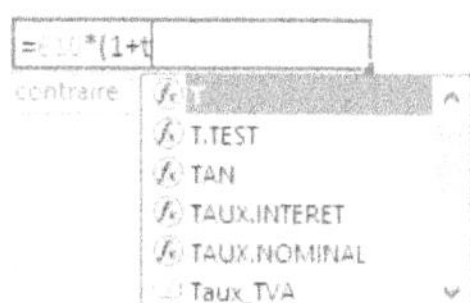

- Commencez à saisir le(s) premier(s) caractère(s) du nom, Excel affiche une liste déroulante des fonctions et des noms qui commencent par ce(s) caractère(s). Dans cette liste, les fonctions sont précédées par le symbole *fx*, les noms par le symbole ⬚, vous pouvez continuer la saisie ou effectuer un double-clic ou un double-appui sur le nom, ou

- Actionnez le bouton **Dans une formule** ou appuyez sur F3, puis sélectionnez le nom à insérer.

SÉLECTIONNER UNE CELLULE OU UNE PLAGE PAR SON NOM

Vous pouvez sélectionner une cellule ou une plage nommée, en choisissant son nom dans la liste des noms définis pour désigner des cellules. Il existe deux procédés :

Par la liste déroulante de la barre de formule

- Actionnez la flèche de la zone déroulante <Nom> de la barre de formule, puis sélectionnez le nom de la cellule ou de la plage.

Par la commande Atteindre

- Sous l'onglet **Accueil**>groupe **Edition**, actionnez le bouton **Rechercher et sélectionner**.

Le dialogue *Atteindre* s'affiche avec la liste des noms de cellule ou plages de cellules.

- Sélectionnez le nom de la cellule ou de la plage, actionnez [OK].

SUPPRIMER DES NOMS

- Ctrl + F3 ou sous l'onglet **Formules**>groupe **Noms définis**, actionnnez le bouton **Gestionnaire de noms**, puis sélectionnez un ou plusieurs noms dans la liste, puis actionnez [Supprimer].
- Actionnez [OK].

Lorsque vous supprimez un nom, les formules y faisant référence produisent une valeur d'erreur #NOM?, Excel ne remplace pas les noms supprimés par les références des cellules.

Lorsqu'une feuille contenant une cellule ou une plage de cellules nommées est supprimée, les noms ne sont pas supprimés, mais il renvoient la valeur d'erreur #REF!.

MODIFIER UN NOM

Si vous modifiez un nom défini, toutes les occurrences de ce nom dans le classeur sont modifiées. Vous pouvez modifier le libellé du nom et ce qu'il référence, par exemple vous étendrez la plage référencée ou vous modifierez la valeur de la constante.

- Ctrl + F3 ou sous l'onglet **Formules**>groupe **Noms définis**, actionnez le bouton **Gestionnaire de noms**, puis sélectionnez le nom à modifier dans la liste, actionnez [Modifier].
- Actionnez [OK].

Le dialogue *Modifier le nom* s'affiche :

- Dans la zone <Nom>, saisissez le nouveau nom.
- Dans la zone <Fait référence à>, modifiez la cellule, la plage, la formule ou la constante désignée par le nom.
- Actionnez [OK] ou appuyez sur ⏎ pour enregistrer les modifications.

Le bouton [Fermer] ferme la boîte de dialogue *Gestionnaire de noms*. Ce n'est pas lui qui valide les modifications apportées.

DÉFINIR ET UTILISER DES NOMS

GÉNÉRER DES NOMS À PARTIR DES ÉTIQUETTES

Prenons l'exemple suivant :

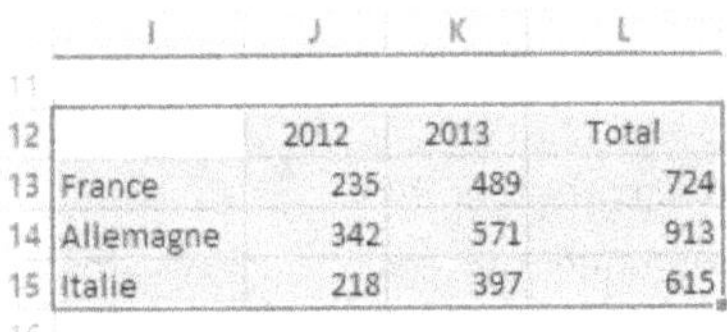

	2012	2013	Total
France	235	489	724
Allemagne	342	571	913
Italie	218	397	615

_2012	=Feuil1!$J$13:$J$15
_2013	=Feuil1!$K$13:$K$15
Allemagne	=Feuil1!$J$14:$L$14
France	=Feuil1!$J$13:$L$13
Italie	=Feuil1!$J$15:$L$15
Taux_TVA	=Feuil1!$F$2
Total	=Feuil1!$L$13:$L$15

Les plages référencées par les noms générés à l'aide de cette procédure ne couvrent pas les étiquettes de lignes et de colonnes.

- Sélectionnez la plage du tableau incluant les étiquettes de lignes/colonnes, puis sous l'onglet **Formules**>groupe **Noms définis**, actionnez **Depuis sélection** ou Ctrl + ⇧ + F3.
- Le dialogue *Créer des noms à partir de la sélection* s'affiche : cochez les options <☑ Ligne du haut>, <☑ Colonne de gauche>, <☐ Ligne du bas> ou <☐ Colonne de droite> pour indiquer la position des titres à utiliser comme nom, puis actionnez [OK].

Notez que les étiquettes numériques doivent commencer par une apostrophe pour être traitées comme des noms. Dans l'exemple, les étiquettes de colonnes commencent par une apostrophe ('2012). Ces étiquettes produisent des noms commençant par le caractère _ (_2012).

DÉSIGNER UNE CELLULE À L'INTERSECTION DE PLAGES NOMMÉES

Vous pouvez désigner une cellule à l'intersection d'une plage nommée en ligne et d'une plage nommée en colonne avec les noms de ces plages séparés par un espace.

Par exemple, dans l'exemple précédent, `Allemagne _2013` renvoie le résultat 571.

Vous pouvez même omettre un des noms de plage, il est implicite dans la même colonne ou dans la même ligne, par exemple `Allemagne` dans toute la colonne K renvoie 571 (le nom _2013 est implicite) et `Allemagne` dans toute la colonne J renvoie 342 (le nom _2012 est implicite).

REMPLACER LES RÉFÉRENCES PAR LES NOMS DANS LES FORMULES

Si vous avez créé les formules avant d'avoir défini les noms, vous pouvez remplacer dans les formules les références par leurs noms définis après coup.

- Sélectionnez la plage ou ne sélectionnez rien pour un remplacement dans toute la feuille, puis sous l'onglet **Formules**>groupe **Noms définis**, actionnez la **flèche** du bouton **Définir un nom**, puis *Appliquer les noms...*
- Dans la zone <Affecter le(s) nom(s)>, sélectionnez un à un les noms que vous voulez appliquer : clic/appui sur le nom pour sélectionner un nom et à nouveau pour le désélectionner, actionnez [OK].
  - <☑ Ignorer relatif/absolu> : si vous décochez cette option, seules les références absolues seront remplacées par les noms.
  - <☑ Utiliser les noms de colonnes et de lignes> : avec cette option cochée, si vous avez nommé les lignes et colonnes d'un tableau, les noms de colonne ou de ligne remplaceront les références classiques. Dans l'exemple précédent, la référence `J14` sera remplacée par `Allemagne _2012`, lorsque c'est possible.

Les options supplémentaires, que vous affichez en actionnant [Options≫] précisent si les noms de ligne ou de colonne doivent être ignorés dans la même ligne ou colonne (`J14` est remplacé par `=Allemagne` et non par `=Allemagne _2012` dans la colonne), et l'ordre des noms (`J14` peut être remplacé soit par `Allemagne _2012` soit par `_2012 Allemagne`).

FORMULES ET CONSTANTES MATRICIELLES

Une formule matricielle intervient sur des ensembles de valeurs appelés arguments matriciels. Une formule matricielle peut occuper toute une plage de cellules. L'intérêt majeur est de remplacer une formule et ses copies par une seule formule matricielle. Les formules matricielles plus « élégantes » et compréhensibles sont moins « gourmandes » en mémoire mais plus lentes à calculer.

Une formule matricielle apporte aussi une certaine forme de protection contre la modification involontaire de cellule, car il n'est pas possible de modifier une cellule d'une plage de formule matricielle indépendamment des autres. Il n'est pas non plus possible d'insérer, de déplacer ou de supprimer une ligne ou une colonne d'une plage de formule matricielle.

En revanche, il est possible de formater de façon indépendante les cellules d'une plage de formule matricielle, et vous pouvez copier une sélection partielle pour la coller à un autre emplacement.

SAISIR UNE FORMULE MATRICIELLE

Exemple 1 : formule matricielle à plusieurs valeurs dans une plage matricielle

Une formule matricielle peut produire ses résultats dans une plage matricielle. Considérons un exemple : une plage de cellules contient un tarif et une plage de même dimension contient des quantités, nous allons calculer le montant à payer pour chaque ligne de commande.

- Sélectionnez la plage de formule matricielle (D4:D7) et saisissez la formule matricielle : `=B4:B7*C4:C7`, terminez par `Ctrl`+`⇧`+`↵` pour valider la formule matricielle.

C'est la validation par cette combinaison de touches qui indique à Excel qu'il s'agit d'une formule matricielle qui occupe toute la plage sélectionnée initialement.

Lorsque vous sélectionnez n'importe quelle cellule de la plage de formule matricielle, c'est la même formule qui apparaît dans la barre de formule `{=B4:B7*C4:C7}`. La présence des accolades (générées par Excel) autour de la formule est le signe de reconnaissance d'une formule matricielle.

Exemple 2 : formule matricielle à une seule valeur

Une formule matricielle peut produire une valeur unique, calculée à partir d'arguments matriciels.

- Clic/appui sur la cellule de résultat, et saisissez la formule matricielle : saisissez la formule `=somme(C3:C5*D3:D5)`, terminez par `Ctrl`+`⇧`+`↵` pour valider.

Si vous validez la formule précédente par `↵`, vous obtenez une valeur d'erreur `#VALEUR!`.

Exemple 3 : formule de constante matricielle

Supposons que vous vouliez saisir des constantes dans une plage matricielle F3:H4 :

- Sélectionnez la plage matricielle, saisissez : `={10.20.30;12.24.36}` (ici vous devez saisir les accolades `{ }`), terminez par `Ctrl`+`⇧`+`↵` pour valider la formule de constante matricielle.

MODIFIER UNE FORMULE MATRICIELLE

- Effectuez un double-clic/double-appui sur l'une des cellules contenant la formule matricielle, modifiez la formule, appuyez sur `Ctrl`+`⇧`+`↵` pour valider la formule matricielle.

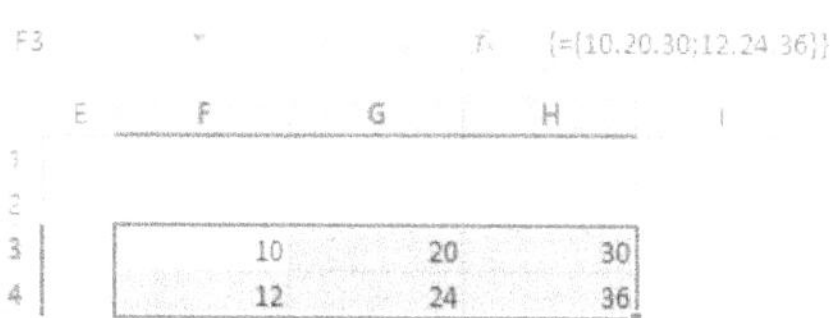

EFFACER UNE FORMULE MATRICIELLE

Il n'est pas possible d'effacer partiellement une plage matricielle : il faut l'effacer dans sa totalité :

- Sélectionnez la totalité de la plage matricielle, par exemple par un clic/appui sur une des cellules puis tapez `Ctrl`+`/`, appuyez `Suppr` pour supprimer la matrice.

METTRE EN FORME LES CELLULES

AJUSTER LA LARGEUR DES COLONNES

La largeur par défaut que vous pouvez modifier en cours de vie du classeur est celle qui s'applique à toutes les colonnes pour lesquelles une autre largeur n'a pas été définie.

La largeur d'une colonne s'exprime en nombre de caractères majuscules affichables de la police par défaut (initialement Police du corps, du thème actif, taille 11). La police par défaut est définie dans les options Excel, rubrique *Général*, mais sa modification ne sera prise en compte qu'après un nouveau démarrage d'Excel, et ne s'appliquera qu'aux nouveaux classeurs créés ensuite.

AJUSTER LA LARGEUR DES COLONNES EN FAISANT GLISSER LA SÉPARATION D'EN-TÊTE

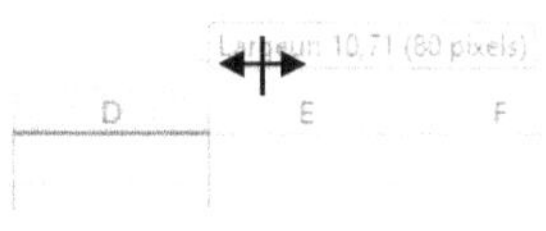

- Sélectionnez une ou plusieurs colonnes. Faites glisser, à la souris ou au doigt, la séparation droite du numéro de la dernière colonne sélectionnée. À la souris, la largeur en cours de modification s'affiche dans une infobulle ; au doigt, elle s'affiche dans la zone *Nom* à gauche de la barre de formule.
- Pour ajuster la largeur au contenu de la colonne, effectuez un double-clic sur la séparation droite du numéro de la colonne (tactile : un double-appui après avoir sélectionné la colonne).

AJUSTER LA LARGEUR DES COLONNES À L'AIDE DE LA COMMANDE

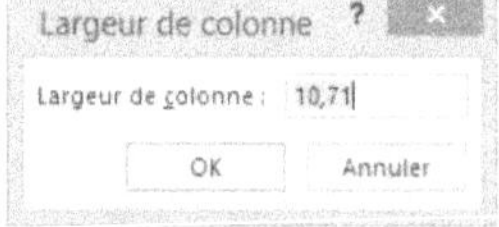

- Sélectionnez les colonnes à ajuster, puis sous l'onglet **Accueil**>groupe **Cellules**, actionnez le bouton **Format**, puis :
- Pour spécifier une largeur : sélectionnez l'option *Largeur de colonne* puis saisissez la largeur, validez par [OK].
- Pour ajuster la largeur au contenu : sélectionnez l'option *Ajuster la largeur de colonne*.

MASQUER OU AFFICHER DES COLONNES

Lorsque vous masquez des colonnes, elles disparaissent de l'affichage comme de l'impression, lorsque vous les réaffichez elles reprennent leur largeur précédemment définie.

Pour masquer des colonnes

- Sélectionnez les colonnes à masquer (dans l'exemple C, D, E).
- Effectuez un clic droit ou un appui long sur les numéros de colonnes sélectionnées, puis actionnez *Masquer*, ou sous l'onglet **Accueil**>groupe **Cellules**, actionnez le bouton **Format**, puis l'option *Masquer & Afficher*, enfin *Masquer les colonnes*.

Pour réafficher les colonnes masquées

- Sélectionnez les colonnes de part et d'autre des colonnes masquées (dans l'exemple B à F), puis clic droit ou appui long sur les numéros de colonnes, puis actionnez l'option *Afficher*, ou
- Sous l'onglet **Accueil**>groupe **Cellules**, actionnez bouton **Format**, puis l'option *Masquer & Afficher*, enfin *Afficher les colonnes*.

MODIFIER LA LARGEUR DE COLONNE PAR DÉFAUT DANS LA FEUILLE EN COURS

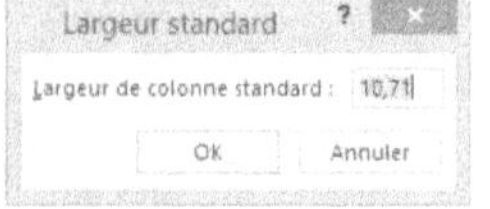

- Sous l'onglet **Accueil**>groupe **Cellules**, actionnez le bouton **Format**, puis l'option *Largeur par défaut...* et saisissez la largeur souhaitée, validez par [OK].

AJUSTER LA HAUTEUR DES LIGNES

La hauteur de ligne s'adapte par défaut au contenu de la ligne, mais vous pouvez la changer en une hauteur fixe dont vous spécifiez la taille.

La hauteur de ligne s'exprime en points, l'unité typographique des caractères.

MODIFIER LA HAUTEUR DES LIGNES EN FAISANT GLISSER LA SÉPARATION D'EN-TÊTE

- Sélectionnez une ou plusieurs lignes. Faites glisser, à la souris ou au doigt, la séparation inférieure du numéro de la dernière ligne sélectionnée. À la souris, la hauteur en cours de modification s'affiche dans une infobulle ; au doigt, elle s'affiche dans la zone *Nom* à gauche de la barre de formule.

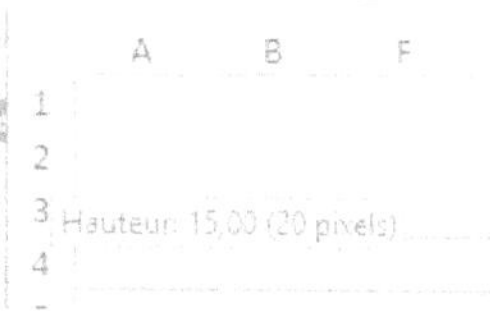

- Pour ajuster la hauteur au contenu de la ligne, effectuez un double-clic sur la séparation inférieure du numéro de ligne (tactile : un double-appui après avoir sélectionné la ligne).

MODIFIER LA HAUTEUR DES LIGNES À L'AIDE DE LA COMMANDE

- Sélectionnez les lignes dont vous voulez ajuster la hauteur, puis sous l'onglet **Accueil**>groupe **Cellules**, actionnez le bouton **Format**, puis :
- Pour spécifier une hauteur : sélectionnez *Hauteur de ligne...* puis saisissez la hauteur souhaitée en nombre de points typographiques (par défaut 15), validez par [OK].
- Pour ajuster automatiquement la hauteur au contenu : sélectionnez l'option *Ajuster la hauteur de ligne*.

RETOUR À LA LIGNE DANS LES CELLULES

Vous pouvez saisir dans le texte d'une cellule un retour à la ligne forcé en appuyant sur [Alt]+[↵].

Vous pouvez formater la cellule de façon à avoir un renvoi du texte à la ligne automatique en fin de cellule afin que, par ajustement automatique, la hauteur de ligne s'ajuste pour rendre visibles toutes les lignes du texte de la cellule.

- Sélectionnez la ou les cellules, puis sous l'onglet **Accueil**>groupe **Alignement**, actionnez le bouton **Renvoyer à la ligne automatiquement**.

MASQUER OU AFFICHER DES LIGNES

Lorsque vous masquez des lignes, elles disparaissent de l'affichage comme de l'impression ; quand vous les réaffichez, elles reprennent leur hauteur précédente.

Masquer des lignes

- Sélectionnez les lignes, effectuez un clic droit ou un appui long sur les numéros de lignes sélectionnées, puis actionnez l'option *Masquer* ; ou, sous l'onglet **Accueil**>groupe **Cellules**, actionnez le bouton **Format**, puis l'option *Masquer & Afficher*, enfin *Masquer les lignes*.

Réafficher les lignes masquées

- Sélectionnez les lignes de part et d'autre des lignes masquées, puis
- Effectuez un clic droit ou un appui long sur les numéros de lignes sélectionnés, puis actionnez *Afficher* ; ou sous l'onglet **Accueil**>groupe **Cellules**, actionnez le bouton **Format**, puis l'option *Masquer & Afficher*, enfin *Afficher les lignes*.

LES OUTILS DU RUBAN

- Sélectionnez une cellule ou une plage de cellules ou même une partie du contenu d'une cellule, puis sous l'onglet **Accueil**>groupe **Police**, utilisez les boutons :

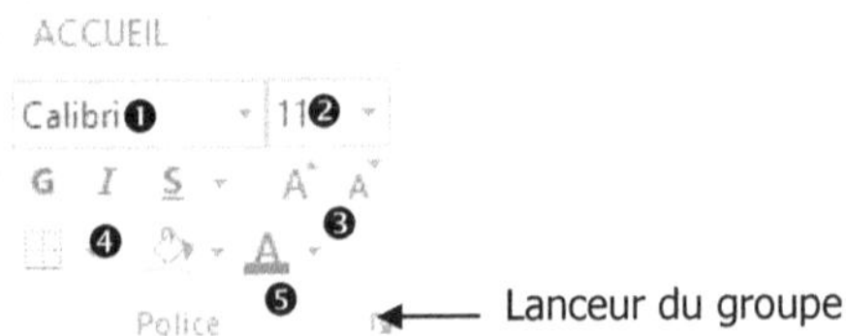

◄—— Lanceur du groupe

❶ *Police* : cliquez sur la flèche de la zone, puis amenez le pointeur sur l'une des polices proposées pour voir l'effet immédiat dans l'affichage de votre feuille, sélectionnez la police. Les polices de thème sont proposées en premier, ensuite toutes les polices possibles.

❷ *Taille des caractères* : actionnez la flèche de la zone, puis amenez le pointeur sur l'une des tailles proposées pour voir l'effet immédiat dans l'affichage de votre feuille, sélectionnez la taille voulue ou tapez la taille au clavier.

❸ *Agrandir/Réduire la police* : actionnez agrandir/diminuer la taille des caractères.

❹ *Gras, Italique, Souligné* : actionnez les boutons pour appliquer ou annuler les attributs, ou utilisez les raccourcis clavier : Ctrl+G, Ctrl+I, Ctrl+U.

❺ *Couleur des caractères* : actionnez la flèche du bouton puis pointez sur la case d'une des couleurs proposées pour en voir l'effet immédiat dans l'affichage des caractères, actionnez la case de couleur voulue. Une fois la couleur appliquée, elle apparaît sur le bouton : alors un simple clic ou appui sur le bouton permet d'appliquer la même couleur à nouveau.
Les couleurs du thème sont proposées en premier, ensuite les couleurs standards, enfin en actionnant l'option *Autres couleurs* vous avez accès à une palette étendue.

LA MINIBARRE D'OUTILS

- Après avoir sélectionné les cellules, effectuez un clic droit ou un appui long sur la sélection.

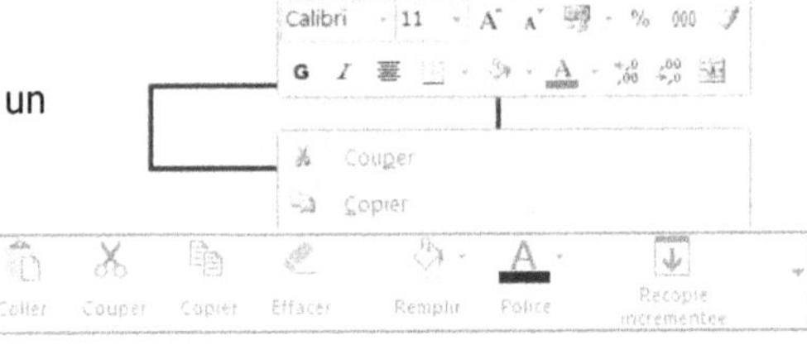

Une minibarre d'outils s'affiche au-dessus du menu contextuel, vous y retrouvez les outils de mise en forme des caractères.

L'ONGLET POLICE DU DIALOGUE FORMAT DE CELLULE

Toutes les mises en forme de caractères sont accessibles par ce dialogue :

- Onglet **Accueil**>groupe **Police**, actionnez le **lanceur** du groupe.

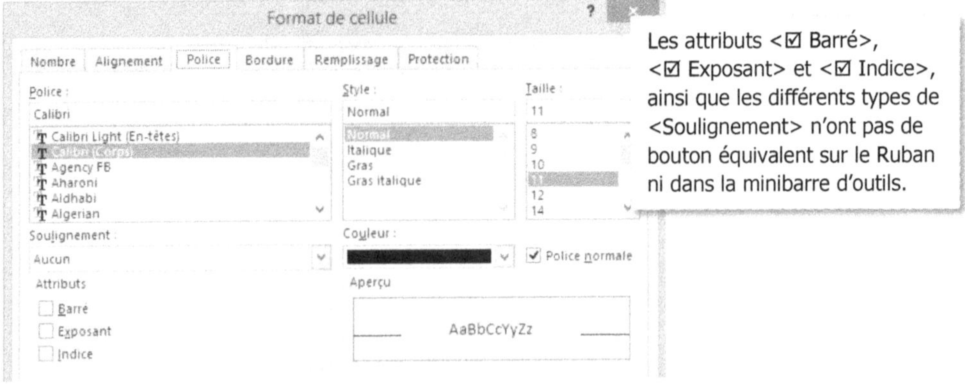

Les attributs <☑ Barré>, <☑ Exposant> et <☑ Indice>, ainsi que les différents types de <Soulignement> n'ont pas de bouton équivalent sur le Ruban ni dans la minibarre d'outils.

Par défaut, les nombres sont affichés alignés à droite dans la cellule et les textes à gauche, l'alignement vertical est bas. Pour modifier l'alignement ou l'orientation de l'affichage dans la cellule :

- Sélectionnez la ou les cellules, puis sous l'onglet **Accueil**>groupe **Alignement**, actionnez le bouton d'alignement ou d'orientation désiré, ou actionnez le **lanceur** du groupe **Alignement** et spécifiez les options.

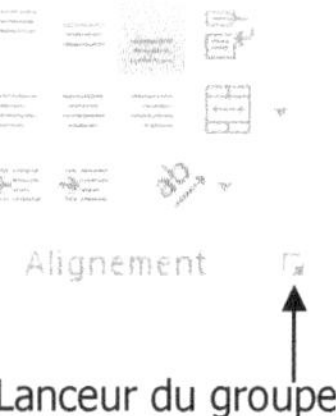

UTILISER LES OUTILS DU RUBAN

Gauche, Centré, Droite : alignement horizontal.

Haut, Centré, Bas : alignement vertical.

Retrait, Augmenter, Diminuer : retrait gauche par rapport au bord de la cellule.

Orientation : permet de choisir entre plusieurs orientations prédéfinies.

Renvoyer à la ligne automatiquement : renvoi du texte au bord droit de la cellule.

Fusionner et centrer : les cellules sélectionnées.

UTILISER LE DIALOGUE FORMAT DE CELLULE/ALIGNEMENT

- Onglet **Accueil**>groupe **Alignement**, actionnez le **lanceur** du groupe.

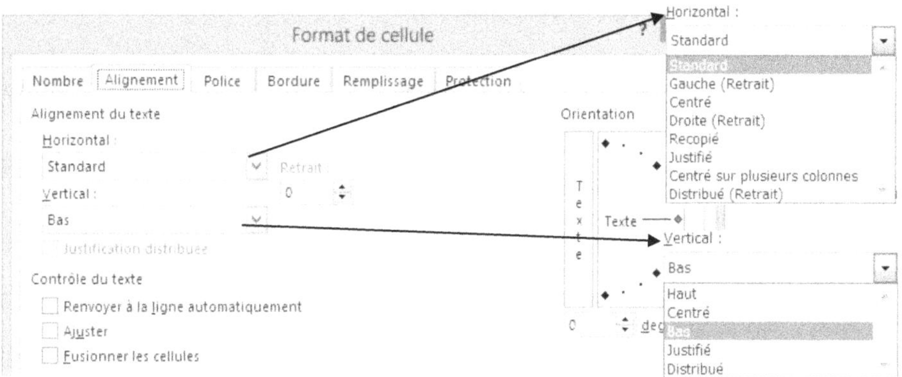

ALIGNEMENT HORIZONTAL

- *Standard :* les nombres sont alignés à droite dans la cellule et les textes à gauche.
- *Gauche (Retrait) :* aligne à gauche dans la cellule avec un retrait possible.
- *Centré :* centre dans la cellule.
- *Droite (Retrait) :* aligne à droite dans la cellule avec un retrait possible.
- *Recopié :* répète la valeur autant de fois que possible pour remplir la cellule.
- *Justifié :* aligne sur les bords gauche et droit de la cellule en insérant des espaces éventuels.
- *Centré sur plusieurs colonnes :* centre un texte sur plusieurs colonnes (sans fusion des cellules).
- *Distribué (Retrait) :* répartit le texte sur l'espace en largeur de la cellule.

ALIGNEMENT VERTICAL

L'alignement vertical définit la position du contenu de la cellule dans hauteur de la cellule, lorsque la hauteur de la cellule est supérieure à la hauteur du contenu.

- *Haut :* aligne dans la cellule à partir de la bordure supérieure.
- *Centré :* centre verticalement dans la cellule.
- *Bas :* aligne dans la cellule à partir de la bordure supérieure.
- *Justifié :* aligne le texte sur les bords haut et bas en insérant des espaces éventuels.
- *Distribué :* répartit le texte sur tout l'espace en hauteur de la cellule.

ALIGNER ET ORIENTER LE CONTENU DES CELLULES

ORIENTATION

- Sous l'onglet **Accueil**>groupe **Alignement**, le bouton **Orientation**
  permet de choisir entre plusieurs orientations prédéfinies :

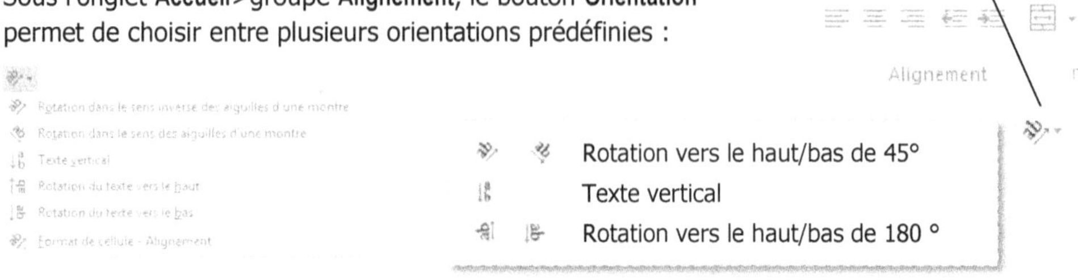

- La zone <Orientation> dans le dialogue *Alignement* permet de spécifier un angle de rotation.
  - Pour afficher verticalement : actionnez la zone *Texte* ❶.
  - Pour définir un angle de rotation précis : dans la zone <degrés> tapez un nombre positif ou négatif, ou faites glisser l'aiguille ❷ pour la faire pivoter de l'angle désiré.

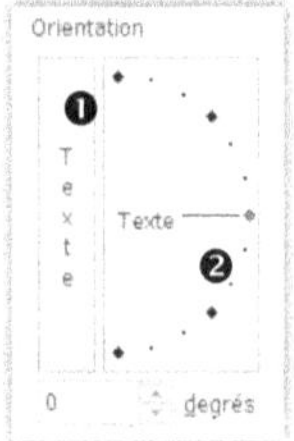

Les options de rotation sont parfois indisponibles en raison de vos choix d'options d'alignement.

ADAPTER LA CELLULE AU TEXTE ET INVERSEMENT

Fusionner et centrer

Fusionne les cellules sélectionnées et centre le contenu de la première cellule sélectionnée sur l'espace des cellules fusionnées. Attention, cette action efface les contenus des cellules sélectionnées sauf celui de la première. Un message d'avertissement le signale.

- Sélectionnez la plage de cellules, puis sous l'onglet **Accueil**>groupe **Alignement**, actionnez le bouton **Fusionner et centrer** ❶.

La **flèche** du bouton **Fusionner et centrer** affiche un menu :

- *Fusionner et centrer* : fusionne et centre (équivalent au bouton).
- *Fusionner* : fusionne en respectant une distinction des lignes.
- *Fusionner les cellules* : fusionne sans centrer le contenu de la première cellule.
- *Annuler Fusionner cellules* : annule la fusion de cellules.

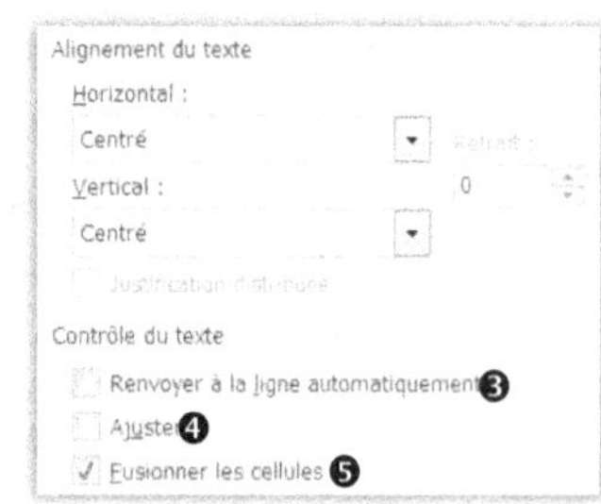

Vous pouvez obtenir le même résultat dans le dialogue *Alignement*, et centrer aussi verticalement.

Dans les zones <Horizontal> et <Vertical> : choisissez *Centré*.

- Cochez la case <☑ Fusionner les cellules> ❺.

Pour annuler la fusion : sélectionnez la cellule fusionnée, et actionnez à nouveau le bouton **Fusionner et centrer**, ou dans le dialogue *Alignement* : décochez la case <☐ Fusionner les cellules>.

Renvoi automatique à la ligne

Par défaut, un texte long dépasse sur les cellules suivantes si elles sont vides, sinon le texte est tronqué à l'affichage. Avec l'activation du renvoi à la ligne automatique, Excel augmente la hauteur de la cellule pour que tout le texte puisse s'afficher, avec renvoi à la ligne en fin de cellule.

- Dans le dialogue *Alignement* : actionnez le bouton ❷ pour activer/désactiver l'option, ou cochez/décochez la case <☑ Renvoyer à la ligne automatiquement> ❸.

Ajuster le texte

Si la hauteur de ligne ne suffit pas pour afficher les caractères, l'option <☑ Ajuster> ❹ permet de réduire automatiquement la taille du texte de façon à ce qu'il puisse être affiché dans la cellule.

METTRE EN FORME LES NOMBRES

- Sélectionnez la ou les cellules, puis sous l'onglet **Accueil**>groupe **Nombre**, actionnez le bouton de format souhaité, ou actionnez le **lanceur** du groupe et spécifiez les options.

APPLIQUER DES FORMATS PRÉDÉFINIS

- Sélectionnez les cellules, puis actionnez la **flèche** de la zone **Format de nombre** ❶ qui affiche une galerie de formats prédéfinis :

- *Standard* : les nombres sont alignés à droite et les textes à gauche.
- *Nombre* : affichage avec deux décimales.
- *Monétaire* : affiche deux décimales, le séparateur des milliers et le symbole monétaire.
- *Comptabilité* : nombre aligné à un caractère du bord droit, valeur nulle remplacée par un tiret, signe moins aligné à gauche.
- *Date courte* : format jj/mm/aa, activé automatiquement si vous saisissez une donnée comme 03/02/07, Février 2007 ou 02/07.
- *Date longue* : affiche le jour de la semaine ou le mois en toutes lettres.
- *Heure* : format hh:mm:ss, activé automatiquement dès que vous saisissez une donnée comme 9:00 ou 15:15:00.
- *Pourcentage* : affiche le nombre sous forme de pourcentage avec deux décimales.
- *Fraction* : affiche un nombre décimal avec sa partie entière suivie d'une partie décimale sous forme de fraction.
- *Scientifique* : affiche en notation exponentielle, appliqué automatiquement dès que vous saisissez une donnée comme 2.342E03 qui signifie 1,342*10^3.
- *Texte* : interprète le contenu comme du texte, même s'il s'agit d'une saisie numérique.

Le séparateur des milliers est défini dans les options avancées d'Excel. Le symbole monétaire peut être redéfini dans les paramètres régionaux de Windows.

Vous pouvez aussi utiliser les autres boutons sous l'onglet **Accueil**>groupe **Nombre**.

Format monétaire à deux décimales, en cliquant sur la flèche du bouton vous pouvez choisir le symbole monétaire $ ou €.

Format pourcentage à deux décimales.

Équivalent au format Comptabilité sans le symbole monétaire.

Augmente/réduit le nombre de décimales.

UTILISER LES RACCOURCIS CLAVIER

- Ctrl+R   Standard
- Ctrl+Q   Heure
- Ctrl+%   Pourcentage
- Ctrl+M   Monétaire
- Ctrl+!   Séparateur de milliers et deux décimales
- Ctrl+J   Date (sous la forme 17-avr-04)
- Ctrl+E   Scientifique (2,51E+05 par exemple)

UTILISER LA MINIBARRE D'OUTILS

- Après avoir sélectionné les cellules, effectuez un clic droit ou un appui long sur la sélection. La minibarre contient certains boutons de format des nombres.

METTRE EN FORME LES NOMBRES

UTILISER LE DIALOGUE FORMAT DE CELLULE/NOMBRE

Il existe plusieurs façons d'ouvrir ce dialogue :

- Onglet **Accueil**>groupe **Nombre**, actionnez le **lanceur** du groupe, ou
- Onglet **Accueil**>groupe **Cellules**, actionnez **Format**, puis *Format de cellule...*, onglet *Nombre*, ou
- Onglet **Accueil**>groupe **Nombre**, actionnez la **flèche** de la zone **<Format de nombre>**, actionnez *Autres formats numériques...*, ou
- Clic droit ou appui long puis appui sur ▾, actionnez *Format de cellule...*, puis onglet *Nombre*.

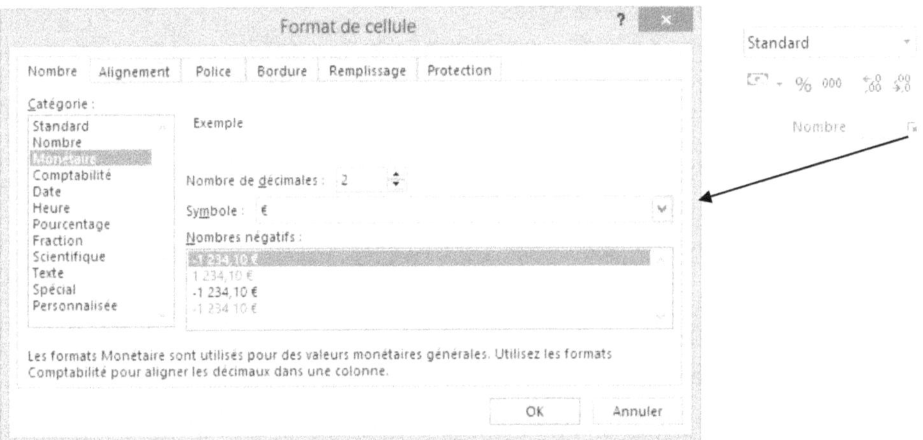

- Dans la zone <Catégorie> : choisissez la catégorie de format, dans la partie droite spécifiez les paramètres du format, dans la zone <Exemple> s'affiche un aperçu du formatage de la cellule.
  La catégorie *Personnalisée*, permet de créer un format personnalisé et propose un choix parmi ceux déjà créés.

CRÉER DES FORMATS PERSONNALISÉS

- Dans le dialogue *Format de cellule*, sous l'onglet *Nombre* :
- – dans la zone <Catégorie>, sélectionnez le type *Personnalisée*.
- – dans la zone <Type>, saisissez un code de format ou sélectionnez un code format personnalisé déjà existant dans la liste présentée au-dessous.
- Actionnez [OK] pour appliquer le code de format personnalisé.

- Pour supprimer un format personnalisé existant : sélectionnez-le dans la liste sous la zone <Type> et actionnez le bouton [Supprimer].

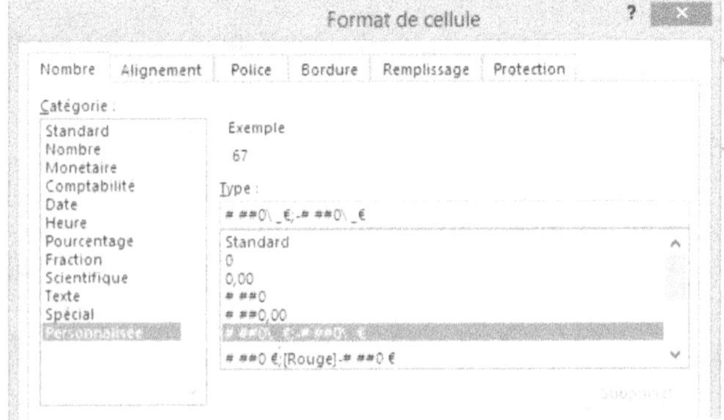

Les formats personnalisés que vous créez ne sont définis que dans le classeur en cours.
Pour y avoir accès dans les autres classeurs que vous créerez à l'avenir, enregistrez-les dans le modèle de classeur que vous utiliserez pour créer vos classeurs.

SYNTAXE DES FORMATS PERSONNALISÉS

QUATRE PARTIES AU MAXIMUM

Un code de format personnalisé est composé de plusieurs parties (une à quatre) séparées par des points-virgules.

- Si votre code de format personnalisé contient une seule partie, elle s'applique aux valeurs positives, négatives ou nulles.
- Si votre code de format personnalisé contient deux parties, la première partie s'applique aux valeurs positives ou nulles, la deuxième aux valeurs négatives.
- Si votre code de format personnalisé contient trois parties, la première partie s'applique aux valeurs positives, la deuxième aux valeurs négatives et la troisième aux valeurs nulles.
- Si votre code de format personnalisé contient quatre parties, les trois premières s'appliquent comme précédemment, la quatrième partie s'applique si des données texte sont saisies.

SIGNIFICATION DES CODES DE FORMATS

Exemple de formats personnalisés :

`# ##0,00" £"` `00-00-00-00-00` `# ###,0??` `"Crédit de "0,00 €;"Débit de "0,00 €` `# ?/??`
`jjjj j mmm` `*-#.00` `[Rouge][>= 100];[Vert] [<100]`

- `#` : réserve un espace pour un chiffre, n'affiche rien s'il n'y pas de chiffre à cette position.
- `0` : réserve un espace pour un chiffre, affiche zéro s'il n'y en a pas de chiffre à cette position.
- `"texte"` ou `\"texte"` : affiche un texte concaténé avec la valeur numérique.
- `F € $ + - / : [ ] espace` : caractères qui n'ont pas à être mis entre " " ou après \.
- séparateur décimal : (en général la virgule) insère ce séparateur qui sera suivi des décimales.
- séparateur des milliers : (en général l'espace ou le point) précédé de # ou 0, il insère ce séparateur ; s'il n'est pas suivi de # ou 0, il affiche le nombre comme multiple d'un millier.
- `_` : le souligné suivi d'un caractère insère un espace de la taille de ce caractère.
- `*` : le * suivi d'un caractère remplit l'espace de la cellule par ce caractère.
- `@` : si la saisie est un texte, le symbole @ est remplacé à l'affichage par le texte saisi.
- `?` : `???,??` ajoute des espaces pour les zéros non significatifs de chaque côté du séparateur décimal (en vue d'aligner les séparateurs décimaux avec une police à largeur fixe). `# ?/??` indique un nombre variable de chiffres pour les fractions.
- `j, jj, jjj, jjjj` : affiche les jours sur forme 1-31, 01-31, dim-sam, dimanche-samedi.
- `m, mm, mmm, mmmm` : affiche les mois sous forme 1-12, 01-12, jan-déc, janvier-décembre.
- `aa, aaaa` : affiche les années sous forme 00-99, 1900-9999.
- `h, hh` : affiche les heures sous forme 0-23, 00-23.
- `m, mm` : affiche les minutes sous forme 0-59, 00-59.
- `s, ss` : affiche les secondes sous forme 0-59, 00-59.
- `h:mm AM/PM, h:mm A/P` : affiche l'heure sous forme 5:30 am, 5:30 a ou 6:45 pm, 6:45 p.
- `[h]:mm, [mm]:ss, [ss]` : affiche le temps écoulé en heures, minutes, secondes.
- `[Couleur]` : affiche en couleur `Noir, Cyan, Vert, Magenta, Rouge, Blanc, Jaune`.
- `[Condition]` : définit une condition, par exemple `[≥100]`.

BORDURES DES CELLULES

BORDURES PRÉDÉFINIES

- Sélectionnez la cellule ou la plage de cellules, puis sous l'onglet
  Accueil>groupe **Police**, actionnez la **flèche** du bouton **Bordures** ❶,
  puis actionnez la bordure prédéfinie ❷ que vous voulez appliquer.

Lorsque vous avez appliqué une bordure prédéfinie du menu
du bouton *Bordures*, l'icône de ce bouton représente le choix
qui vient d'être fait.
Vous pouvez ensuite simplement actionner le bouton *Bordures* à
nouveau pour appliquer cette bordure prédéfinie.

DIALOGUE FORMAT DE CELLULE/BORDURE

- Sélectionnez la cellule ou la plage de cellules, puis actionnez
  Autres bordures... ❹ au bas du menu associé au bouton
  Bordures.

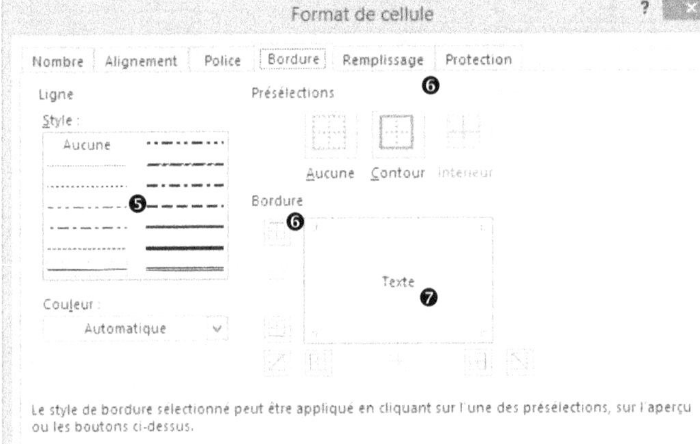

❺ Sélectionnez le style de trait de bordure.

❻ Utilisez les boutons de <Présélections> ou utilisez les boutons <Bordure>, pour appliquer
des bordures côté par côté ou en diagonale, pour effacer toutes les bordures cliquez sur le
bouton *Aucune*.

❼ Vous pouvez aussi actionner les bordures latérales ou sur les diagonales dans l'aperçu.

TRAÇAGE DES BORDURES

- Onglet **Accueil**>groupe **Police**, actionnez la **flèche** du bouton **Bordures**, puis dans le menu sous la
  section *Traçage des bordures* ❸ :
- Sélectionnez la couleur et le style de trait :
  - *Couleur de ligne* : pour choisir la couleur du traçage,
    Styles de trait : pour choisir le style de traçage (continu, pointillé plus ou moins épais...).
- Tracez les bordures, en actionnant une des commandes suivantes et en faisant glisser sur les
  cellules à border :
  - *Tracer les bordures* : transforme le pointeur en crayon pour tracer une bordure de contour.
  - *Tracer les bordures de grille* : transforme le pointeur pour tracer un quadrillage complet.
  - *Effacer les bordures* : transforme le pointeur en gomme pour bordure.

COULEUR, MOTIF ET TEXTURE D'ARRIÈRE-PLAN

COULEUR D'ARRIÈRE-PLAN DES CELLULES

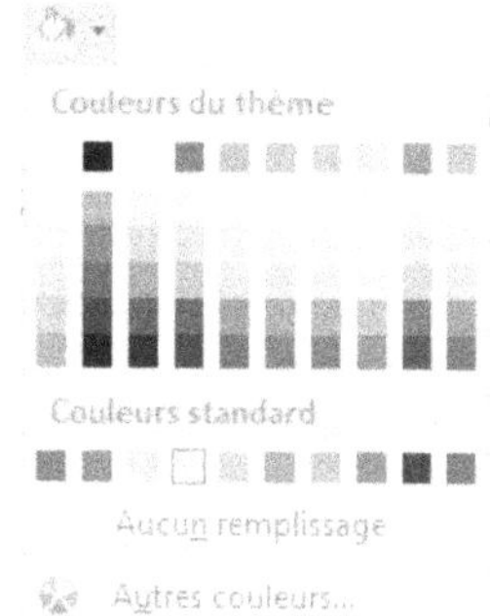

- Sélectionnez la cellule ou la plage de cellules, puis sous l'onglet **Accueil**>groupe **Police**, actionnez la **flèche** du bouton **Couleur de remplissage**.
- Pointez une case de la palette des couleurs pour voir s'afficher la couleur sur les cellules… actionnez la case de couleur pour appliquer cette couleur de remplissage.
  - *Aucun remplissage* : pour ôter le remplissage.
  - *Autres couleurs…* : pour définir une couleur personnalisée.

Dans le menu, les couleurs du thème sont toujours présentées avant les couleurs standards.

MOTIFS ET TEXTURES

- Sélectionnez la cellule ou la plage de cellules, puis sous l'onglet **Accueil**>groupe **Police**, actionnez le **lanceur** du groupe ; ou, effectuez un clic doit ou un appui sur la sélection puis ▼ , puis actionnez l'option *Format de cellule…* qui affiche le dialogue *Format de cellule*.
- Dans ce dialogue : cliquez sur l'onglet *Remplissage*.

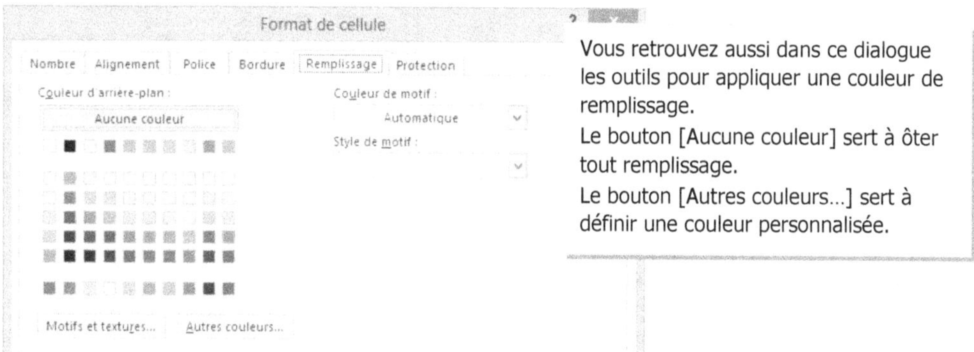

Vous retrouvez aussi dans ce dialogue les outils pour appliquer une couleur de remplissage.
Le bouton [Aucune couleur] sert à ôter tout remplissage.
Le bouton [Autres couleurs…] sert à définir une couleur personnalisée.

- Actionnez la **flèche** de la zone <Style de motif> pour choisir un motif.
- Actionnez la **flèche** de la zone <Couleur de motif> pour choisir une couleur de motif.
- Si vous voulez obtenir des dégradés, actionnez sur le bouton [Motifs et textures…].

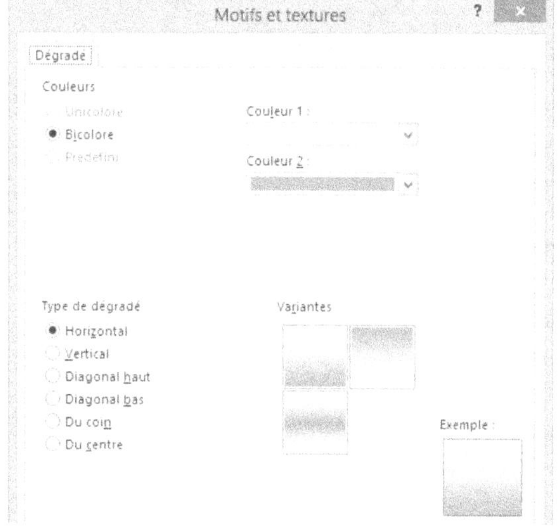

UTILISER LES THÈMES

METTRE EN FORME AVEC LES COULEURS ET LES POLICES DU THÈME

Un thème est un ensemble de choix cohérents et homogènes
de mise en forme : thème de couleurs, thème de polices,
thème d'effets (lignes et remplissage).

En utilisant les choix du thème, vous respectez l'assortiment de
polices du thème et de couleurs du thème. Si vous changez de
thème, les polices et les couleurs changent dans votre classeur
en respectant la cohérence et l'homogénéité des thèmes.

Lorsque vous changez la police ou la couleur (de fond ou des
caractères), les polices de thème ❶ sont proposées avant les
toutes les autres polices, de même que les couleurs de thème ❷.

Il existe deux polices de thème : une pour le corps (les cellules),
l'autre pour les en-têtes. Il existe dix couleurs de thème : deux
couleurs d'arrière-plan, deux couleurs de texte et six couleurs
d'accentuation. Pour chacune de ces couleurs, il existe six
variantes plus claires ou plus sombres.

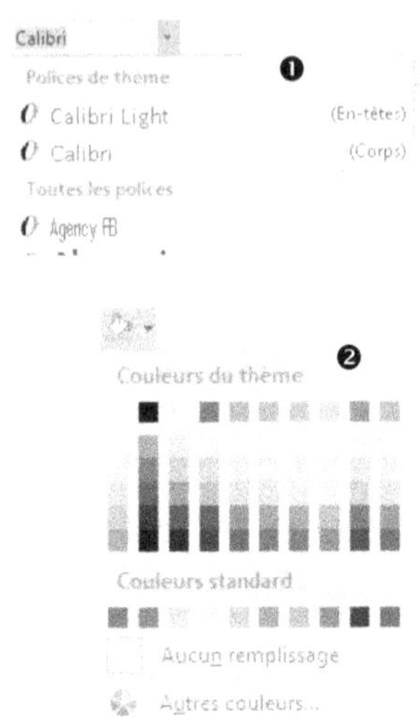

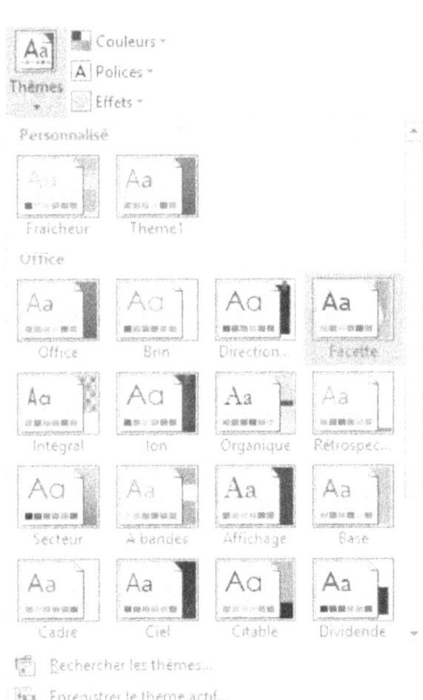

APPLIQUER UN THÈME

Lorsque vous créez un nouveau classeur, le thème par
défaut est *Office*. Pour appliquer un autre thème existant :

- Sous l'onglet **Mise en page**>groupe **Thèmes**, actionnez le
  bouton **Thèmes**. La galerie des thèmes s'affiche, elle
  comporte deux sections :
- – Sous *Personnalisé* : les thèmes que vous avez créés ou
  que vous avez téléchargés depuis Office.com.
- – Sous Office : les thèmes installés avec Excel.
- Pointez un thème pour voir l'effet sur la feuille. Actionnez
  l'icône du thème pour l'appliquer au classeur.

Les fichiers thème fournis par Office sont installés dans
*C:\Programmes\Microsoft Office15/root/ Document Themes
15*, et dans *Program files (x86)/Microsoft Office/Document
Theme14*. Ils sont mis à disposition de chaque utilisateur
dans son dossier *Users\nom_user\
Appdate\Roaming\Microsoft\Templates\Document Themes*.

CRÉER UN THÈME DE POLICES PERSONNALISÉ

- Onglet **Mise en page**>groupe **Thèmes**, actionnez le bouton **Polices**, puis *Personnaliser les polices*.
  Le dialogue *Créer de nouvelles polices de thème* s'affiche.
  Choisissez la police pour les titres et la police pour le corps du texte, visualisez le résultat dans
  la zone <Exemple>, saisissez un nom dans la zone <Nom> et actionnez [Enregistrer].

- Pour appliquer un thème de polices : actionnez le bouton **Polices** de
  thème, puis choisissez le thème dans la galerie.

Pour modifier ou supprimer un thème de police

- Actionnez le bouton **Polices** du groupe **Thème**, puis clic droit ou appui long
  sur la vignette du thème de police personnalisé. L'option *Modifier* affiche
  le dialogue *Modifier les polices de thème* permettant de changer les
  polices ; l'option *Supprimer* permet de supprimer un fichier de thème de
  polices.

UTILISER LES THÈMES

CRÉER UN THÈME DE COULEURS PERSONNALISÉ

- Appliquez le thème le plus proche de vos souhaits, puis sous l'onglet **Mise en page**>groupe **Thèmes**, actionnez le bouton **Couleurs**, puis l'option *Personnaliser les couleurs*.

Le dialogue *Créer de nouvelles couleurs de thème* s'affiche :

Actionnez chaque zone de couleur, et choisissez une nouvelle couleur ou actionnez *Autres couleurs...* pour personnaliser la couleur.

Dans la zone <Exemple> : vous visualisez un aperçu des nouvelles couleurs de thème choisies.

[Rétablir] : actionnez ce bouton, pour annuler les changements.

Lorsque vous avez obtenu l'assortiment de couleurs qui vous convient, saisissez un nom dans la zone <Nom> et actionnez [Enregistrer]

- Pour appliquer les couleurs d'un thème : actionnez le bouton **Couleurs** du groupe **Thème**, puis choisissez le thème dans la galerie. Les thèmes *Personnalisés* sont présentés en premier avant les thèmes *Office*.

Pour modifier ou supprimer un thème de couleurs personnalisé

- Onglet **Mise en page**>groupe **Thèmes**, actionnez le bouton **Couleurs** du groupe **Thème**, puis effectuez un clic droit ou un appui long sur la vignette du thème.
- Pour modifier les couleurs du thème : actionnez l'option *Modifier* puis, dans le dialogue *Modifier les couleurs de thème*, changez les couleurs.
- Pour supprimer un thème de couleurs personnalisé : actionnez l'option *Supprimer*.

PANACHER DES THÈMES

- Sous l'onglet **Mise en page**>groupe **Thèmes**, les boutons *Couleurs*, *Polices* ou *Effets* permettent de n'appliquer qu'une partie d'un thème, ainsi vous pouvez panacher les couleurs d'un thème avec les polices d'un autre thème et les effets d'un troisième.

ENREGISTRER UN THÈME DE DOCUMENT

Après avoir appliqué un thème de couleurs, un thème de polices et un thème d'effets, vous pouvez enregistrer cet ensemble comme un thème de document personnalisé.

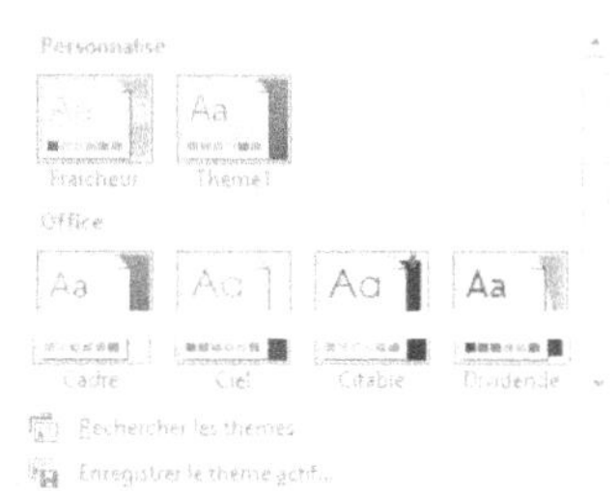

- Sous l'onglet **Mise en page**>groupe **Thèmes**, actionnez le bouton **Thèmes**, puis l'option *Enregistrer le thème actif*, dans la zone <Nom de fichier>, saisissez un nom pour le thème personnalisé, puis actionnez [Enregistrer].

Si vous avez créé des thèmes de document personnalisés, ils sont présentés en premier dans la galerie des thèmes de classeur, qui s'ouvre avec le bouton **Thèmes**.

STYLES DE CELLULES

Un style est une mise en forme de cellule (police, alignement, couleur…) désignée par un nom que vous pouvez utiliser pour éviter d'avoir à réappliquer un à un les formats constituant le style.

UTILISER LES STYLES PRÉDÉFINIS

Excel fournit des styles prédéfinis présentés dans une galerie.

- Sous l'onglet **Accueil**>groupe **Style**, actionnez le bouton **Styles de cellules.**

Les styles prédéfinis sont classés sous les sections, *Satisfaisant, insatisfaisant et neutre*, *Données et modèle*, *Titres et en-têtes*, *Styles de cellules avec thème*, *Format de nombre*.

- Amenez le pointeur à la souris (ou glissez le doigt sans relâcher la pression) vers différents styles, vous voyez instantanément l'effet sur les cellules sélectionnées. Lorsque le style vous convient, cliquez (ou relâcher la pression du doigt), le style s'applique.

CRÉER ET UTILISER UN STYLE PERSONNALISÉ

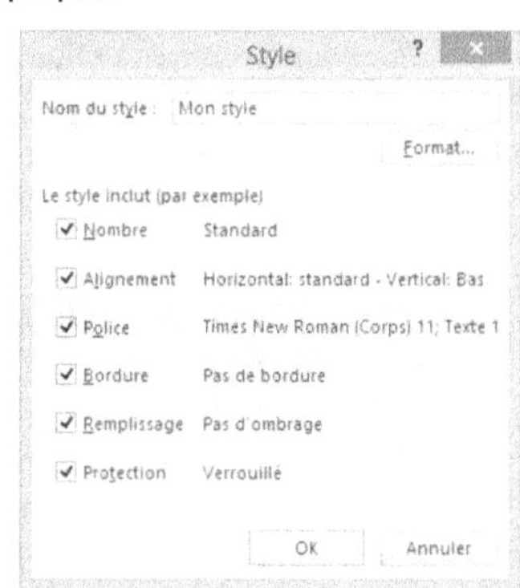

- Mettez en forme une cellule et sélectionnez-la, puis sous l'onglet **Accueil**>groupe **Style**, actionnez le bouton **Styles de cellules**, puis l'option *Nouveau style de cellules…*, ou Alt+'.
- Dans <Nom du style> : saisissez un nom pour le style.
- Actionnez le bouton [Format…] si vous voulez modifier certains paramètres de format de cellule.
- Vous pouvez exclure du style certaines catégories de format en décochant les cases devant ces catégories.
- Actionnez [OK].

Les styles de cellules personnalisés sont présentés en premier dans la galerie des styles, au-dessus des styles prédéfinis.

Pour modifier ou supprimer un style personnalisé : effectuez un clic droit ou un appui long sur la vignette du style dans la galerie, puis actionnez l'option *Modifier* ou *Supprimer*.

Un style personnalisé est enregistré dans le classeur, il est possible de fusionner des styles d'un autre classeur, par l'option *Fusionner des styles…* sous la galerie des styles.

REPRODUIRE DES MISES EN FORME

Vous pouvez reproduire les mises en forme d'une cellule ou d'une plage de cellules sur une autre plage de cellules, sans recopier les données contenues dans les cellules.

UTILISER LE COLLAGE SPÉCIAL AVEC APERÇU

- Sélectionnez la cellule ou la plage dont vous voulez copier la mise en forme. Puis, sous l'onglet **Accueil**>groupe **Presse-papiers**, actionnez **Copier** ❶ puis l'option *Copier*.
- Sélectionnez la plage sur laquelle vous voulez reproduire la mise en forme, puis, actionnez la **flèche** du bouton **Coller** ❷.
  - (souris) pointez une icône de collage, pour prévisualiser l'aperçu du résultat dans la feuille. Actionnez l'icône *Mise en forme (R)* ❸.
  - (tactile) faites défiler les options, actionnez l'option *Mise en forme*.

Vous pouvez utiliser la commande *Collage spécial...*❹, puis activez l'option <⊙Formats> ❺, actionnez [OK].

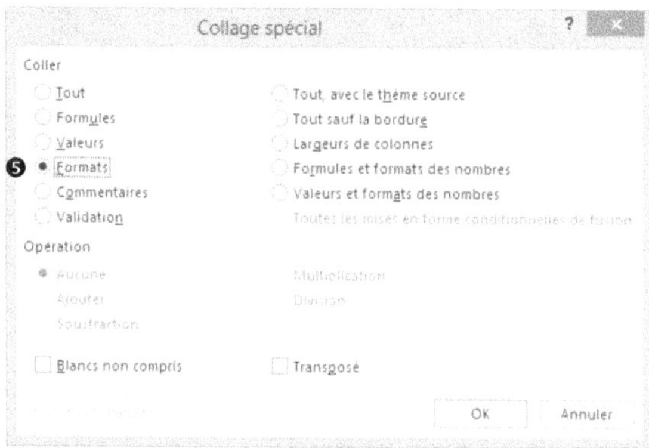

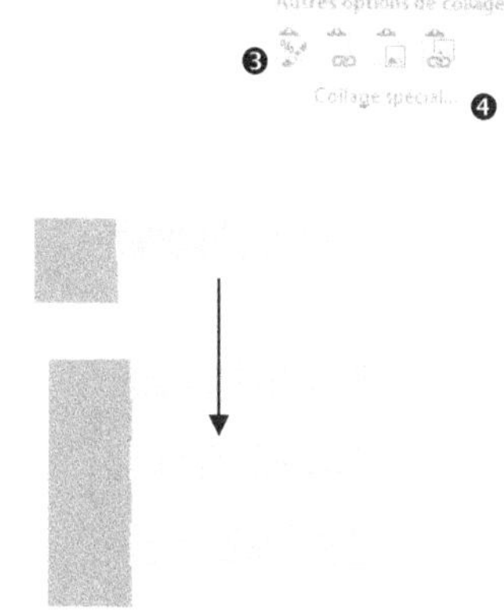

Si vous reproduisez la mise en forme de colonnes ou de lignes entières, vous reproduisez aussi les largeurs de colonne ou les hauteurs de ligne. Notez que si vous reproduisez les mises en forme de cellules d'une plage source dans une plage cible plus grande, les mises en forme sont répliquées autant de fois que possible dans la plage cible (illustration ci-dessus).

UTILISER L'OUTIL REPRODUIRE LA MISE EN FORME

En utilisant ce bouton, vous pouvez reproduire la mise en forme d'une cellule ou d'une plage de cellules sur plusieurs autres cellules ou plages successives par un simple clic ou appui.

Reproduire une fois la mise en forme

- Sélectionnez la cellule ou la plage dont vous voulez copier la mise en forme.
- Onglet **Accueil**>groupe **Presse-papiers**, actionnez ❖ **Reproduire la mise en forme**, puis actionnez la cellule à partir de laquelle reproduire la mise en forme.

Notez qu'avec la souris vous pouvez propager la mise en forme sélectionnée dans une plage cible plus grande que vous sélectionnez, pas avec l'action tactile.

Reproduire la mise en forme sur plusieurs plages par un simple clic ou appui

- Sélectionnez la cellule ou la plage dont vous voulez copier la mise en forme.
- Onglet **Accueil**>groupe **Presse-papiers**, double-clic ou double-appui sur le bouton ❖ **Reproduire la mise en forme**, actionnez une première cellule à partir de laquelle vous voulez reproduire la mise en forme, ensuite actionnez une seconde cellule à partir de laquelle reproduire la mise en forme, puis une troisième éventuellement et ainsi de suite.
- Pour cesser l'action de reproduction multiple, actionnez à nouveau le bouton ❖ **Reproduire la mise en forme**, ou appuyez sur Echap.

LES FONCTIONS D'EXCEL

Les fonctions sont des formules prédéfinies qui exécutent des calculs ou des traitements sur des données que vous leur fournissez, les arguments. Les fonctions sont groupées en dix catégories : *Statistiques, Mathématiques, Date et heure, Logique, financières, Ingénierie, Base de données, Recherche et matrices, Texte* et *Information*.

Un grand nombre de fonctions statistiques ont été renommées déjà en version 2010 d'Excel, pour être cohérentes avec les définitions de la communauté scientifique, ou contenir un paramètre supplémentaire (nous les indiquons par *). Les fonctions des versions précédentes sont toutefois toujours reconnues.

D'autres fonctions ont été ajoutées déjà depuis la version 2010 (nous les marquons par +), notamment statistiques pour mieux répondre aux attentes des statisticiens. Quelques nouvelles fonctions ont été introduites en version 2013, nous les indiquons par (New).

SYNTAXE GÉNÉRALE DES FONCTIONS

Une fonction comporte un intitulé de fonction suivi des arguments entre parenthèses et séparés par des points-virgules (;). Les arguments peuvent être fournis sous forme de valeurs ou de références à des cellules, des plages de cellules ou des plages nommées. Ils doivent être fournis dans un ordre bien déterminé et le type d'argument requis doit être respecté (numérique, chaîne de caractères, dates...) sans quoi la formule renvoie la valeur d'erreur `#VALEUR!`.

Exemples : `=ALEA()   =SOMME(L20:O30)   =RECHERCHEH(B20;C10:N11;2;0)`.

RECHERCHER ET INSÉRER UNE FONCTION

- sélectionnez la cellule dans laquelle vous voulez insérer une fonction.
- Onglet **Formules**>groupe **Bibliothèques de fonctions**, actionnez le bouton **Insérer une fonction** ❶ ; ou, actionnez le bouton f_x *Insérer une formule* ❷ dans la barre de formule.

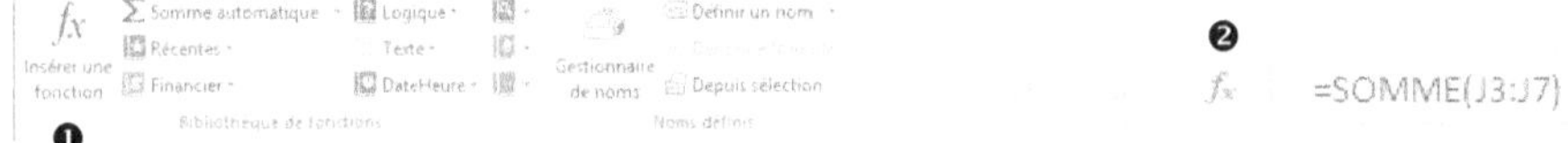

Le dialogue *Insérer une fonction* s'affiche.

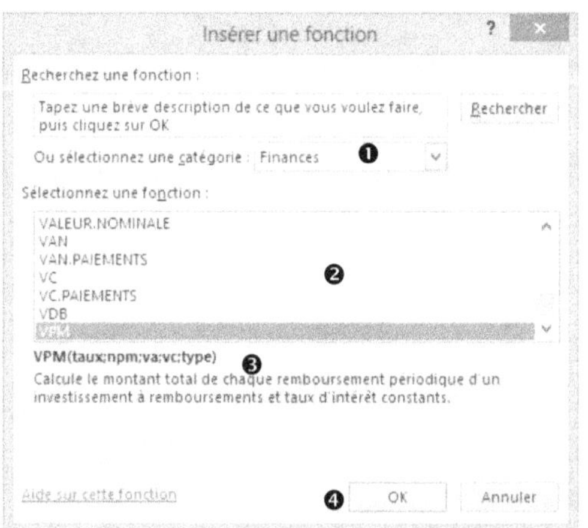

❶ Sélectionnez la catégorie de fonctions, vous pouvez aussi saisir dans la zone <Rechercher une fonction> quelques mots décrivant la fonction que vous cherchez, et actionner [OK].

❷ La zone <Sélectionnez une fonction> affiche alors la liste des fonctions correspondant soit à votre description soit à la catégorie choisie : sélectionnez une fonction dans cette liste.

❸ La syntaxe de la fonction et son descriptif s'affichent au bas du dialogue, il est aussi possible d'accéder directement à la page d'aide de cette fonction en cliquant <u>Aide sur cette fonction</u>.

❹ Actionnez [OK].
Excel affiche le dialogue *Arguments de la fonction*.

Vous pouvez aussi ouvrir plus directement le dialogue des arguments d'une fonction : sous l'onglet **Formules**>groupe **Bibliothèque de fonctions**, actionnez le bouton de la catégorie de cette fonction dans le Ruban.

UTILISER LES FONCTIONS

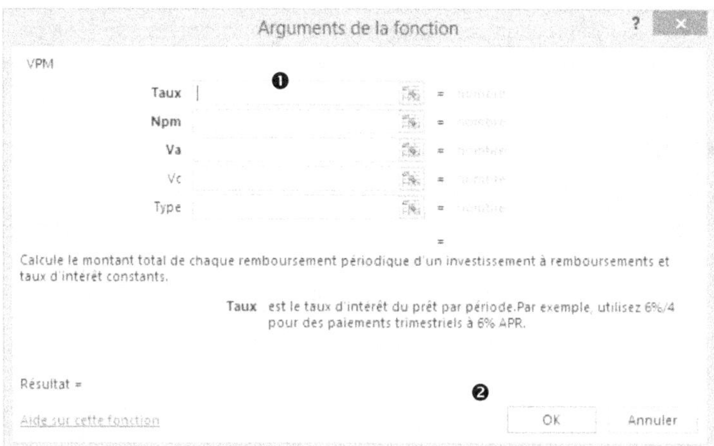

❶ Spécifiez chaque argument : actionnez la zone de l'argument puis sélectionnez dans la feuille la cellule ou la plage de cellules, ou éventuellement saisissez la valeur de l'argument (vous pouvez réduire la boîte de dialogue pour mieux voir la feuille, pour cela actionnez la case de réduction à droite de la zone de l'argument, puis lorsque vous avez sélectionné la cellule, actionnez à nouveau cette case pour réafficher le dialogue).

❷ Lorsque vous avez spécifié tous les arguments, actionnez [OK] pour insérer la fonction.

SAISIE SEMI-AUTOMATIQUE DE FONCTION

Si vous connaissez la syntaxe de la fonction, vous pouvez saisir directement la fonction dans la barre de formule :

- Débutez la formule en tapant le symbole =, puis au cours de la saisie de la formule, dès que vous tapez une lettre, Excel affiche la liste des fonctions qui commencent par cette lettre, continuez la saisie du nom de la fonction jusqu'à taper la parenthèse ou effectuez un double-clic ou un double appui sur l'item dans la liste.

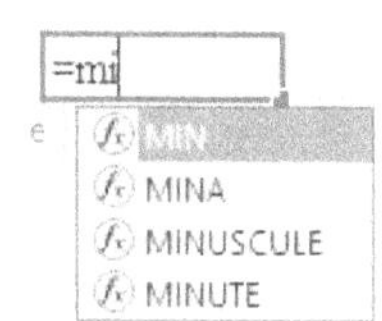

Une infobulle s'affiche indiquant la syntaxe de la fonction : les arguments entre crochets sont facultatifs, et si vous actionnez le nom de la fonction, vous accédez à la page de l'aide sur cette fonction.

- Continuez la saisie des arguments ou sélectionnez dans la feuille les cellules contenant ces arguments.

- Terminez la saisie de la fonction en fermant la parenthèse finale de la fonction, validez par ⏎ la saisie lorsque la formule est terminée.

Si l'affichage de la liste des fonctions vous gêne pour la saisie, vous pouvez le désactiver dans les options d'Excel ; dans la rubrique *Formules*, sous *Manipulation de formules* décochez <☐ Saisie semi-automatique de formules>.

MODIFIER LES ARGUMENTS D'UNE FONCTION DÉJÀ SAISIE DANS UNE CELLULE

- Sélectionnez la cellule contenant la fonction, puis :

- Dans la barre de formule (ou dans la cellule), clic/appui sur la fonction, l'infobulle de syntaxe de la fonction s'affiche. Actionnez l'argument, celui-ci est alors sélectionné dans la formule, spécifiez le nouvel argument. Validez par en actionnant ✓ ou ⏎.

- Vous pouvez ouvrir le dialogue *Arguments de la fonction* : sous l'onglet **Formules**>groupe **Bibliothèques de fonctions**, actionnez le bouton **Insérer une fonction** ou actionnez le bouton *fx Insérer une formule* dans la barre de formule. Spécifiez le nouvel argument et actionnez [OK].

FONCTIONS MATHÉMATIQUES

Pour connaître les arguments et voir un exemple d'utilisation de la fonction, accédez à la page de l'aide sur la fonction : cliquez sur l'icône f_x sur la barre de formule, puis dans le dialogue cliquez sur le nom de la fonction, et ensuite sur le lien <u>Aide sur cette fonction</u>.

BOUTON SOMME AUTOMATIQUE (MOYENNE, NOMBRE, MAX, MIN)

Ce bouton insère la fonction mathématique la plus utilisée dans la construction d'un tableau Excel : la somme de données en ligne ou en colonne.

- Sélectionnez la cellule sous les données en colonne ou à droite des données en ligne.
- Onglet **Accueil**>groupe **Édition**, bouton Σ ou appuyez sur Alt + = , la plage de cellules qu'Excel va additionner apparaît entourée de pointillés ; si cette sélection ne convient pas, sélectionnez la plage voulue, puis appuyez sur ↵ pour confirmer.

Si vous cliquez sur la **flèche** du bouton Σ , un menu permet de choisir une autre fonction: *Moyenne, NB* (Nombre d'éléments), *Max, Min* et aussi d'accéder aux autres fonctions.

TOUTES LES FONCTIONS MATHÉMATIQUES

ABS	Renvoie la valeur absolue d'un nombre.
AGREGAT(+)	Renvoie un agrégat dans une liste ou une base de données.
ALEA	Renvoie un nombre aléatoire compris entre 0 et 1.
ALEA.ENTRE.BORNES	Renvoie un nombre aléatoire entre les nombres que vous spécifiez.
ARABE	Convertit un nombre romain en nombre arabe.
ARRONDI	Arrondit un nombre au nombre de chiffres indiqué.
ARRONDI.AU.MULTIPLE	Donne l'arrondi d'un nombre au multiple spécifié.
ARRONDI.INF	Arrondit un nombre en tendant vers 0 (zéro).
ARRONDI.SUP	Arrondit un nombre à l'entier supérieur, en s'éloignant de zéro.
BASE	Convertit un nombre en une représentation textuelle avec la base donnée.
COMBINA	Renvoie le nombre de combinaisons avec répétitions pour un nombre d'éléments donné.
COMBIN (New)	Renvoie le nombre de combinaisons que l'on peut former avec un nombre donné d'objets.
COTH (New)	Renvoie la cotangente d'un angle.
CSC (New)	Renvoie la cosécante d'un angle.
CSCH (New)	Renvoie la cosécante hyperbolique d'un angle.
DECIMAL (New)	Convertit une représentation textuelle d'un nombre dans une base donnée en nombre décimal.
DETERMAT	Renvoie le déterminant d'une matrice.
ENT	Arrondit un nombre à l'entier immédiatement inférieur.
EXP	Renvoie e élevé à la puissance d'un nombre donné.
FACT	Renvoie la factorielle d'un nombre.
FACTDOUBLE	Renvoie la factorielle double d'un nombre.
IMPAIR	Renvoie le nombre, arrondi à la valeur du nombre entier impair le plus proche en s'éloignant de zéro.

FONCTIONS MATHÉMATIQUES

INVERSEMAT	Renvoie la matrice inverse d'une matrice.
LN	Renvoie le logarithme népérien d'un nombre.
MOD	Renvoie le reste d'une division.
MULTINOMIALE	Calcule la multinomiale d'un ensemble de nombres.
PAIR	Arrondit un nombre au nombre entier pair le plus proche en s'éloignant de zéro.
PGCD	Renvoie le plus grand commun diviseur.
PLAFOND	Arrondit un nombre au nombre entier le plus proche ou au multiple le plus proche de l'argument précision en s'éloignant de zéro.
PLAFOND.MATH (New)	Arrondit un nombre au nombre entier supérieur le plus proche ou au multiple le plus proche de l'argument précision en s'éloignant de zéro.
PLAFOND.PRECIS (*)	Arrondit un nombre au nombre entier le plus proche ou au multiple le plus proche de l'argument précision en s'éloignant de zéro. Quel que soit son signe, ce nombre est arrondi à l'entier supérieur.
PLANCHER	Arrondit un nombre en tendant vers 0 (zéro).
PLANCHER.MATH (New)	Arrondit un nombre au nombre entier inférieur le plus proche ou au multiple le plus proche de l'arg. précision en tendant vers zéro.
PLANCHER.PRECIS (*)	Arrondit un nombre au nombre entier le plus proche ou au multiple le plus proche de l'argument précision en tendant vers zéro. Quel que soit son signe, ce nombre est arrondi à l'entier inférieur.
PPCM	Renvoie le plus petit commun multiple.
PRODUIT	Multiplie ses arguments.
PRODUITMAT	Renvoie le produit de deux matrices.
PUISSANCE	Renvoie la valeur du nombre élevé à une puissance.
QUOTIENT	Renvoie la partie entière du résultat d'une division.
RACINE	Renvoie la racine carrée d'un nombre.
ROMAIN	Convertit des chiffres arabes en chiffres romains, sous forme de texte.
SIGNE	Renvoie le signe d'un nombre.
SOMME	Calcule la somme de ses arguments.
SOMME.CARRES	Renvoie la somme des carrés des arguments.
SOMME.SERIES	Renvoie la somme d'une série géométrique selon la formule : $$SOMME.SERIES(x,n,m,a) = a_1 x^n + a_2 x^{(n+m)} + a_3 x^{(n+2m)} + \ldots + a_i x^{(n+(i-1)m)}$$
SOMME.SI	Additionne les cellules spécifiées si elles répondent à un critère donné.
SOMME.SI.ENS	Ajoute les cellules d'une plage qui répondent à plusieurs critères.
SOMME.X2MY2	Renvoie la somme de la différence des carrés des valeurs correspondantes de deux matrices.
SOMME.X2PY2	Renvoie la somme de la somme des carrés des valeurs correspondantes de deux matrices.
SOMME.XMY2	Renvoie la somme des carrés des différences entre les valeurs correspondantes de deux matrices.

FONCTIONS MATHÉMATIQUES

SOMMEPROD   Multiplie les valeurs correspondantes des matrices spécifiées et
                     calcule la somme de ces produits.

SOUS.TOTAL   Renvoie un sous-total dans une liste ou une base de données.

TRONQUE   Renvoie la partie entière d'un nombre.

FONCTIONS TRIGONOMÉTRIQUES

Pour connaître les arguments et voir un exemple d'utilisation de la fonction, accédez à la page de l'aide sur la fonction : cliquez sur l'icône *fx* sur la barre de formule, puis dans le dialogue cliquez sur le nom de la fonction, et ensuite sur le lien <u>Aide sur cette fonction</u>.

ACOS	Renvoie l'arccosinus d'un nombre.
ACOSH	Renvoie le cosinus hyperbolique inverse d'un nombre.
ACOT (New)	Renvoie l'arccotangente d'un nombre.
ACOTH 'New)	Renvoie l'arccotangente hyperbolique d'un nombre.
ASIN	Renvoie l'arcsinus d'un nombre.
ASINH	Renvoie le sinus hyperbolique inverse d'un nombre.
ATAN	Renvoie l'arctangente d'un nombre.
ATAN2	Renvoie l'arctangente des coordonnées x et y.
ATANH	Renvoie la tangente hyperbolique inverse d'un nombre.
COS	Renvoie le cosinus d'un nombre.
COSH	Renvoie le cosinus hyperbolique d'un nombre.
COT (New)	Renvoie le cosinus hyperbolique d'un nombre.
DEGRES	Convertit des radians en degrés.
LOG	Renvoie le logarithme d'un nombre dans la base spécifiée.
LOG10	Calcule le logarithme en base 10 d'un nombre.
PI	Renvoie la valeur de pi.
RACINE.PI	Renvoie la racine carrée de (nombre * pi).
RADIANS	Convertit des degrés en radians.
SEC (New)	Renvoie la sécante d'un angle.
SECH (New)	Renvoie la sécante hyperbolique d'un angle.
SIN	Renvoie le sinus d'un angle donné.
SINH	Renvoie le sinus hyperbolique d'un nombre.
TAN	Renvoie la tangente d'un nombre.
TANH	Renvoie la tangente hyperbolique d'un nombre.
TRONQUE	Renvoie la partie entière d'un nombre.

FONCTIONS STATISTIQUES

Pour connaître les arguments et voir un exemple d'utilisation de la fonction, accédez à la page de l'aide sur la fonction : cliquez sur l'icône *fx* sur la barre de formule, puis dans le dialogue cliquez sur le nom de la fonction, et ensuite sur le lien <u>Aide sur cette fonction</u>.

FONCTIONS STATISTIQUES COURANTES

AVERAGEA	Renvoie la moyenne de ses arguments, nombres, texte et valeurs logiques inclus, pas les cellules vides.
CENTILE.INCLURE (*)	Renvoie le k-ième centile des valeurs d'une plage.
CROISSANCE	Calcule des valeurs par rapport à une tendance exponentielle.
DROITEREG	Renvoie les paramètres d'une tendance linéaire.
ECART.MOYEN	Renvoie la moyenne des écarts absolus observés dans la moyenne des points de données.
ECARTYPE.PEARSON (*)	Calcule l'écart type d'une population à partir de la population entière.
ECARTYPE.STANDARD (*)	Évalue l'écart type d'une population en se basant sur un échantillon de cette population.
GRANDE.VALEUR	Renvoie la k-ième plus grande valeur d'un jeu de données.
MAX	Renvoie la valeur maximale contenue dans une liste d'arguments.
MAXA	Renvoie la valeur maximale d'une liste d'arguments, nombres, texte et valeurs logiques inclus.
MEDIANE	Renvoie la valeur médiane des nombres donnés.
MIN	Renvoie la valeur minimale contenue dans une liste d'arguments.
MINA	Renvoie la plus petite valeur d'une liste d'arguments, nombres, texte et valeurs logiques inclus.
MOYENNE	Renvoie la moyenne de ses arguments.
MOYENNE.GEOMETRIQUE	Renvoie la moyenne géométrique.
MOYENNE.HARMONIQUE	Renvoie la moyenne harmonique.
MOYENNE.RANG (+)	Renvoie le rang d'un nombre contenu dans une liste.
MOYENNE.REDUITE	Renvoie la moyenne de l'intérieur d'un jeu de données.
MOYENNE.SI	Renvoie la moyenne (arithmétique) de toutes les cellules d'une plage qui répondent à des critères donnés.
MOYENNE.SI.ENS	Renvoie la moyenne (arithmétique) de toutes les cellules qui répondent à plusieurs critères.
NB	Détermine les nombres compris dans la liste des arguments.
NB.SI	Compte le nombre de cellules qui répondent à un critère donné dans une plage.
NB.SI.ENS	Compte le nombre de cellules à l'intérieur d'une plage qui répondent à plusieurs critères.

FONCTIONS STATISTIQUES

NB.VIDE	Compte le nombre de cellules vides dans une plage.
NBVAL	Détermine le nombre de valeurs comprises dans la liste des arguments.
PETITE.VALEUR	Renvoie la k-ième plus petite valeur d'une série de données.
RANG.POURCENTAGE.EXCLURE (+)	Renvoie le rang d'une valeur d'un jeu de données sous forme de pourcentage (0..1, exclues).
RANG.POURCENTAGE.INCLURE (*)	Renvoie le rang en pourcentage d'une valeur d'un jeu de données.
SOMME.CARRES.ECARTS	Renvoie la somme des carrés des écarts.
STDEVA	Évalue l'écart type d'une population en se basant sur un échantillon de cette population, nombres, texte et valeurs logiques inclus.
STDEVPA	Calcule l'écart type d'une population à partir de l'ensemble de la population, nombres, texte et valeurs logiques inclus.
VAR.P	Calcule la variance sur la base de l'ensemble de la population.
VAR.S (*)	Calcule la variance sur la base d'un échantillon.
VARA	Estime la variance d'une population en se basant sur un échantillon de cette population, nombres, texte et valeurs logiques incluses.
VARPA	Calcule la variance d'une population en se basant sur la population entière, nombres, texte et valeurs logiques inclus.

FONCTIONS STATISTIQUES SPÉCIALISÉES

BETA.INVERSE.N (*)	Renvoie l'inverse de la fonction de distribution cumulée pour une distribution bêta spécifiée.
BINOM.DIST.RANGE 5New°	Renvoie la probabilité d'un résultat d'essai à l'aide d'une distribution binomiale.
CENTILE.EXCLURE (+)	Renvoie le k-ième centile des valeurs d'une plage, où k se trouve dans la plage comprise entre 0 et 1, exclues.
CENTREE.REDUITE	Renvoie une valeur centrée réduite.
CHISQ.TEST (*)	Renvoie le test d'indépendance.
COEFFICIENT.ASYMETRIE	Renvoie l'asymétrie d'une distribution.
COEFFICIENT.CORRELATION	Renvoie le coefficient de corrélation entre deux séries de données.
COEFFICIENT.DETERMINATION	Renvoie la valeur du coefficient de détermination R^2 d'une régression linéaire.
COVARIANCE.PEARSON (*)	Renvoie la covariance, moyenne des produits des écarts pour chaque série d'observations.
COVARIANCE.STANDARD (+)	Renvoie la covariance d'échantillon, moyenne des produits des écarts pour chaque paire de points de deux jeux de données.
EQUATION.RANG (*)	Renvoie le rang d'un nombre contenu dans une liste.
ERREUR.TYPE.XY	Renvoie l'erreur type de la valeur y prévue pour chaque x de la régression.
F.TEST (*)	Renvoie le résultat d'un test F.
FISHER	Renvoie la transformation de Fisher.
FISHER.INVERSE	Renvoie l'inverse de la transformation de Fisher.

FONCTIONS STATISTIQUES

FREQUENCE	Calcule la fréquence d'apparition des valeurs dans une plage de valeurs, puis renvoie des nombres sous forme de matrice verticale.
GAMMA (New)	Renvoie la valeur de fonction Gamma.
GAUSS (New)	Renvoie 0,5 de moins que la distribution cumulée normale standard.
INTERVALLE.CONFIANCE.NORMAL (*)	Renvoie l'intervalle de confiance pour une moyenne de population.
INTERVALLE.CONFIANCE.STUDENT (+)	Renvoie l'intervalle de confiance pour la moyenne d'une population, à l'aide d'une distribution t de Student.
INVERSE.LOI.F.DROITE (*)	Renvoie l'inverse de la distribution de probabilité (unilatérale à droite) suivant une loi F.
INVERSE.LOI.F.N (+)	Renvoie l'inverse de la distribution de probabilité (unilatérale à gauche) suivant une loi F.
KURTOSIS	Renvoie le kurtosis d'une série de données.
LNGAMMA	Renvoie le logarithme népérien de la fonction Gamma, $\Gamma(x)$
LOGREG	Renvoie les paramètres d'une tendance exponentielle.
LOI.BETA.N (*)	Renvoie la fonction de distribution cumulée.
LOI.BINOMIALE.INVERSE.N (*)	Renvoie la plus petite valeur pour laquelle la distribution binomiale cumulée est inférieure ou égale à une valeur de critère.
LOI.BINOMIALE.N (*)	Renvoie la probabilité d'une variable aléatoire discrète suivant la loi binomiale.
LOI.BINOMIALE.NEG.N (*)	Renvoie la probabilité d'une variable aléatoire discrète suivant une loi binomiale négative.
LOI.EXPONENTIELLE.N (+)	Renvoie la distribution exponentielle.
LOI.F.DROITE (*)	Renvoie la probabilité (unilatérale à droite) d'une variable aléatoire suivant une loi F pour 2 séries de données.
LOI.F.N (+)	Renvoie la probabilité (unilatérale à gauche) d'une variable aléatoire suivant une loi F pour 2 séries de données.
LOI.GAMMA.INVERSE.N (*)	Renvoie, pour une probabilité donnée, la valeur d'une variable aléatoire suivant une loi Gamma.
LOI.GAMMA.N (*)	Renvoie la probabilité d'une variable aléatoire suivant une loi Gamma.
LOI.HYPERGEOMETRIQUE.N (*)	Renvoie la probabilité d'une variable aléatoire discrète suivant une loi hypergéométrique.
LOI.KHIDEUX (+)	Renvoie la fonction de densité de distribution de la probabilité suivant une loi bêta cumulée.
LOI.KHIDEUX.DROITE (*)	Renvoie la probabilité unilatérale de la distribution khi-deux.
LOI.KHIDEUX.INVERSE(+)	Renvoie la fonction de densité de distribution de la probabilité suivant une loi bêta cumulée.
LOI.KHIDEUX.INVERSE.DROITE(*)	Renvoie l'inverse de la probabilité unilatérale de la distribution khi-deux.
LOI.LOGNORMALE.INVERSE.N (*)	Renvoie l'inverse de la distribution suivant une loi lognormale cumulée.
LOI.LOGNORMALE.N (*)	Renvoie la distribution suivant une loi lognormale cumulée.

FONCTIONS STATISTIQUES

LOI.NORMALE.INVERSE.N (*) Renvoie, pour une probabilité donnée, la valeur d'une variable aléatoire suivant une loi normale standard.

LOI.NORMALE.N Renvoie la probabilité d'une variable aléatoire continue suivant une loi normale.

LOI.NORMALE.STANDARD.INVERSE (*) Renvoie l'inverse de la distribution cumulée normale standard.

LOI.NORMALE.STANDARD.N (*) Renvoie la probabilité d'une variable aléatoire continue suivant une loi normale standard.

LOI.POISSON.N (*) Renvoie la probabilité d'une variable aléatoire suivant une loi de Poisson.

LOI.STUDENT.BILATERALE (*) Renvoie la probabilité bilatérale d'une variable aléatoire suivant la loi de T de Student.

LOI.STUDENT.DROITE (*) Renvoie la probabilité unilatérale à droite d'une variable aléatoire suivant la loi T de Student.

LOI.STUDENT.INVERSE.BILATERALE (*) Renvoie, pour une probabilité donnée, la valeur inverse bilatérale d'une variable aléatoire suivant une loi T de Student.

LOI.STUDENT.INVERSE.N (+) Renvoie, pour une probabilité donnée, la valeur inverse unilatérale à gauche d'une variable aléatoire suivant une loi T de Student.

LOI.STUDENT.N (+) Renvoie la probabilité d'une variable aléatoire suivant la loi de T de Student.

LOI.WEIBULL.N (*) Renvoie la probabilité d'une variable aléatoire suivant une loi de Weibull.

MODE.SIMPLE(*) Renvoie la valeur la plus courante d'un jeu de données.

MODE.MULTIPLE (+) Renvoie une matrice verticale des valeurs les plus fréquentes ou répétitives dans une matrice ou une plage de données.

ORDONNEE.ORIGINE Renvoie l'ordonnée à l'origine d'une droite de régression linéaire.

PEARSON Renvoie le coefficient de corrélation d'échantillonnage de Pearson.

PENTE Renvoie la pente d'une droite de régression linéaire.

PERMUTATION Renvoie le nombre de permutations pour un nombre donné d'objets.

PERMUTATIONA (New) Renvoie le nombre de permutations pour un nombre d'objets donné (avec répétitions) pouvant être sélectionnés à partir du nombre total d'objets.

PHI (New) Renvoie la valeur de la fonction de densité pour une distribution normale standard.

PREVISION Calcule une valeur par rapport à une tendance linéaire.

PROBABILITE Renvoie la probabilité que des valeurs d'une plage soient comprises entre deux limites.

QUARTILE.EXCLURE (+) Renvoie le quartile d'un jeu de données en fonction des valeurs du centile comprises entre 0..1, exclues.

QUARTILE.INCLURE (*) Renvoie le quartile d'un jeu de données.

SKEW.P (New) Renvoie l'asymétrie d'une distribution : la caractérisation du degré d'asymétrie d'une distribution par rapport à sa moyenne.

T.TEST (*)	Renvoie la probabilité associée à un test T de Student.
TENDANCE	Renvoie des valeurs par rapport à une tendance linéaire.
Z.TEST (*)	Renvoie la valeur de probabilité unilatérale d'un test z.

FONCTIONS D'INGÉNIERIE

Pour connaître les arguments et voir un exemple d'utilisation de la fonction, accédez à la page de l'aide sur la fonction : cliquez sur l'icône *fx* sur la barre de formule, puis dans le dialogue cliquez sur le nom de la fonction, et ensuite sur le lien <u>Aide sur cette fonction</u>.

BESSELI	Renvoie la fonction Bessel modifiée $In(x)$.
BESSELJ	Renvoie la fonction Bessel $Jn(x)$.
BESSELK	Renvoie la fonction Bessel modifiée $Kn(x)$.
BESSELY	Renvoie la fonction Bessel $Yn(x)$.
BINDEC	Convertit un nombre binaire en nombre décimal.
BINHEX	Convertit un nombre binaire en nombre hexadécimal.
BINOCT	Convertit un nombre binaire en nombre octal.
BITET (New)	Renvoie un ET binaire de deux nombres.
BITLSHIFT(New)	Renvoie un numéro de valeur décalé vers la gauche de montant_décalage bits.
BITOU(New)	Renvoie un OU binaire de 2 nombres.
BITDECALD(New)	Renvoie un numéro de valeur décalé vers la droite de montant_décalage bits.
BITOUEXCLUSIF(New)	Renvoie un OU exclusif binaire de 2 nombres.
COMPLEXE	Convertit des coefficients réel et imaginaire en un nombre complexe.
COMPLEXE.ARGUMENT	Renvoie l'argument thêta, un angle exprimé en radians.
COMPLEXE.CONJUGUE	Renvoie le nombre complexe conjugué d'un nombre complexe.
COMPLEXE.COS	Renvoie le cosinus d'un nombre complexe.
COMPLEXE.COSH (New)	Renvoie le cosinus hyperbolique d'un nombre complexe.
COMPLEXE.COT(New)	Renvoie la cotangente d'un nombre complexe.
COMPLEXE.CSC(New)	Renvoie la cosécante d'un nombre complexe
COMPLEXE.CSCH(New)	Renvoie la cosécante hyperbolique d'un nombre complexe
COMPLEXE.DIFFERENCE	Renvoie la différence entre deux nombres complexes.
COMPLEXE.DIV	Renvoie le quotient de deux nombres complexes.
COMPLEXE.EXP	Renvoie la fonction exponentielle d'un nombre complexe.
COMPLEXE.IMAGINAIRE	Renvoie le coefficient imaginaire d'un nombre complexe.
COMPLEXE.LN	Renvoie le logarithme népérien d'un nombre complexe.
COMPLEXE.LOG10	Calcule le logarithme en base 10 d'un nombre complexe.
COMPLEXE.LOG2	Calcule le logarithme en base 2 d'un nombre complexe.
COMPLEXE.MODULE	Renvoie la valeur absolue (module) d'un nombre complexe.
COMPLEXE.PRODUIT	Renvoie le produit de 2 à 255 nombres complexes.
COMPLEXE.PUISSANCE	Renvoie un nombre complexe élevé à une puissance entière.
COMPLEXE.RACINE	Renvoie la racine carrée d'un nombre complexe.
COMPLEXE.REEL	Renvoie le coefficient réel d'un nombre complexe.
COMPLEXE.SEC(New)	Renvoie la sécante d'un nombre complexe.
COMPLEXE.SECH(New)	Renvoie la sécante hyperbolique d'un nombre complexe.

FONCTIONS D'INGÉNIERIE

COMPLEXE.SIN	Renvoie le sinus d'un nombre complexe.
COMPLEXE.SINH(New)	Renvoie le sinus hyperbolique d'un nombre complexe.
COMPLEXE.SOMME	Renvoie la somme de plusieurs nombres complexes.
COMPLEXE.TAN(New)	Renvoie la tangente d'un nombre complexe.
CONVERT	Convertit un nombre d'une unité de mesure à une autre.
DECBIN	Convertit un nombre décimal en nombre binaire.
DECHEX	Convertit un nombre décimal en nombre hexadécimal.
DECOCT	Convertit un nombre décimal en nombre octal.
DELTA	Teste l'égalité de deux nombres.
ERF	Renvoie la valeur de la fonction d'erreur entre limite inf et limite sup.
ERF.PRECIS (*)	Renvoie la valeur de la fonction d'erreur.
ERFC	Renvoie la valeur de la fonction d'erreur complémentaire.
ERFC.PRECIS (*)	Renvoie la fonction d'erreur complémentaire intégrée entre x et infini.
HEXBIN	Convertit un nombre hexadécimal en nombre binaire.
HEXDEC	Convertit un nombre hexadécimal en nombre décimal.
HEXOCT	Convertit un nombre hexadécimal en nombre octal.
OCTBIN	Convertit un nombre octal en nombre binaire.
OCTDEC	Convertit un nombre octal en nombre décimal.
OCTHEX	Convertit un nombre octal en nombre hexadécimal.
SUP.SEUIL	Teste si un nombre est supérieur à une valeur de seuil.

FONCTIONS FINANCIÈRES

Pour connaître les arguments et voir un exemple d'utilisation de la fonction, accédez à la page de l'aide sur la fonction : cliquez sur l'icône *fx* sur la barre de formule, puis dans le dialogue cliquez sur le nom de la fonction, et ensuite sur le lien <u>Aide sur cette fonction</u>.

AMORDEGRC	Renvoie l'amortissement correspondant à chaque période comptable en utilisant un coefficient d'amortissement.
AMORLIN	Calcule l'amortissement linéaire d'un bien pour une période donnée.
AMORLINC	Renvoie l'amortissement d'un bien à la fin d'une période fiscale donnée.
CUMUL.INTER	Renvoie l'intérêt cumulé payé sur un emprunt entre deux périodes.
CUMUL.PRINCPER	Renvoie le montant cumulé des remboursements du capital d'un emprunt effectués entre deux périodes.
DATE.COUPON.PREC	Renvoie la date de coupon précédant la date de règlement.
DATE.COUPON.SUIV	Renvoie la première date de coupon ultérieure à la date de règlement.
DB	Renvoie l'amortissement d'un bien pour une période spécifiée en utilisant la méthode de l'amortissement dégressif à taux fixe.
DDB	Renvoie l'amortissement d'un bien pour toute période spécifiée, en utilisant la méthode de l'amortissement dégressif à taux double ou selon un coefficient à spécifier.
DUREE	Renvoie la durée, en années, d'un titre dont l'intérêt est perçu périodiquement.
DUREE.MODIFIEE	Renvoie la durée de Macauley modifiée pour un titre ayant une valeur nominale hypothétique de 100 euros.
INTERET.ACC	Renvoie l'intérêt couru non échu d'un titre dont l'intérêt est perçu périodiquement.
INTERET.ACC.MAT	Renvoie l'intérêt couru non échu d'un titre dont l'intérêt est perçu à l'échéance.
INTPERER	Calcule le montant des intérêts d'un investissement pour une période donnée.
ISPMT	Calcule le montant des intérêts d'un investissement pour une période donnée.
NB.COUPONS	Renvoie le nombre de coupons dus entre la date de règlement et la date d'échéance.
NB.JOURS.COUPON.PREC	Renvoie le nombre de jours entre le début de la période de coupon et la date de liquidation.
NB.JOURS.COUPON.SUIV	Renvoie le nombre de jours entre la date de liquidation et la date du coupon suivant la date de liquidation.
NB.JOURS.COUPONS	Renvoie le nombre de jours pour la période du coupon contenant la date de liquidation.
NPM	Renvoie le nombre de versements nécessaires pour rembourser un emprunt.
PDURATION (New)	Renvoie le nombre de périodes requises pour qu'un investissement atteigne une valeur spécifiée

FONCTIONS FINANCIÈRES

PRINCPER	Calcule, pour une période donnée, la part de remboursement du principal d'un investissement.
PRIX.BON.TRESOR	Renvoie le prix d'un bon du Trésor d'une valeur nominale de 100 euros.
PRIX.DCOUPON.IRREG	Renvoie le prix par tranche de valeur nominale de 100 euros d'un titre dont la dernière période de coupon est irrégulière.
PRIX.DEC	Convertit un prix en euros, exprimé sous forme de fraction, en un prix en euros exprimé sous forme de nombre décimal.
PRIX.FRAC	Convertit un prix en euros, exprimé sous forme de nombre décimal, en un prix en euros exprimé sous forme de fraction.
PRIX.PCOUPON.IRREG	Renvoie le prix par tranche de valeur nominale de 100 euros d'un titre dont la première période de coupon est irrégulière.
PRIX.TITRE	Renvoie le prix d'un titre rapportant des intérêts périodiques, pour une valeur nominale de 100 euros.
PRIX.TITRE.ECHEANCE	Renvoie le prix d'un titre dont la valeur nominale est 100 euros et qui rapporte des intérêts à l'échéance.
REND.DCOUPON.IRREG	Renvoie le taux de rendement d'un titre dont la dernière période de coupon est irrégulière.
REND.PCOUPON.IRREG	Renvoie le taux de rendement d'un titre dont la première période de coupon est irrégulière.
RENDEMENT.BON.TRESOR	Calcule le taux de rendement d'un bon du Trésor.
RENDEMENT.SIMPLE	Calcule le taux de rendement d'un emprunt à intérêt simple (par exemple, un bon du Trésor).
RENDEMENT.TITRE, fonction	Calcule le rendement d'un titre rapportant des intérêts périodiquement.
RENDEMENT.TITRE.ECHEANCE	Renvoie le rendement annuel d'un titre qui rapporte des intérêts à l'échéance.
SYD	Calcule l'amortissement d'un bien pour une période donnée sur la base de la méthode américaine Sum-of-Years Digits (amortissement dégressif à taux décroissant appliqué à une valeur constante).
TAUX	Calcule le taux d'intérêt par période pour une annuité.
TAUX.EFFECTIF	Renvoie le taux d'intérêt annuel effectif.
TAUX.ESCOMPTE	Calcule le taux d'escompte d'une transaction.
TAUX.ESCOMPTE.R	Renvoie le taux d'escompte rationnel d'un bon du Trésor.
TAUX.INTERET	Affiche le taux d'intérêt d'un titre totalement investi.
TAUX.INT.EQUIV (New)	Renvoie un taux d'intérêt équivalent pour la croissance d'un investissement.
TAUX.NOMINAL	Calcule le taux d'intérêt nominal annuel.
TRI	Calcule le taux de rentabilité interne d'un investissement pour une succession de trésoreries.
TRI.PAIEMENTS	Calcule le taux de rentabilité interne d'un ensemble de paiements non périodiques.

FONCTIONS FINANCIÈRES

TRIM	Calcule le taux de rentabilité interne lorsque les paiements positifs et négatifs sont financés à des taux différents.
VA	Calcule la valeur actuelle d'un investissement.
VALEUR.ENCAISSEMENT	Renvoie la valeur d'encaissement d'un escompte commercial, pour une valeur nominale de 100 euros.
VALEUR.NOMINALE	Renvoie la valeur nominale à échéance d'un effet de commerce.
VAN	Calcule la valeur actuelle nette d'un investissement basé sur une série de décaissements et un taux d'escompte.
VAN.PAIEMENTS	Renvoie la valeur actuelle nette d'un ensemble de paiements non périodiques.
VC	Renvoie la valeur future d'un investissement.
VC.PAIEMENTS	Calcule la valeur future d'un investissement en appliquant une série de taux d'intérêt composites.
VDB	Renvoie l'amortissement d'un bien pour une période spécifiée ou partielle en utilisant une méthode de l'amortissement dégressif à taux fixe.
VPM	Calcule le paiement périodique d'un investissement donné.

Exemple 1

Quel est le montant du remboursement mensuel pour un emprunt de 175 000 euros, sur vingt ans au taux de 4,25 % ? Il faut ramener le taux annuel au taux mensuel = taux annuel/12, et le nombre de mois au nombre d'années*12.

C7			f_x	=ABS(VPM(C6/12;C5*12;C4))
	B	C	D	E
3	Fonction VPM			
4	Montant de l'emprunt	175 000,00 €		
5	Durée	20		
6	Taux	4,25%		
7	Mensualité	1 083,66 €		

Exemple 2

Si vous placez 150 euros tous les mois pendant 5 ans, au taux annuel de 2,5 %, combien aurez-vous d'épargne à terme ? Il faut ramener le taux au taux mensuel = taux annuel/12, et le nombre de périodes au nombre de mois, nombre d'années*12.

C14			f_x	=ABS(VC(C13/12;C12*12;C11))
	B	C	D	E
10	Fonction VC			
11	Montant menuel des dépots	150,00 €		
12	Durée en année	5		
13	Taux d'interêt	2,50%		
14	Montant en fin de période	9 576,08 €		

FONCTIONS DATE & HEURE

Pour connaître les arguments et voir un exemple d'utilisation de la fonction, accédez à la page de l'aide sur la fonction : cliquez sur l'icône *fx* sur la barre de formule, puis dans le dialogue cliquez sur le nom de la fonction, et ensuite sur le lien <u>Aide sur cette fonction</u>.

Pour Excel, une date est un nombre égal au nombre de jours écoulés entre la date et le 1/1/1900.

ANNEE	Convertit un numéro de série en année.
AUJOURDHUI	Renvoie le numéro de série de la date du jour.
DATE	Renvoie le numéro de série d'une date précise.
DATEVAL	Convertit une date représentée sous forme de texte en numéro de série.
FIN.MOIS	Renvoie le numéro de série de la date du dernier jour du mois précédant ou suivant la date_départ du nombre de mois indiqué.
FRACTION.ANNEE	Renvoie la fraction de l'année représentant le nombre de jours entiers séparant la date de début et la date de fin.
HEURE	Convertit un numéro de série en heure.
JOUR	Convertit un numéro de série en jour du mois.
JOURS (New)	Renvoie le nombre de jours entre deux dates.
JOURS360	Calcule le nombre de jours qui séparent deux dates sur la base d'une année de 360 jours.
JOURSEM	Convertit un numéro de série en jour de la semaine.
MAINTENANT	Renvoie le numéro de série de la date et de l'heure du jour.
MINUTE	Convertit un numéro de série en minute.
MOIS	Convertit un numéro de série en mois.
MOIS.DECALER	Renvoie le numéro de série de la date qui représente une date spécifiée (l'argument date_départ), corrigée en plus ou en moins du nombre de mois indiqué.
NB.JOURS.OUVRES	Renvoie le nombre de jours ouvrés entiers compris entre deux dates.
NB.JOURS.OUVRES.INTL (+)	Renvoie le nombre de jours ouvrés entiers compris entre deux dates à l'aide de paramètres identifiant les jours du week-end et leur nombre.
NO.SEMAINE	Convertit un numéro de série en un numéro représentant l'ordre de la semaine dans l'année.
NO.SEMAINE.ISO (New)	Renvoie le numéro de la semaine ISO de l'année pour une date donnée
SECONDE	Convertit un numéro de série en seconde.
SERIE.JOUR.OUVRE	Renvoie le numéro de série de la date avant ou après le nombre de jours ouvrés spécifiés.
SERIE.JOUR.OUVRE.INTL (+)	Renvoie le numéro de série de la date avant et après un nombre spécifié de jours ouvrés en spécifiant des paramètres qui identifient et dénombrent les jours inclus dans le week-end.
TEMPS	Renvoie le numéro de série d'une heure précise.
TEMPSVAL	Convertit une date représentée sous forme de texte en numéro de série.

FONCTIONS DATE & HEURE

<u>Exemple</u> :

Calcul du nombre de jours ouvrés entre 2 dates.

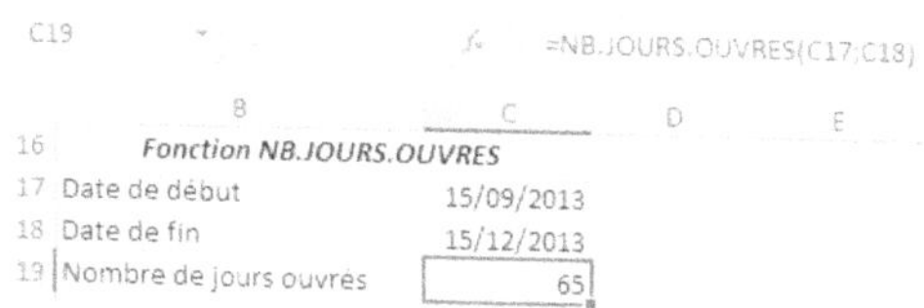

FONCTIONS LOGIQUES

Pour connaître les arguments et voir un exemple d'utilisation de la fonction, accédez à la page de l'aide sur la fonction : cliquez sur l'icône *fx* sur la barre de formule, puis dans le dialogue cliquez sur le nom de la fonction, et ensuite sur le lien <u>Aide sur cette fonction</u>.

Les fonctions logiques permettent d'introduire des conditions dans les formules. Une expression logique est une condition, B1> 100 par exemple.

ET	Renvoie VRAI si tous ses arguments sont VRAI.
NON	Inverse la logique de cet argument.
OU	Renvoie VRAI si un des arguments est VRAI.
SI	Spécifie un test logique à effectuer.
SIERREUR	Renvoie une valeur que vous spécifiez si une formule génère une erreur ; sinon, elle renvoie le résultat de la formule.
SI.NON.DISP (New)	Renvoie la valeur que vous spécifiez si l'expression est résolue à #N/A ; autrement, renvoie le résultat de l'expression.
FAUX	Renvoie la valeur logique FAUX.
OUX (New)	Renvoie un OU exclusif logique de tous les arguments.
VRAI	Renvoie la valeur logique VRAI.

<u>Exemple</u>

Calcul de primes. Le principe : bonus 10 % de la part des ventes supérieures à l'objectif ; Si l'objectif n'est pas atteint, la cellule doit afficher le texte *Dommage*.

E23			*fx*	=SI(D23>=C23;1000+10%*(D23-C23);"Dommage")		
	B		C	D	E	F	G
21			*Fonction SI*			
22	*Commerciaux*		*Objectif*	*Résultat*	*Prime*	
23	Pierre		75 000 €	79 450 €	1 445 €	
24	Paul		82 000 €	78 600 €	Dommage	
25	Jacques		68 000 €	76 900 €	1 890 €	

FONCTIONS D'INFORMATION

Pour connaître les arguments et voir un exemple d'utilisation de la fonction, accédez à la page de l'aide sur la fonction : cliquez sur l'icône f_x sur la barre de formule, puis dans le dialogue cliquez sur le nom de la fonction, et ensuite sur le lien <u>Aide sur cette fonction</u>.

CELLULE	Renvoie des informations sur la mise en forme, l'emplacement et le contenu d'une cellule.
EST	Renvoie VRAI si l'argument valeur fait référence à la valeur d'erreur #N/A.
EST.IMPAIR	Renvoie VRAI si le chiffre est impair.
EST.PAIR	Renvoie VRAI si le chiffre est pair.
ESTERR	Renvoie VRAI si l'argument valeur fait référence à une valeur d'erreur, sauf #N/A.
ESTERREUR	Renvoie VRAI si l'argument valeur fait référence à une valeur d'erreur.
ESTLOGIQUE	Renvoie VRAI si l'argument valeur fait référence à une valeur logique.
ESTNONTEXTE	Renvoie VRAI si l'argument valeur ne se présente pas sous forme de texte.
ESTNUM	Renvoie VRAI si l'argument valeur représente un nombre.
ESTREF	Renvoie VRAI si l'argument valeur est une référence.
ESTTEXTE	Renvoie VRAI si l'argument valeur se présente sous forme de texte.
ESTVIDE	Renvoie VRAI si l'argument valeur est vide.
FEUILLE (New)	Renvoie le numéro de feuille de la feuille référencée.
FEUILLES (New)	Renvoie le nombre de feuilles dans une référence.
INFORMATIONS	Renvoie des informations sur l'environnement d'exploitation actuel.
ISFORMULA (New)	Renvoie VRAI une référence à une cellule contient une formule.
N	Renvoie une valeur convertie en nombre.
NA	Renvoie la valeur d'erreur #N/A.
TYPE	Renvoie un nombre indiquant le type de données d'une valeur.
TYPE.ERREUR	Renvoie un nombre correspondant à un type d'erreur.

Pour connaître les arguments et voir un exemple d'utilisation de la fonction, accédez à la page de l'aide sur la fonction : cliquez sur l'icône *fx* sur la barre de formule, puis dans le dialogue cliquez sur le nom de la fonction, et ensuite sur le lien <u>Aide sur cette fonction</u>.

ADRESSE	Renvoie une référence sous forme de texte à une seule cellule d'une feuille de calcul.
CHOISIR	Choisit une valeur dans une liste.
COLONNE	Renvoie le numéro de colonne d'une référence.
COLONNES	Renvoie le nombre de colonnes dans une référence.
DECALER	Renvoie une référence décalée par rapport à une référence donnée.
EQUIV	Recherche des valeurs dans une référence ou une matrice.
FORMULATEXT (New)	Renvoie la formule à la référence donnée sous forme de texte.
INDEX	Utilise un index pour choisir une valeur provenant d'une référence ou d'une matrice.
INDIRECT	Renvoie une référence indiquée par une valeur de texte.
LIEN_HYPERTEXTE	Crée un raccourci ou un renvoi qui ouvre un document stocké sur un serveur réseau, sur un réseau Intranet ou sur Internet.
LIGNE	Renvoie le numéro de ligne d'une référence.
LIGNES	Renvoie le nombre de lignes dans une référence.
LIREDONNEESTABCROISDYNAMIQUE	Renvoie les données stockées dans un rapport de tableau croisé dynamique.
MATRICE.UNITAIRE (New)	Renvoie la matrice unitaire ou la dimension spécifiée.
RECHERCHE	Recherche des valeurs dans un vecteur ou une matrice.
RECHERCHEH	Effectue une recherche dans la première ligne d'une matrice et renvoie la valeur de la cellule indiquée.
RECHERCHEV	Effectue une recherche dans la première colonne d'une matrice et se déplace sur la ligne pour renvoyer la valeur d'une cellule
RTD	Extrait les données en temps réel à partir d'un programme prenant en charge l'automation COM (autrefois appelée OLE Automation, Automation est une norme industrielle et une fonctionnalité du modèle d'objet COM pour Component Object Model). Fonction non disponible dans Excel Starter 2010.
TRANSPOSE	Renvoie la transposition d'une matrice.
ZONES	Renvoie le nombre de zones dans une référence.

<u>Exemple</u>

La fonction *RECHERCHEV* va consulter une table et trouver le prix d'un article. Les codes doivent être dans la première ligne ou colonne, en ordre croissant, et les valeurs cherchées dans la dernière ligne ou colonne.

Un code est saisi en F2. La fonction *RECHERCHEV* placée en G2 consulte la table F5:H101 pour trouver le prix du livre (en colonne 2) correspondant à ce code et l'affiche. La fonction placée en H2 `=RECHERCHEV($F2;$F$5:$H$101;3)` consulte la même table pour trouver le titre du livre (en colonne 3) correspondant au code.

G2		f_x	=RECHERCHEV($F2;$F$5:$H$101;2)
	F	G	H
1			
2	PK0337	14	Access 2010 VBA (Manuel A4 Pro)
3			
4	Réf	Prix	Titre
5	PK0336	10 €	Access 2010 VBA (Mémento A5 Pro)
6	PK0337	14 €	Access 2010 VBA (Manuel A4 Pro)
7	PK0338	11 €	Access 2010 VBA Cas pratiques (Cahier A4 Pro)
8	PK0340	9 €	Outlook 2010 (Manuel A4)
9	PK0341	7 €	Outlook 2010 (Mémento A5
10	PK0342	10 €	Windows 8 (Manuel A4 Pro)

FONCTIONS BASE DE DONNÉES

Pour connaître les arguments et voir un exemple d'utilisation de la fonction, accédez à la page de l'aide sur la fonction : cliquez sur l'icône f_x sur la barre de formule, puis dans le dialogue cliquez sur le nom de la fonction, et ensuite sur le lien <u>Aide sur cette fonction</u>.

FONCTIONS

BDECARTYPE	Calcule l'écart type à partir d'un échantillon de population représenté par les valeurs du champ dans les enregistrements satisfaisant les critères.
BDECARTYPEP	Calcule l'écart type à partir de la population entière représentée par les valeurs du champ dans les enregistrements satisfaisant les critères.
BDLIRE	Extrait d'une base de données l'enregistrement qui correspond aux critères spécifiés.
BDMAX	Valeur la plus élevée du champ dans les enregistrements satisfaisant les critères.
BDMIN	Valeur la moins élevée du champ dans les enregistrements satisfaisant les critères.
BDMOYENNE	Moyenne des valeurs du champ dans les enregistrements satisfaisant les critères.
BDNB	Nombre de cellules du champ contenant des valeurs numériques dans les enregistrements satisfaisant les critères.
BDNBVAL	Nombre de cellules non vides du champ dans les enregistrements satisfaisant les critères.
BDPRODUIT	Multiplie les valeurs du champ dans les enregistrements satisfaisant les critères.
BDSOMME	Additionne les valeurs numériques du champ dans les enregistrements satisfaisant les critères.
BDVAR	Calcule la variance à partir d'un échantillon de population représenté par les valeurs du champ dans les enregistrements satisfaisant les critères.
BDVARP	Calcule la variance à partir de la population entière représentée par les valeurs du champ dans les enregistrements satisfaisant les critères.

INSÉRER UNE FONCTION DE BASE DE DONNÉES

- Sélectionnez la cellule devant afficher le résultat, actionnez l'icône f_x dans la barre de formule ou, sous l'onglet **Formule**>groupe **Bibliothèque de fonction**, actionnez le bouton **Insérer une fonction**.
- Dans la zone <Sélectionnez une catégorie> : sélectionnez *Base de données*, puis dans la zone <Sélectionnez une fonction> : sélectionnez le nom de la fonction, validez par [OK].

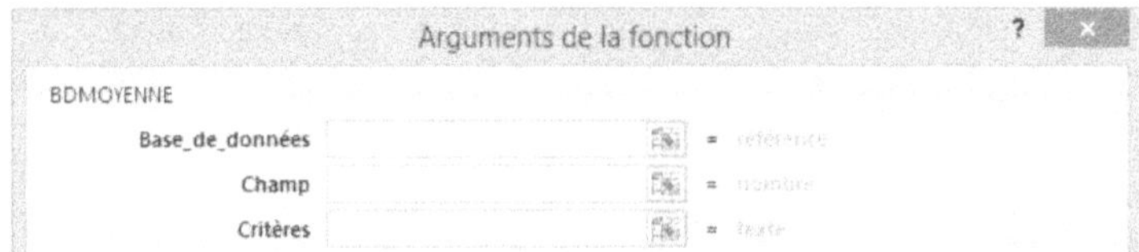

- Spécifiez la plage de base de données, saisissez le nom du champ entre guillemets ou un nombre représentant la position de la colonne du champ dans la plage de base de données, spécifiez la plage de la zone de critères, validez par [OK].

FONCTIONS TEXTE ET WEB

Pour connaître les arguments et voir un exemple d'utilisation de la fonction, accédez à la page de l'aide sur la fonction : cliquez sur l'icône *fx* sur la barre de formule, puis dans le dialogue cliquez sur le nom de la fonction, et ensuite sur le lien <u>Aide sur cette fonction</u>.

FONCTIONS TEXTE

Ces fonctions permettent de manipuler des chaînes de caractères.

ASC	Change les caractères anglais ou katakana à pleine chasse (codés sur deux octets) à l'intérieur d'une chaîne de caractères en caractères à demi-chasse (codés sur un octet).
BAHTTEXT	Convertit un nombre en texte en utilisant le format monétaire ß (baht).
CAR	Renvoie le caractère spécifié par le code numérique.
CHERCHE, CHERCHERB	Trouve un texte dans un autre texte (sans respecter la casse).
CNUM	Convertit un argument textuel en nombre.
CODE	Renvoie le numéro de code du premier caractère du texte.
CONCATENER	Assemble plusieurs éléments textuels de façon à n'en former qu'un seul.
CTXT	Convertit un nombre au format texte avec un nombre de décimales spécifié.
DROITE, DROITEB	Renvoie les caractères situés à l'extrême droite d'une chaîne de caractères.
EPURAGE	Supprime tous les caractères de contrôle du texte.
EURO	Convertit un nombre en texte en utilisant le format monétaire € (euro).
EXACT	Vérifie si deux valeurs de texte sont identiques.
GAUCHE, GAUCHEB	Renvoie des caractères situés à l'extrême gauche d'une chaîne de caractères.
JIS	Change les caractères anglais ou katakana à demi-chasse (codés sur un octet) à l'intérieur d'une chaîne de caractères en caractères à pleine chasse (codés sur deux octets).
MAJUSCULE	Convertit le texte en majuscules.
MINUSCULE	Convertit le texte en minuscules.
NBCAR, LENB	Renvoie le nombre de caractères contenus dans une chaîne de texte.
NOMPROPRE	Met en majuscules la première lettre de chaque mot dans une chaîne textuelle.
NUMBERVALUE (New)	Convertit du texte en nombre d'une manière indépendante des paramètres régionaux.
PHONÉTIQUE	Extrait les caractères phonétiques (furigana) d'une chaîne de texte.
REMPLACER, REMPLACERB	Remplace des caractères dans un texte.
REPT	Répète un texte un certain nombre de fois.
STXT, MIDB	Renvoie un nombre déterminé de caractères d'une chaîne de texte à partir de la position que vous indiquez.
SUBSTITUE	Remplace l'ancien texte d'une chaîne de caractères par un nouveau.

FONCTIONS TEXTE ET WEB

SUPPRESPACE	Supprime les espaces du texte.
T	Convertit des arguments en texte.
TEXTE	Convertit un nombre au format texte.
TROUVE, TROUVERB	Trouve une valeur textuelle dans une autre, en respectant la casse.
UNICAR (New)	Renvoie le caractère référencé par la valeur numérique donnée.
UNICODE (New)	Renvoie le nombre (point de code) qui correspond au premier caractère du texte.

FONCTIONS WEB

ENCODEURL (New)	Renvoie une chaîne codée au format URL.
FILTERXML 5new)	Renvoie des données spécifiques à partir du contenu XML à l'aide du XPath spécifié.
WEBSERVICE (New)	Renvoie des données à partir d'un service web.

ANNEXES

CORRESPONDANCES EXCEL 2003 – EXCEL 2013

Menu Fichier	Onglet | Groupe | Bouton
Fichier	Fichier
Nouveau	Fichier | Nouveau
Ouvrir...	Fichier | Ouvrir
Fermer	Fichier | Fermer
Enregistrer	Barre d'outils Accès rapide | outil Enregistrer
Enregistrer	Fichier | Enregistrer
Enregistrer sous	Fichier | Enregistrer sous
Enregistrer en tant que page Web	Fichier | Enregistrer sous | <Type> : Page Web
Enregistrer l'espace de travail	Retiré du produit
Recherche de fichiers	Dans l'Explorateur de fichiers
Autorisation | Accès illimité	Fichier | Informations | Protéger le classeur | Restreindre autorisation (Office pro Plus)
Autorisation | Ne pas distribuer	Fichier | Informations | Protéger le classeur | Restreindre autorisation (Office pro Plus)
Autorisation | Limiter les autorisations	Fichier | Informations | Protéger le classeur | Restreindre autorisation (Office pro Plus)
Historique des versions	Fichier | Informations | Versions
Aperçu de la page Web	Ajout de Aperçu page Web sur la barre d'outils Accès rapide
Mise en page	Mise en page | Mise en page | Lanceur du dialogue
Zone d'impression | Définir	Mise en page | Mise en page | Zone d'impression | Définir
Zone d'impression | Annuler	Mise en page | Mise en page | Zone d'impression | Annuler
Aperçu avant impression	Fichier | Imprimer
Imprimer	Fichier | Imprimer
Imprimer	Ajout de Imprimer à la barre d'outils Accès rapide
Envoyer à | Destinataire	Ajout de Envoyer au destinataire du message à la barre d'outils Accès rapide
Envoyer à | Expéditeur initial	Ajout de Répondre en incluant modifications à la barre d'outils Accès rapide
Envoyer à | Destinataire du message (pour révision)	Ajout de Envoyer pour révision à la barre d'outils Accès rapide
Envoyer à | Destinataire du message (en tant que pièce jointe)	Fichier | Partager | courrier électronique | En tant que pièce jointe
Envoyer à | Destinataire du routage	Retiré du produit
Envoyer à | Dossier Exchange	Ajout de Envoyer vers un Dossier Exchange à la barre d'outils Accès rapide
Envoyer à | Participant en ligne	Retiré du produit
Envoyer à | Destinataire utilisant le service de télécopie Internet	Fichier | Patager | Courrier électronique | Télécopie Internet
Propriétés	Fichier | Informations | Propriétés /Propriétés avancées
Documents récents	Fichier | Ouvrir | Classeurs utilisation récente
Quitter	Ajout de Quitter à la barre d'outils Accès rapide
Déconnexion	Retiré du produit

Menu Édition	Onglet | Groupe | Bouton
Annuler	Barre d'outils Accès rapide | Outil *Annuler*
Rétablir	Barre d'outils Accès rapide | Outil *Rétablir*
Couper	Accueil | Presse-papiers | Couper
Copier	Accueil | Presse-papiers | Copier
Presse-papiers Office	Accueil | Presse-papiers | Lanceur du dialogue
Coller	Accueil | Presse-papiers | Coller
Collage spécial	Accueil | Presse-papiers | ▾ Coller | Collage spécial
Coller comme lien hypertexte	Accueil | Presse-papiers | ▾ Coller | Collage spécial | Lien hypertexte
Remplissage | En bas	Accueil | Édition | Remplissage | En bas
Remplissage | À droite	Accueil | Édition | Remplissage | À droite
Remplissage | En haut	Accueil | Édition | Remplissage | En haut
Remplissage | À gauche	Accueil | Édition | Remplissage | À gauche

CORRESPONDANCES EXCEL 2003 – EXCEL 2013

Menu Édition	Onglet | Groupe | Bouton
Remplissage | Dans toutes les feuilles	Accueil | Édition | Remplissage | Dans toutes les feuilles de données
Remplissage | Séries	Accueil | Édition | Remplissage | Séries
Remplissage | Justifier	Accueil | Édition | Remplissage | Justifier
Effacer | Tout	Accueil | Édition | Effacer | Effacer tout
Effacer | Formats	Accueil | Édition | Effacer | Effacer les formats
Effacer | Contenu	Accueil | Édition | Effacer | Effacer le contenu
Effacer | Commentaires	Accueil | Édition | Effacer | Effacer les commentaires
Supprimer	Accueil | Cellules | Supprimer
Supprimer une feuille	Accueil | Cellules | Supprimer | Supprimer une feuille
Déplacer ou copier une feuille	Accueil | Cellules | Format | Déplacer ou copier une feuille
Rechercher	Accueil | Édition | Rechercher et sélectionner | Rechercher
Remplacer...	Accueil | Édition | Rechercher et sélectionner | Remplacer
Atteindre	Accueil | Édition | Rechercher et sélectionner | Atteindre
Liaisons...	Fichier| Informations | Modifier les liens d'accès aux fichiers
Objet	Sélectionnez un objet pour afficher les outils contextuels de dessin

Menu Affichage	Onglet | Groupe | Bouton
Normal	Affichage | Modes d'affichage | Normal
Aperçu des sauts de page	Affichage | Modes d'affichage | Avec sauts de page
Volet Office	Des propriétés de graphiques, les tableaux croisés s'affichent dans un volet Office
Barres d'outils | Standard	Sous l'onglet Accueil
Barres d'outils | Mise en forme	Sous l'onglet Accueil
Barres d'outils | Bordures	Accueil | Police | Bordures
Barres d'outils | Graphique	Sous les onglets contextuels Outils de graphique
Barres d'outils | Boîte à outils Contrôles	Sous l'onglet Développeur
Barres d'outils | Dessin	Sous les onglets contextuels Outils de dessin
Barres d'outils | Données externes	Sous l'onglet Données
Barres d'outils | Formulaires	Sous l'onglet Développeur
Barres d'outils | Audit de formules	Formule | Audit de formules
Barres d'outils | Liste	Sous les onglets contextuels Outils de tableau
Barres d'outils | Image	Sous les onglets contextuels Outils Image
Barres d'outils | Tableau croisé dynamique	Sous l'onglet contextuel Outils de tableau croisé dynamique
Barres d'outils | Protection	Révision | Modifications
Barres d'outils | Révision	Sous l'onglet Révision
Barres d'outils | Volet Office	Des propriétés de graphiques, les tableaux croisés s'affichent dans un volet Office
Barres d'outils | Texte en parole	Retiré du produit
Barres d'outils | Visual Basic	Sous l'onglet Développeur
Barres d'outils | Fenêtre Espion	Formules | Vérification des formules | Fenêtre Espion
Barres d'outils | Web	Fichier |Options | Barre d'outil Accès rapide | Toutes les commandes
Barres d'outils | WordArt	Sous les onglets contextuels Outils de dessin
Barres d'outils | Personnaliser	Fichier | Options | Personnaliser le ruban
Barre de formule	Affichage | Afficher | Barre de formule
Barre d'état	La barre d'état est toujours visible par défaut
En-tête et pied de page	Insérer | Texte | En-tête et pied de page
Commentaires	Révision | Commentaires | Afficher tous les commentaires
Affichages personnalisés	Affichage | Modes d'affichages | Personnalisé
Plein écran	Retiré du produit, remplacé partiellement par l'icône Option d'affichage du Ruban.
Zoom	Affichage | Zoom | Zoom
Ajusté à la fenêtre	Retiré du produit
Fenêtre graphique	Retiré du produit

Menu Insertion	**Onglet | Groupe | Bouton**
Cellules	Accueil | Cellules | Insérer
Lignes	Accueil | Cellules | Insérer | Insérer des lignes dans la feuille
Colonnes	Accueil | Cellules | Insérer | Insérer des colonnes dans la feuille
Feuille	Accueil | Cellules | Insérer | Insérer une feuille
Graphique	Insertion | Graphiques
Symbole	Insertion | Symboles | Caractères spéciaux
Saut de page	Mise en page | Mise en page | Sauts de page | Insérer un saut de page
Rétablir tous les sauts de page	Mise en page | Mise en page | Sauts de page | Rétablir tous les sauts de page
Fonction	Formules | Bibliothèque fonctions | Insérer une fonction
Fonction	Formules | Bibliothèque fonctions | DateHeure
Fonction	Formules | Bibliothèque fonctions | Maths et trigonométrie
Fonction	Formules | Bibliothèque fonctions | Financier
Fonction	Formules | Bibliothèque fonctions | Logique
Fonction	Formules | Bibliothèque fonctions | Recherche et référence
Fonction	Formules | Bibliothèque fonctions | Récentes
Fonction	Formules | Bibliothèque fonctions | Texte
Fonction	Formules | Bibliothèque fonctions | Plus de fonctions | Cube
Fonction	Formules | Bibliothèque fonctions | Plus de fonctions | Ingénierie
Fonction	Formules | Bibliothèque fonctions | Plus de fonctions | Informations
Fonction	Formules | Bibliothèque fonctions | Plus de fonctions | Statistique
Nom | Définir	Formules | Noms définis | Gestionnaire de noms
Nom | Coller	Formules | Noms définis | Dans une formule | Coller des noms
Nom | Créer	Formules | Noms définis | Depuis sélection
Nom | Appliquer	Formules | Noms définis | ▾ Définir un nom | Appliquer les noms
Nom | Étiquette	Formules | Noms définis | Définir un nom
Commentaire	Révision | Commentaires | Nouveau commentaire
Annotations manuscrites	Révision | Commentaires | Afficher les entrées manuscrites | Commencer la saisie manuscrite
Image | Images clipart	Insertion | Illustrations | Images en ligne
Image | À partir du fichier	Insertion | Illustrations | Image
Image | À partir du fichier	Retiré du produit
Image | À partir du fichier	Retiré du produit
Image | À partir d'un scanneur ou d'un appareil photo numérique	Retiré du produit
Image | Dessin et écriture manuscrits	Révision | Commentaires | Afficher les entrées manuscrites | Commencer la saisie manuscrite
Image | Formes automatiques	Insertion | Illustrations | Formes
Image | WordArt	Insertion | Texte | WordArt
Image | Organigramme hiérarchique	Insertion | Illustrations | SmartArt
Schéma	Insertion | Illustrations | SmartArt
Objet	Insertion | Texte | Objet
Lien hypertexte	Insertion | Liens | Lien hypertexte

Menu Format	**Onglet | Groupe | Bouton**
Cellules	Accueil | Cellules | Format | Format de cellule
Ligne | Hauteur	Accueil | Cellules | Format | Hauteur de ligne
Ligne | Ajustement automatique	Accueil | Cellules | Format | Ajuster la hauteur de ligne
Ligne | Masquer	Accueil | Cellules | Format | Masquer & afficher | Masquer les lignes
Ligne | Afficher	Accueil | Cellules | Format | Masquer & afficher | Afficher les lignes
Colonne | Largeur	Accueil | Cellules | Format | Largeur de colonne
Colonne | Ajustement automatique	Accueil | Cellules | Format | Ajuster la largeur de colonne
Colonne | Masquer	Accueil | Cellules | Format | Masquer & afficher | Masquer colonnes

CORRESPONDANCES EXCEL 2003 – EXCEL 2013

Menu Format (suite) | **Onglet | Groupe | Bouton**
--- | ---
Colonne | Afficher | Accueil | Cellules | Format | Masquer & afficher | Afficher colonnes
Colonne | Largeur standard | Accueil | Cellules | Format | Largeur par défaut
Feuille | Renommer | Accueil | Cellules | Format | Renommer la feuille
Feuille | Masquer | Accueil | Cellules | Format | Masquer & afficher | Masquer la feuille
Feuille | Afficher | Accueil | Cellules | Format | Masquer & afficher | Afficher la feuille
Feuille | Arrière-plan | Mise en page | Mise en page | Arrière-plan
Feuille | Couleur d'onglet | Accueil | Cellules | Format | Couleur d'onglet
Mise en forme auto. | Accueil | Style | Mettre sous forme de tableau
Mise en forme conditionnelle | Accueil | Style | Mise en forme conditionnelle
Style | Accueil | Style | Styles de cellules

Menu Outils | **Onglet | Groupe | Bouton**
--- | ---
Orthographe... | Révision | Vérification | Orthographe
Recherche | Révision | Vérification | Recherche
Vérification des erreurs | Formules | Vérification de formules | Vérification des erreurs
Espace de travail partagé | Retiré du produit
Partager le classeur | Révision | Modifications | Partager le classeur
Suivi des modifications | Afficher les modifications | Révision | Modifications | Suivi des modifications | Afficher les modifications
Suivi des modifications | Accepter ou refuser les modifications | Révision | Modifications | Suivi des modifications | Accepter ou refuser les modifications
Comparaison et fusion de classeurs | Ajout de *Comparaison et fusion de classeurs* à la barre d'outils Accès rapide
Protection | Protéger la feuille | Révision | Modifications | Protéger la feuille
Protection | Protéger la feuille | Accueil | Cellules | Format | Protéger la feuille
Protection | Permettre la modification des plages | Révision | Modifications | Permettre la modification des plages
Protection | Protéger le classeur | Révision | Modifications | Protéger le classeur
Protection | Protéger et partager le classeur | Révision | Modifications | Protéger et partager le classeur
Collaboration en ligne | Conférence maintenant | Retiré du produit
Collaboration en ligne | Organiser une conférence | Retiré du produit
Collaboration en ligne | Discussions sur le Web | Retiré du produit
Collaboration en ligne | Terminer la révision | Retiré du produit
Valeur cible | Données | Outils de données | Analyse scénarios | Valeur cible
Scénarios | Données | Outils de données | Analyse scénarios | Gestionnaire scénarios
Audit de formules | Repérer les antécédents | Formules | Vérification de formules | Repérer les antécédents
Audit de formules | Repérer les dépendants | Formules | Vérification de formules | Repérer les dépendants
Audit de formules | Repérer une erreur | Formules | Vérification de formules | Vérification des erreurs | Repérer une erreur
Audit de formules | Supprimer les flèches | Formules | Vérification de formules | Supprimer les flèches
Audit de formules | Évaluation de formule | Formules | Vérification de formules | Évaluer la formule
Audit de formules | Masquer la fenêtre Espion | Formules | Vérification de formules | Fenêtre Espion
Audit de formules | Mode Audit de formules | Formules | Vérification de formules | Afficher les formules
Audit de formules | Afficher barre Audit formules | Formules | Vérification de formules
Macro | Macros | Développeur | Code | Macros
Macro | Macros | Affichage | Macros | Macros
Macro | Nouvelle macro | Développeur | Code | Enregistrer une macro
Macro | Nouvelle macro | Affichage | Macros | Macros | Enregistrer une macro
Macro | Sécurité | Développeur | Code | Sécurité des macros
Macro | Visual Basic Editor | Développeur | Code | Visual Basic
Macro | Microsoft Script Editor | Retiré du produit

CORRESPONDANCES EXCEL 2003 – EXCEL 2013

Menu Outils (suite)	**Onglet | Groupe | Bouton**
Compléments	Fichier | Options | Compléments
Options de correction automatique	Fichier | Options | Vérification | Options de correction automatique
Personnaliser	Fichier | Options | Barre d'outils Accès rapide
Afficher la signature	Fichier | Informations | Protéger le classeur | Ajouter une signature numérique
Options	Fichier | Options

Menu Données	**Onglet | Groupe | Bouton**
Trier	Données | Trier et filtrer | Trier
Filtrer | Filtre automatique	Données | Trier et filtrer | Filtrer
Filtrer | Filtre automatique	Accueil | Édition | Trier et filtrer | Filtrer
Filtrer | Afficher tout	Données | Trier et filtrer | Effacer
Filtrer | Afficher tout	Accueil | Édition | Trier et filtrer | Effacer
Filtrer | Filtre avancé	Données | Trier et filtrer | Avancé
Formulaire	Ajout de *Formulaire* à la barre d'outils Accès rapide
Sous-totaux	Données | Plan | Sous-total
Validation	Données | Outils de données | Validation des données
Tableau	Données | Outils de données | Analyse de scénarios | Table de données
Convertir	Données | Outils de données | Convertir
Consolider	Données | Outils de données | Consolider
Grouper et créer un plan | Masquer	Données | Plan | Masquer
Grouper et créer un plan | Afficher les détails	Données | Plan | Afficher les détails
Grouper et créer un plan | Grouper	Données | Plan | Grouper
Grouper et créer un plan | Grouper	Outils de tableau croisé dynamique | Options | Groupe
Grouper et créer un plan | Dissocier	Données | Plan | Dissocier
Grouper et créer un plan | Dissocier	Outils de tableau croisé dynamique | Options | Dissocier
Grouper et créer un plan | Plan automatique	Données | Plan | Grouper | Plan automatique
Grouper et créer un plan | Effacer le plan	Données | Plan | Dissocier | Effacer le plan
Grouper et créer un plan | Paramètres	Données | Plan | Lanceur du groupe
Rapport de tableau croisé dynamique et de graphique croisé dynamique	Insertion | Tableaux | Tableau croisé dynamique | Tableau croisé dynamique/Graphique croisé dynamique
Données externes | Importer des données	Données | Données externes
Données externes | Nouvelle requête Web	Données | Données externes | Web
Données externes | Créer une requête	Données | Données externes | Autres sources | Provenance : MS Query
Données externes | Modifier la requête	Données | Connexions | Propriétés | Définition | Modifier la requête
Données externes | Modifier la requête	Ajout de *Modifier la requête* à la barrre d'outils Accès rapide
Données externes | Propriétés plage données	Données | Connexions | Propriétés
Données externes | Propriétés plage données	Outils de tableau | Création | Données de tableau externe | Propriétés
Données externes | Paramètres	Ajout de *Paramètres de la requête* à la barre d'outils Accès rapide
Liste | Créer une liste	Insertion | Tableaux | Tableau
Liste | Redimensionner la liste	Outils de tableau | Création | Propriétés | Redimensionner le tableau
Liste | Ligne des totaux	Outils de tableau | Création | Options de style de tableau | Ligne des totaux
Liste | Convertir en plage	Outils de tableau | Création | Outils | Convertir en plage
Liste | Publier la liste	Outils de tableau | Création | Données de table externe | Exporter | Exporter le tableau dans une liste SharePoint
Liste | Liste d'affichages sur le serveur	Outils de tableau | Création | Données de table externe | Ouvrir dans le navigateur
Liste | Supprimer la liaison de la liste	Outils de tableau | Création | Données de table externe | Supprimer la liaison
Liste | Synchroniser la liste	Ajout de *Synchroniser la liste* à la barre d'outils Accès rapide
Liste | Ignorer les modifications et actualiser	Ajout de *Ignorer les modifications et actualiser* à la barre d'outils Accès rapide
Liste | Masquer la bordure des listes inactives	Retiré du produit

CORRESPONDANCES EXCEL 2003 – EXCEL 2013

Menu Données (suite)	Onglet | Groupe | Bouton
XML | Importer	Développeur | XML | Importer
XML | Exporter	Développeur | XML | Exporter
XML | Actualiser les données XML	Développeur | XML | Actualiser les données
XML | Source XML	Développeur | XML | Source
XML | Propriétés du mappage XML	Développeur | XML | Propriétés du mappage
XML | Modifier la requête	Retiré du produit
XML | Kits d'extension XML	Développeur | XML | Kits d'extension
Actualiser les données	Outils de graphique croisé dynamique | Analyse | Données | Actualiser
Actualiser les données	Outils de tableau croisé dynamique | Options | Données | Actualiser
Actualiser les données	Outils de tableau | Création | Données de table externe | Actualiser
Actualiser les données	Données | Connexions | Actualiser | Actualiser tout
Actualiser les données	Outils de graphique croisé dynamique | Analyse | Données | Actualiser | Actualiser
Actualiser les données	Outils de tableau croisé dynamique | Options | Données | Actualiser | Actualiser

Menu Graphique	Onglet | Groupe | Bouton
Type de graphique	Outils de graphique | Création | Type | Modifier le type de graphique...
Données source	Outils de graphique | Création | Données | Sélectionner des données...
Options du graphique	Outils de graphique | Création | Dispositions du graphique | Ajouter un élément de graphique
Emplacement	Outils de graphique | Création | Emplacement | Déplacer le graphique...
Ajouter des données	Outils de graphique croisé dynamique | Création | Données | Sélectionner données...
Ajouter une courbe de tendance	Outils de graphique | Création | Dispositions du graphique | Ajouter un élément de graphique
Vue 3D	Outils graphique | Format | Type | Modifier le type de graphique

Menu fenêtre	Onglet | Groupe | Bouton
Nouvelle fenêtre	Affichage | Fenêtre | Nouvelle fenêtre
Organiser	Affichage | Fenêtre | Réorganiser tout
Comparer en côte à côte avec	Affichage | Fenêtre | Côte à côte
Masquer	Affichage | Fenêtre | Masquer
Afficher	Affichage | Fenêtre | Afficher
Fractionner	Affichage | Fenêtre | Fractionner
Figer les volets	Affichage | Fenêtre | Figer les volets
Classeurs actuellement ouverts	Affichage | Fenêtre | Changer de fenêtre

Menu Aide	Onglet | Groupe | Bouton
Aide de Microsoft Excel	Ruban supérieur | Aide
Microsoft Office Online	Retiré du produit
Contactez-nous	Retiré du produit
Rechercher les mises à jour	Fichier | Compte | Mise à jour pour Office
Détecter et réparer	Remplacé par un fichier de détection automatique, activé par Fichier | Options | Centre de gestion de la confidentialité | Paramètres du centre de gestion de la confidentialité | Options de confidentialité | Télécharger régulièrement un fichier permettant de détecter les problèmes.
Activer le produit	Fichier | Compte | Activer le produit (le bouton ne s'affiche plus après activation faite)
Options pour les commentaires utilisateur	Fichier | Options | Centre de gestion de la confidentialité | Protection de la confidentialité | Programme d'amélioration du produit
À propos de Microsoft Office Excel	Fichier | Compte | À propos de Excel.
Afficher le Compagnon Office	Retiré du produit

NOUVEAUTÉS EXCEL 2013

AMÉLIORATIONS DANS L'UTILISATION DES FEUILLES ET CLASSEURS

La page du **mode Backstage s'affiche dès le lancement d'Excel 2013** (option pouvant être désactivée) et propose de créer un classeur basé sur un modèle.

La fonction **Remplissage instantané** détecte ce que vous voulez faire, et saisit le reste de vos données à votre place pourvu que vos données initiales présentent une certaine cohérence : par exemple, pour séparer des noms et prénoms saisis dans une même colonne, pour changer la casse du texte d'une colonne...

Dans Excel 2013, **chaque classeur dispose de sa propre fenêtre**, ce qui permet d'utiliser plus facilement deux classeurs à la fois.

Le **Filtrage par segments** des données dans des tableaux Excel, des tables de requêtes et d'autres tables de données (cette façon interactive de filtrer les données, était déjà introduite dans Excel 2010 mais seulement dans les tableaux croisés dynamiques).

Un nouveau format de fichier **Feuille de calcul Strict Open XML** (*.xlsx), permet de lire et écrire des dates ISO8601 pour résoudre un problème d'année bissextile lié à l'année 1900.

Un enregistrement facilité sur votre emplacement en ligne, tel que votre SkyDrive gratuit ou le service Office 365 de votre organisation.

Nouvelles fonctions marquées dans cet ouvrage par (New) dans les listes de fonctions par catégorie.

AMÉLIORATIONS DANS L'UTILISATION DES GRAPHIQUES

Les **Recommandations de graphiques** montrent l'aspect de vos données avec différents graphiques, vous choisissez celui qui vous convient le mieux.

PARTAGE SIMPLIFIÉ DES FEUILLES DE CALCUL

Vous pouvez **incorporer une partie de feuille dans une page web**, afin que d'autres utilisateurs puissent en utiliser les données dans Excel Web App ou ouvrir les données incorporées dans Excel.

Quel que soit l'appareil smartphone, tablette ou ordinateur, avec Lync installé, vous pouvez vous connecter à un classeur et **le partager lors d'une réunion en ligne**.

AMÉLIORATIONS DANS L'ANALYSE DES DONNÉES

Un nouvel outil Analyse rapide vous permet de convertir vos données en graphique ou en tableau en deux étapes maximum.

Tableaux croisés dynamiques recommandés : lorsque vous créez un tableau croisé dynamique, Excel propose plusieurs méthodes pour résumer vos données et affiche des aperçus pour vous permettre de choisir.

Utiliser plusieurs tableaux dans votre analyse de données : vous pouvez créer des tableaux croisés dynamiques basés sur plusieurs tableaux (sans recourir à PowerPivot). Créez un modèle de données Excel, en créant des relations des tableaux. La liste de champs a été repensée pour créer la disposition d'un tableau croisé dynamique à tableaux multiples.

Se connecter à de nouvelles sources de données : des flux de données OData, Windows Azure DataMarket et SharePoint, ou à des sources de données OLE DB supplémentaires.

Créer des relations entre des tableaux : la création de relations entre des tableaux vous permet d'analyser vos données sans avoir à les consolider en un tableau unique. Des requêtes MDX exploitent des relations entre tableaux pour créer des rapports de tableaux croisés dynamiques significatifs.

NOUVEAUTÉS EXCEL 2013

Chronologie : utiliser une chronologie facilite la comparaison de vos données de tableaux et graphiques croisés dynamiques sur des périodes de temps différentes, en filtrant les dates de façon interactive et permet de parcourir les données par périodes de temps séquentielles, comme des performances continues de mois en mois, en un simple clic.

Extraire vers le bas, **Extraire vers le haut** et **Extraire transversalement** pour accéder à différents niveaux de détail, dans une hiérarchie de tableau ou de graphique croisé dynamique.

Utiliser les mesures et membres calculés OLAP : ajoutez vos propres calculs MDX (Multidimensional Expression) dans des données de tableau croisé dynamique qui sont connectées à un cube OLAP (Online Analytical Processing).

Créer un graphique croisé dynamique autonome : un graphique croisé dynamique n'a plus à être associé à un tableau croisé dynamique, il est plus facile à copier ou à déplacer. Un graphique croisé dynamique autonome permet d'utiliser les nouvelles fonctions Extraire vers le bas et Extraire vers le haut.

Power View (dans Office Professionnel Plus seulement) : le bouton Power View dans le ruban apporte des fonctionnalités d'exploration, visualisation et présentation interactives et puissantes pour l'analyse de données.

COMPLÉMENTS ET CONVERTISSEURS NOUVEAUX ET AMÉLIORÉS

Complément PowerPivot : dans Office Professionnel Plus seulement, le complément PowerPivot est intégré à Excel depuis la version 2013, il permet de créer des modèles de données simples ou sophistiqués directement dans Excel.

Complément Inquire : dans Office Professionnel Plus seulement, le complément Inquire est installé en même temps qu'Excel en version 2013. Il vous permet d'analyser et de passer en revue vos classeurs pour comprendre leur conception, leur fonctionnement et les dépendances entre données... Vous pouvez lancer une comparaison de feuilles de calculs, pour repérer clairement où les modifications ont eu lieu.

FONCTIONNALITÉS ABANDONNÉES OU MODIFIÉES

La commande Enregistrer en tant qu'espace de travail a disparu

La commande **Enregistrer en tant qu'espace de travail**. Il reste toutefois possible d'ouvrir un fichier d'espace de travail (*.xlw) créé dans une version antérieure d'Excel. Dans Excel 2013, chaque classeur est ouvert dans sa propre fenêtre.

Les Options d'affichage du navigateur ne figurent plus au même endroit

Lorsque vous enregistrez un classeur sur le web, vous pouvez définir la façon dont il apparaît aux utilisateurs qui le visualisent. Ces options précédemment dans le dialogue Enregistrer sous, sont dans Fichier>Informations-*Options d'affichage du navigateur*.

La modification du type de graphique d'une série a changé

Outils du graphique>Options>Modifier le type de graphique modifie le type de graphique pour toutes les séries de données, même si une série individuelle est sélectionnée.

Pour modifier le type de graphique pour une série de données sélectionnée, il faut changer le type de graphique en graphique combiné.

Enregistrer en tant que modèle ne figure plus dans le ruban Outils de graphique

Dans Excel 2013, cette commande n'existe plus que dans le menu contextuel du graphique (clic/appui droit). Le dossier *Modèles* de graphique (*.crtx) est \\Appdata\Roaming\Microsoft\ Templates\Charts, il est proposé dans le dialogue *Insérer un graphique* ou *Modifier le type de graphique*.

Les pyramides et cônes sont des formes de graphique d'histogrammes et de barres

Les pyramides et cônes n'existent plus en tant que types de graphique, ces sont des formes d'un histogramme ou d'un graphique à barres.

L'option Créer à partir d'un document existant n'est plus disponible

Dans Office, l'option *Créer à partir d'un document existant* n'est plus disponible lorsque vous actionnez Fichier>Nouveau. Vous pouvez toujours enregistrer un classeur sous un nom de fichier différent. Si le classeur à ouvrir se trouve parmi les classeurs récents, vous pouvez effectuer un clic droit ou un appui long sur le nom du fichier et sélectionner *Ouvrir une copie*.

La façon dont vous enregistrez et utilisez un modèle de classeur a été modifiée

Dans les versions antérieures d'Excel, un classeur enregistré en tant que modèle l'était dans le dossier *Mes modèles*, et était proposé sous *Modèles disponibles* (Fichier>Nouveau). Dans Excel 2013, il n'apparaît en tant que modèle sous *Personnel* dans Fichier>Nouveau, que si vous avez créé le dossier où vous voulez stocker vos modèles et que vous en avez fait l'emplacement par défaut de vos modèles personnels dans les Options Enregistrer d'Excel.

Le contrôle de curseur de fractionnement a disparu

Les contrôles de *curseur de fractionnement* ont été supprimés dans Excel 2013, mais vous pouvez toujours fractionner la fenêtre en sélectionnant la cellule où vous voulez fractionner, puis actionner le bouton Fractionner sur le Ruban (Affichage>Fractionner). Vous pouvez toujours faire glisser un fractionnement pour le repositionner et le supprimer par un double-clic/double-appui.

Le classeur vide dans l'écran de démarrage n'est pas basé sur Book.xltx

Dans les versions antérieures d'Excel, le modèle Book.xltx, lorsqu'il était stocké dans le dossier XLStart s'ouvrait automatiquement lors de la création d'un classeur vide. C:\Users*nom_user*\AppData\Local\Microsoft\Excel\XLStart).

Dans Excel 2013, le classeur vide proposé dans l'écran de démarrage n'est pas associé à Book.xltx. Vous pouvez configurer Excel afin qu'il ouvre automatiquement un nouveau classeur utilisant Book.xltx : dans les Options rubrique *Général*, sous *Options de démarrage*, décochez la case <☐ *Afficher l'écran de démarrage au lancement de cette application*>.

FONCTIONNALITÉS ABANDONNÉES OU MODIFIÉES

La Bibliothèque multimédia Microsoft a disparu

La Bibliothèque multimédia Microsoft n'est plus incluse dans Office 2013, elle est remplacée par le dialogue *Insérer des images* (**Insertion**>**Images en ligne**) qui permet de rechercher et d'insérer du contenu à partir de la collection d'images clipart Office.com et d'autres sources en ligne, notamment Bing, Flickr ou votre page SkyDrive ou Facebook.

Microsoft Office Picture Manager a disparu

Microsoft Office Picture Manager n'est plus inclus dans Office 2013. La fonctionnalité a essentiellement été remplacée par la *Galerie de photos Windows* en ligne.

L'option Quitter n'est plus disponible dans le mode Microsoft Office Backstage

Dans les versions antérieures d'Excel, vous pouviez quitter Excel et fermer tous les classeurs ouverts en même temps. Pour éviter toute confusion quant aux différentes commandes de fermeture et de sortie du mode Microsoft Office Backstage (onglet **Fichier**), l'option **Quitter** a été supprimée d'Excel 2013.

Lorsque vous actionnez **Fichier**>**Fermer** ou la case *Fermer* (dans le coin supérieur droit de la fenêtre de l'application), un seul classeur se ferme à la fois. Si vous avez ouvert plusieurs classeurs, le simple fait de quitter Excel peut prendre du temps.

Pour quitter Excel de la manière habituelle, ajoutez *Quitter* à la barre d'outils Accès rapide ou clic droit/appui long sur l'icône Excel dans la barre des tâches Windows puis *Fermer toutes les fenêtres*.

Les modèles de télécopie ne sont pas installés avec Office

Pour réduire la taille de l'installation d'Office, les modèles de télécopie ne sont plus inclus. Avant d'envoyer une télécopie par **Fichier**>**Partager**-*Courrier électronique-Envoyer en tant que télécopie Internet*, vous pouvez télécharger les modèles de télécopie que vous voulez, par **Fichier**>**Nouveau**, puis, dans la zone de recherche, entrez `télécopie`.

PARTIE 2
EXERCICES DE PRISE EN MAIN

ERGONOMIE
EXCEL 2013

EXERCICE 1 : DÉMARRER ET ARRÊTER EXCEL 2013

Dans cet exercice, nous supposons que votre ordinateur fonctionne sous Windows 8.

1 - LANCEZ EXCEL À PARTIR DE L'ÉCRAN ACCUEIL

- Première façon : tapez Exc, puis actionnez la vignette *Excel 2013*. Excel est lancé dans une fenêtre sur la page dite « Backstage », actionnez l'icône *Nouveau classeur*. Fermez la fenêtre Excel en actionnant sa case *Fermer*, Excel est arrêté puisqu'une seule fenêtre Excel était ouverte.
- Deuxième façon : revenez à l'écran *Accueil*, affichez toutes les applications puis actionnez la vignette *Excel 2013* dans le groupe *Microsoft Office 2013*. Dans la fenêtre Excel, dans la page « Backstage », actionnez l'icône *Nouveau classeur*. Fermez la fenêtre Excel.
- Troisième façon, si la vignette Excel 2013 a été épinglée à l'écran *Accueil* : revenez à l'écran *Accueil*, faites défiler les vignettes jusqu'à voir celle d'Excel 2013, puis actionnez-la. Dans la fenêtre Excel, page Backstage, actionnez l'icône *Nouveau classeur*. Fermez la fenêtre Excel.

2 - ÉPINGLEZ LA VIGNETTE EXCEL À L'ÉCRAN ACCUEIL OU DÉTACHEZ-LA

- Revenez à l'écran *Accueil*. Tapez Exc, la vignette *Excel 2013* apparaît dans la liste des applications commençant par Exc. Affichez la « barre d'actions » de la vignette : clic droit sur la vignette, ou faites glisser légèrement la vignette vers le bas, puis actionnez le bouton *Épingler à l'écran d'accueil* sur la « barre d'actions » au bas de l'écran. Vérifiez la présence de la vignette *Excel 2013* sur l'écran *Accueil*.
- Détachez cette vignette de l'écran Accueil par la même action en finissant par le bouton *Détacher de l'écran d'accueil*. Puis épinglez à nouveau la vignette.

3 - LANCEZ EXCEL PAR UN RACCOURCI POSÉ SUR LE BUREAU

- Revenez à l'écran *Accueil*, affichez la « barre d'actions » de la vignette *Excel 2013*, puis actionnez l'icône *Afficher l'emplacement*. Dans la fenêtre, clic droit/appui long sur le fichier raccourci *Excel 2013*, enfin actionnez *Envoyer vers* puis *Bureau (créer un raccourci)*.
- Faites place nette sur le *Bureau*, en actionnant (clic ou appui) l'extrémité droite de la « Barre des tâches », puis double-clic/double-appui sur le raccourci *Excel 2013*.

EXERCICES

→ Faites place nette sur l'écran *Bureau*, supprimez le raccourci s'il existe, installez le raccourci Excel 2013 sur le *Bureau*. Lancez *Excel 2013* par le raccourci, une fenêtre Excel de nom Classeur1 s'ouvre sur le Bureau. Tapez votre prénom dans la première cellule ⏎.

→ Revenez à l'écran *Accueil*, lancez Excel 2013 à partir de l'écran *Accueil*, Excel étant déjà lancé sur le bureau, l'écran *Bureau* s'affiche avec la fenêtre existante déjà ouverte.

→ Fermez la fenêtre Excel, dans le message de notification actionnez [Ne pas enregistrer], il n'y a plus de fenêtre Excel ouverte sur la Bureau, Excel est arrêté.

→ Revenez à l'écran *Accueil*, puis lancez Excel 2013. L'écran Bureau s'affiche, la fenêtre Excel affiche la page « Backstage », actionnez *Nouveau classeur*, entrez un prénom dans la première cellule.

→ Fermez la fenêtre Excel sans enregistrer les modifications. Il n'y a plus de fenêtre Excel, Excel est arrêté.

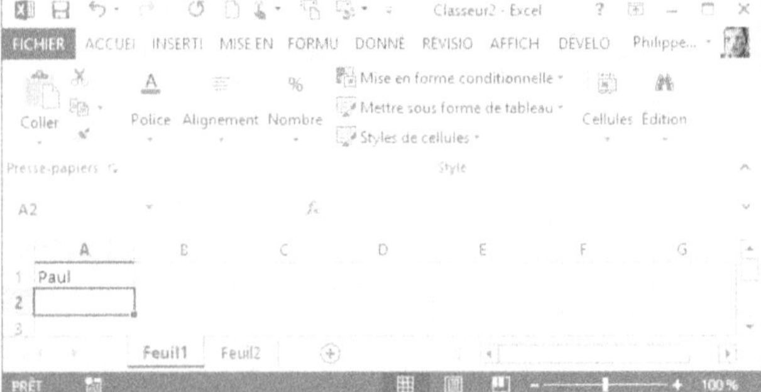

> Excel s'arrête lorsque vous fermez la dernière fenêtre Excel sur le Bureau.

1 - FERMEZ UN CLASSEUR

■ Lancez Excel en créant un *Nouveau classeur* en mémoire. Entrez un prénom dans la première cellule et un nom dans la deuxième cellule.

■ Vous allez fermer le classeur : actionnez l'onglet **Fichier** sur le Ruban, puis la commande **Fermer**. Comme des modifications ont été faites, Excel affiche un message de notification.

Trois boutons sont proposés : [Enregistrer] pour enregistrer les modifications avant de fermer le classeur, [Ne pas enregistrer] pour ne pas les enregistrer et fermer le classeur, [Annuler] pour revenir au classeur sans fermer la fenêtre Excel.

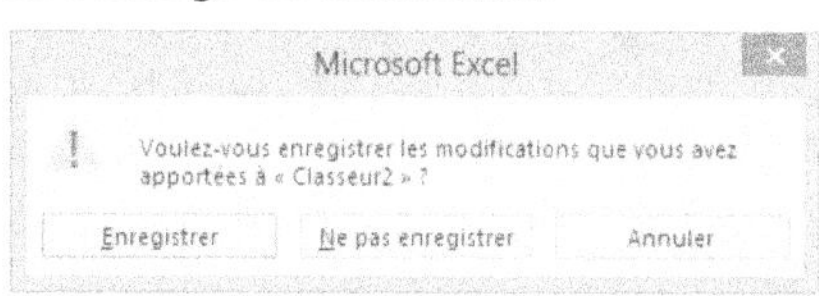

■ Dans le cas présent, actionnez [Ne pas enregistrer].

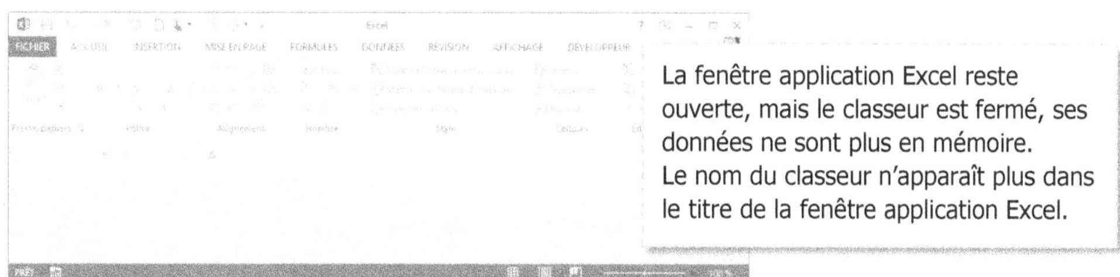

La fenêtre application Excel reste ouverte, mais le classeur est fermé, ses données ne sont plus en mémoire.
Le nom du classeur n'apparaît plus dans le titre de la fenêtre application Excel.

2 - FERMEZ UN CLASSEUR EN FERMANT LA FENÊTRE

■ Créez un classeur : actionnez l'onglet **Fichier** puis la commande **Nouveau**. La page « Backstage » s'affiche dans la fenêtre, actionnez *Nouveau classeur*. Un nouveau classeur est créé en mémoire, nommé `Classeur2`.

■ Fermez la fenêtre : actionnez la case x *Fermer* à droite de la barre de titre ; ou actionnez l'icône ▦ *Excel* à gauche de la barre de titre, puis *Fermer* ; ou, utilisez le raccourci Alt+F4.

EXERCICES

➜ Fermez toutes les fenêtres Excel ouvertes sur le Bureau. Lancez Excel à l'aide du raccourci *Excel* sur le Bureau. Le classeur est nommé, initialement `Classeur1`, le nom est sur la barre de titre de la fenêtre. Saisissez une donnée dans la première cellule, puis fermez le classeur sans enregistrer les modifications, et sans fermer la fenêtre Excel.

➜ Dans la fenêtre Excel, créez un nouveau classeur, pour cela actionnez l'onglet **Fichier** sur le Ruban, puis la commande **Créer**. Dans la page Backstage, actionnez l'icône *Nouveau classeur*. Le classeur est nommé `classeur2`. Saisissez une donnée dans la première cellule.

➜ Créez un nouveau classeur, par **Fichier>Créer**. Une nouvelle fenêtre est alors ouverte, elle est nommée `Classeur3`. Saisissez une donnée dans la première cellule de ce classeur.

➜ Créez un nouveau classeur, `Classeur4`. Saisissez une donnée dans une cellule du classeur.

Il existe à ce moment trois fenêtres ouvertes sur trois classeurs en mémoire, l'icône *Excel* sur la barre des tâches présente trois cadres.

➜ Actionnez cette icône, trois miniatures s'ouvrent, une par classeur ouvert. Actionnez sur la miniature du `Classeur3` pour mettre la fenêtre de ce classeur au premier plan. Fermez ce classeur sans enregistrer, la fenêtre `Classeur3` disparaît. De la même façon, fermez le `Classeur2`, la fenêtre `Classeur2` disparaît. Il ne reste plus que le `Classeur4` ouvert, fermez-le aussi sans enregistrer. Cette dernière fenêtre Excel ne disparaît pas, car Excel reste lancé, mais aucun nom de classeur ne figure plus dans le titre de la fenêtre.

Tant que plusieurs fenêtres Excel sont ouvertes, fermer le classeur équivaut à fermer la fenêtre. Lorsqu'il ne reste plus qu'une fenêtre Excel, fermer le classeur ne ferme pas la fenêtre.

EXERCICE 3 : ÉLÉMENTS DE LA FENÊTRE EXCEL 2013

Chaque fenêtre Excel sert à travailler sur un classeur, un classeur contient des feuilles de calcul. Les cellules d'une feuille de calcul sont repérées par leur numéro de colonne (A, B, C...) et leur numéro de ligne (1, 2, 3...) qui sont affichés comme « en-têtes » des colonnes et des lignes. Sur le pourtour de la fenêtre sont disposés les outils de travail de l'application Excel.

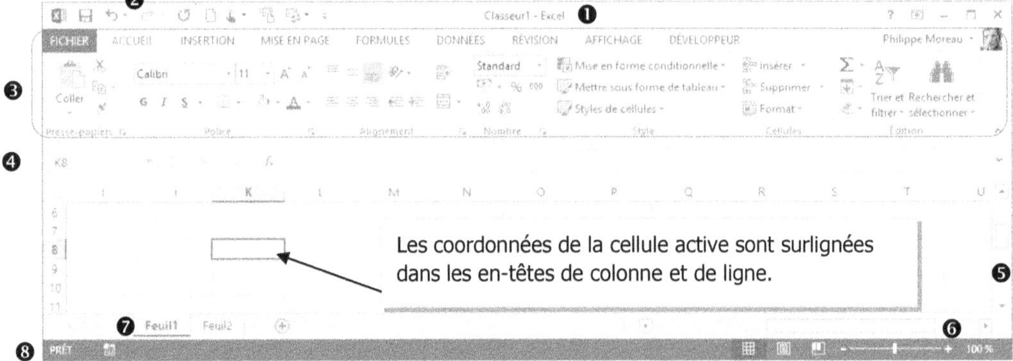

- ❶ **Barre de titre** : elle affiche le nom du classeur en cours, ici `Classeur1`.
- ❷ **Barre d'outils Accès rapide** dans laquelle vous placez les outils utilisés fréquemment.
- ❸ **Ruban** : il contient les commandes d'Excel sous forme de boutons organisés sous des onglets (Fichier, Accueil, Insertion, Mise en page, Formules...).
- ❹ **Barre de formule** : contient une zone *Nom* qui affiche l'adresse ou le nom de la cellule active ou de la sélection, et une zone de saisie/modification du contenu de la cellule active.
- ❺ **Barre de défilement vertical** : faites glisser le curseur ou actionnez les flèches de défilement pour faire défiler verticalement la feuille dans la fenêtre.
- ❻ **Barre de défilement horizontal** : faites glisser le curseur ou actionnez les flèches de défilement pour faire défiler horizontalement la feuille.
- ❼ **Barre des onglets des feuilles** pour sélectionner les feuilles par simple clic ou appui sur l'onglet.
- ❽ **Barre d'état** : elle affiche des indicateurs d'état d'activité d'Excel et du clavier, la zone à droite contient des boutons de mode d'affichage et une zone de réglage du zoom.

EXERCICES

- ➔ Lancez Excel 2013, la fenêtre Excel s'ouvre sur la page « Backstage », actionnez *Nouveau classeur*. Repérez sur l'écran les éléments de la fenêtre Excel décrits ci-dessus.
- ➔ Sélectionnez la cellule A2 et tapez `100` Entrée, de la même façon entrez 200 dans la cellule B2 et entrez `300` dans C2. Sélectionnez la cellule D2 et entrez la formule = `A2+B2+C2`.
- ➔ Sélectionnez la cellule A3 et tapez `500` Entrée, de la même façon entrez 600 dans la cellule B3 et entrez `700` dans C3. Sélectionnez la cellule D3 et entrez la formule = `A3+B3+C3`.
- ➔ Sélectionnez la cellule D2 et regardez dans la barre de formule, vous voyez la formule de la cellule D2. Regardez dans la cellule D2, c'est le résultat de la formule qui est affiché.
- ➔ Actionnez les onglets des différentes feuilles du classeur `Feuil1`, puis `Feuil2`, un classeur contient par défaut deux feuilles. Sélectionnez l'onglet `Feuil2`, puis entrez des données dans les premières cellules. Sélectionnez l'onglet `Feuil1`.
- ➔ Actionnez les boutons de réglage du zoom pour augmenter ou diminuer de 10 % en 10 %.
- ➔ Appuyez plusieurs fois sur la touche Ver Num et repérez l'indicateur qui apparaît et disparaît dans la barre d'état, faites de même pour Verr Maj.
- ➔ Fermez la fenêtre Excel sans enregistrer les modifications faites dans le classeur.

EXERCICE 4 : ORGANISER LES FENÊTRES CLASSEUR

1 - CHAQUE CLASSEUR OUVERT EST DANS UNE FENÊTRE SÉPARÉE

- Démarrez le programme Excel, la fenêtre Excel s'ouvre sur la page « Backstage », actionnez *Nouveau classeur*. Un premier classeur `Classeur1` est créé dans la fenêtre.
- Créez deux classeurs supplémentaires : pour cela utilisez le raccourci clavier `Ctrl`+N. Les classeurs créés sont nommés `Classeur2`, `Classeur3`.

2 - RÉORGANISEZ L'AFFICHAGE DES FENÊTRES CLASSEUR SUR L'ÉCRAN BUREAU

- Onglet **Affichage**>groupe **Fenêtre**, cliquez sur **Réorganiser tout**, cochez <⊙ Horizontal>, [OK].

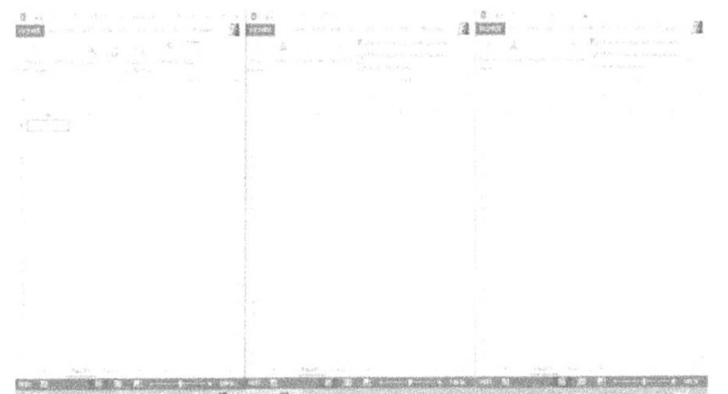
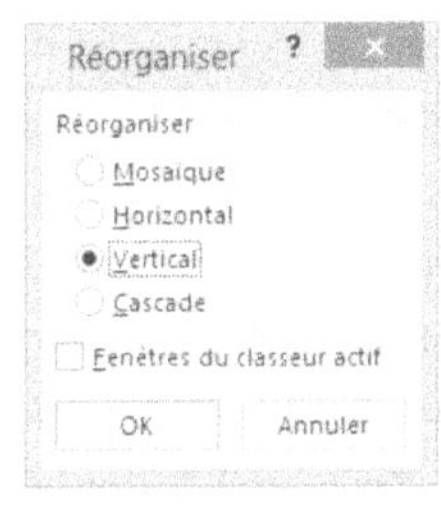

- Chaque fenêtre classeur a sa propre barre de titre et peut être redimensionnée. Cliquez sur la barre de titre du `Classeur2`, elle présente les trois cases *Réduire*, *Agrandir* et *Fermer*.
- Agrandissez l'affichage des fenêtres classeur, `Classeur2`, actionnez la case ⬚ *Agrandir* d'une des fenêtres. La fenêtre classeur du classeur actif recouvre les autres fenêtres classeur.
- Pour atteindre une fenêtre classeur en arrière-plan, ici `Classeur1` : actionnez l'icône Excel sur la barre des tâches Windows, puis la miniature du `Classeur1`.
  Une autre façon de faire : Onglet **Affichage**>groupe **Fenêtre**, actionnez le bouton **Changer de fenêtre**, puis sélectionnez le nom du classeur, ici `Classeur3`. Revenez au `Classeur1`.
- Actionnez la case *Réduire* de la fenêtre classeur `Classeur1` pour la réduire à son icône sur la barre des tâches, afin de laisser plus de place aux autres classeurs.

EXERCICES

→ Arrêtez Excel 2013, en fermant les fenêtres Excel jusqu'à la dernière. Démarrez à nouveau Excel en créant un nouveau classeur. Puis créez deux classeurs supplémentaires.

→ Réorganisez l'affichage des fenêtres en cascade, redimensionnez les fenêtres classeur en faisant glisser leurs bords, déplacez-les en faisant glisser leur barre de titre.

→ Dans chaque classeur, saisissez un nom de pays dans la cellule A1 de `Feuil1`, et le nom de sa capitale dans la cellule A1 de `Feuil2`.

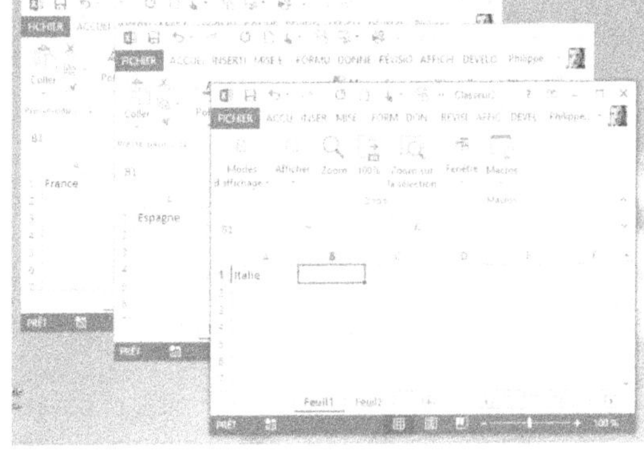

→ Agrandissez la fenêtre `Classeur2`, atteignez la fenêtre `Classeur1`, puis `Classeur3`, vous constatez que l'affichage agrandi n'a été appliqué qu'à la fenêtre `Classeur2`.

→ Actionnez la case *Restaurer* du `Classeur2`, vous retrouvez la disposition précédente des fenêtres classeur.

→ Arrêtez l'application Excel en fermant les fenêtres jusqu'à la dernière sans enregistrer.

EXERCICE 5 : ONGLETS ET BOUTONS DU RUBAN

Le Ruban, situé dans le haut de la fenêtre sous la barre de titre, présente les commandes d'Excel sous huit onglets (neuf si vous avez affiché l'onglet *Développeur*), représentant les huit (ou neuf) tâches principales.

- Actionnez chaque onglet et familiarisez-vous avec les commandes et les groupes contenus.
    - **Fichier** : accède au mode « backstage » pour les fichiers (**Ouvrir**, **Nouveau**, **Enregistrer**…).
    - **Accueil** : manipuler les données et les mettre en forme.
    - **Insertion** : insérer des objets, créer des diagrammes et des formes graphiques.
    - **Mise en page** : définir la mise en page, l'échelle, les options pour l'impression.
    - **Formules** : accéder aux fonctions de calculs, nommer les cellules, auditer les formules.
    - **Données** : accéder à des données externes, trier, filtrer, analyser et structurer les données.
    - **Révision** : gérer des commentaires, protéger les données, organiser le travail collaboratif.
    - **Affichage** : organiser les fenêtres, afficher les sauts de page, fractionner l'affichage.
    - **Développeur** (optionnel) : créer et gérer des macros, accéder à la programmation VBA.
- L'onglet **Accueil**, à titre d'exemple, comprend les groupes :
    - **Presse-papiers** : fonctions de copier-coller.
    - **Police** : mettre en forme des cellules.
    - **Alignement** : aligner l'affichage dans les cellules.
    - **Nombre** : formater les résultats numériques affichés dans les cellules.
    - **Style** : mettre en forme des tableaux.
    - **Cellules** : insérer supprimer des lignes ou des colonnes.
    - **Edition** : trier, filtrer, rechercher et remplacer des données.

EXERCICES

→ Démarrez Excel puis saisissez les données dans Feuil1 du **nouveau classeur** Classeur1.

	A	B	C	D
1		France	Allemagne Italie	
2	2012	50	62	48
3	2013	57	61	52

→ Faites glisser le pointeur sur les cellules B1 à D1 pour les sélectionner, puis sous l'onglet **Accueil**> groupe **Police**, actionnez le bouton **Gras**.

→ Faites glisser le pointeur sur les cellules B2 à D3, puis onglet **Accueil**>groupe **Nombre** actionnez la flèche du bouton **Format Nombre Comptabilité**, puis *€ Français (France)*.
Si vous utilisez une souris, vous pouvez pointer un bouton pour voir s'afficher une infobulle.

→ Appuyez sur `Ctrl`+`F1`, ou double-clic ou double-appui sur l'onglet actif du Ruban, cette action réduit le Ruban afin de ne plus voir que les noms des onglets du Ruban.

→ Sélectionnez les cellules A2:A3, puis actionnez l'onglet **Accueil**, afin d'afficher les outils de cet onglet. Dans le groupe **Police**, actionnez le bouton **Italique**, après exécution de la commande le Ruban se réduit de nouveau.

→ Pour restaurer le ruban complet, appuyez à nouveau sur `Ctrl`+`F1`, ou double-clic ou double-appui sur n'importe quel onglet du Ruban.

→ Fermez le classeur sans fermer la fenêtre Excel, et sans enregistrer le classeur.

EXERCICE 6 : LA BARRE D'OUTILS ACCÈS RAPIDE

Cette barre d'outils située en haut à gauche de la fenêtre Excel au-dessus/dessous du Ruban.

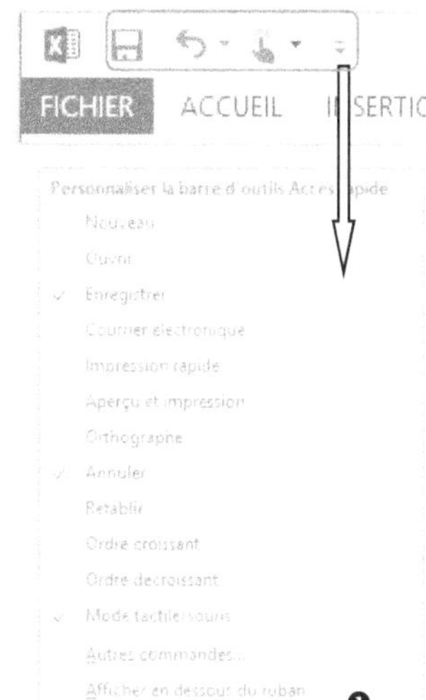

- Actionnez la flèche à droite de la barre d'outils *Accès rapide*, puis l'option *Afficher en-dessous du ruban*. Replacez cette barre d'outils au-dessus du Ruban.
- Pointez sur le Ruban les boutons initialement visibles, leur nom s'affiche dans une infobulle, ce sont *Enregistrer*, *Annuler*, et *Rétablir* et *Mode tactile/souris*.

1 - AFFICHEZ/MASQUEZ UN BOUTON

- Affichez d'autres boutons sur la barre d'outils *Accès rapide* : actionnez la flèche à droite de la barre d'outils, puis actionnez un bouton non coché par exemple *Nouveau*, recommencez pour afficher le bouton *Ouvrir* et ainsi de suite.
- Masquez (même action sur un bouton coché) ensuite les boutons pour conserver seulement *Ouvrir*, *Enregistrer*, *Aperçu avant impression*, *Annuler*, *Répéter*.

2 - AJOUTEZ UN BOUTON QUI FIGURE SUR LE RUBAN

- Sous l'onglet **Affichage**>groupe **Afficher**, clic droit ou appui long sur le bouton ou la zone, par exemple <☑ quadrillage>, puis actionnez *Ajouter à la barre d'outils Accès rapide*.

3 - AJOUTEZ UN BOUTON QUI NE FIGURE PAS SUR LE RUBAN

- Actionnez la flèche située à droite de la barre *Accès rapide*, puis *Autres commandes...*

Le dialogue *Options Excel* s'affiche sur la rubrique *Barre d'outils accès rapide*.

- Dans la zone <Choisir les commandes dans les catégories suivantes> : choisissez la catégorie *Toutes les commandes* puis plus bas sélectionnez *Calculatrice*, cliquez sur [Ajouter>>], dans la zone <Personnaliser la barre d'outils rapide> : sélectionnez *Pour Classeur1*, validez par [OK].

4 - SUPPRIMEZ UN BOUTON DE LA BARRE D'OUTILS ACCÈS RAPIDE

- Pour supprimer le bouton *Calculatrice*, clic droit ou appui long sur le bouton puis actionnez l'option *Supprimer de la barre d'outils Accès rapide*.

EXERCICES

- → Ajoutez à la barre d'outils *Accès rapide*, la zone <☑ En-têtes> située sur le Ruban sous l'onglet **Affichage**>groupe **Afficher**.
- → Ajoutez *Réorganiser tout*, situé sur le Ruban sous l'onglet **Affichage**>groupe **Fenêtre**.
- → Ajoutez le bouton *Calculatrice* (qui ne figure pas sur le Ruban) pour tous les classeurs en choisissant *Pour tous les documents* dans la zone <Personnaliser la barre d'outils rapide>.
- → Ajoutez le bouton *Propriétés avancées* du document pour tous les classeurs.
- → Utilisez les outils que vous avez ajoutés pour voir le résultat produit.
- → Affichez le bouton standard *Orthographe*.
- → Changez l'ordre des boutons dans la barre d'outils *Accès rapide*. Pour cela, cliquez sur la flèche à droite de la barre *Accès rapide*, puis sur *Autres commandes...* Dans la zone de droite, sélectionnez un bouton et utilisez les touches fléchées pour le déplacer dans la liste.

- → Supprimez les boutons que vous avez affichés ou ajoutés en conservant seulement les trois boutons *Enregistrer*, *Annuler* et *Répéter*. Puis ajouter le bouton *Quitter* à la barre d'outils Accès rapide, ce bouton sert à fermer tous les classeurs ouverts en une seule commande.

EXERCICE 7 : LES MENUS, GALERIES ET DIALOGUES

1 - LES MENUS ET LES GALERIES

■ Dans `Classeur1`, sélectionnez les cellules A1:D3, puis sous l'onglet **Accueil**>groupe **Police**, actionnez la **flèche** du bouton **Bordures** ❶. Un menu présente une galerie de choix prédéfinis, actionnez sur *Toutes les bordures* ❷.

■ Recommencez et actionnez *Aucune bordure* ❸ pour enlever toutes les bordures.

■ Recommencez et actionnez *Autres bordures...* ❹ qui ouvre le dialogue *Format de cellule* sur l'onglet *Bordure*. Vous pouvez spécifier l'épaisseur de bordure. Validez par [OK].

■ Sous l'onglet **Accueil**>groupe **Police**, actionnez le bouton **Bordures** (pas sur sa flèche). Lorsque vous cliquez sur ce bouton et non sur sa flèche, c'est le dernier choix précédent qui s'applique... Et le dernier choix était d'afficher le dialogue *Format de cellule*. Cette répétition du dernier choix est pratique pour appliquer plusieurs fois une même bordure.

2 - MENUS CONTEXTUELS ET MINIBARRE D'OUTILS

■ Sélectionnez les cellules A2:D2, puis clic droit ou appui long sur la sélection. Le menu contextuel s'affiche.
Si vous avez utilisé la souris, une minibarre d'outils s'affiche au-dessus, elle regroupe les boutons les plus utiles pour mettre en forme la sélection.

3 - UTILISEZ LES LANCEURS DE BOÎTE DE DIALOGUE

■ Sous l'onglet **Accueil**>groupe **Police**, actionnez le **lanceur** du groupe **Police** situé à droite de l'intitulé du groupe sur le Ruban. Terminez en cliquant sur [Annuler] ou en tapant sur Echap.

■ Sous l'onglet **Accueil**>groupe **Alignement**, actionnez sur le **lanceur** du groupe **Alignement**. Terminez en cliquant sur [Annuler] ou en tapant sur Echap.

La boîte de dialogue *Police* présente les paramètres sous des onglets, vous constatez que vous pouvez cliquer sur les autres onglets pour spécifier les paramètres que vous souhaitez appliquer.

EXERCICES

→ Dans B1:D1 de `Classeur1`, saisissez Octobre, Novembre, Décembre. Sélectionnez la plage de cellules B2:D2, cliquez sur le **lanceur** du groupe **Alignement**, saisissez 45 dans la case d'orientation en degrés, validez par [OK].

→ Dans B2:D2, saisissez les nombres 12, 15, 18. Dans B3:D3, saisissez 22, 25, 28. Sélectionnez la plage de cellules B2:D3, actionnez le **lanceur** du groupe **Nombre**. Dans la zone <Catégorie> : cliquez sur *Monétaire*, validez par [OK].

→ Sélectionnez la plage de cellules A2:D3, actionnez la **flèche** du bouton **Bordures**, puis l'option *Bordure supérieure*, actionnez à nouveau la **flèche** du bouton puis *Bordure inférieure*.

→ Actionnez l'onglet **Affichage**, sélectionnez la plage de cellules B2:D3 puis clic droit sur la sélection, dans la minibarre d'outils actionnez la **flèche** du bouton **Couleur de remplissage**, puis la pastille couleur *Blanc, Arrière-plan 1, plus sombre 5%* dans la première colonne de la palette. Si vous disposez d'un écran tactile, appui long sur la sélection puis sur le bouton Remplissage puis appuyez sur la même pastille de couleur.

→ Clic droit à nouveau sur la sélection, dans la minibarre d'outils actionnez la **flèche** du bouton **Couleur de police**, puis la pastille de couleur *Bleu, Accentuation 1, plus sombre 25%*.

EXERCICE 8 : LE « MODE BACKSTAGE » - ONGLET FICHIER

1 - EXPLOREZ LE MODE « BACKSTAGE »

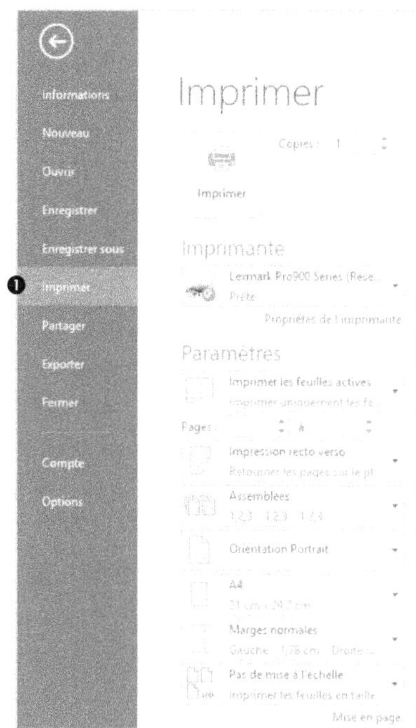

- Actionnez l'onglet **Fichier**, puis **Imprimer** ❶. La page *Imprimer* du mode « Backstage » s'affiche. Visualisez les options d'impression et l'aperçu avant impression. ↵ pour quitter le mode « Backstage », ou Echap.

- Actionnez sur **Enregistrer sous**, la page *Enregistrer sous* du mode « Backstage » s'affiche. Sélectionnez un emplacement, par exemple *Ordinateur*, sélectionnez un dossier ou le bouton [Parcourir]. Le dialogue *Enregistrer sous* s'ouvre, terminez par [Annuler]. ↵ pour quitter le mode « Backstage », ou Echap.

- Actionnez **Partager** et visualisez les choix associés à cette commande dans la page *Partager* du mode « Backstage » de droite. ↵ pour quitter le mode « Backstage », ou Echap.

- Actionnez l'onglet **Fichier**, puis **Nouveau**, Dans la page *Nouveau* du mode « Backstage », actionnez la vignette *Nouveau classeur* pour créer un classeur.

- Actionnez l'onglet **Fichier**, puis **Fermer** pour fermer le classeur que vous venez de créer.

- Actionnez l'onglet **Fichier** puis **Ouvrir**, la page *Ouvrir* du mode « Backstage » affiche la liste des fichiers classeurs récemment ouverts. ↵ pour quitter le mode « Backstage », ou Echap.

2 - ACCÉDEZ AUX OPTIONS EXCEL

- Actionnez l'onglet **Fichier**, puis **Options**. La fenêtre *Options Excel* s'ouvre.

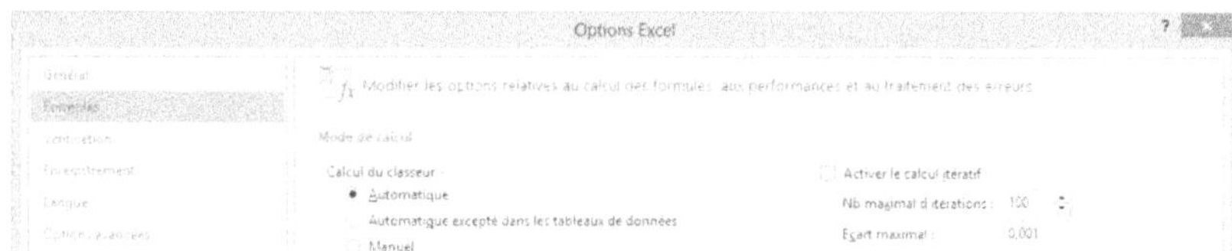

- Sélectionnez une rubrique dans le volet de gauche, puis explorez les options dans le volet droit. Visualisez les options des rubriques *Formules*, *Options avancées* et *Enregistrement*.

EXERCICES

→ Le classeur `Classeur1` étant affiché, actionnez l'onglet **Fichier** puis **Enregistrer**, saisissez le nom du fichier `MonClasseur`, puis actionnez le bouton [Enregistrer]. Le nom `MonClasseur` apparaît dans la barre de titre du classeur.

→ Actionnez l'onglet **Fichier**, puis **Imprimer**, les options d'impression s'affichent dans le panneau de droite, choisissez l'imprimante puis actionnez bouton [Imprimer] pour lancer l'impression.

→ Actionnez l'onglet **Fichier** puis **Fermer** pour fermer le classeur `MonClasseur`. Recommencez pour fermer les autres classeurs éventuellement ouverts sans les enregistrer.

→ Actionnez l'onglet **Fichier** puis **Ouvrir**, la liste des classeurs récents s'affiche dans le panneau de droite, actionnez le nom `MonClasseur` pour ouvrir à nouveau ce classeur.

→ Actionnez l'onglet **Fichier** puis **Options**, sélectionnez la rubrique *Général*, dans la zone <Thème Office> : choisissez *Blanc*, dans la zone <Nom d'utilisateur> : saisissez votre nom, validez par [OK].

→ Fermez la dernière fenêtre Excel, le classeur `MonClasseur` qui est ouvert dans cette fenêtre est fermé aussi. Excel est arrêté puisque la dernière fenêtre Excel a été fermée.

EXERCICE 9 : CRÉER UN CLASSEUR ET SES FEUILLES

1 - CRÉEZ UN NOUVEAU CLASSEUR

- Lancez Excel, en créant un nouveau classeur en mémoire. Puis créer un deuxième classeur, par Onglet **Fichier** puis **Nouveau**, la fenêtre Excel s'ouvre sur la page « Backstage » *Nouveau*, actionnez *Nouveau classeur*. Créez un troisième classeur, en utilisant le bouton Nouveau de la barre d'outils *Accès rapide*. Créer un quatrième classeur en utilisant Ctrl+N.

2 - REPÉREZ LES FEUILLES

Chaque classeur créé contient par défaut deux feuilles de calcul vierges (ce nombre 2 est défini dans les options Excel, rubrique *Général*, il peut être modifié), portant les noms provisoires Feuil1 à Feuil2. En bas à gauche de la fenêtre, se trouvent les onglets des feuilles, nommées Feuil1 et Feuil2.

- Dans le classeur Classeur3, actionnez l'onglet Feuil1, entrez Paul dans la cellule A1. Actionnez l'onglet Feuil2, entrez Jean dans la cellule A1. Actionnez le symbole + pour créer une nouvelle feuille, nommée Feuil3, entrez Louis dans la cellule A1 de cette feuille.

3 - RENOMMEZ UNE FEUILLE

- Clic droit ou appui long sur l'onglet Feuil1, puis actionnez l'option *Renommer*, tapez Paul comme nom de feuille, validez par ↵. De la même façon, renommez la Feuil2 en Jean, de même renommez la Feuil3 en Louis. Dans Classeur1, ajoutez trois feuilles que vous nommerez Paris, Londres, Berlin.

4 - SUPPRIMEZ UNE OU PLUSIEURS FEUILLES

- Actionnez l'onglet de la feuille à supprimer (s'il y en a plusieurs, maintenez appuyée la touche Ctrl et actionnez les onglets des autres feuilles à supprimer). Puis, clic droit ou appui long sur la sélection d'onglets, puis actionnez l'option *Supprimer la feuille...* Un message vous demande confirmation : actionnez [Oui] pour supprimer.

5 - INSÉREZ UNE NOUVELLE FEUILLE

- Sélectionnez la feuille après laquelle vous voulez insérer une nouvelle feuille, puis actionnez le symbole +. Vous pouvez aussi utiliser le raccourci Maj+F11.

6 - DÉPLACEZ L'ONGLET D'UNE FEUILLE DANS LE CLASSEUR

- Faites glisser l'onglet de la feuille vers la droite ou vers la gauche.

EXERCICES

- → Fermez tous les (quatre) classeurs par l'onglet **Fichier** puis **Fermer**, sans enregistrer les modifications, pour cela actionnez [Ne pas enregistrer] dans le dialogue de confirmation.
- → Créez trois nouveaux classeurs en utilisant le bouton *Nouveau* de la barre d'outils *Accès rapide*, constatez que leurs noms dans la barre de titre sont Classeur5, Classeur6 et Classeur7, en séquence avec les précédents qui ont été fermés.
- → Agrandissez la fenêtre Excel Classeur5, ajoutez une feuille puis renommez les trois feuilles Janvier, Mars, Avril. Insérez une feuille devant la feuille Mars (après Janvier) et nommez-la Février.

Tant que le classeur n'a pas été enregistré, il reste nommé Classeur5, mais il n'est pas encore créé en tant que fichier sur le disque dur, il n'existe qu'en mémoire vive de votre ordinateur.

- → Ajoutez deux feuilles à la fin et nommez-les Mai et Juin.
- → Saisissez dans la cellule A1 de chacune des six feuilles, le nom du mois identique à celui de l'onglet de la feuille.

EXERCICE 10 : ENREGISTRER UN CLASSEUR

Le classeur que vous avez créé à l'exercice 9 est toujours en mémoire vive (volatile) de votre ordinateur, il faut l'enregistrer sur un disque pour le conserver.

1 - ENREGISTREZ LE CLASSEUR

- Actionnez l'onglet **Fichier** puis **Enregistrer**, la page « Backstage » *Enregistrer sous* s'affiche, sélectionnez l'emplacement *Ordinateur*, puis actionnez le bouton *Parcourir*.

Si le classeur avait déjà été enregistré dans un fichier, l'action **Fichier>Enregistrer** est alors immédiate, sans passer par le mode « Backstage » ni le dialogue *Enregistrer sous*.

❶ Saisissez le nom que vous donnez au fichier classeur : `Semestre1`.

❷ Sélectionnez le dossier dans lequel vous voulez enregistrer le fichier : `C:\Exercices Excel 2013`.

- Validez en actionnant le bouton [Enregistrer].

2 - DÉFINISSEZ UN LIEN FAVORI VERS LE DOSSIER EXERCICES EXCEL 2013

- Actionnez l'onglet **Fichier**, puis **Enregistrer sous**. Dans la partie gauche du dialogue *Enregistrer sous*, sous la barre Dossiers, faites défiler les dossiers jusqu'à voir dans l'arborescence le dossier `C:\Exercices 2013` sous *Ordinateur*.
- Puis, faites glisser ce dossier sous *Favoris* en le positionnant par rapport aux liens existants. Pour atteindre le dossier, il suffit ensuite de sélectionner le lien favori du même nom.

EXERCICES

→ Fermez le classeur `Semestre1` que vous avez enregistré.

→ Dans `Classeur6` resté ouvert, nommez les feuilles `Juillet`, `Août`, puis ajoutez quatre feuilles que vous nommez `Septembre`, `Octobre`, `Novembre` et `Décembre`.

→ Dans les cellules A1 des feuilles : tapez `Ventes juillet` dans la feuille `Juillet`, `Ventes Août` dans la feuille `Août`, etc.

→ Enregistrez le classeur sous le nom `Semestre2`, dans le dossier `Exercices Excel 2013`. Puis, fermez le classeur `Semestre2`.

→ Actionnez l'onglet **Fichier** puis **Ouvrir**, dans la page « Backstage » *Ouvrir*, sélectionnez le nom de classeur `Semestre1` dans les dossiers récents, recommencez pour ouvrir `Semestre2`.

Nous voulons enregistrer les deux classeurs dans un autre dossier, votre dossier `Mes Documents`.

→ Activez la fenêtre `Semestre1`, actionnez l'onglet **Fichier** puis **Enregistrer sous**, puis dans la page « Backstage » *Enregistrer sous*, actionnez *Parcourir* puis sélectionnez le dossier `Mes Documents` (ou, sélectionnez-le parmi les *Dossiers récents*). Dans la zone <Nom de fichier>, modifiez le nom de fichier en `Janvier-Juin`, puis actionnez [Enregistrer].

→ De la même façon, enregistrez le classeur `Semestre2` sous le nom `Juillet-Décembre`, dans le dossier `Mes Documents`.

→ Fermez les classeurs `Janvier-Juin` et `Juillet-Décembre`. Seule la fenêtre Excel `Classeur7` devrait rester ouverte.

1 - OUVREZ UN CLASSEUR PAR LE DIALOGUE OUVRIR

■ Actionnez l'onglet **Fichier**, puis **Ouvrir**. La page « Backstage » *Ouvrir* s'affiche, sélectionnez l'emplacement *Ordinateur*, puis sélectionner le dossier parmi les *Dossiers récents* ou actionnez le bouton *Parcourir*. La boite de dialogue *Ouvrir* s'affiche.
Vous pouvez aussi actionner le bouton *Ouvrir* de la barre d'outils Accès rapide.

Vous pouvez aussi ouvrir plus directement le dialogue *Ouvrir*, en utilisant l'un des raccourcis clavier Ctrl +O ou Ctrl + F12 .

■ Dans le volet de gauche : sélectionnez le dossier C:\Exercices Excel 2013 ou le favori du même nom, puisque nous l'avons créé à l'exercice précédent. Puis, dans le volet droit : sélectionnez le nom du fichier classeur Exo11-A, puis actionnez [Ouvrir].

2 - OUVREZ UN CLASSEUR EN SÉLECTIONNANT LE FICHIER

■ Dans l'*Explorateur* de fichiers de Windows, sélectionnez le dossier C:\Exercices Excel 2013, puis double-clic/appui sur le nom de fichier Exo11-B.

EXERCICES

→ Ouvrez le classeur Exo11-C, en utilisant l'outil *ouvrir* de la barre d'outils *Accès rapide*. Une nouvelle fenêtre Exo11-C est créée sur le Bureau.

→ Fermez tous les classeurs sans les enregistrer : actionnez l'icône Excel dans la barre des tâches, puis la case x *Fermer* de la miniature de chaque fenêtre.

→ Redémarrez Excel, la page d'accueil « Backstage » s'ouvre avec dans le volet gauche la liste des classeurs *Récents*, sélectionnez le classeur Exo11-A.

→ Ouvrez le classeur Exo11-B en utilisant **Fichier>Ouvrir**, puis en sélectionnant le classer dans la liste *Classeurs (utilisation récente)* dans le volet droit. Sélectionnez Exo11-B.

→ Ouvrez le classeur Exo11-C par le raccourci clavier, en sélectionnant le fichier dans le dialogue *Ouvrir*.

→ Vous pouvez ouvrir plusieurs classeurs à la fois, que vous sélectionnez dans l'*Explorateur de fichiers* ou dans le dialogue *Ouvrir*. Windows. Par exemple, dans l'Explorateur de fichiers, sélectionnez à la fois les deux fichiers Semestre1 et Semestre2, puis clic droit ou appui long sur la sélection puis actionnez *Ouvrir*.

→ Arrêtez Excel avec le bouton *Quitter* de la barre d'outils Accès rapide. Redémarrez Excel en ouvrant un nouveau classeur. Actionnez bouton *Ouvrir* de la barre d'outils *Accès rapide*, puis dans le dialogue sélectionnez à la fois les trois fichiers Exo11-A, Exo11-B et Exo11-C, actionnez le bouton [Ouvrir] pour ouvrir les trois classeurs à la fois.

→ Fermez tous les classeurs sans arrêter Excel.

EXERCICE 12 : UTILISER L'AIDE

- Lancez Excel, en ouvrant un nouveau classeur. Pour afficher la fenêtre d'Aide, cliquez sur le symbole `?` *Aide sur Microsoft Excel* situé sur le côté droit de la barre de titre de la fenêtre, ou utilisez la touche F1.
- L'Aide d'Excel 2013 est une aide en ligne si vous êtes connecté.
  Dans ce cas, entrez un ou plusieurs mots-clés de recherche dans la zone ❶.
  La liste des liens vers les articles trouvés pour ces mots-clés s'affiche. Faites défiler les liens puis actionnez le lien qui vous intéresse.

Il n'existe pas de table des matières ni d'index comme dans les versions précédentes d'Excel.

⊙ *Précédent* :	page affichée précédemment.
⊙ *Suivant* :	page suivante si l'on est revenu sur une page précédente.
⌂ *Accueil* :	affiche la page d'accueil de l'aide.
🖶 *Imprimer* :	imprime l'article en cours.
A˙ *Modifier taille de la police* :	pour choisir entre 2 tailles de police d'affichage.
📌 / 📌 *Maintenir/non sur le dessus* :	maintient/non l'aide au-dessus des fenêtres Excel.

EXERCICES

→ Entrez le mot-clé `récupération`, ouvrez l'article <u>Réparation d'un classeur endommagé</u>. Après avoir lu l'article revenez la page précédente. Ouvrez l'article <u>Enregistrer un classeur</u>, puis après l'avoir lu revenez à la page précédente.

→ Entrez le mot-clé `nouveautés`, ouvrez l'article Nouveautés d'Excel 2013-Vidéo, actionnez l'image de la vidéo, patientez et regardez la vidéo. Vous pouvez continuer de travailler sur votre ordinateur pendant la vidéo.

→ Entrez le mot-clé `enregistrer`, ouvrez l'article <u>Enregistrer un classeur</u>. Lisez l'article, puis actionnez l'icône permettant de maintenir la fenêtre d'Aide au-dessus des fenêtres Excel.

→ Faites glisser la fenêtre d'Aide, saisissez des données dans le classeur ouvert. Faites une recherche dans l'aide sur `aujourd'hui`, après avoir consulté l'article entrez la fonction donnant la date du jour dans une cellule.

→ Actionnez l'icône pour ne plus maintenir la fenêtre d'Aide au premier plan. Actionnez une cellule dans une fenêtre classeur, constatez que la fenêtre d'Aide *Excel* est passée en arrière-plan de cette fenêtre.

→ Mettez la fenêtre d'Aide au premier plan, en actionnant son icône sur la barre des tâches. Fermez la fenêtre d'Aide *Excel*.

Il peut arriver à tout le monde de faire une action malencontreuse, avec Excel aussi….
Heureusement, il est possible d'annuler les dernières actions effectuées. Excel vous offre
également un moyen de répéter la dernière action effectuée.

1 - ANNULEZ LA DERNIÈRE ACTION OU LES N DERNIÈRES ACTIONS

- Pour annuler la dernière action (saisie d'une donnée, mise en forme…), actionnez le bouton
  ↺ · *Annuler* de la barre d'outils *Accès rapide* (raccourci clavier Ctrl+Z).

  Pour vous y exercer, ouvrez un nouveau classeur saisissez des nombres : sélectionnez la cellule
  A1, tapez 10↵ 20 ↵ 30↵ 40↵ 50↵ 60 ↵ 70↵ 80↵ 90↵ 100↵ . Puis cliquez trois
  fois sur ↺ · *Annuler*.

- Pour annuler les n dernières actions, actionnez la **flèche** du bouton ↺ · *Annuler*.
  La liste des actions précédentes s'affiche, en haut la plus récente et les autres par ordre
  d'ancienneté. Sélectionnez la quatrième si vous souhaitez annuler les quatre dernières.

2 - RÉTABLISSEZ LES ACTIONS ANNULÉES

Si vous venez d'annuler des actions, vous pouvez les rétablir en utilisant le bouton ↻ *Rétablir* de
la barre d'outils *Accès rapide*. Rétablissez les cinq dernières actions en une seule commande.

3 - RÉPÉTEZ LA DERNIÈRE ACTION

Personnalisez votre barre d'outils Accès rapide en lui ajoutant le bouton ↻ *Répéter*, vous avez
déjà vu comment faire à l'exercice 6. Cet outil est très pratique, il sert à répéter la dernière action.
Vous utiliserez cet outil dans l'exercice qui suit.

EXERCICES

→ Ouvrez le classeur `Exo13` et enregistrez-le sous le nom `Exercice13`. Effectuez les modifications : saisissez de nouvelles valeurs arrondies au millier inférieur dans les cellules de la
plage B7:D9, puis effacez les cellules B3:B4.

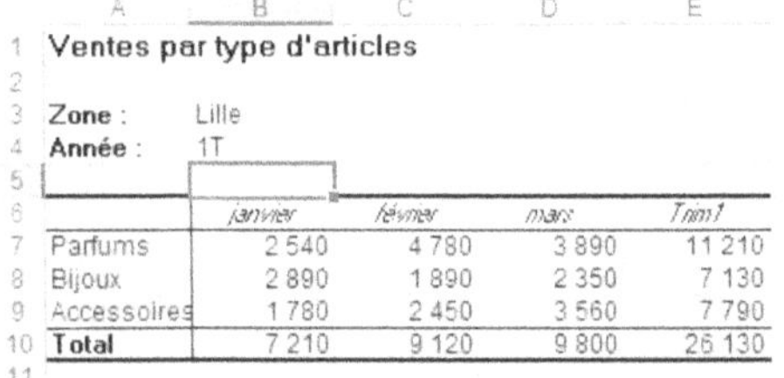

	A	B	C	D	E
1	Ventes par type d'articles				
2					
3	Zone :	Lille			
4	Année :	1T			
5					
6		*janvier*	*février*	*mars*	*Trim1*
7	Parfums	2 540	4 780	3 890	11 210
8	Bijoux	2 890	1 890	2 350	7 130
9	Accessoires	1 780	2 450	3 560	7 790
10	Total	7 210	9 120	9 800	26 130
11					

	A	B	C	D	E
1	Ventes par type d'articles				
2					
3	Zone :				
4	Année :				
5					
6		*janvier*	*février*	*mars*	*Trim1*
7	Parfums	2 500	4 700	3 800	11 000
8	Bijoux	2 800	1 800	1 300	5 900
9	Accessoires	1 700	2 400	3 500	7 600
10	Total	7 000	8 900	8 600	24 500
11					

→ Actionnez la flèche du bouton ↺ · *Annuler* et annulez les deux dernières actions.
Recommencez pour annuler les neuf actions précédentes.

→ Utilisez le bouton ↻ *Rétablir*, actionnez ce bouton pour rétablir une à une les neuf dernières
actions annulées. Le bouton *Rétablir* reste actif (car vous aviez annulé onze actions et vous
n'en avez rétabli que neuf), actionnez encore deux fois sur le bouton *Rétablir* pour rétablir les
deux annulations restantes.

→ Sélectionnez la cellule A1, puis sous l'onglet **Accueil**, actionnez le **lanceur** du dialogue du
groupe Police, dans le dialogue choisissez la police *Arial*, une couleur de caractère bleue, une
taille 13, validez par [OK].

→ Répétez cette action : sélectionnez la cellule A3 et actionnez sur le bouton ↻ *Répéter*,
sélectionnez la cellule A4 puis ↻ *Répéter*, sélectionnez la cellule A10 puis ↻ *Répéter*.

→ Annulez les quatre dernières actions, puis fermez le classeur sans enregistrer.

SAISIR DES DONNÉES ET DES FORMULES

2

1 - SAISISSEZ UNE DONNÉE DANS UNE CELLULE

■ Créez un classeur, cliquez dans la cellule D2 et tapez son contenu 2300. Celui-ci apparaît à la fois dans la cellule et dans la barre de formule.

■ Pour valider, appuyez sur ↵ ou sur une touche fléchée, ou encore cliquez sur l'icône affichant une coche dans la barre de formule.

■ Dans la cellule D3, saisissez une valeur négative, précédée du signe moins, -4300.

2 - SAISISSEZ DES VALEURS AVEC FORMATAGE AUTOMATIQUE

■ Saisissez 5%, Excel l'interprète comme le nombre 0,05 avec un format %.

■ Saisissez 15/11/13 ou 15-11-13, Excel l'interprète comme une date et l'affiche au format 15/11/13. Saisissez 8/2, Excel la prend comme la date 08/02/13 si l'année en cours est 2013.

■ Saisissez 145€ (€ s'obtient par AltGr+E), Excel l'interprète comme le nombre 145 (145 apparaît dans la barre de formule) et l'affiche dans la cellule au format monétaire 145,00 €.

■ Saisissez 50,75, Excel l'interprète comme le nombre décimal 50,75 (le séparateur décimal par défaut étant la virgule). Notez que le point (.) sur le clavier numérique génère une virgule.

■ Saisissez 3 450 en laissant un espace entre les milliers, Excel comprend qu'il s'agit d'un nombre et supprime les espaces.

■ Saisissez 123456789123456, Excel l'affiche en format scientifique 123457E+17.

■ Saisissez un texte plus large que la colonne, par exemple : Ventes de coussins, il dépassera à l'affichage dans la cellule à sa droite, si celle-ci est vide, pas si elle contient une valeur.

EXERCICES

→ Créez un nouveau classeur, nommez les feuilles Ordinateurs, Imprimantes et Ecrans.

→ Sélectionnez les trois feuilles pour saisir simultanément dans ces feuilles : cliquez sur l'onglet Ordinateurs, puis appuyez sur Ctrl en cliquant sur les onglets Imprimantes puis Ecrans. La mention [Groupe de travail] est accolée après le nom du classeur dans la barre de titre.

→ Saisissez VENTES DU 1ER TRIMESTRE dans la cellule A1, puis saisissez les libellés. La saisie est effectuée dans les mêmes cellules des autres feuilles sélectionnées.

→ Annulez la sélection multiple des feuilles : appuyez sur ⇧ en cliquant sur l'onglet de la feuille active, ou cliquez droit sur une feuille active puis sur *Dissocier les feuilles*.

→ Saisissez ensuite les valeurs numériques dans la feuille Ordinateurs, les autres feuilles n'étant plus sélectionnées, la saisie n'est plus effective que dans la feuille Ordinateurs.

→ Saisissez ensuite les valeurs numériques dans la feuille Imprimantes.

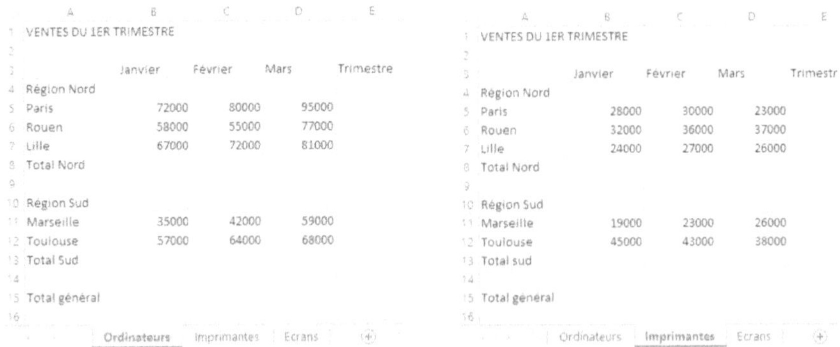

	A	B	C	D	E
1	VENTES DU 1ER TRIMESTRE				
2					
3		Janvier	Février	Mars	Trimestre
4	Région Nord				
5	Paris	72000	80000	95000	
6	Rouen	58000	55000	77000	
7	Lille	67000	72000	81000	
8	Total Nord				
9					
10	Région Sud				
11	Marseille	35000	42000	59000	
12	Toulouse	57000	64000	68000	
13	Total Sud				
14					
15	Total général				
16					

Ordinateurs | Imprimantes | Ecrans

	A	B	C	D	E
1	VENTES DU 1ER TRIMESTRE				
2					
3		Janvier	Février	Mars	Trimestr
4	Région Nord				
5	Paris	28000	30000	23000	
6	Rouen	32000	36000	37000	
7	Lille	24000	27000	26000	
8	Total Nord				
9					
10	Région Sud				
11	Marseille	19000	23000	26000	
12	Toulouse	45000	43000	38000	
13	Total sud				
14					
15	Total général				
16					

Ordinateurs | Imprimantes | Ecrans

→ Enregistrez le classeur sous le nom Exercice14 dans C:\Exercices Excel 2013.

La cellule active est celle dans laquelle sont entrées les données que vous tapez au clavier. Elle est repérable par le curseur de cellule qui est posé dessus (contour épais), et par son numéro de ligne et de colonne contrastés. Ainsi dans la figure ci-dessous, on voit que la cellule active est M30.

Se déplacer dans la feuille signifie déplacer le curseur de cellule active, à distinguer de faire défiler la feuille dans la fenêtre, qui ne déplace pas le curseur de cellule active.

1 - DÉPLACEZ LE CURSEUR DE CELLULE

■ Actionnez (clic ou appui sur) la cellule que vous voulez activer ou utilisez les touches fléchées de direction, notamment pour aller à l'extrémité d'une zone remplie. Essayez les actions :

- ⟶ ⟵ ↑ ↓   Déplace d'une cellule dans le sens de la flèche.
- ⇞ ⇟   Déplace de n lignes vers le haut/bas (n lignes visibles dans la fenêtre).
- ↖   Place le curseur sur la cellule de la colonne A sur la même ligne.
- Ctrl + ↖   Place le curseur sur la cellule A1.
- Ctrl +touche fléchée   Fin de la zone remplie dans le sens de la flèche.
- Ctrl + Fin   Fin de la zone remplie (intersection dernière ligne et colonne non vide).
- Ctrl + ⇞ ou Ctrl + ⇟   Feuille précédente/suivante.

2 - FAITES DÉFILER LA FEUILLE DANS LA FENÊTRE

Le défilement de la feuille fait apparaître une autre partie de la feuille. Lorsque vous faites défiler la feuille dans la fenêtre, vous ne changez pas la cellule active tant que vous n'avez pas déplacé le curseur sur une nouvelle cellule active.

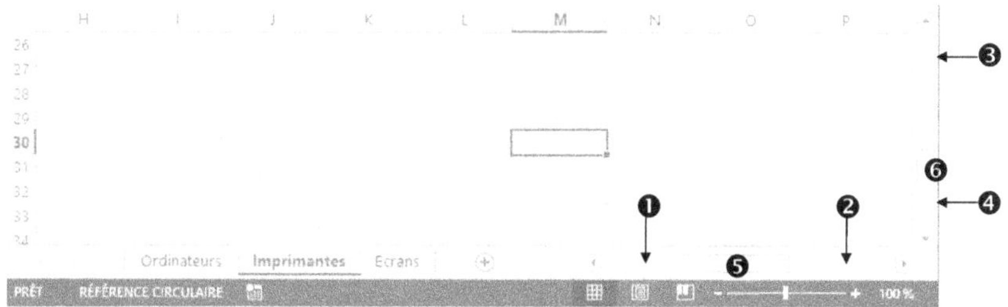

- Défilement horizontal : colonne par colonne ❶ ou ❷. Pour faire défiler de n colonnes (n nombre de colonnes visibles dans la fenêtre), cliquez après ou avant le curseur de défilement.
- Défilement vertical : ligne par ligne ❸ ou ❹. Pour faire défiler de n lignes (n nombre de lignes visibles dans la fenêtre), cliquez au-dessus ou au-dessous du curseur de défilement.
- Défilement continu : faites glisser le curseur de défilement horizontal ❺ ou vertical ❻.

EXERCICES

→ Ouvrez le classeur Exo15-A. Testez les touches de direction pour déplacer le curseur de cellule active, puis réduisez la taille de la fenêtre classeur, à l'aide de la case *Niveau.Inf.*

→ Testez les diverses façons de faire défiler la feuille de calcul dans sa fenêtre.
→ Agrandissez la fenêtre classeur, à l'aide de la case *Agrandir*.
→ Ouvrez le classeur Exo15-B qui contient un tableau de grande dimension.
→ Testez les touches de déplacement et faites défiler la feuille pour explorer le tableau.
→ Fermez les classeurs Exo15-A et Exo15-B.

Avant d'exécuter une commande, il est souvent nécessaire de sélectionner la plage de cellules à laquelle elle doit s'appliquer. Pour vous exercer, ouvrez le classeur `Exo16` et enregistrez-le sous le nom `Exercice16`.

1 - SÉLECTIONNEZ UNE PLAGE DE CELLULES

- Sélectionnez la plage de cellules A3:D8 (notation conventionnelle) : actionnez la cellule A3 du coin supérieur gauche de la plage à sélectionner et faites glisser le pointeur (tactile : faites glisser la poignée tactile ronde) jusqu'au coin inférieur droit de la plage, la cellule D8.

(Souris seulement) cliquez sur la cellule A3 du coin supérieur gauche de la plage, appuyez sur la touche ⇧ en cliquant la cellule D8 du coin inférieur droit de la plage.

2 - SÉLECTIONNEZ DES LIGNES OU DES COLONNES ENTIÈRES CONTIGUËS

- Actionnez le numéro d'en-tête de la première ligne ou colonne à sélectionner, puis faites glisser le pointeur sur les en-têtes (tactile : faites glisser la poignée ronde de la sélection).

3 - SÉLECTIONNEZ LA FEUILLE ENTIÈRE

- Actionnez la case située à l'intersection des en-têtes de lignes (1, 2, 3...) et de colonnes (A, B, C...), ou appuyez sur Ctrl +A deux fois. 

4 - SÉLECTIONNEZ PLUSIEURS PLAGES DISJOINTES (SOURIS SEULEMENT)

- (Souris + clavier seulement) sélectionnez la première plage, puis maintenez appuyée la touche Ctrl et sélectionnez successivement les autres plages.

EXERCICES

→ Le classeur `Exercice16` étant toujours ouvert. Sélectionnez la plage A1:E15 couvrant les valeurs de la feuille `Ordinateurs`, ôtez la sélection en cliquant sur une cellule quelconque.

→ Sélectionnez la ligne 4 en entier, puis la colonne B en entier, ôtez la sélection.

→ Sélectionnez des plages disjointes (à la souris) comme sur l'illustration, ôtez la sélection.

→ Sélectionnez toute la feuille de calcul, ôtez la sélection.

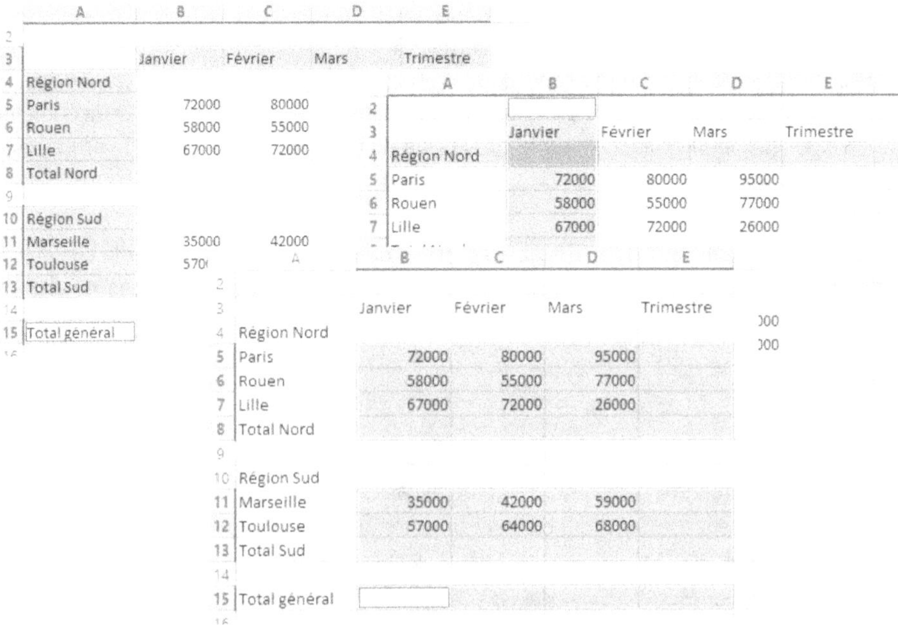

EXERCICE 17 : MODIFIER OU EFFACER LES DONNÉES

1 - REMPLACEZ LE CONTENU D'UNE CELLULE

■ Actionnez la cellule, tapez la nouvelle valeur et appuyez sur ⏎ pour valider.

2 - MODIFIEZ LE CONTENU D'UNE CELLULE

■ Actionnez la cellule puis modifiez le contenu dans la barre de formule. Pour valider, appuyez sur ⏎. Ou, double-clic ou double-appui sur la cellule, puis modifiez le contenu dans la cellule, validez par ⏎.

Quand le contenu se trouve en cours d'édition dans la barre de formule ou dans une cellule, vous pouvez utiliser les touches d'édition suivantes :

-    → ←   déplace le point d'insertion d'un caractère vers la droite ou vers la gauche,
-    Suppr   efface le caractère suivant le point d'insertion,
-    ←   efface le caractère précédant le point d'insertion.

Par exemple, en mode édition du contenu de cellule, vous pouvez cliquer ou appuyer devant un caractère dans la cellule puis déplacer le point d'insertion avec les touches d'édition, puis supprimer ou insérer un caractère. Quand la modification est terminée, validez par ⏎.

3 - EFFACEZ LE CONTENU D'UNE OU PLUSIEURS CELLULES

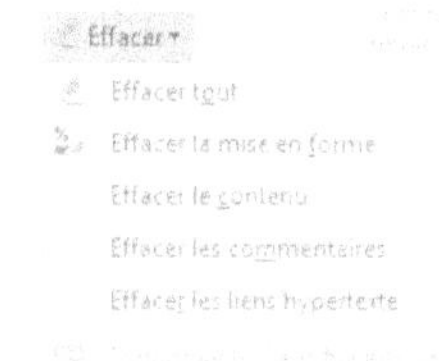

■ Actionnez la cellule ou sélectionnez la plage de cellules, appuyez sur Suppr pour effacer tout.

■ Vous pouvez effacer simplement le format en conservant le contenu, ou le contenu en conservant le format : sous l'onglet **Accueil**>groupe **Édition**, actionnez le bouton **Effacer**, puis sur l'option voulue.

EXERCICES

→ Ouvrez le classeur `Exo17` et enregistrez-le sous le nom `Exercice17-A`.

→ Saisissez `Zone` en remplacement de `Région`. Dans la ligne de Lille, remplacez `81000` par `83000` pour mars. Dans la ligne de Paris, remplacez `72000` par `70000` pour janvier.

→ Actionnez le bouton *Enregistrer* de la barre d'outils *Accès rapide*. Comme le classeur a déjà été enregistré précédemment dans le fichier `Exercice17-A.xlsx`, l'enregistrement est immédiat, sans qu'Excel ne vous demande de spécifier un nom de fichier.

	A	B	C	D	E
1	Ventes du 1er trimestre				
2					
3		Janvier	Février	Mars	Trimestre
4	Région Nord				
5	Paris	70000	80000	95000	
6	Rouen	58000	55000	77000	
7	Lille	67000	72000	83000	
8	Total Nord				
9					
10	Région Sud				
11	Marseille	35000	42000	59000	
12	Toulouse	57000	64000	68000	
13	Total Sud				
14					
15	Total général				

Ordinateurs   Imprimantes   Écrans   +

- Enregistrez à nouveau ce classeur sous un autre nom `Exercice17-B`.
- Sélectionnez les trois feuilles à la fois. Modifiez le texte de la cellule A2 en `Ventes du 2e trimestre`. Sélectionnez la plage B5:D7 et supprimez le contenu, sélectionnez la plage B11:D12 et supprimez le contenu. Les modifications ont été faites dans les 3 feuilles.
- Désélectionnez les feuilles, enregistrez et fermez le classeur `Exercice17-B`.

EXERCICE 18 : RECOPIER UNE FORMULE

Pour vous exercer ouvrez le classeur `Exo18` et enregistrez-le sous le nom `Exercice18`.

1 - UTILISEZ LE BOUTON SOMME AUTOMATIQUE

- Placez le curseur sous la colonne ou à la fin de la ligne de cellules à additionner (ici la cellule B8) puis sous l'onglet **Accueil**>groupe **Édition**, actionnez le bouton Σ ⁃ puis l'option *Somme*.

Un contour marque alors la plage de cellules qu'Excel suppose que vous voulez cumuler.

- Si cette plage est correcte, appuyez sur ⏎ pour confirmer.
- Sinon, modifiez-la en sélectionnant une autre plage avec la souris puis appuyez sur ⏎.
- De la même façon, créez la formule somme dans la cellule B13.

2 - RECOPIEZ LA FORMULE

Si le tableau doit contenir une série de sommes en colonnes (`Janvier`, `Février` et `Mars` par exemple), le plus rapide consiste à calculer la somme de la première colonne (`Janvier`) puis à recopier cette formule dans les cellules adjacentes (`Février` et `Mars`). Le principe est le même pour une série de sommes de lignes.

Par glisser avec la poignée de recopie :

- Actionnez la cellule B8 contenant la formule à recopier, puis :
  - (souris) faites glisser la poignée de recopie (petit carré noir au coin inférieur droit de la cellule) pour étendre la sélection jusqu'à D8.
  - (tactile) nouvel appui suivi de *Recopie incrémentée*, puis faites glisser la poignée tactile ⏬ (au coin inférieur droit de la cellule) jusqu'à D8.

Avec les commandes :

- Actionnez la cellule à recopier ainsi que la plage des cellules adjacentes où elle doit être recopiée, B13:D13, puis sous l'onglet **Accueil**>groupe **Édition**, actionnez ⁃ **Remplissage**, puis cliquez sur le sens de la recopie : *En bas /À droite /À gauche /En haut*.

EXERCICES

- → Annulez toutes les actions que vous avez effectuées puis recommencez : calculez les sommes en B8 et B13 à l'aide du bouton *Somme automatique* et recopiez-les vers la droite en C8:D8 et B13:D13, en faisant glisser la poignée de recopie.
- → Calculez la somme en E5, sélectionnez la plage de cellules E5:E8, recopiez la formule en utilisant la commande *Remplissage*.
- → Calculez la somme en E11, sélectionnez la plage de cellules E11:E13, recopiez la formule en utilisant la commande *Remplissage*.
- → Enregistrez le classeur pour sauvegarder vos modifications.
- → Vous pouvez aussi recopier les formules par Copier/Coller : commencez par effacer les plages E6:E8 et E11:E13. Ensuite, actionnez la cellule E5 qui contient la formule à copier, appuyez sur Ctrl+C puis sélectionnez les plages E6:E8 et E11:E13 et appuyez sur Ctrl+V pour coller le Presse-papiers.

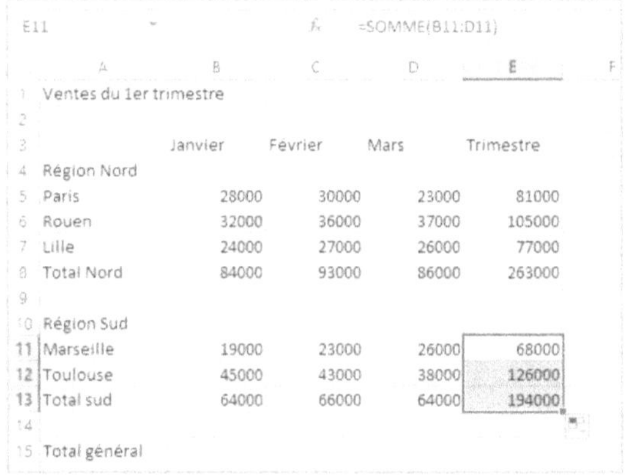

E11			f_x	=SOMME(B11:D11)	
	A	B	C	D	E	F
1	Ventes du 1er trimestre					
2						
3		Janvier	Février	Mars	Trimestre	
4	Région Nord					
5	Paris	28000	30000	23000	81000	
6	Rouen	32000	36000	37000	105000	
7	Lille	24000	27000	26000	77000	
8	Total Nord	84000	93000	86000	263000	
9						
10	Région Sud					
11	Marseille	19000	23000	26000	68000	
12	Toulouse	45000	43000	38000	126000	
13	Total sud	64000	66000	64000	194000	
14						
15	Total général					

EXERCICE 19 : CRÉER UNE FORMULE

1 - CONSTRUISEZ UNE FORMULE

- Actionnez la cellule qui doit afficher le résultat du calcul, tapez = pour indiquer qu'il s'agit d'une formule, saisissez la formule avec ses opérandes, ses opérateurs. Au moment de spécifier une adresse de cellule, comme opérande, vous pouvez actionner cette cellule. Appuyez sur ↵ pour terminer.

C'est le résultat de la formule qui est affiché dans la cellule, la formule apparaît dans la barre de formule. La formule se recalcule dynamiquement : si vous changez des valeurs dans la feuille de calcul, les formules sont automatiquement recalculées et mises à jour.

Les formules respectent la priorité des opérateurs (la multiplication et la division sont prioritaires sur l'addition et la soustraction) : on peut taper des parenthèses de façon à obtenir le résultat souhaité. Ainsi, `10*2+5` donne `25`, alors que `10*(2+5)` donne `70`.

Pour additionner les valeurs contenues dans les deux cellules B8 et B13 :

- Actionnez la cellule B15 qui doit afficher le résultat du calcul, tapez =, cliquez sur la cellule contenant la première valeur B8, tapez l'opérateur + (plus), actionnez la cellule contenant la seconde valeur B13, appuyez sur ↵ pour terminer.

2 - OPÉRATEURS DISPONIBLES

+	addition	-	soustraction	*	multiplication
/	division	%	pourcentage	^	puissance

EXERCICES

→ Ouvrez le classeur `Exo19` et enregistrez-le sous le nom `Exercice19`.

→ Dans la cellule B15, calculez le total général du mois de janvier : tapez =, cliquez sur la cellule B8, tapez +, puis sélectionnez la cellule B13, validez par ↵. La formule `=B8+B13` a été entrée, recopiez cette formule dans les deux colonnes à droite C et D.

→ Dans la cellule E15, et commencez la saisie de la formule `=somme(`, puis sélectionnez la plage de cellules B15:D15, puis saisissez la parenthèse `)`, validez par ↵.

→ Complétez le tableau de la feuille `Imprimantes` avec les formules.

→ Enregistrez le classeur pour sauvegarder les formules de totaux.

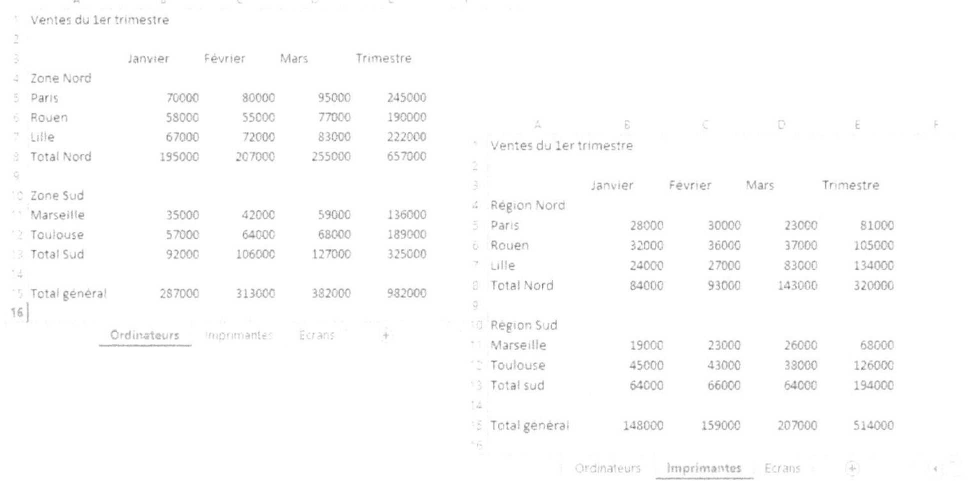

METTRE EN FORME LES DONNÉES

3

EXERCICE 20 : METTRE EN FORME LES CARACTÈRES

Pour vous exercer, ouvrez le classeur `Exo20` et enregistrez-le sous le nom `Exercice20`.

1 - CHANGEZ LA POLICE ET LA TAILLE DES CARACTÈRES D'AFFICHAGE DES CELLULES

- Sélectionnez la cellule A1, puis sous l'onglet **Accueil**>groupe **Police**, actionnez la **flèche** du bouton **Police**, puis actionnez la police que vous voulez appliquer : sous *Polices de thèmes*, choisissez *Calibri Light (En-tête)*.

Vous pouvez choisir une police en dehors du thème, mais elle ne sera plus gérée par les thèmes. L'intérêt d'utiliser les polices de thème (il y en a deux : une pour le corps de texte, l'autre pour les en-têtes) est que, si vous changez le thème, Excel fait lui-même le réassortiment des polices (En-tête et Corps).

- Changer la taille des caractères : actionnez la **flèche** du bouton **Taille**, et choisissez 16.

2 - CHANGEZ LE THÈME

- Sous l'onglet **Mise en page**>groupe **Thèmes**, actionnez le bouton **Thèmes**, actionnez le thème *Type de bois*. Dans ce thème, la police du corps du texte est *Rockwell*, et la police pour les en-têtes est *Rockwell Condensed*.

3 - APPLIQUEZ LES ATTRIBUTS ITALIQUE, GRAS

- Sélectionnez la cellule A15, puis sous l'onglet **Accueil**>groupe **Police**, actionnez le bouton **Italique**, puis le bouton **Gras** pour appliquer ces deux attributs. Faites de même sur la cellule E3.

4 - UTILISEZ LES RACCOURCIS CLAVIER

- Essayez les raccourcis clavier qui ont le même effet que les boutons du Ruban pour les d'attribut. Gras : `Ctrl`+G, Italique : `Ctrl`+I, Souligné : `Ctrl`+U.

5 - ANNULEZ UN ATTRIBUT

- Sélectionnez la cellule A15 qui est maintenant en italique, actionnez le bouton **Italique**, cela a pour effet d'enlever l'italique, actionnez encore une fois le bouton pour remettre l'italique.

EXERCICES

→ Fermez le classeur sans enregistrer les modifications. Puis, ouvrez à nouveau le classeur `Exo20` et enregistrez-le sous le nom `Exercice20` en écrasant le fichier qui existe.

→ Appliquez le thème *Ardoise*. Actionnez la cellule A1, appliquez la police de thème pour les En-têtes (*Calisto MT*), la taille de caractères 16, et l'attribut Gras. Sélectionnez les cellules A3:E15, augmentez à 13 la taille des caractères. Notez que la police par défaut des cellules est la police du thème pour le corps (*Calisto MT*).

→ Sélectionnez les étiquettes du tableau, plages B3:E3 et appliquez la police du thème (En-têtes). Mettez ces cellules d'étiquettes en gras. De même pour A3:A15

→ Mettez en italique les cellules A15 et E3.

→ Recommencez ces mises en forme en sélectionnant au préalable les onglets des autres feuilles afin que les tableaux des différentes feuilles aient le même aspect.

→ Enregistrez le classeur.

	A	B	C	D	E
1	Ventes du 1er trimestre				
2					
3		Janvier	Février	Mars	*Trimestre*
4	Zone Nord				
5	Paris	70000	80000	95000	245000
6	Rouen	58000	55000	77000	190000
7	Lille	67000	72000	83000	222000
8	Total Nord	195000	207000	255000	657000
9					
10	Zone Sud				
11	Marseille	35000	42000	59000	136000
12	Toulouse	57000	64000	68000	189000
13	Total Sud	92000	106000	127000	325000
14					
15	*Total général*	287000	313000	382000	982000
16					

Ordinateurs   Imprimantes   Écrans

EXERCICE 21 : LARGEUR ET HAUTEUR DES CELLULES

Pour vous exercer, ouvrez le classeur `Exo21` et enregistrez-le sous le nom `Exercice21`.

1 - MODIFIEZ LA LARGEUR DES COLONNES EN GLISSANT LA SÉPARATION D'EN-TÊTE

- Sélectionnez les colonnes B:E, puis faites glisser, à la souris ou au doigt, la séparation à droite du numéro de la dernière colonne sélectionnée. À la souris, la largeur actuelle s'affiche dans une infobulle ; avec le doigt, elle s'affiche dans la zone *Nom* à gauche de la barre de formule.

2 - MODIFIEZ LA LARGEUR DES COLONNES AVEC LA COMMANDE

- Sélectionnez les colonnes à ajuster, puis sous l'onglet **Accueil**>groupe **Cellules** actionnez le bouton **Format**, puis l'option *Largeur de colonne*, saisissez la largeur `14`, validez par [OK]. La largeur des colonnes peut être automatiquement ajustée au contenu des cellules, pour cela utilisez l'option *Ajuster la largeur de colonne…*

3 - MODIFIEZ LA HAUTEUR DES LIGNES EN GLISSANT LA SÉPARATION D'EN-TÊTE

- Sélectionnez les lignes 4:13, puis faites glisser, à la souris ou au doigt, la séparation inférieure du numéro de la dernière ligne sélectionnée pour ajuster la hauteur des lignes. À la souris, la hauteur s'affiche dans une infobulle ; avec le doigt, elle s'affiche dans la zone *Nom* à gauche de la barre de formule.

4 - MODIFIEZ LA HAUTEUR DES LIGNES AVEC LA COMMANDE

- Sélectionnez la ou les lignes dont vous voulez modifier la hauteur, puis sous l'onglet **Accueil**>groupe **Cellules**, actionnez le bouton **Format**, puis l'option *Hauteur de ligne…*, et saisissez la hauteur souhaitée en nombre de points `16` (par défaut 14,4), validez par [OK].

EXERCICES

- → Augmentez la largeur des colonnes B:E afin d'obtenir un résultat proche de l'écran ci-dessous, en faisant glisser la bordure de l'en-tête de la colonne E. Puis, utilisez **Accueil**>**Cellules**>**Format** pour fixer la largeur des colonnes B:E à `13` exactement et de la colonne A à `20`.

- → Utilisez **Accueil**>**Cellules**>**Format** pour ajuster automatiquement la largeur de la colonne A, puis définissez une largeur fixe de `22` pour cette colonne.

- → Actionnez la cellule A1, puis sous l'onglet **Accueil**>groupe **Police**, actionnez la **flèche** du bouton **Taille**, la liste des tailles s'affiche, actionnez la taille voulue `20`. À la souris, en pointant différentes tailles, vous voyez l'effet immédiat dans la feuille, constatez que la hauteur de ligne s'ajuste automatiquement à la taille des caractères. Choisissez finalement la taille `20`.

- → Augmentez la hauteur de la première ligne en faisant glisser la bordure inférieure de l'en-tête de ligne. Puis, utilisez **Accueil**>**Cellules**>**Format** pour fixer la hauteur de ligne à `32` exactement. Constatez que la hauteur de ligne est devenue fixe et n'est plus ajustée automatiquement, par exemple si vous augmentez la taille de caractère de la cellule A1.

- → Sous l'onglet **Accueil**>groupe **Cellules**, actionnez le bouton **Format**, puis l'option *Ajuster la hauteur de ligne*, pour revenir à la hauteur automatique.

- → Sélectionnez les trois feuilles ensemble, et réappliquez les mêmes modifications de largeur de colonne et de hauteur de ligne, pour qu'elles s'appliquent sur les trois feuilles en même temps.

- → Enregistrez et fermez le classeur.

	A	B	C	D	E
1	Ventes du 1er trimestre				
2					
3		Janvier	Février	Mars	Trimestre
4	Zone Nord				
5	Paris	70000	80000	95000	245000
6	Rouen	58000	55000	77000	190000
7	Lille	67000	72000	83000	222000
8	Total Nord	195000	207000	255000	657000
9					
10	Zone Sud				
11	Marseille	35000	42000	59000	136000
12	Toulouse	57000	64000	68000	189000
13	Total Sud	92000	106000	127000	325000
14					
15	*Total général*	287000	313000	382000	982000
16					
17					

Ordinateurs imprimantes Ecrans +

EXERCICE 22 : ALIGNER DANS LES CELLULES

Pour vous exercer, ouvrez le classeur `Exo22` et enregistrez-le sous le nom `Exercice22`.

1 - UTILISEZ LES OUTILS DU RUBAN

■ Faites quelques essais avec les boutons, puis annulez ces actions.

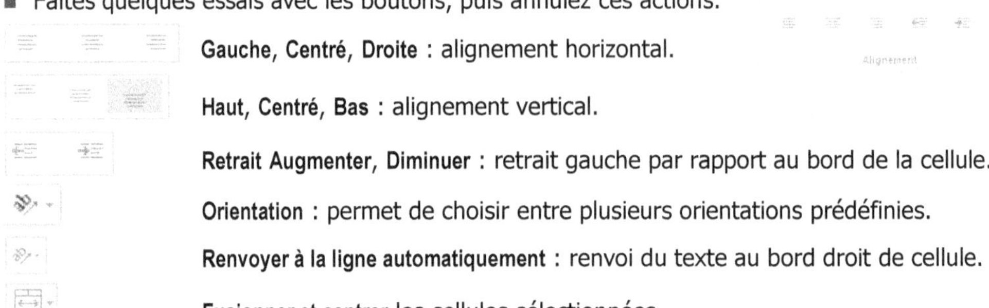

Gauche, Centré, Droite : alignement horizontal.

Haut, Centré, Bas : alignement vertical.

Retrait Augmenter, Diminuer : retrait gauche par rapport au bord de la cellule.

Orientation : permet de choisir entre plusieurs orientations prédéfinies.

Renvoyer à la ligne automatiquement : renvoi du texte au bord droit de cellule.

Fusionner et centrer les cellules sélectionnées.

2 - UTILISEZ LE DIALOGUE FORMAT DE CELLULE/ALIGNEMENT

■ Onglet **Accueil**>groupe **Alignement**, actionnez le **lanceur** du groupe **Alignement**.

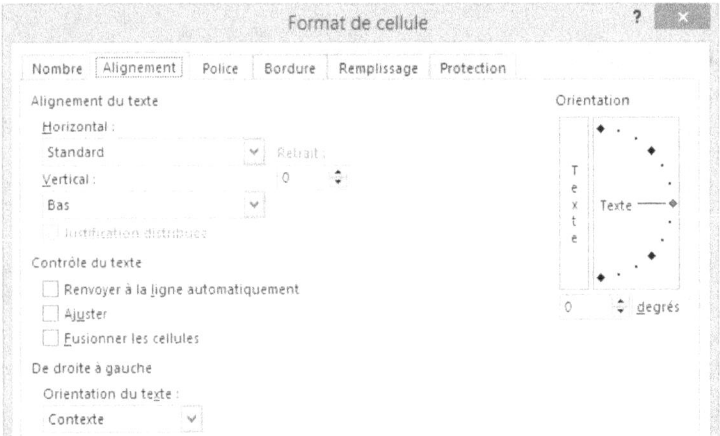

EXERCICES

➜ Après avoir annulé les actions précédentes, effectuez la sélection multiple des trois feuilles.

➜ Fusionnez les cellules A1:E1 et centrez le texte. Centrez les noms de mois, B3:E3.

➜ Alignez à droite les termes `Total Nord`, `Total Sud`, `Total général`.

➜ Centrez et mettez en italique les termes `Zone Nord` et `Zone Sud`.

➜ Mettez en gras les cellules contenant les totaux B8:E8, B13:E13, B15:E15.

➜ Inclinez à 42° l'affichage des étiquettes de colonnes B3:E3, réduisez à 11 la largeur de ces colonnes.

➜ Désélectionnez les feuilles et enregistrez le classeur.

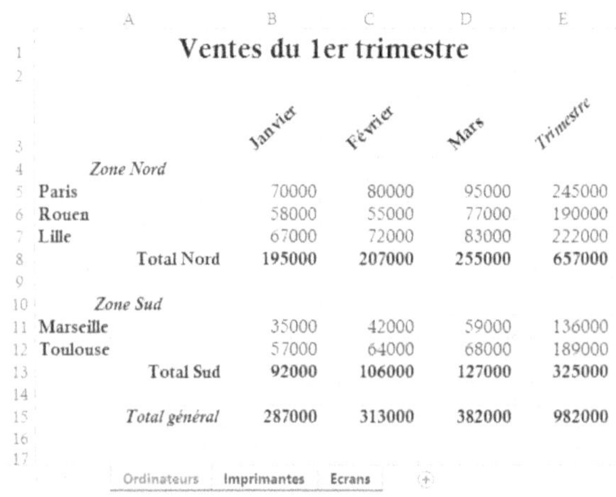

	A	B	C	D	E
1			Ventes du 1er trimestre		
2					
3			Janvier	Février	Mars	Trimestre
4		Zone Nord				
5	Paris		70000	80000	95000	245000
6	Rouen		58000	55000	77000	190000
7	Lille		67000	72000	83000	222000
8		Total Nord	195000	207000	255000	657000
9						
10		Zone Sud				
11	Marseille		35000	42000	59000	136000
12	Toulouse		57000	64000	68000	189000
13		Total Sud	92000	106000	127000	325000
14						
15		Total général	287000	313000	382000	982000
16						
17						

Ordinateurs | Imprimantes | Ecrans

EXERCICE 23 : FORMATER LES NOMBRES

Pour vous exercer, ouvrez le classeur `Exo23` et enregistrez-le sous le nom `Exercice23`.

1 - UTILISEZ LES OUTILS DU RUBAN

■ Sous l'onglet **Accueil**>groupe **Nombre**, essayez les boutons.

Format monétaire à deux décimales.

Format pourcentage à deux décimales.

Format Comptabilité (sans le symbole monétaire).

Augmente | réduit le nombre de décimales.

■ Actionnez la **flèche** de la zone **Format de nombre ❶**, pour afficher la galerie de formats prédéfinis.

Le séparateur des milliers est défini dans les options avancées d'Excel, le symbole monétaire dans les paramètres régionaux de Windows.

2 - UTILISEZ LES RACCOURCIS CLAVIER

■ Faites des essais puis annulez ces actions.

- `Ctrl`+R   Standard   – `Ctrl`+! Sép. milliers et 2 décimales
- `Ctrl`+Q   Heure   – `Ctrl`+J Date (17-avr-07)
- `Ctrl`+**%** Pourcentage   – `Ctrl`+E Scientifique (2,51E+05)
- `Ctrl`+M   Monétaire

3 - UTILISEZ LA MINIBARRE D'OUTILS

■ Cliquez droit sur la sélection.

Une minibarre d'outils s'affiche en plus du menu contextuel, vous y retrouvez les boutons de format des nombres.

4 - UTILISEZ LE DIALOGUE FORMAT DE CELLULE/NOMBRE

■ Onglet **Accueil**>groupe **Nombre** : actionnez le **lanceur** du groupe **Nombre** ; ou, clic droit ou appui long suivi de ▾sur la sélection, puis actionnez *Format de cellule...*, puis l'onglet *Nombre*.

EXERCICES

➔ Après avoir annulé les actions précédentes, effectuez la sélection multiple des trois feuilles.

➔ Sélectionnez la plage B5:E15 et appliquez un format *Monétaire* avec 0 décimale avec les boutons du Ruban : , puis actionnez deux fois .

➔ Appuyez sur `Ctrl`+R, puis réappliquez le format monétaire avec le raccourci `Ctrl`+M puis actionnez deux fois .

➔ Appuyez sur `Ctrl`+R, puis réappliquez ce format avec 0 décimales avec le dialogue.

➔ Appuyez sur `Ctrl`+R, puis réappliquez ce format avec les boutons de la minibarre d'outils.

4	*Zone Nord*				
5	Paris	70 000 €	80 000 €	95 000 €	245 000 €
6	Rouen	58 000 €	55 000 €	77 000 €	190 000 €
7	Lille	67 000 €	72 000 €	83 000 €	222 000 €
8	Total Nord	195 000 €	207 000 €	255 000 €	657 000 €
9					
10	*Zone Sud*				
11	Marseille	35 000 €	42 000 €	59 000 €	136 000 €
12	Toulouse	57 000 €	64 000 €	68 000 €	189 000 €
13	Total Sud	92 000 €	106 000 €	127 000 €	325 000 €
14					
15	Total général	287 000 €	313 000 €	382 000 €	982 000 €

Si après formatage au format monétaire des # # # sont affichés à la place des valeurs, c'est que la colonne n'est pas assez large pour afficher les valeurs formatées. Dans ce cas, élargissez les colonnes.

EXERCICE 24 : APPLIQUER DES BORDURES

Pour vous exercer, ouvrez le classeur `Exo24` et enregistrez-le sous le nom `Exercice24`.

1 - APPLIQUEZ UNE BORDURE PRÉDÉFINIE

- Sélectionnez les cellules A4:F4, puis sous l'onglet **Accueil**>groupe **Police**, actionnez la **flèche** du bouton **Bordures** ❶, puis dans la galerie actionnez le symbole de la bordure prédéfinie ❷ (par exemple *Bordure inférieure*) que vous voulez appliquer.

Vous pouvez ensuite appliquer la même bordure en actionnant simplement le bouton *Bordures*, faites-le sur A10:E10.

2 - UTILISEZ LE DIALOGUE FORMAT DE CELLULE

- Sélectionnez A15:F15, onglet **Accueil**>groupe **Police**, actionnez la **flèche** du bouton **Bordures** ❶ puis *Autres bordures...* ❸.

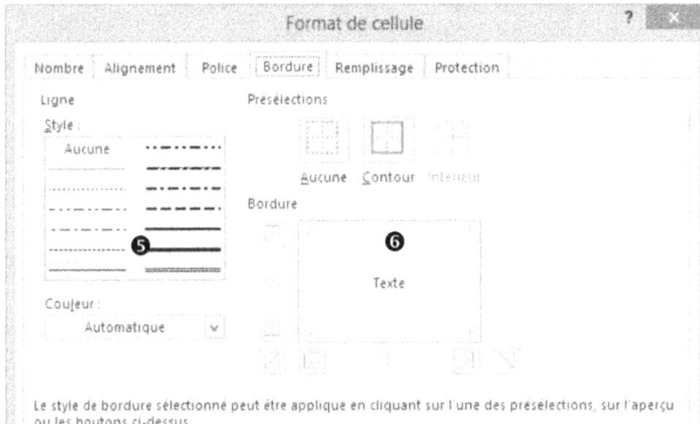

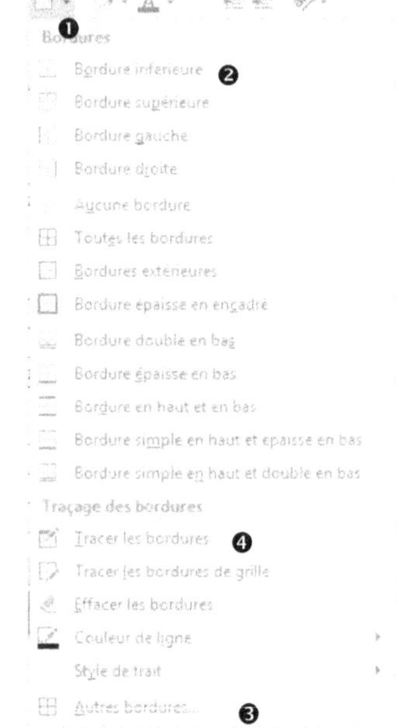

- Actionnez le style de bordure ❺ ——, puis dans la miniature ❻, actionnez le bord supérieur, ensuite actionnez un autre style ══, puis dans la miniature, actionnez le bord inférieur. validez par [OK].

3 - TRACEZ DES BORDURES

- Onglet **Accueil**>groupe **Police**, actionnez la **flèche** du bouton **Bordures**, puis dans la galerie sous *Traçage des bordures* ❹ : sélectionnez l'option *Tracer les bordures*, le pointeur se transforme en stylet, actionnez ou faites glisser sur les bords des cellules pour placer une bordure.

EXERCICES

→ Annulez les actions précédentes. Effectuez la sélection multiple des feuilles par leur onglet.

→ Sélectionnez la plage A3:E4, appliquez la bordure prédéfinie : *Toutes les bordures.*

→ Sélectionnez la plage A3:E15, appliquez la bordure prédéfinie : *Bordures extérieures.*

→ Sélectionnez A4:E4, A8:E8, A10:E10, A13:E13, A15:E15 puis actionnez le bouton **Bordures**.

→ Sélectionnez B4:B15, C4:C15, D4:D14, puis actionnez le bouton **Bordures**.

→ Annulez les bordures : sélectionnez A3:E15, appliquez *Aucune bordure.*

→ Réappliquez les bordures en utilisant pour partie le dialogue, pour partie le traçage.

→ Désélectionnez les feuilles, vérifiez que les bordures ont été appliquées dans toutes les feuilles.

	Janvier	Février	Mars	Trimestre
Ventes du 1er trimestre				
Zone Nord				
Paris	70 000 €	80 000 €	95 000 €	245 000 €
Rouen	58 000 €	55 000 €	77 000 €	190 000 €
Lille	67 000 €	72 000 €	83 000 €	222 000 €
Total Nord	195 000 €	207 000 €	255 000 €	657 000 €
Zone Sud				
Marseille	35 000 €	42 000 €	59 000 €	136 000 €
Toulouse	57 000 €	64 000 €	68 000 €	189 000 €
Total Sud	92 000 €	106 000 €	127 000 €	325 000 €
Total général	287 000 €	313 000 €	382 000 €	982 000 €

EXERCICE 25 : APPLIQUER UNE COULEUR DE FOND

Pour vous exercer, ouvrez le classeur `Exo25` et enregistrez-le sous le nom `Exercice25`.

1 - APPLIQUEZ UNE COULEUR DE FOND

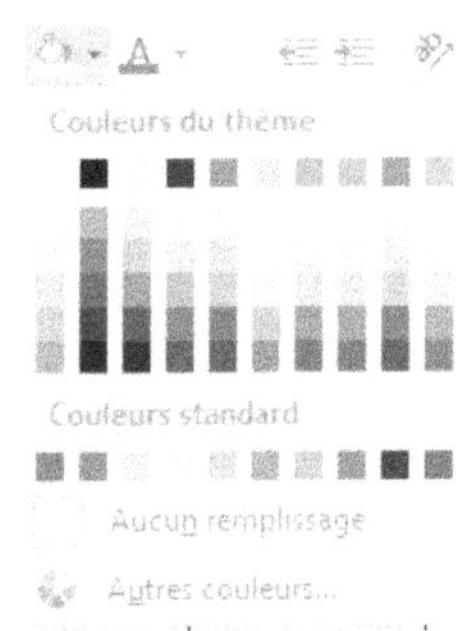

- Sélectionnez les cellules fusionnées A1:E1, puis sous l'onglet **Accueil**>groupe **Police**, actionnez la **flèche** du bouton **Couleur de remplissage**. Faites glisser le pointeur ou avec le doigt sans relâcher la pression sur la couleur standard jaune pour voir l'effet instantané dans la feuille, continuez de même sur d'autres couleurs et relâchez la pression sur la couleur de thème *Brun tanné, Accentuation 2, plus claire 60%* de la 6e colonne de la palette. Validez par [OK].

2 - APPLIQUEZ UN MOTIF DÉGRADÉ

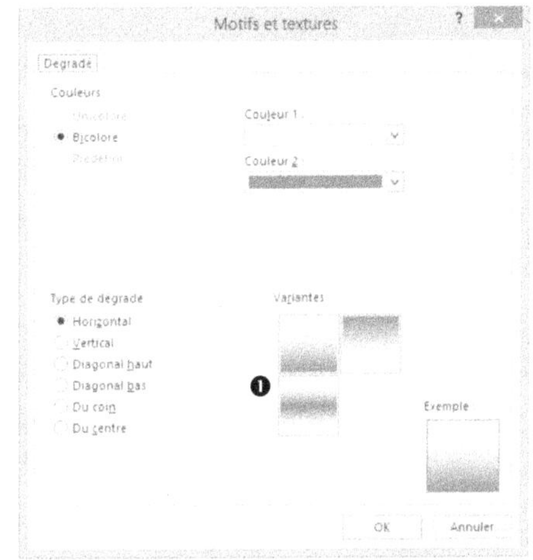

- Sélectionnez la plage de cellules B3:E3, puis sous l'onglet **Accueil**>groupe **Police**, actionnez le **lanceur** du groupe. Dans le dialogue *Format de cellule*, actionnez l'onglet *Remplissage*, puis le bouton [Motifs et textures...], puis dans la zone <Couleur 2> : choisissez la couleur *Blanc Arrière-plan 1 plus sombre 15%*. Conservez les options <⊙ Bicolore> et <⊙ Type de dégradé : horizontal> et choisissez la variante ❶. Validez par [OK] deux fois.

3 - APPLIQUEZ UN MOTIF DE FOND

- Sélectionnez la plage de cellules A4:E4, puis sous l'onglet **Accueil**>groupe **Police**, actionnez le **lanceur** du groupe. Dans le dialogue *Format de cellule*, actionnez l'onglet *Remplissage*, puis dans la zone <Couleur de motif> : sélectionnez la couleur du thème *Blanc, Arrière-plan 1, plus sombre 25%*, et dans la zone <Style de motif> : sélectionnez *Rayures verticales fines*. Validez par [OK].

EXERCICES

- → Appliquez le motif de fond *Rayures verticales fines* aux cellules A8:E8 en utilisant le dialogue.
- → Réappliquez le même motif de fond aux cellules A10:E10 et A13:E13 en utilisant l'outil *Répéter* de la barre d'outils *Accès rapide*.
- → Appliquez aux cellules A15:E15 la couleur de fond du thème *Brun tanné, Accentuation 2, plus clair 60%*.
- → Sélectionnez toutes les cellules du tableau A1:E15, enlevez tout remplissage et recommencez.
- → Enregistrez et fermez le classeur.

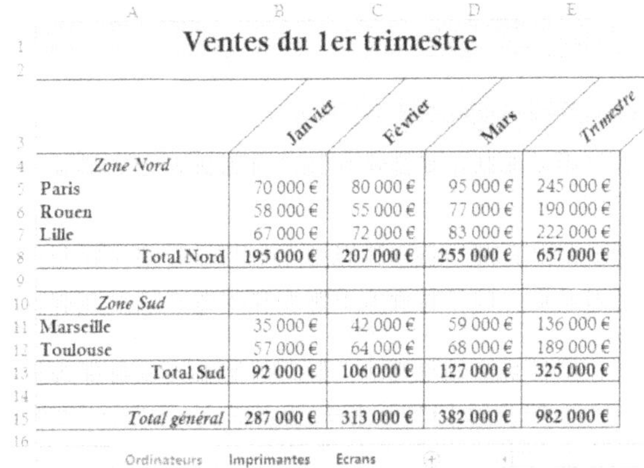

	A	Janvier	Février	Mars	Trimestre
1		**Ventes du 1er trimestre**			
4	*Zone Nord*				
5	Paris	70 000 €	80 000 €	95 000 €	245 000 €
6	Rouen	58 000 €	55 000 €	77 000 €	190 000 €
7	Lille	67 000 €	72 000 €	83 000 €	222 000 €
8	Total Nord	195 000 €	207 000 €	255 000 €	657 000 €
10	*Zone Sud*				
11	Marseille	35 000 €	42 000 €	59 000 €	136 000 €
12	Toulouse	57 000 €	64 000 €	68 000 €	189 000 €
13	Total Sud	92 000 €	106 000 €	127 000 €	325 000 €
15	Total général	287 000 €	313 000 €	382 000 €	982 000 €

EXERCICE 26 : UTILISER LES STYLES DE CELLULE

Pour vous exercer, ouvrez le classeur `Exo26` et enregistrez-le sous le nom `Exercice26`.

1 - APPLIQUEZ UN STYLE

Un style est une combinaison de formats de cellule (police, alignement, couleur...) désigné par un nom que vous pouvez utiliser pour éviter d'avoir à réappliquer un à un les formats constituant le style.

- Actionnez la cellule B5, puis sous l'onglet **Accueil**>groupe **Style**, actionnez le bouton **Styles de cellules**, la galerie des styles s'affiche. Faites glisser le pointeur ou le doigt sur différents styles sans relâcher la pression, vous voyez l'effet sur les cellules sélectionnées. Lorsque vous relâchez la pression sur un style, ce style s'applique.

Les styles prédéfinis sont classés sous les rubriques : *Satisfaisant, insatisfaisant et neutre*, *Données et modèle*, *Titres et en-têtes*, *Styles de cellules avec thème*, *Format de nombre*.

2 - CRÉEZ UN STYLE PERSONNALISÉ

- Sélectionnez une cellule dont vous voulez que la mise en forme devienne un style, par exemple `A4`. Puis, sous l'onglet **Accueil**>groupe **Style**, actionnez le bouton **Styles de cellules**, la galerie des styles s'affiche. Actionnez *Nouveau style de cellules...* au bas de la galerie (raccourci Alt+').

  - Dans la zone <Nom> : saisissez `MonStyle`.
  - Actionnez le bouton [Format...] si vous voulez modifier les paramètres de format de cellule, validez par [OK].
  - Vous pouvez exclure du style certaines catégories de format en décochant les cases devant ces catégories.

- Validez par [OK].

Les styles de cellules personnalisés sont présentés en haut de la galerie, sous une nouvelle rubrique : *Personnalisé* ❶.

Pour modifier (ou supprimer) un style personnalisé : clic droit ou appui long sur le style dans la galerie, puis actionnez l'option *Modifier* (ou *Supprimer*)...

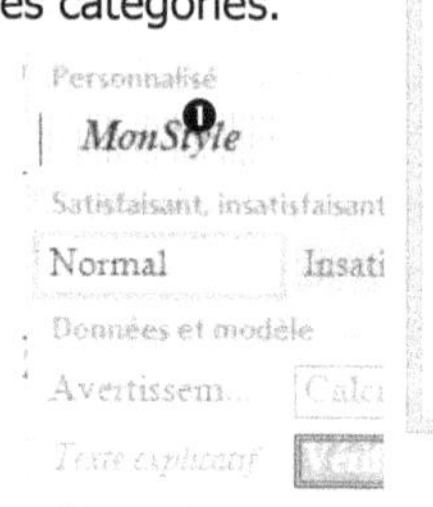

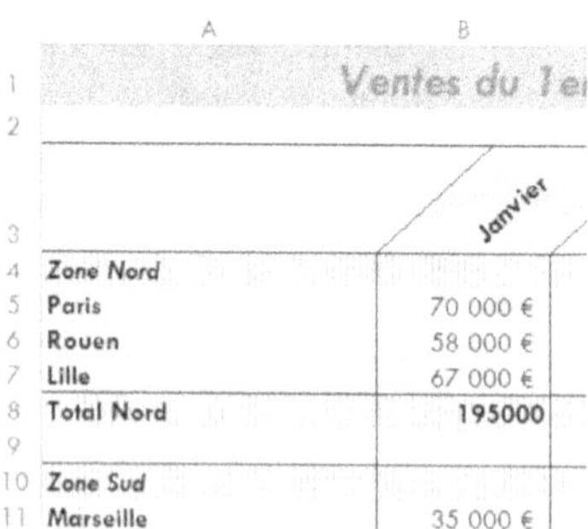

EXERCICES

→ Modifiez le style *Normal* en spécifiant pour ce style une taille de caractère à 13 (cela change la taille des caractères par défaut). Appliquez le thème *Circuit*.

→ Mettez le titre en italique, appliquez la police de thème pour En-têtes, la couleur de fond *Accentuation5, plus clair 40%*, la couleur de police *Accentuation5, plus sombre 25%*, la taille 22. Créez un style de nom `TitreCouleur` basé sur la mise en forme.

→ Actionnez la cellule B3, créez un style `TitreColonne` basé sur sa mise en forme. Actionnez la cellule B4 et créez le style `Rayures` basé sur sa mise en forme en décochant <☐ Police>. Actionnez la cellule B13 et créez le style `TotalGénéral` basé sur sa mise en forme en décochant <☐ Police>.

→ Appliquez le style `TitreColonne` sur C3:E3, le style `Rayures` sur A4:E4, A8:E8, A10:E10 et A13:E13, et le style `TotalGénéral` sur A15:E15.

→ Enregistrez et fermez le classeur.

METTRE EN PAGE ET IMPRIMER

EXERCICE 27 : METTRE EN PAGE

La mise en page s'applique à la feuille de calcul en cours. Pour l'appliquer à plusieurs feuilles ou à toutes les feuilles du classeur, il faut les sélectionner ensemble au préalable.

1 - DÉFINISSEZ LA ZONE D'IMPRESSION

La zone d'impression de la feuille est la zone qui sera imprimée. Par défaut, elle couvre la zone active, de la cellule A1 à la plus éloignée des cellules non vides.

- Ouvrez le classeur `Exo27`, puis enregistrez-le sous le nom `Exercice27`. Sélectionnez la plage de cellules à imprimer A1:F15, puis sous l'onglet **Mise en page**>groupe **Mise en page**, actionnez le bouton **ZoneImpr** puis l'option *Définir*.

2 - DÉFINISSEZ LES MARGES

- Onglet **Mise en page**>groupe **Mise en page**, actionnez le bouton **Marges**, puis l'option *Large* dans la galerie des marges prédéfinies.

3 - VISUALISEZ L'APERÇU AVANT IMPRESSION

- Actionnez l'outil *Aperçu avant impression et imprimer* de la barre d'outils *Accès rapide*. Les options d'impression s'affichent dans le panneau central, l'aperçu dans le panneau de droite.
- Vous constatez que le tableau ne tient pas en entier sur la largeur de page. Actionnez l'icône ⊙ ou tapez la touche Echap pour revenir à la feuille de calcul.

4 - DÉFINISSEZ L'ORIENTATION DE L'IMPRESSION

- Sous l'onglet **Mise en page**>groupe **Mise en page**, actionnez le bouton **Orientation**, puis l'option *Paysage*. Visualisez à nouveau l'aperçu avant impression pour vérifier que cette fois-ci le tableau tient en entier sur la page.

5 - CENTREZ L'IMPRESSION SUR LA PAGE

- Onglet **Mise en page**>groupe **Mise en page**, actionnez le bouton **Marges**, puis l'option *Marges personnalisées...* Dans le dialogue *Mise en page*, cochez l'option <☑ Horizontalement> située sous *Centrer sur la page*. Visualisez l'aperçu avant impression.

EXERCICES

- → Actionnez le bouton **Marges**, puis sur *Marges personnalisées...*, les marges sont toutes à 2,5 cm (c'est l'option *Large* appliquée précédemment). Redéfinissez les marges personnalisées pour la feuille : spécifiez <Haut> : 4 cm, <Gauche> et <Droite> à 3 cm. Validez par [OK].
- → Affichez l'aperçu avant impression, puis revenez à l'affichage de la feuille.
- → Actionnez le bouton **Marges**, constatez que la première vignette de la galerie est maintenant surlignée et que ce sont vos marges personnalisées qui sont maintenant indiquées.
- → Repassez en orientation *Portrait*, et affichez l'*Aperçu avant impression*. Vous constatez que le tableau ne tient pas sur la largeur de la page. Revenez à l'affichage de la feuille.
- → Sous l'onglet **Mise en page**>groupe **Mise à l'échelle**, dans la zone <Largeur> : sélectionnez *1 page*. Affichez ensuite l'aperçu avant impression. Vous constatez que l'impression a été mise à l'échelle de façon à tenir dans une page en largeur.
- → Repassez en affichage normal. Notez le coefficient de réduction qui a été appliqué sous l'onglet **Mise en page**>groupe **Mise à l'échelle**.
- → Appliquez l'option *Étroites* dans la galerie des marges prédéfinies, notez que le coefficient de mise à l'échelle s'ajuste. Avec les marges étroites, la réduction pour tenir sur une page est moindre. Appliquez le choix *Normal* dans la galerie des marges, la mise à l'échelle se modifie. Enregistrez le classeur.

EXERCICE 28 : EN-TÊTE ET PIED DE PAGE

Pour vous exercer, ouvrez le classeur `Exo28` et enregistrez-le sous le nom `Exercice28`.

1 - PASSEZ EN AFFICHAGE MISE EN PAGE POUR VISUALISER LES EN-TÊTE/PIEDS DE PAGE

Un en-tête s'imprime en haut de chaque page, un pied de page s'imprime en bas de chaque page. Passez en *Mode Page* pour visualiser les en-têtes et pieds de page, pour cela :

■ Actionnez l'icône *Mise en page* située sur la barre d'état, faites défiler la feuille jusqu'en haut pour voir la zone d'en-tête. Cliquez ou appuyez sur la partie gauche de l'en-tête.

■ L'en-tête est constitué de trois zones respectivement à gauche, au centre et à droite. Actionnez l'une des zones de l'en-tête et constatez que l'onglet contextuel **Outils des en-têtes et pieds de page/Création** apparaît sur le Ruban.

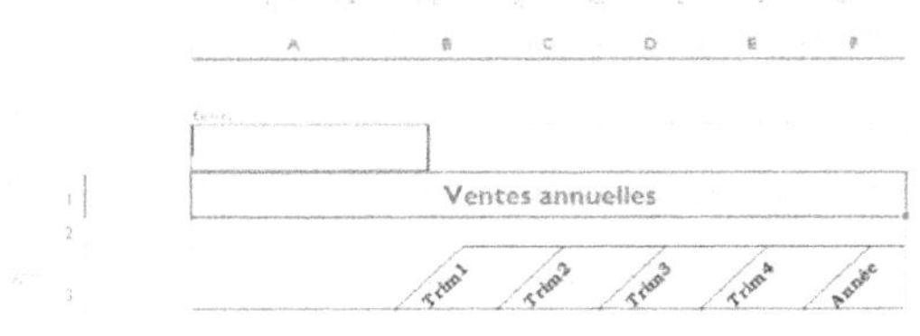

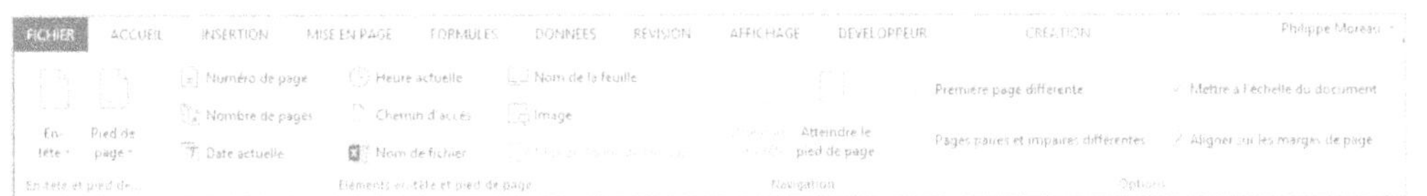

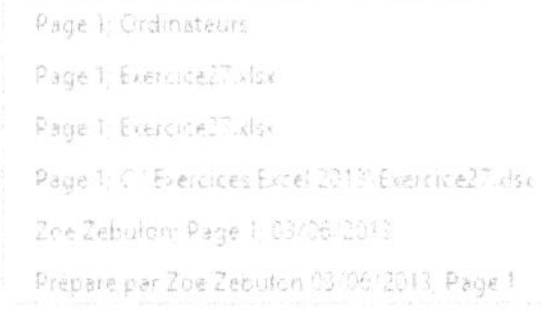

■ Actionnez une cellule de la feuille, l'onglet **Outils des en-têtes et pieds de page/Création** disparaît.

2 - INSÉREZ UN EN-TÊTE PRÉDÉFINI

■ Actionnez une des zones de l'en-tête, puis sous l'onglet **Création**>groupe **En-tête et pied de page**, actionnez le bouton **En-tête**. Puis, actionnez une des options d'en-tête parmi celles contenant le nom d'utilisateur, le numéro de page, la date.

3 - INSÉREZ DES INFORMATIONS AUTOMATIQUES

■ Actionnez la zone de gauche, placez le point d'insertion après le nom d'utilisateur, saisissez une virgule suivie d'un espace, saisissez `le` suivi d'un espace, puis sous l'onglet **Création**>groupe **Éléments en-tête et pied de page**, actionnez le bouton **Date actuelle**. Le champ `&[Date]` est inséré.

■ Actionnez la zone de droite, son contenu est sélectionné et supprimez-le par Suppr.

EXERCICES

→ Actionnez l'icône *Normal* pour masquer les en-têtes et pieds de page. Revenez en affichage *Mise en page*, actionnez une zone de l'en-tête, et appliquez l'en-tête prédéfini commençant par le `nom_de_société` ou `Ordinateurs` suivi de `Confidentiel`.

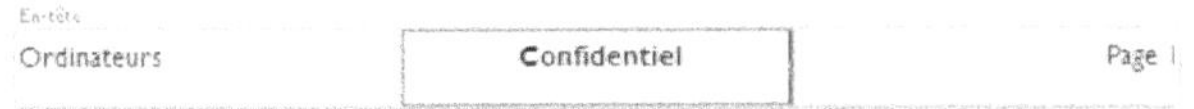

→ Sélectionnez le contenu de la zone centrale, saisissez `Page` suivi d'un espace, insérez le numéro de page. Sélectionnez le contenu de la zone de droite et insérez la date actuelle.

→ Actionnez le bouton **Atteindre le pied de page**, puis actionnez le bouton **Pied de page** et appliquez un pied de page prédéfini commençant par le nom d'utilisateur. Remplacez le contenu central par la date actuelle et le contenu de droite par le nom du fichier.

| Zoe Zebulon | 03/06/2013 | Exercice28.xlsx |

→ Affichez l'aperçu avant impression. Actionnez le bouton **Zoom ❶** en bas à droite de l'aperçu avant impression, pour passer de l'affichage page entière à l'affichage à 100 % et inversement. Observez les positions respectives sur la page de l'en-tête et du pied de page. Revenez à l'affichage *Normal*.

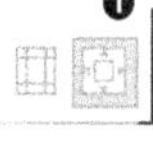

Vous allez explorer les options de mise en page, sous l'onglet *Feuille*. Pour vous exercer, ouvrez le classeur `Exo29-A` et enregistrez-le sous le nom `Exercice29-A`.

- Sous l'onglet **Mise en page**>groupe **Mise en page**, actionnez le bouton **Imprimer les titres**, le dialogue *Mise en page* s'ouvre avec l'onglet *Feuille* activé.

❶ La zone d'impression que vous avez définie est spécifiée.

❷ Vous pouvez spécifier les lignes ou les colonnes qui contiennent des titres à répéter en haut et/ou à gauche de chaque page.

❸ Vous pouvez cocher ou non : le quadrillage des cellules, les en-têtes de ligne et de colonne (ce sont les numéros de ligne et de colonnes), le noir et blanc ou la qualité brouillon.

❹ Vous pouvez choisir l'ordre d'impression des pages si l'impression s'étend sur plusieurs pages.

EXERCICES

→ Testez l'option quadrillage : sous l'onglet **Mise en page**>groupe **Mise en page**, actionnez le bouton **Imprimer les titres**. Cochez l'option <☑ Quadrillage>, puis actionnez le bouton [Aperçu] pour visualiser l'aperçu avant impression. ◉ ou Echap pour revenir à l'affichage de la feuille.

→ Testez l'option <☑ En noir et blanc>, après avoir désactivé <☐ Quadrillage>.

→ Testez l'option <☑ Qualité brouillon>, après avoir désactivé <☐ En noir et blanc>.

→ Testez l'option <☑ En-têtes de ligne et de colonne>.

→ Désactivez les options que vous avez cochées. Fermez le classeur `Exercice29-A`.

→ Ouvrez le classeur `Exo29-B`, et enregistrez-le sous le nom `Exercice29-B`.

→ Testez l'option <⊙ Vers le bas puis à droite>, puis actionnez le bouton [Aperçu] pour visualiser l'aperçu avant impression. De la même façon, testez l'option <⊙ À droite puis vers le bas> et visualisez l'aperçu avant impression.

→ Définissez les titres à répéter sur les pages imprimées : dans cet exercice répétez les lignes 1:2 en haut de chaque page, et la colonne A à gauche de chaque page.

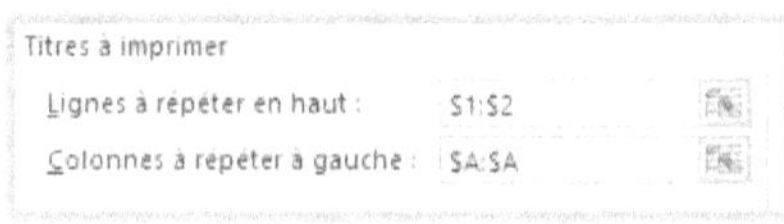

→ Visualisez le résultat sur l'aperçu avant impression.

EXERCICE 30 : APERÇU AVANT IMPRESSION

L'aperçu avant impression affiche les pages telles qu'elles seront imprimées, pour juger de leur aspect et vérifier la position des sauts de page. Commencez par ouvrir le classeur `Exo30`.

1 - AFFICHEZ L'APERÇU AVANT IMPRESSION

■ Actionnez l'onglet **Fichier**, puis **Imprimer**. L'aperçu avant impression s'affiche dans le panneau droit de la fenêtre. Les options de mise en page sont dans le panneau central.

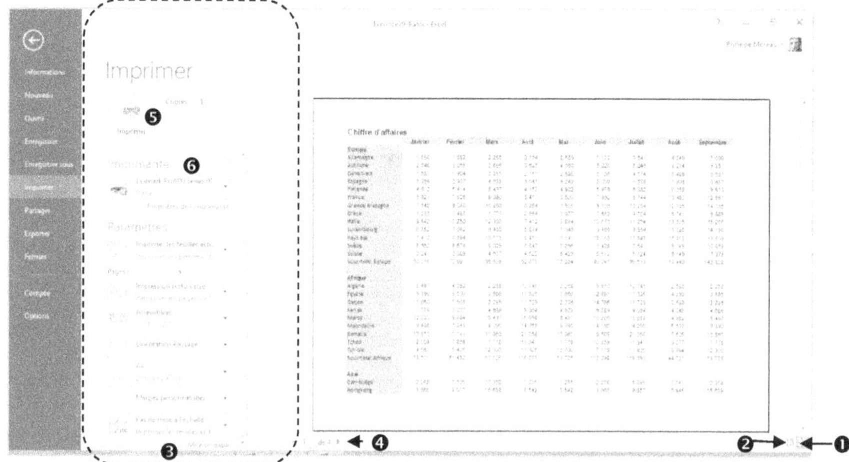

■ Actionnez l'icône ❶ *Zoom sur la page*, située en bas à droite de l'aperçu, pour afficher la page entière, actionnez la même icône pour revenir à l'affichage à 100%.

2 - AJUSTEZ LA MISE EN PAGE

■ Actionnez l'icône ❷ *Afficher les marges*, faites glisser les marges pour modifier leur taille.

■ Actionnez le lien <u>Mise en page</u> ❸ pour ouvrir le dialogue *Mise en page*, puis annulez.

■ Actionnez les flèches ❹ pour naviguer d'une page à une autre.

■ Les paramètres d'impression peuvent être modifiés dans le panneau central, l'effet de ces modifications s'affiche immédiatement dans l'aperçu avant impression. Faites des essais.

■ Pour lancer l'impression, actionnez le bouton [Imprimer] ❺, après avoir vérifié que l'imprimante choisie ❻ est bien celle qu'il faut utiliser, sinon changez l'imprimante.

EXERCICES

➜ Réouvrez le classeur `Exo30`, et acceptez de perdre les modifications que vous avez faites. Passez en aperçu avant impression. Vous constatez que la première page affiche les colonnes de Janvier à Septembre, et que les colonnes Octobre à Décembre sont sur la page suivante.

➜ Nous voulons insérer un saut de page avant la colonne du mois de Juillet. Actionnez la cellule H1, puis sous l'onglet **Mise en page**>groupe **Mise en page**, actionnez le bouton **Saut de page**, puis l'option *Insérer un saut de page*.

➜ Passez en aperçu avant impression. Vous constatez que les colonnes du premier semestre sont sur la page 1. Actionnez la flèche **Page suivante** ❹, les colonnes du second semestre sont sur la page 2. Revenez à l'affichage de la feuille.

➜ Insérez un saut de page avant la cellule A31. Visualisez l'aperçu avant impression. Affichez les marges dans l'aperçu en actionnant l'icône ❷, faites glisser les marques de marges.

➜ Vous allez supprimer les sauts de page : actionnez la cellule H1, puis actionnez le bouton **Saut de page** puis l'option *Supprimer le saut de page*. Actionnez la cellule A31, supprimez de la même façon le saut de page.

Excel vous fait passer par l'aperçu avant impression, à moins que vous n'utilisiez le bouton *Impression rapide* sur la barre d'outils *Accès rapide*.

- Ouvrez le classeur `Exo31-A`, enregistrez-le sous le nom `Exercice31-A`. Actionnez l'onglet **Fichier**, puis **Imprimer**. Les options d'impression s'affichent dans le panneau central.

- Sélectionnez l'imprimante ❶ à utiliser, si vous n'avez pas d'imprimante matérielle, choisissez le pilote d'imprimante *Microsoft XPS Document Writer*.

- Le lien <u>Propriétés de l'imprimante</u> ❷ permet de modifier les paramètres spécifiques de l'imprimante.

- Sous *Paramètres* ❸ vous pouvez choisir *Imprimer les feuilles actives*, ou bien *Tout le classeur* (toutes les feuilles), ou bien *La sélection* (les plages de cellules sélectionnées). Au-dessous, vous pouvez spécifier une séquence de pages.

> Dans chaque feuille, c'est la zone d'impression qui est imprimée, sauf si vous cochez l'option *Ignorer la zone d'impression* dans la première liste sous *Paramètres*.

- Vous pouvez imprimer des copies multiples ❹, auquel cas elles sont assemblées (chaque exemplaire est imprimé entièrement avant d'imprimer le suivant), sauf si vous choisissez *Non assemblé* ❺.

- Lorsque vous avez défini les options d'impression, actionnez le bouton [Imprimer] ❻ pour lancer l'impression.

EXERCICES

→ Réouvrez le classeur `Exercice31-A` et acceptez de perdre les modifications que vous avez faites (si vous en avez fait).

→ Définissez comme zone d'impression de la feuille la plage A1:F8 de la feuille `Ordinateurs`, pour imprimer seulement les données de la zone Nord. Choisissez l'orientation *Paysage*, ce qui permet d'imprimer tout le tableau sur une seule page, car il ne tient pas en mode *Portrait*.

→ Actionnez l'onglet **Fichier**, puis **Imprimer** pour passer dans l'aperçu avant impression.

→ Choisissez d'imprimer le classeur entier. Actionnez l'icône flèche **Page suivante**, constatez que l'orientation *Paysage* ne s'est pas propagée à toutes les feuilles. Revenez à la feuille de calcul, sélectionnez les onglets `Imprimantes` et `Écrans`, et choisissez l'orientation *Paysage*.

→ Actionnez l'onglet de la feuille `Ordinateurs`, puis actionnez le bouton *Impression rapide* de la barre d'outils *Accès rapide*, l'impression est lancée directement sans passer par l'aperçu avant impression, mais seule la feuille active est imprimée, même si l'option *Imprimer le classeur entier* a été sélectionnée précédemment.

→ Ouvrez le classeur `Exo31-B`, enregistrez-le sous le nom `Exercice31-B`. Sélectionnez les colonnes B:G, puis actionnez l'onglet **Fichier** puis **Imprimer**. Sous *Paramètres* choisissez *Imprimer la sélection*. Visualisez l'aperçu.

→ Revenez à l'affichage de la feuille, sous l'onglet **Mise en page**>groupe **Mise en page**, actionnez **Imprimer les titres**. Sous l'onglet *Feuille* du dialogue, définissez les lignes 1:2 à répéter et la colonne A à répéter. Dans l'aperçu avant impression, constatez que la colonne des titres s'imprime à gauche de la sélection bien qu'elle ne fasse pas partie de la sélection, passez à la page suivante... Faites de même en sélectionnant les colonnes H:M. Recommencez en ignorant la sélection.

MANIPULER LES DONNÉES

5

EXERCICE 32 : INSÉRER DES CELLULES

Pour vous exercer, ouvrez le classeur `Exo32` et enregistrez-le sous le nom `Exercice32`.

L'insertion de lignes se fait au-dessus des lignes sélectionnées dont le contenu est décalé d'autant vers le bas, l'insertion de colonnes se fait à gauche des colonnes sélectionnées dont le contenu est décalé d'autant vers la droite. L'insertion d'une plage de cellules se fait à la position des cellules sélectionnée dont le contenu est décalé d'autant vers le bas ou vers la droite.

- Insérez une ligne entre `Marseille` et `Toulouse` : actionnez la cellule contenant `Toulouse`, sous l'onglet **Accueil**>groupe **Cellules**, actionnez la **flèche** du bouton **Insérer** puis sur l'option *Insérer des lignes dans la feuille*. Insérez aussi une ligne entre `Marseille` et `Toulouse` dans le tableau du 2e trimestre.

- Insérez une plage de cellules : sélectionnez la plage de cellules à l'emplacement où vous voulez insérer B3:B15, sous l'onglet **Accueil**>groupe **Cellules**, actionnez la **flèche** du bouton **Insérer** puis l'option *Insérer des cellules dans la feuille...*, puis choisissez le décalage vers la droite.

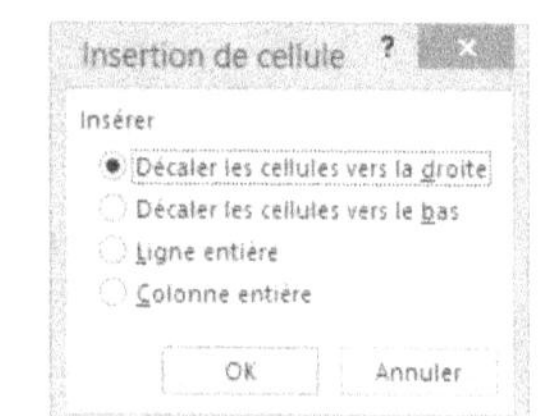

- Sélectionnez la plage de cellules B19:B30, insérez les cellules comme précédemment.

EXERCICES

→ Annulez les actions d'insertion que vous venez d'effectuer : actionnez le bouton *Annuler* de la barre d'outils *Accès rapide*, autant de fois qu'il le faut jusqu'à ce qu'il soit désactivé.

→ Sélectionnez les trois feuilles pour que les modifications qui suivent s'appliquent aux trois.

→ Insérez une ligne vierge entre `Paris` et `Lille`, entrez `Rouen`, dans chacun des deux tableaux des 1er et 2e trimestres. Insérez une ligne vierge entre `Marseille` et `Toulouse`, entrez `Toulon`, dans chacun des deux tableaux des 1er et 2e trimestres.

→ Sélectionnez la colonne B en entier, actionnez le bouton **Insérer**, une colonne s'insère. Les cellules fusionnées A1:E1 ont été étendues sur A1:F1. Les cellules insérées ont conservé le format des cellules existantes à l'emplacement.

→ Entrez les noms des responsables de magasin `Paul`, `Agnès`, `Pierre` dans B5:B7 et `Julien`, `Martine`, `Jean` dans B11:B13. Recopiez ces noms dans le tableau du 2e trimestre.

→ Désélectionnez les feuilles en gardant `Ordinateurs` comme feuille active.

→ Enregistrez le classeur.

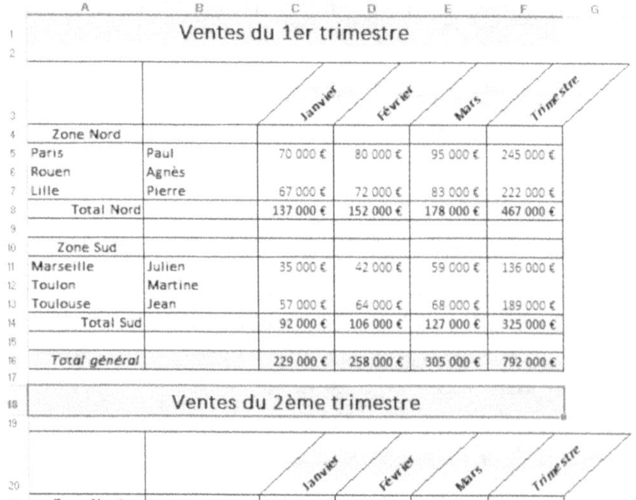

Supprimer des cellules n'est pas simplement effacer les données contenues dans les cellules car les données des cellules existantes à droite ou au-dessous sont décalées d'autant pour prendre la place des données supprimées.

■ Ouvrez le classeur `Exo33`, enregistrez-le sous le nom `Exercice33`. Supprimez la ligne contenant `Toulon` dans chacun des deux tableaux : actionnez la cellule contenant `Toulon`, puis sous l'onglet **Accueil**>groupe **Cellules**, actionnez la **flèche** du bouton **Supprimer**, puis l'option *Supprimer des lignes dans la feuille*.

■ Supprimez une plage de cellules : sélectionnez la plage de cellules B3:B15, puis sous l'onglet **Accueil**>groupe **Cellules**, actionnez la **flèche** du bouton **Supprimer**, puis l'option *Supprimer des cellules*, dans le dialogue choisissez les cellules qui vont être décalées.

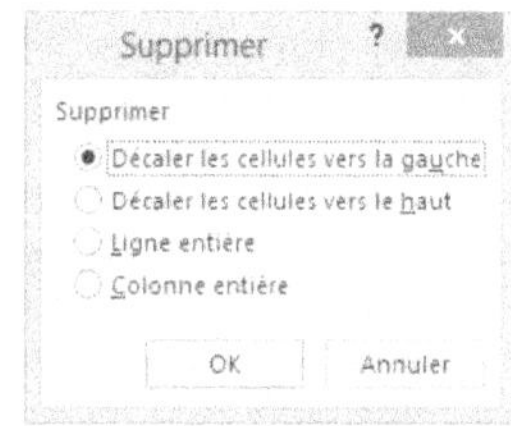

EXERCICES

→ Annulez les actions de suppression que vous venez d'effectuer : actionnez le bouton *Annuler* de la barre d'outils *Accès rapide*, jusqu'à ce qu'il soit désactivé.

→ Sélectionnez les trois feuilles pour que les modifications s'appliquent aux trois feuilles.

→ Supprimez la colonne B en entier.

→ Supprimez les lignes contenant `Toulon`, Supprimez les lignes contenant `Rouen`.

→ Supprimez la ligne des étiquettes des mois du second tableau (ventes du 2e trimestre).

	A	B	C	D	E	F
1		Ventes du 1er trimestre				
2						
3		Janvier	Février	Mars	Trimestre	
4	Zone Nord					
5	Paris	70 000 €	80 000 €	95 000 €	245 000 €	
6	Lille	67 000 €	72 000 €	83 000 €	222 000 €	
7	Total Nord	137 000 €	152 000 €	178 000 €	467 000 €	
8						
9	Zone Sud					
10	Marseille	35 000 €	42 000 €	59 000 €	136 000 €	
11	Toulouse	57 000 €	64 000 €	68 000 €	189 000 €	
12	Total Sud	92 000 €	106 000 €	127 000 €	325 000 €	
13						
14	*Total général*	229 000 €	258 000 €	305 000 €	792 000 €	
15						
16		Ventes du 2ème trimestre				
17						
18	Zone Nord					
19	Paris	78 400 €	89 600 €	106 400 €	248 640 €	

→ Effacez les valeurs des plages de cellules B5:D6, B10:D11, B19:D20, B24:D25.

→ Enregistrez fermez le classeur.

Vous allez copier des données d'une plage de cellules dans une autre partie de la feuille de calcul. Pour cet exercice ouvrez le classeur `Exo34`, enregistrez-le sous le nom `Exercice34`.

1 - PAR COPIER/COLLER

- Sélectionnez la plage de cellules A1:A15 à copier, puis sous l'onglet **Accueil**>groupe **Presse-papiers**, actionnez le bouton **Copier (Ctrl+C)**.
- Actionnez ensuite la cellule A18 à partir de laquelle vous voulez placer les données copiées, puis sous l'onglet **Accueil**>groupe **Presse-papiers**, actionnez le bouton **Coller (Crtl+V)**.

Au lieu d'actionner les boutons du Ruban vous pouvez utiliser les raccourcis clavier aussi bien pour Copier (Ctrl+C) que pour Coller (Ctrl+V).

2 - EN FAISANT GLISSER LA PLAGE (SOURIS SEULEMENT)

- Sélectionnez la plage de cellules à copier A1:A15, amenez le pointeur sur le contour de la sélection, il se transforme en double flèche. Faites glisser le contour jusqu'au nouvel emplacement, appuyez Ctrl au moment de relâcher le bouton de la souris.

Au cours de cette opération, le signe + qui apparaît à côté du pointeur lorsque vous appuyez sur la touche Ctrl indique que vous allez copier les données et non pas les déplacer.

Si le nouvel emplacement est situé en dehors de la partie visible de la feuille, faites défiler cette dernière en la faisant glisser sans relâcher le bouton de la souris jusqu'au bord de la fenêtre.

EXERCICES

- → Annulez les actions de copie que vous venez d'effectuer : actionnez le bouton *Annuler* de la barre d'outils *Accès rapide*, jusqu'à ce qu'il soit désactivé.
- → Effacez les cellules contenant les valeurs du tableau B5:D7 et B11:D12, pas celles qui contiennent les formules.
- → Recopiez en la faisant glisser la plage A1:E15, vers la cellule A18.
- → Annulez les actions précédentes, puis recommencez en utilisant les boutons **Copier** et **Coller** du Ruban à l'aide de la souris (ou du doigt sur l'écran tactile). Puis, dans la copie modifiez le titre en `Ventes 2ème trimestre` et les mois en `Avril`, `Mai`, `Juin`.
- → Recopiez par les raccourcis clavier la plage A8:E32 vers la cellule G1. Puis, dans la copie, modifiez le titre en `Ventes 3ème trimestre` et les mois en `Juillet`, `Août`, `Septembre`.
- → Recopiez la plage A1:A15 vers la cellule G18. Puis, dans la copie modifiez le titre en `Ventes 4ème trimestre` et les mois en `Octobre`, `Novembre`, `Décembre`.
- → Actionnez l'onglet `Imprimantes`, sélectionnez ensemble les deux feuilles `Imprimantes` et `Écrans`. Puis effectuez les mêmes actions de copie et modification des titres.

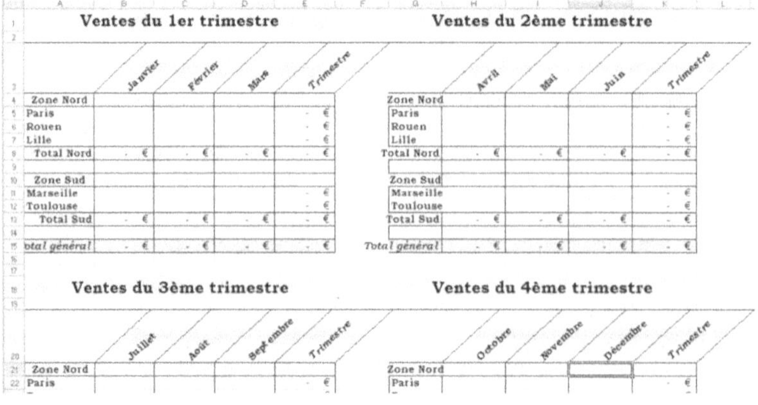

EXERCICE 35 : DÉPLACER DES DONNÉES

Vous allez déplacer des données d'une plage de cellules dans une autre partie de la feuille de calcul. Ouvrez le classeur `Exo35` et enregistrez-le sous le nom `Exercice35`.

1 - PAR COUPER/COLLER

- Sélectionnez la plage de cellules J1:Q15 à déplacer, puis sous l'onglet **Accueil**>groupe **Presse-papiers**, actionnez le bouton **Couper (Ctrl+X)**.
- Actionnez la cellule A18 à partir de laquelle vous voulez placer les données copiées, puis sous l'onglet **Accueil**>groupe **Presse-papiers**, actionnez le bouton **Coller (Crtl+V)**.

Au lieu d'utiliser les boutons du Ruban vous pouvez utiliser les raccourcis clavier aussi bien pour copier (Ctrl+X) que pour coller (Ctrl+V).

2 - EN FAISANT GLISSER LA PLAGE (SOURIS SEULEMENT)

- Sélectionnez la plage de cellules à déplacer A18:H32, amenez le pointeur sur le contour de la sélection, il se transforme en double flèche. Faites glisser ce contour jusqu'à l'emplacement voulu, la cellule J1. L'emplacement destination étant situé en dehors de la partie visible de la feuille, faites glisser la sélection jusqu'au bord droit de la fenêtre, puis faites défiler cette feuille.

La seule différence avec l'action de copier est que, pour déplacer, vous n'appuyez pas sur la touche Ctrl lorsque vous relâchez la pression sur la souris.

EXERCICES

→ Annulez les actions de déplacement que vous venez d'effectuer : actionnez le bouton *Annuler* de la barre d'outils *Accès rapide*, jusqu'à ce qu'il soit désactivé.

→ Les deux tableaux sont côte à côte dans la feuille. Déplacez le tableau du second semestre sous celui du premier semestre, en utilisant les raccourcis clavier, puis annulez cette action.

→ Recommencez, en utilisant les boutons du Ruban, puis annulez à nouveau cette action.

→ Déplacez le tableau du second semestre sous celui du premier semestre, en utilisant les raccourci clavier pour Couper/Coller.

→ Actionnez l'onglet de feuille `Imprimantes`, sélectionnez les deux feuilles `Imprimantes` et `Écrans`. Puis déplacez le tableau du second semestre sous celui du premier semestre par le moyen de votre choix. L'action est effectuée simultanément dans les deux feuilles.

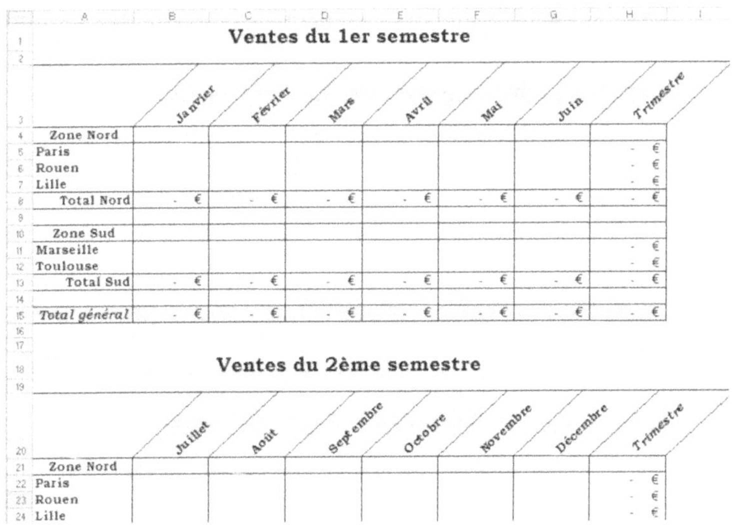

EXERCICE 36 : UTILISER DES NOMS DE CELLULES

Il est plus clair de faire référence à un nom de cellule qu'à des adresses de cellules. Ouvrez le classeur `Exo36` et enregistrez-le sous le nom `Exercice36`.

1 - UTILISEZ LES TROIS FAÇONS DE NOMMER UNE PLAGE DE CELLULES

- Sélectionnez la plage à nommer, B5:G5, puis clic ou appui sur la zone *Nom* sur la gauche de la barre de formule, puis saisissez le nom `Paris`, validez par [Entrée].

- Sélectionnez la plage à nommer, B6:G6, puis sous l'onglet **Formules**>groupe **Noms définis**, actionnez le bouton **Définir un nom** et entrez le nom `Rouen`, validez par [OK].

- Sélectionnez la plage incluant les étiquettes, par exemple A7:G7, puis sous l'onglet **Formules**> groupe **Noms définis**, actionnez le bouton **Depuis sélection** ou [Ctrl]+[⇧]+[F3].
  Le dialogue *Créer des noms à partir de la sélection* s'affiche : cochez <☑ Colonne de gauche> pour indiquer la position des étiquettes à utiliser comme nom, puis validez par [OK].

Pour vérifier les noms créés, tapez sur [Ctrl]+[F3], un dialogue affiche la liste des noms, par exemple `Lille` désigne la plage $B$7:$G$7 de la feuille `Ordinateurs`.

2 - UTILISEZ LES NOMS DANS UNE FORMULE

Lors de la création d'une formule, plutôt que de référencer une cellule ou une plage de cellules par son numéro de colonne et de ligne, vous pouvez sélectionner (ou saisir) le nom de la cellule ou de la plage. La formule devient alors plus lisible.

- Sélectionnez la cellule H5, actionnez le bouton **Somme**, puis tapez sur [F3] puis double-clic/appui sur le nom `Paris`, pour valider la formule par [Entrée] ou actionnez ✓ . Procédez de même pour entrer dans la cellule H6 la formule `=somme(Rouen)`, et dans la cellule H7 `=somme(Lille)`.

EXERCICES

→ Supprimez tous les noms créés : sous l'onglet **Formules**>groupe **Noms définis**, actionnez le bouton **Gestionnaire de noms**, sélectionnez tous les noms à la fois dans la liste, et actionnez le bouton [Supprimer]. Les formules qui faisaient référence aux noms des cellules deviennent alors en erreur, et affichent le code erreur #NOM?. Effacez ces formules.

→ Dans le tableau du 1er semestre, définissez à nouveau les plages en ligne `Paris`, `Rouen`, `Lille`, `Marseille`, `Toulouse` par les différentes façons possibles.

→ Dans le tableau du 2e semestre, sélectionnez la plage A22:G24 incluant les étiquettes de ligne, puis Onglet **Formules**>groupe **Noms définis**, actionnez **Depuis sélection**, cochez <☑ Colonne de gauche> pour indiquer la position des étiquettes à utiliser comme nom, validez par [OK]. Un message vous indique que les noms `Paris`, `Rouen`... sont déjà utilisés, actionnez [Non] pour à chaque fois ne pas les remplacer.

→ Insérez une nouvelle feuille, nommez-la `Ordinateurs-2S`, et renommez la feuille précédente `Ordinateurs-1S`. Puis, sélectionnez le tableau du 2e semestre, plage A18:H32, et déplacez le tableau au début de la nouvelle feuille `Ordinateur-2S`, via les boutons du Ruban. Déplacez, s'il le faut, la feuille `Ordinateur-2S` pour qu'elle soit juste après `Ordinateurs-1S`.

→ Dans la feuille `Ordinateurs-2S`, vous pouvez maintenant nommer les plages à partir des étiquettes du tableau. Excel admet des noms identiques dans des feuilles différentes.

→ Dans la feuille `Ordinateurs-1S`, sélectionnez la cellule H5 puis actionnez le bouton **Somme**, tapez sur [F3] et double-clic/appui sur le nom `Paris`. Procédez de même pour entrer dans la cellule H6 la formule `=somme(Rouen)`, dans H7 : `=somme(Lille)`, dans H11 : `=somme(Marseille)`, dans H12 : `=somme(Toulouse)`, dans H8 : `=somme(Total Nord)`... Faites de même pour les formules du tableau de la feuille `Ordinateurs-2S`.

EXERCICE 37 : MODÈLES DE CLASSEUR

Vous vous servez d'Excel pour présenter des résultats périodiques, rapports hebdomadaires, tableaux mensuels, récapitulatifs trimestriels... Ces tableaux ont la même structure, les mêmes titres, les mêmes étiquettes de lignes ou colonnes, les mêmes formules dans les mêmes cellules. Vous pouvez bien sûr ouvrir le classeur de la période précédente, saisir les données récentes à la place des anciennes, et enregistrer le classeur sous un nouveau nom. Il est préférable de créer un classeur modèle qui contient les données de structure, les formules, etc., et qui vous sert de base de départ lorsque vous créez un nouveau classeur pour une nouvelle période.

1 - CRÉEZ VOTRE MODÈLE DE CLASSEUR

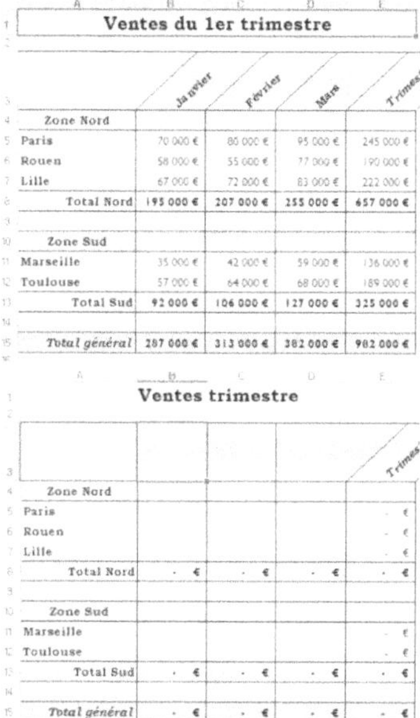

- Ouvrez le classeur `Exo37-A` et enregistrez-le sous le nom `Exercice37-A`. Dans la feuille `Ordinateurs`, effacez les nombres dans les plages B5:D7 et B11:D12. Modifiez le titre en `Ventes trimestre`. Effacez également les noms des mois, la plage B3:D3.

- Dans les feuilles `Imprimantes` et `Écrans`, effacez les mêmes cellules, et modifiez aussi le titre.

- Actionnez l'onglet **Fichier**, puis **Enregistrer sous**, sélectionnez l'emplacement *Ordinateur* puis actionnez le bouton *Enregistrer* sous, le dialogue *Enregistrer sous* s'affiche. Dans la zone <Type> : sélectionnez *Modèle Excel (*.xltx)*, le contenu du dossier des modèles s'affiche. Saisissez le nom du modèle `Ventes-Trim`, puis terminez par [Enregistrer].

- Fermez le classeur.

2 - CRÉEZ UN CLASSEUR BASÉ SUR LE MODÈLE

- Actionnez l'onglet **Fichier** puis **Nouveau**, la page *Nouveau* du mode « Backstage » s'affiche. Actionnez l'onglet *PERSONNEL*, la liste de vos modèles personnalisés s'affiche (ceux de votre dossier de modèles). Actionnez l'icône du modèle `Ventes-Trim`.

Un nouveau document basé sur le modèle choisi est créé, il porte le nom du modèle suivi d'un numéro de séquence, dans notre exercice `Ventes-Trim1`.

- Enregistrez le classeur sous le nom `Ventes-2T-2013`. Saisissez les noms des mois `Avril`, `Mai`, `Juin` dans la plage B3:D3. Saisissez des chiffres de ventes pour le 2e trimestre, modifiez le titre en `Ventes 2e trimestre` puis enregistrez le classeur.

EXERCICES

→ Ouvrez le fichier `Exo37-B`, enregistrez-le sous le nom `Exercice37-B`. Sélectionnez les trois feuilles ensemble et supprimez les données des plages B5:G7, B11:G12, B22:G24 et B28:G29.

→ Enregistrez ce classeur en tant que modèle sous le nom `Ventes annuelle.xltx`. Fermez le classeur modèle.

→ Supprimez le fichier classeur `Exercice37-B`. Pour cela, actionnez le bouton *Ouvrir* dans la barre d'outils *Accès rapide*, la page *Ouvrir* du mode « Backstage » s'affiche. Sélectionnez l'emplacement *Ordinateur* puis actionnez le bouton *Parcourir*. Dans le dialogue, recherchez le fichier `Exercice37-B` et effectuez un clic droit ou un appui long sur ce nom de fichier puis actionnez l'option *Supprimer*.

→ Créez un nouveau fichier basé sur le modèle `Ventes annuelle.xltx`. Il porte le nom initial de `Ventes annuelle1`, enregistrez-le sous le nom `Ventes-Année-2013`.

→ Saisissez des chiffres de ventes de `Janvier` à `juin` pour la ville de `Paris`, puis de `Juillet` à `Décembre` pour `Paris`, enregistrez le classeur. Pour terminer, fermez le classeur.

PARTIE 3
CAS PRATIQUES

CAS 1 : TOTAUX DE COLONNES

LES DONNÉES

	A	B	C	D	E	F
1	Création d'entreprises					
2						
3		2010	2011	2012	2013	2014
4	Sociétés nouvelles	173000	192200	212500	224000	189300
5	Reprises	68900	52300	61800	57700	51500
6	Total					

LES CALCULS

	A	B	C	D	E	F
1	Création d'entreprises					
2						
3		2010	2011	2012	2013	2014
4	Sociétés nouvelles	173000	192200	212500	224000	189300
5	Reprises	68900	52300	61800	57700	51500
6	Total	=SOMME(B4:C5)	=SOMME(C4:D5)	=SOMME(D4:E5)	=SOMME(E4:F5)	=SOMME(F4:G5)

LE RÉSULTAT

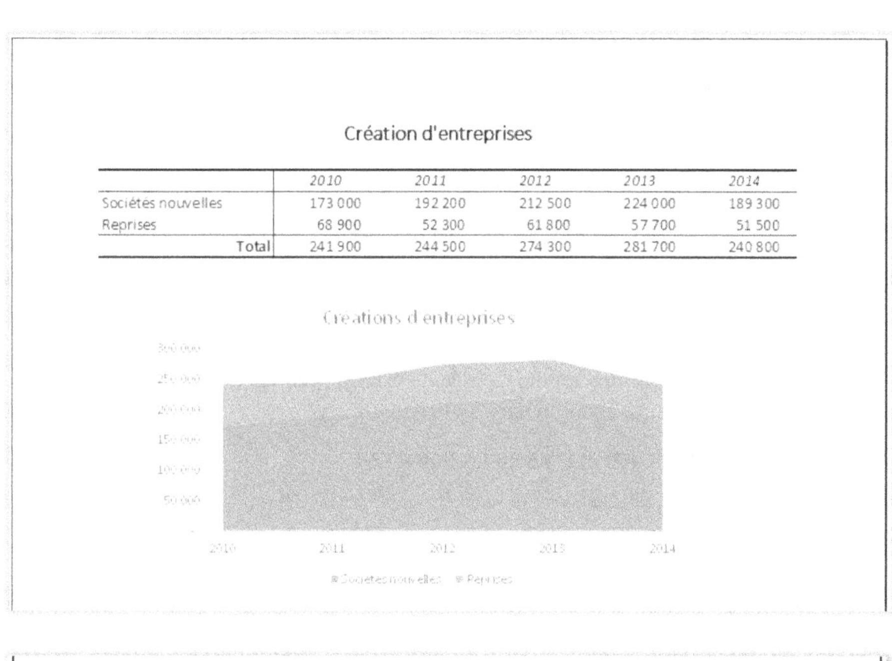

	2010	2011	2012	2013	2014
Sociétés nouvelles	173 000	192 200	212 500	224 000	189 300
Reprises	68 900	52 300	61 800	57 700	51 500
Total	241 900	244 500	274 300	281 700	240 800

CAS 1 : TOTAUX DE COLONNES

Fonctions utilisées

– *Calculs : totaux de colonnes*
– *Formatage des nombres*
– *Formatage des étiquettes*

– *Ouvrir un classeur, enregistrer*
– *Largeur de colonne*
– *Graphique : aires*

12 mn

Il s'agit, à partir des chiffres donnés, de calculer le nombre total d'entreprises créées ou reprises ces dernières années, puis d'illustrer l'évolution des créations avec un diagramme.

Les données correspondant à ce tableau ont été saisies dans le classeur `Cas1.xlsx`, présent dans le dossier `C:\Exercices Excel 2013`. Ouvrez le classeur et enregistrez-le sous le nom `Cas1-R`.

1 - MODIFIEZ LA LARGEUR DE LA PREMIÈRE COLONNE

■ Sélectionnez une cellule de la colonne A, sous l'onglet **Accueil**>groupe **Cellules**, actionnez le bouton **Format**, puis l'option *Largeur de colonne*, saisissez 20 (nombre de caractères de la police par défaut), validez par [OK].

2 - CRÉEZ LA FORMULE DE TOTALISATION

■ Sélectionnez la cellule en B6, sous l'onglet **Accueil**>groupe **Édition**, actionnez le bouton Σ puis l'option *Somme*, la plage sélectionnée par défaut étant incorrecte, sélectionnez la plage B4:B5 en faisant glisser le pointeur de la souris (ou la poignée ronde avec le doigt), validez par ⏎ ou en actionnant ✓ sur la barre de formule.

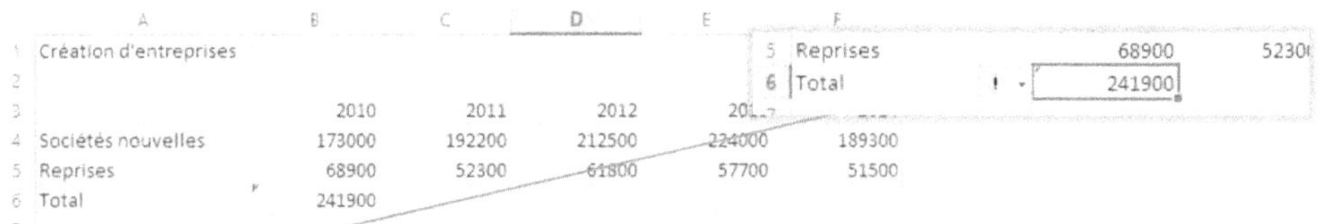

Le petit triangle vert, apposé dans le coin supérieur gauche d'une cellule, indique une anomalie dans la formule. Dans le cas présent, c'est un avertissement que la formule fait référence à une plage peut-être incomplète, car ayant des nombres supplémentaires adjacents : ici la cellule B3 contient un nombre qui représente l'année. Pour prendre connaissance de l'anomalie, actionnez la cellule marquée par un triangle vert, puis actionnez la balise qui s'affiche à côté.

Un menu avertit que *La formule omet les cellules adjacentes*, actionnez l'option *Ignorer l'erreur*, pour faire disparaître le petit triangle vert.

3 - RECOPIEZ CETTE FORMULE VERS LA DROITE

■ Sélectionnez la cellule B6, puis :

– (souris) faites glisser vers la droite la poignée de recopie (carré noir dans le coin inférieur droit de la cellule) de façon à étendre la sélection à la plage B6:F6.

– (tactile) appui suivi de *Recopie incrémentée*, puis faites glisser la poignée ⬇ jusqu'à F6 ; ou, faites glisser la poignée tactile ronde jusqu'à F6 puis, sous l'onglet **Accueil**>groupe **Edition**, actionnez le bouton **Remplissage** ⬇ ▾, puis l'option ➡ À *droite*.

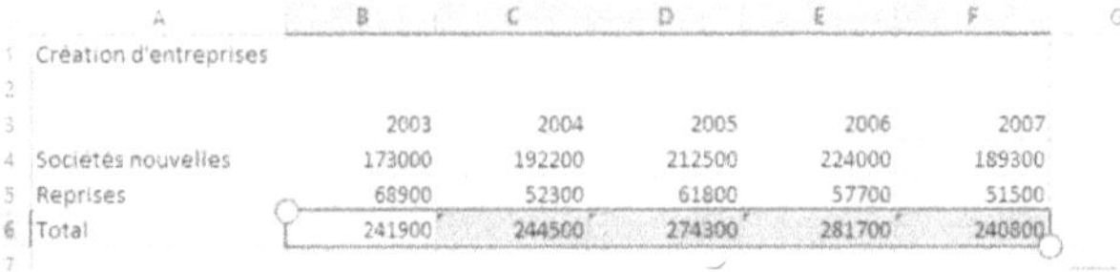

4 - DÉFINISSEZ LES BORDURES DU TABLEAU

Voici les bordures que nous souhaitons :

	A	B	C	D	E	F
1	Création d'entreprises					
2						
3		2010	2011	2012	2013	2014
4	Sociétés nouvelles	173000	192200	212500	224000	189300
5	Reprises	68900	52300	61800	57700	51500
6	Total	241900	244500	274300	281700	240800
7						

- Sélectionnez la plage de cellules A3:F6, actionnez le bouton **Bordures,** puis l'option *Styles de trait* et sélectionnez un trait épais. Actionnez à nouveau le bouton **Bordures**, puis l'option *Bordure supérieure*. Actionnez à nouveau le bouton **Bordures**, puis l'option *Bordure inférieure*.
- Sélectionnez la plage de cellules A4:F5, puis actionnez le bouton **Bordures**, puis l'option *Styles de trait* et sélectionnez un trait fin, puis appliquez une bordure supérieure et inférieure comme ci-dessus.
- Sélectionnez la plage de cellules A3:A6, puis actionnez le bouton **Bordures**, puis appliquez une bordure droite (le style de trait fin précédemment utilisé est conservé).

5 - FORMATEZ LES NOMBRES

Affichez un séparateur de milliers pour les nombres.

- Sélectionnez la plage de cellules contenant les nombres à formater B4:F6, puis sous l'onglet **Accueil**>groupe **Nombre** actionnez le bouton **Séparateur des milliers**. Ne vous inquiétez pas des #####, ils signalent que la colonne n'est pas assez large pour afficher la valeur formatée. Actionnez le bouton **Réduire les décimales** deux fois pour n'afficher que des valeurs entières.

6 - FORMATEZ LE TITRE

- Sélectionnez la cellule du titre et celles à sa droite sur la largeur du tableau A1:F1, fusionnez les cellules : sous l'onglet **Accueil**>groupe **Alignement**, actionnez le bouton **Fusionner et centrer.**
- À l'aide des boutons de formatage sur le Ruban, centrez le titre, mettez-le en gras, changez la police en choisissant la police du thème pour les en-têtes, spécifiez la taille 14. Appliquez le thème *Office*.

7 - FORMATEZ LES ÉTIQUETTES

- Sélectionnez les cellules des étiquettes de colonne B3:F3, centrez et mettez en italique.
- Actionnez la cellule A6, alignez à droite et mettez en gras.

	A	B	C	D	E	F
1			Création d'entreprises			
2						
3		*2010*	*2011*	*2012*	*2013*	*2014*
4	Sociétés nouvelles	173 000	192 200	212 500	224 000	189 300
5	Reprises	68 900	52 300	61 800	57 700	51 500
6	**Total**	241 900	244 500	274 300	281 700	240 800
7						

8 - CRÉEZ LE DIAGRAMME

Vous allez représenter, sous la forme d'une courbe, l'évolution du nombre de créations d'entreprises sur la période.

- Sélectionnez la partie du tableau contenant les données à représenter incluant les étiquettes des données, la plage A3:F5, sous l'onglet **Insertion**<groupe **Graphiques,** actionnez le bouton **Aires** puis la vignette *Aires empilées*.

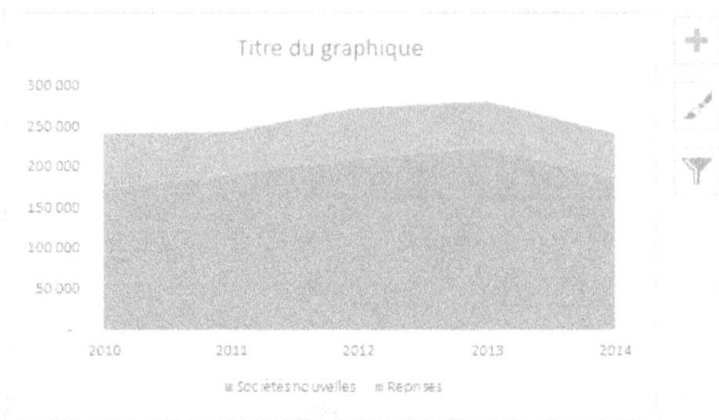

Le graphique est immédiatement créé dans un objet graphique, les étiquettes de colonnes sont placées sur l'abscisse et les étiquettes de lignes servent pour les légendes. Les séries sont représentées en ligne, la série des *Sociétés nouvelles* et la série des *Reprises*.

9 - DÉPLACEZ ET REDIMENSIONNEZ LE DIAGRAMME

Le graphique est dans un cadre muni de poignées à chaque angle et au milieu de chaque côté.

- Faites glisser l'objet graphique pour le placer sous le tableau.
- Augmentez la largeur du cadre du graphique en faisant glisser les poignées, la taille du graphique s'ajuste à la taille du cadre.
- Terminez en actionnant une cellule quelconque.

10 - AJOUTEZ UN TITRE AU GRAPHIQUE

- Un cadre titre a été placé au-dessus du graphique, il contient le texte `Titre du graphique`. Sélectionnez ce texte et saisissez le titre `Créations d'entreprises`, puis actionnez une cellule quelconque.

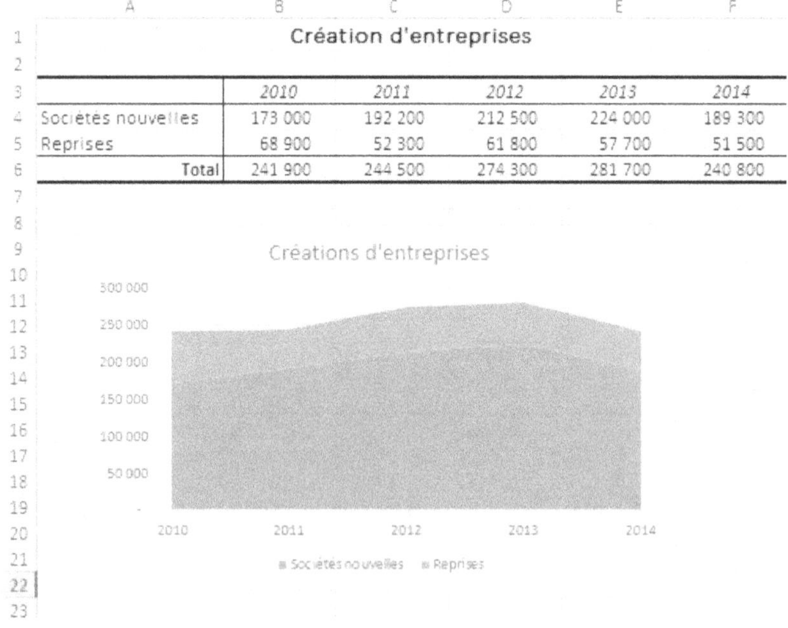

	2010	2011	2012	2013	2014
			Création d'entreprises		
Sociétés nouvelles	173 000	192 200	212 500	224 000	189 300
Reprises	68 900	52 300	61 800	57 700	51 500
Total	241 900	244 500	274 300	281 700	240 800

CAS 1 : TOTAUX DE COLONNES

11 - DÉFINISSEZ LA MISE EN PAGE DE LA FEUILLE

- Sous l'onglet **Mise en page**>groupe **Mise en page**, actionnez le bouton **Marges**, sélectionnez le choix *Marges Normales* (1,78 cm pour les marges gauche et droite).
- Actionnez à nouveau le bouton **Marges**, puis l'option `Marges personnalisées…` dans le dialogue sous la section *Centrer*, cochez l'option <☑ Centrer sur la page:Horizontalement>.
- Dans le dialogue, actionnez le bouton [Aperçu] pour visualiser la feuille telle qu'elle sera imprimée. Revenez à la feuille en actionnant ⬅.

12 - DÉFINISSEZ UN PIED DE PAGE

- Sous l'onglet **Insertion**>groupe **Texte**, actionnez le bouton **En-tête et pied de page**, puis sous l'onglet contextuel **Outils en-têtes et pieds de page/Création**>groupe **Navigation**, actionnez le bouton **Atteindre le pied de page** ❶.

Le pied de page s'affiche avec trois zones respectivement à gauche, au centre et à droite.

- Actionnez la zone de gauche, puis actionnez le bouton **Nom de fichier.**
  Actionnez la zone du centre, puis actionnez le bouton **Nom de la feuille.**
  Actionnez la zone de droite, puis actionnez le bouton **Date actuelle.**
- Passez en *Aperçu avant impression*, actionnez le lien <u>Mise en page</u>. Dans le dialogue, actionnez l'onglet *Feuille*, et décochez l'option <☐ Quadrillage> pour que le quadrillage des cellules ne soit pas imprimé (cette option était activée dans le fichier pour les besoins de l'exercice). Validez par [OK].
- Revenez à la feuille de calcul, terminez la définition des en-têtes/pieds de page en actionnant le bouton ▦ *Normal* dans la barre d'état d'Excel.

13 - POUR TERMINER

- Actionnez le bouton 🔍 *Aperçu et impression* dans la barre d'outils *Accès rapide* pour voir l'aperçu avant impression, ou actionnez l'onglet **Fichier** puis **Imprimer**. Revenez à l'affichage de la feuille de calcul.
- Actionnez le bouton 🖨 *Impression rapide* pour imprimer, ou actionnez l'onglet **Fichier** puis **Imprimer**, enfin actionnez l'icône *Imprimer*. L'impression démarre.
- Lorsque l'impression est terminée, actionnez sur le bouton 💾 pour enregistrer le classeur, ou actionnez l'onglet **Fichier** puis **Enregistrer**. Enfin fermez le classeur.

CAS 2 : TOTAUX DE LIGNES ET DE COLONNES

LES DONNÉES

	A	B	C	D
1	Nombre de délits en France par an			
2				
3		Sans violence	Avec violence	Total
4	Vols	2400000	56000	
5	Escroqueries	560000	6500	
6	Troubles de la paix publique	560000	13000	
7	Autres	117000	3500	
8	Total			

LES CALCULS

	A	B	C	D
1	Nombre de délits en France par an			
2				
3		Sans violence	Avec violence	Total
4	Vols	2400000	56000	=SOMME(B4:C4)
5	Escroqueries	560000	6500	=SOMME(B5:C5)
6	Troubles de la paix publique	560000	13000	=SOMME(B6:C6)
7	Autres	117000	3500	=SOMME(B7:C7)
8	Total	=SOMME(B4:B7)	=SOMME(C4:C7)	=SOMME(D4:D7)
9				

LE RÉSULTAT

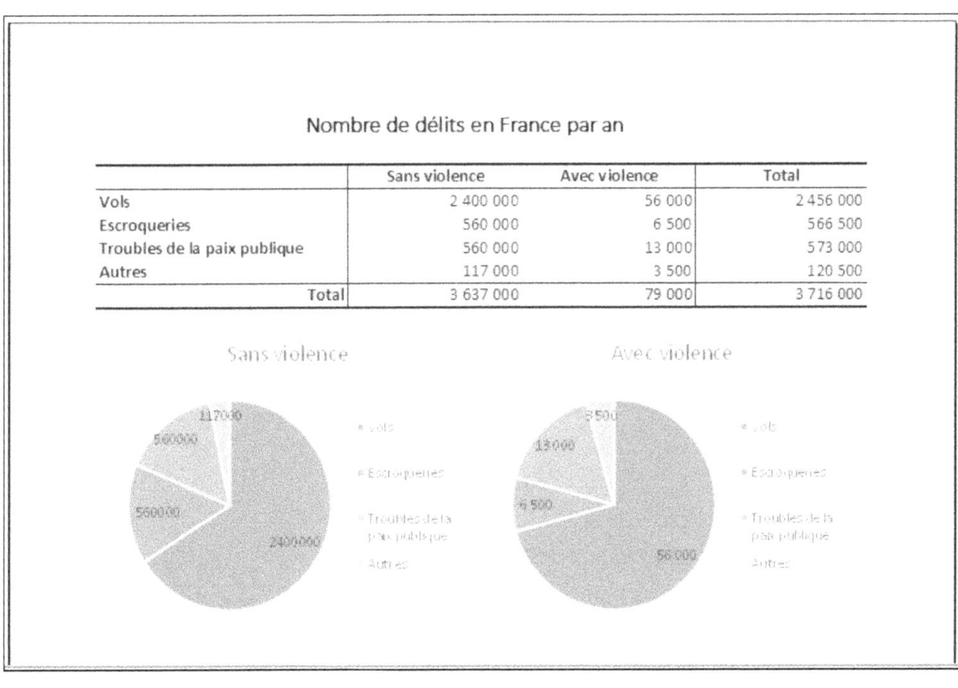

Nombre de délits en France par an

	Sans violence	Avec violence	Total
Vols	2 400 000	56 000	2 456 000
Escroqueries	560 000	6 500	566 500
Troubles de la paix publique	560 000	13 000	573 000
Autres	117 000	3 500	120 500
Total	3 637 000	79 000	3 716 000

Cas2-R.xlsx   Feuil1   09/06/2013

CAS 2 : TOTAUX DE LIGNES ET DE COLONNES

Fonctions utilisées

– *Calculs : totaux de lignes/colonnes* — *Autoformat*

– *Format des nombres* — *Largeur de colonnes*

– *Ouverture, sauvegarde, impression* — *Diagramme : secteurs*

12 mn

Il s'agit, à partir des chiffres donnés, de calculer le nombre total de délits en France, puis d'illustrer leur répartition à l'aide d'un graphique de type sectoriel (un camembert).

Les données ont déjà été saisies dans le classeur `Cas2.xlsx`, dans le dossier `C:\Exercices Excel 2013`. Ouvrez ce classeur et enregistrez-le sous le nom `Cas2-R.xlsx`.

1 - MODIFIEZ LA LARGEUR DES COLONNES

■ Agrandissez le zoom à 140 % en actionnant plusieurs fois le bouton zoom **+** sur la droite de la barre d'état d'Excel (pour plus de confort dans les actions à suivre).

■ Sélectionnez la colonne A, faites glisser, à la souris ou au doigt, le séparateur droit du numéro de colonne (séparateur entre colonne A et B), jusqu'à une largeur de `28,00 (201 pixels)`. À la souris, une infobulle affiche la largeur en cours de modification ; au doigt cette valeur s'affiche dans la zone *Nom* de la barre de formule.

Sélectionnez les colonnes B:D. Ensuite, faites glisser le séparateur droit du numéro de la colonne D (dernière sélectionnée), jusqu'à voir la largeur à `19 (138 pixels)`.

2 - CRÉEZ LA FORMULE DE TOTALISATION

■ Sélectionnez la cellule D4, actionnez Σ *Somme automatique* (sous l'onglet **Accueil**>groupe **Edition**) puis *Somme*. La plage à sommer étant correcte, validez par ⏎ ou en actionnant ✓.

3 - RECOPIEZ CETTE FORMULE VERS LE BAS

■ Sélectionnez la cellule D4, puis :

– (Souris) faites glisser vers la droite la poignée de recopie (carré noir dans le coin inférieur droit de la cellule) de façon à étendre la sélection jusqu'à D7.

– (Tactile) appui suivi de *Recopie incrémentée*, puis, faites glisser la poignée tactile ⬛ jusqu'à D7 ; ou, faites glisser la poignée tactile ronde jusqu'à D7 puis, sous l'onglet **Accueil**>groupe **Edition**, actionnez le bouton **Remplissage** ⬇ ▾, puis l'option ⬇ *En bas*.

	A	B	C	D	E
1	Nombre de délits en France par an				
2					
3		Sans violence	Avec violence	Total	
4	Vols	2400000	56000	2456000	
5	Escroqueries	560000	6500	566500	
6	Troubles de la paix publique	560000	13000	573000	
7	Autres	117000	3500	120500	
8	Total				

4 - CRÉEZ LES FORMULES DE SOMME DES COLONNES

■ Actionnez la cellule B8, actionnez le bouton Σ *Somme* puis l'option *Somme*. La plage sélectionnée automatiquement étant correcte, validez par ⏎ ou en actionnant ✓.

■ Recopiez cette formule : sélectionnez la cellule B8, puis :

- (souris) faites glisser la poignée de recopie jusqu'à D8 ;

- (tactile) appui suivi de *Recopie Incrémentée*, puis faites glisser la poignée ⬛ jusqu'à D8 ; ou, faites glisser la poignée ronde tactile jusqu'à D8, puis actionnez le bouton **Remplissage** ⬇ ▾ du Ruban, puis l'option ➡ *À droite*.

CAS 2 : TOTAUX DE LIGNES ET DE COLONNES

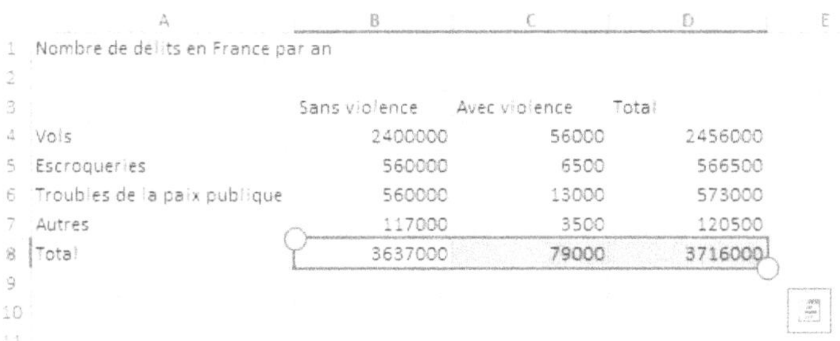

5 - FORMATEZ LE TITRE ET LES LIBELLÉS DU TABLEAU

- Sélectionnez la plage A1:D1 (la largeur du tableau), fusionnez les cellules : sous l'onglet **Accueil**>groupe **Alignement**, actionnez le bouton **Fusionner et centrer**, puis *Fusionner et centrer*.

Le contenu de la première cellule de la plage sélectionnée occupe la cellule provenant de la fusion des cellules sélectionnées.

- À l'aide des boutons de formatage sur le Ruban, centrez le titre, mettez-le en gras, changez la police en choisissant la police du thème pour les en-têtes, spécifiez la taille 14.
- Sélectionnez les étiquettes (libellés) de colonne B3:D3, centrez et mettez en gras.
- Sélectionnez les étiquettes (libellés) de ligne A4:A8, mettez en gras. Sélectionnez la cellule A8 et alignez son contenu à droite.

	Nombre de délits en France par an		
	Sans violence	Avec violence	Total
Vols	2400000	56000	2456000
Escroqueries	560000	6500	566500
Troubles de la paix publique	560000	13000	573000
Autres	117000	3500	120500
Total	3637000	79000	3716000

6 - DÉFINISSEZ LES BORDURES ET LES COULEURS DE FOND DE CELLULE

- Sélectionnez la première ligne du tableau A3:D3, actionnez le bouton **Bordures** puis l'option *Autres Bordures...* Dans la zone <Style> sélectionnez le symbole de l'épaisseur❶, puis dans la zone <Bordure> actionnez la bordure supérieure❷, validez par [OK].

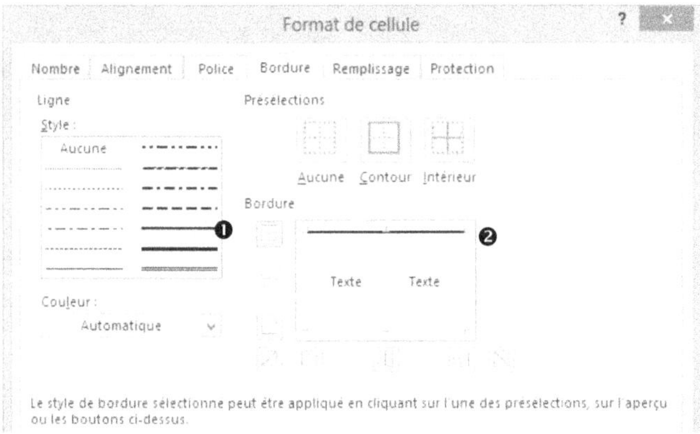

- Définissez ensuite les autres bordures en utilisant le dialogue *Format de cellule* onglet *Bordure*. A8:D8 : bordure inférieure épaisse - A4:D7 : bordure inférieure et supérieure fine - B3:C8 : bordures gauche et droite fine.

CAS 2 : TOTAUX DE LIGNES ET DE COLONNES

- Sélectionnez ensemble les plages A3:D3 et A8:D8, actionnez le bouton **Couleur de remplissage** puis la pastille de couleur *Arrière-plan1, plus sombre 5 %* (tactile : l'action doit être effectuée en deux temps car la sélection multiple n'est pas possible).

	A	B	C	D
1		Nombre de délits en France par an		
2				
3		Sans violence	Avec violence	Total
4	Vols	2400000	56000	2456000
5	Escroqueries	560000	6500	566500
6	Troubles de la paix publique	560000	13000	573000
7	Autres	117000	3500	120500
8	Total	3637000	79000	3716000
9				

7 - FORMATEZ LES NOMBRES

Affichez les nombres du tableau avec un séparateur de milliers.

- Sélectionnez la plage de cellules B4:D8 contenant les nombres, sous l'onglet **Accueil**>groupe **Nombre**, actionnez le **lanceur** du groupe. Dans la zone <Catégorie> sélectionnez *Nombre*, et dans la partie droite spécifiez le nombre de décimales à 0, cochez <☑ Utiliser le séparateur des milliers>.

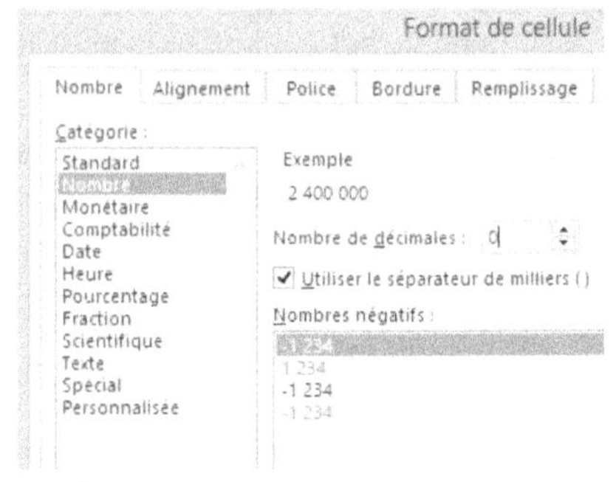

	A	B	C	D
1		Nombre de délits en France par an		
2				
3		Sans violence	Avec violence	Total
4	Vols	2 400 000	56 000	2 456 000
5	Escroqueries	560 000	6 500	566 500
6	Troubles de la paix publique	560 000	13 000	573 000
7	Autres	117 000	3 500	120 500
8	Total	3 637 000	79 000	3 716 000
9				

8 - CRÉEZ LE DIAGRAMME

Vous allez représenter, sous la forme d'un diagramme sectoriel (camembert), la répartition par catégorie du nombre de délits sans violence, vous ferez un autre diagramme similaire pour les délits avec violence.

- Sélectionnez la partie du tableau contenant les données à représenter incluant les étiquettes des données, la plage A3:B7, sous l'onglet **Insertion**>groupe **Graphiques**, actionnez le bouton **Insérer un graphique en secteur ou anneau**, puis la vignette *Secteurs*.

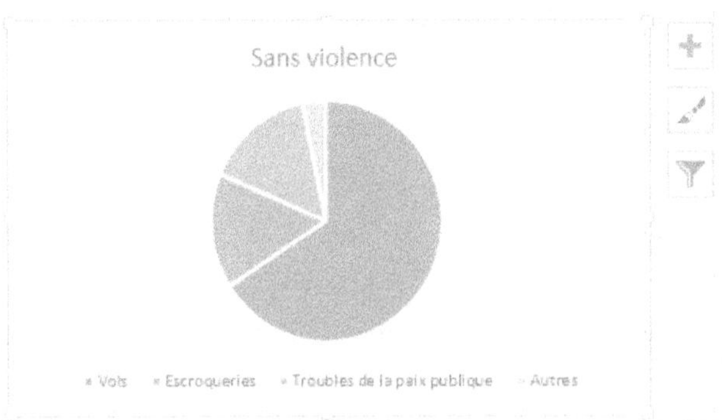

9 - DÉPLACEZ ET REDIMENSIONNEZ LE DIAGRAMME

Le graphique est dans un cadre muni de poignées à chaque angle et au milieu de chaque côté.

- Glissez-déplacez l'objet graphique pour le placer sous le tableau.
- Augmentez la largeur du cadre du graphique en faisant glisser les poignées, la taille du graphique s'ajuste à la taille du cadre.

10 - MODIFIEZ LA DISPOSITION DU GRAPHIQUE

- Actionnez le cadre graphique, sous l'onglet contextuel **Outils de graphique/Création**>groupe **Dispositions du graphique**, actionnez le bouton **Disposition rapide** puis la *Mise en forme 6*. Cette disposition inclut les étiquettes de données en pourcentage (à côté des secteurs).
- Essayez les autres mises en forme rapides, puis revenez à la *Mise en forme 6*.
- En actionnant le pavé + à droite de l'objet graphique, vous pouvez masquer ou réafficher, le titre, les étiquettes de données, la légende. Expérimentez ces possibilités.

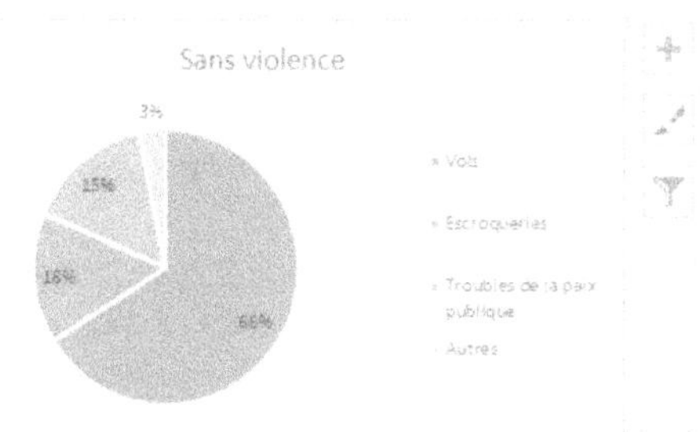

11 - AFFINEZ LE FORMAT DES ÉTIQUETTES

- Actionnez une étiquette, ce qui sélectionne toutes les étiquettes. Puis, sous l'onglet **Format**>groupe **Sélection active**, actionnez le bouton **Mise en forme de la sélection**. Le volet *Format de l'élément sélectionné* s'ouvre à droite de la fenêtre.

- Dans le volet, actionnez l'onglet ▥ *Options*.
  - Sous la rubrique *Options d'étiquettes* : sous *Contenu de l'étiquette*, cochez <☑ Valeur>, et décochez <☑ Pourcentage>, ensuite cochez <☑ Nom de série> ; Sous *Position de l'étiquette*, activez <⊙ Bord extérieur>.
  - Sous la rubrique *Nombre* : vous pouvez formater les valeurs affichées des étiquettes.
- Explorer les autres possibilités de mise en forme des étiquettes, en actionnant les autres onglets ▱*Remplissage et ligne*, ▱ *Effets*, ▥ *.Taille et propriétés* et les différentes rubriques... Les options qui ne sont pas applicables aux étiquettes sont en grisé et non réactives.
- Terminez en actionnant [Fermer] puis une cellule non couverte par le diagramme.

12 - CRÉEZ UN DEUXIÈME GRAPHIQUE

Ce deuxième graphique représente la répartition des délits avec violence.

- Les cellules à représenter sont A3:A7 pour les étiquettes et C3:C7 pour les valeurs.

À la souris vous pouvez les sélectionner toutes les deux à la fois, et créer le graphique. Avec le doigt sur l'écran tactile, sélectionnez les valeurs, créez le graphique puis ajoutez les données étiquettes :

- Sous l'onglet **Création**>groupe **Données**, actionnez le bouton **Sélectionner des données**. Dans le dialogue *Sélectionner la source de données*, sous <Etiquettes de l'axe horizontal> actionnez [Modifier], puis définissez la plage : actionnez la cellule A4, tapez : (deux-points), actionnez la cellule A7 et validez par [OK]. Validez le dialogue par [OK].

13 - ALIGNEZ LES DEUX OBJETS GRAPHIQUES SOUS LE TABLEAU

- Dimensionnez les deux objets graphiques à la même taille, avec les outils du Ruban : actionnez l'objet graphique, puis sous l'onglet **Outils de graphique/Mise en forme**>groupe **Taille**, spécifiez la hauteur à 7 cm et la largeur à 7, 5 cm.

- Placez les deux objets graphiques sous le tableau de chiffres à peu près alignés horizontalement. Puis alignez-les avec précision : sélectionnez les deux objets puis sous l'onglet **Outils de dessin/Format**>groupe **Organiser**, actionnez le bouton **Aligner**, puis *Aligner en haut*.

14 - DÉFINISSEZ LA MISE EN PAGE DE LA FEUILLE ET UN PIED DE PAGE

- Définissez la zone d'impression : sélectionnez la plage A1:D24 englobant le tableau et les deux graphiques puis, sous l'onglet **Mise en page**>groupe **Mise en page**, actionnez le bouton **Zone d'impression** puis l'option *Définir*.

- Sous l'onglet **Mise en page**>groupe **Mise en page**, actionnez le bouton **Marges**, puis l'option *Marges Normales* (1,78 cm pour les marges gauche et droite).

- Actionnez à nouveau le bouton **Marges**, puis l'option *Marges personnalisées...* dans le dialogue sous *Centrer*, cochez l'option <☑ Centrer sur la page:Horizontalement>. Actionnez le bouton [Aperçu] pour visualiser la feuille telle qu'elle sera imprimée. Revenez à l'affichage de la feuille.

- Sous l'onglet **Insertion**>groupe **Texte**, actionnez le bouton **En-tête/pied de page**, puis sous l'onglet contextuel **Outils en-têtes et pieds de page/Création**>groupe **Navigation**, actionnez le bouton **Atteindre le pied de page** ❶.

Le pied de page s'affiche avec trois zones respectivement à gauche, au centre et à droite.

- Actionnez la zone de gauche, puis le bouton **Nom de fichier**.
  Actionnez la zone du centre, puis le bouton **Nom de la feuille**.
  Actionnez la zone de droite, puis le bouton **Date actuelle**.

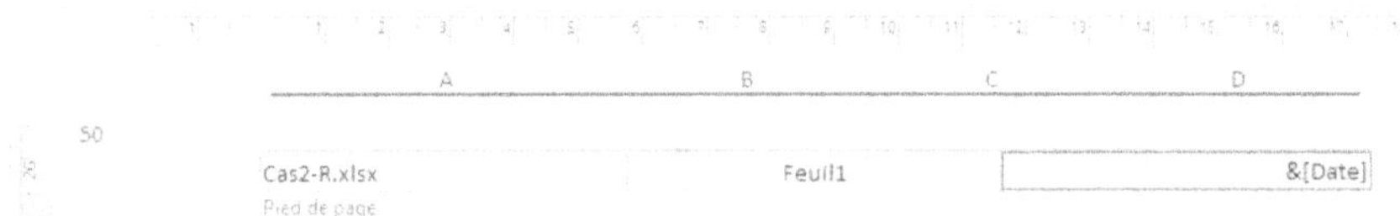

- Terminez l'en-tête/pied de page : actionnez une cellule en dehors du pied de page, puis l'icône *Normal* dans la barre d'état d'Excel.

- Actionnez le bouton de la barre d'outils *Accès rapide* ou actionnez l'onglet **Fichier** puis **Imprimer**. Actionnez ensuite le lien Mise en page, puis l'onglet *Feuille* qui présente les options d'impression de la feuille. Dans ce dialogue, décochez l'option <☐ Quadrillage> pour que le quadrillage des cellules ne soit pas imprimé (car cette option était activée dans le fichier pour les besoins de l'exercice). Validez par [OK].

- Pour imprimer, actionnez le bouton *Impression rapide* de la barre d'outils *Accès rapide*, ou l'onglet **Fichier** puis **Imprimer**, puis actionnez l'icône *Imprimer*.

- Enregistrez le classeur : actionnez le bouton de la barre d'outils *Accès rapide*. En dernier lieu, fermez le classeur.

CAS 3 : SOUS-TOTAUX ET TOTAUX

LES DONNÉES

	A	B	C	D	E	F	G
1	Exportations (K€) - Zone Europe						
2							
3							
4	Italie	1256	2560	1394	3152		
5	Espagne	4562	3658	4250	1850		
6	Portugal	3247	1520	5003	5881		
7	Total Europe du sud						
8							
9	Belgique	4250	1850	2560	3250		
10	Grande-Bret	6580	4560	3250	5210		
11	Total Europe du nord						
12							
13	Total Europe						

LES CALCULS

	A	B	C	D	E	F
1	Exportations (K€) - Zone Europe					
2						
3		Trim1	Trim2	Trim3	Trim4	Année
4	Italie	1256	2560	1394	3152	=SOMME(B4:E4)
5	Espagne	4562	3658	4250	1850	=SOMME(B5:E5)
6	Portugal	3247	1520	5003	5881	=SOMME(B6:E6)
7	Total Europe du sud	=SOMME(B4:B6)	=SOMME(C4:C6)	=SOMME(D4:D6)	=SOMME(E4:E6)	=SOMME(B7:E7)
8						
9	Belgique	4250	1850	2560	3250	=SOMME(B9:E9)
10	Grande-Bretagne	6580	4560	3250	5210	=SOMME(B10:E10)
11	Total Europe du nord	=SOMME(B9:B10)	=SOMME(C9:C10)	=SOMME(D9:D10)	=SOMME(E9:E10)	=SOMME(B11:E11)
12						
13	Total Europe	=B7+B11	=C7+C11	=D7+D11	=E7+E11	=SOMME(B13:E13)

LE RÉSULTAT

Exportations (K€) - Zone Europe

	Trim1	Trim2	Trim3	Trim4	Année
Italie	1 256	2 560	1 394	3 152	8 362
Espagne	4 562	3 658	4 250	1 850	14 320
Portugal	3 247	1 520	5 003	5 881	15 651
Total Europe du sud	9 065	7 738	10 647	10 883	38 333
Belgique	4 250	1 850	2 560	3 250	11 910
Grande-Bretagne	6 580	4 560	3 250	5 210	19 600
Total Europe du nord	10 830	6 410	5 810	8 460	31 510
Total Europe	19 895	14 148	16 457	19 343	69 843

Cas3-R.xlsx Exportations 09/06/2013

CAS 3 : SOUS-TOTAUX ET TOTAUX

Fonctions utilisées

– *Calculs : totaux et additions*

– *Format des nombres*

– *Ouverture, sauvegarde, impression*

– *Mise en forme automatique*

– *Recopie incrémentée*

8 mn

Il s'agit, à partir des chiffres donnés dans un tableau Excel, de calculer les sous-totaux par zone et les totaux pour l'ensemble des zones.

Les données ont déjà été saisies dans le classeur `Cas3.xlsx`, enregistré dans le dossier `C:\Exercices Excel 2013`. Ouvrez ce fichier classeur et enregistrez-le sous le nom `Cas3-R`.

1 - CRÉEZ LES ÉTIQUETTES (LIBELLÉS) DE COLONNES

Pour créer la série `Trim1` à `Trim4`, nous allons utiliser la recopie incrémentée.

- Tapez `Trim1` en B3 et validez par ⏎ ou en actionnant ✓. Sélectionnez la cellule B3, puis :
  - (Souris) faites glisser la poignée de recopie (carré noir du coin inférieur droit) jusqu'en E3.
  - (Tactile) faites glisser la poignée ronde jusqu'en E3, actionnez le bouton **Remplissage** puis l'option *Série*, sous *Type* activez <⊙ Recopie incrémentée>, validez par [OK].
- Sélectionnez la cellule F3, saisissez `Année` et validez par ⏎ ou en actionnant ✓.

	A	B	C	D	E	F	G
1	Exportations (K€) - Zone Europe						
2							
3		Trim1	Trim2	Trim3	Trim4	Année	
4	Italie	1256	2560	1394	3152		
5	Espagne	4562	3658	4250	1850		
6	Portugal	3247	1520	5003	5881		
7	Total Europe du sud						
8							

2 - CRÉEZ LES FORMULES DE SOUS-TOTAUX EN COLONNE

- Sélectionnez la cellule B7, actionnez le bouton ∑ *Somme* sur le Ruban puis l'option *Somme*. La plage sélectionnée automatiquement étant correcte, validez par ⏎ ou en actionnant ✓. Recopiez cette formule : sélectionnez la cellule B7, puis :
  - (souris) faites glisser la poignée de recopie afin d'étendre la sélection à la plage B7:E7.
  - (tactile) appui suivi de *Recopie incrémentée*, puis faites glisser la poignée ⊡ jusqu'à E7 ; ou, faites glisser la poignée ronde jusqu'en E7, puis actionnez le bouton **Remplissage** puis *À droite*.

- Sélectionnez la cellule B11, actionnez le bouton ∑ *Somme* sur le Ruban puis l'option *Somme*, la plage sélectionnée automatiquement étant correcte, validez par ⏎ ou en actionnant ✓. Recopiez cette formule : sélectionnez la cellule B11, puis :
  - (souris) faites glisser la poignée de recopie afin d'étendre la sélection à la plage B11:E11.
  - (tactile) appui suivi de *Recopie incrémentée*, puis faites glisser la poignée ⊡ jusqu'à E11 ; ou, faites glisser la poignée jusqu'à E11, puis actionnez le bouton **Remplissage** puis *À droite*.

3 - MODIFIEZ LA LARGEUR DES COLONNES

Vous utiliserez le bouton **Format** sur le Ruban, ou l'action de glisser le séparateur d'en-tête.

- Sélectionnez une cellule de la colonne A, sous l'onglet **Accueil**>groupe **Cellules**, actionnez le bouton **Format**, puis l'option *Largeur de colonne*, saisissez 25 (nombre de caractères de la police par défaut), validez par [OK].

CAS 3 : SOUS-TOTAUX ET TOTAUX

- Sélectionnez les colonnes B:F, agrandissez le zoom à 140 % en actionnant le bouton zoom + de la barre d'état d'Excel. Faites glisser le trait séparateur droit de l'en-tête de la colonne F, jusqu'à une largeur de `15 (110 pixels)`. La largeur de la colonne s'affiche (souris) dans une infobulle ou (tactile) dans la zone *Nom* de la barre de formule. Repassez en affichage à 100 %.

4 - CALCULEZ LES TOTAUX POUR L'ANNÉE

- Sélectionnez la cellule F4, actionnez le bouton Σ *Somme* du Ruban, puis l'option *Somme*. La plage sélectionnée automatiquement étant correcte, validez par ⏎ ou en actionnant ✓.
  Recopiez cette formule vers le bas : sélectionnez la cellule F4, puis :
  - (souris) faites glisser la poignée de recopie afin d'étendre la sélection à la plage F4:F7.
  - (tactile) faites glisser la poignée jusqu'à F7, puis actionnez **Remplissage** puis l'option *En bas* ; ou appui suivi de *Recopie incrémentée*, puis faites glisser la poignée ⬇ jusqu'à F7.
- Sélectionnez une des formules, par exemple la cellule F7, copiez-collez cette formule dans les cellules F9:F11.

5 - CALCULEZ LES TOTAUX POUR L'ENSEMBLE DES ZONES NORD ET SUD

- Saisissez la formule ajoutant les totaux `Europe du Sud` et `Europe du Nord` : sélectionnez la cellule B13, tapez sur =, puis sélectionnez la cellule B7, tapez sur +, puis sélectionnez la cellule B11, validez par ⏎ ou en actionnant ✓.
- Recopiez la formule vers la droite comme précédemment, jusqu'à la cellule F13.

	A	B	C	D	E	F
1	Exportations (K€) - Zone Europe					
2						
3		Trim1	Trim2	Trim3	Trim4	Année
4	Italie	1256	2560	1394	3152	8362
5	Espagne	4562	3658	4250	1850	14320
6	Portugal	3247	1520	5003	5881	15651
7	Total Europe du sud	9065	7738	10647	10883	38333
8						
9	Belgique	4250	1850	2560	3250	11910
10	Grande-Bretagne	6580	4560	3250	5210	19600
11	Total Europe du nord	10830	6410	5810	8460	31510
12						
13	Total Europe	19895	14148	16457	19343	69843

6 - FORMATEZ LES NOMBRES

Affichez les nombres du tableau avec un séparateur de milliers.

- Sélectionnez la plage de cellules B4:F13 contenant les nombres, sous l'onglet **Accueil**>groupe **Nombre** actionnez le **lanceur** du groupe. Dans la zone <Catégorie>, sélectionnez *Nombre*, dans la partie droite spécifiez le nombre de décimales à 0, et cochez <☑ Utiliser le séparateur des milliers>. Validez par [OK].

	A	B	C	D	E	F
1	Exportations (K€) - Zone Europe					
2						
3		Trim1	Trim2	Trim3	Trim4	Année
4	Italie	1 256	2 560	1 394	3 152	8 362
5	Espagne	4 562	3 658	4 250	1 850	14 320
6	Portugal	3 247	1 520	5 003	5 881	15 651
7	Total Europe du sud	9 065	7 738	10 647	10 883	38 333
8						
9	Belgique	4 250	1 850	2 560	3 250	11 910
10	Grande-Bretagne	6 580	4 560	3 250	5 210	19 600
11	Total Europe du nord	10 830	6 410	5 810	8 460	31 510
12						
13	Total Europe	19 895	14 148	16 457	19 343	69 843

7 - FORMATEZ LE TITRE ET LES LIBELLÉS DU TABLEAU

- Sélectionnez la plage de cellules A1:F1 sur la largeur du tableau, fusionnez les cellules : sous l'onglet **Accueil**>groupe **Alignement**, actionnez **Fusionner et centrer**, puis *Fusionner et centrer*.

Le contenu de la première cellule de la plage sélectionnée occupe la cellule de fusion.

- À l'aide des boutons de formatage sur le Ruban, mettez le titre en gras, changez la police en choisissant la police du thème pour les en-têtes, spécifiez la taille 14.
- Sélectionnez les étiquettes (libellés) de colonne B3:F3, mettez-les en italique, gras et centrez.
- Sélectionnez les étiquettes (libellés) de ligne A4 :A13, mettez en gras. Sélectionnez les cellules A7, A11, A13 et alignez leur contenu à droite. En une seule fois avec la souris, cellule par cellule avec le doigt sur un écran tactile.

	A	B	C	D	E	F
1			Exportations (K€) - Zone Europe			
2						
3			Trim1	Trim2	Trim3	Trim4	Année
4	Italie	1 256	2 560	1 394	3 152	8 362
5	Espagne	4 562	3 658	4 250	1 850	14 320
6	Portugal	3 247	1 520	5 003	5 881	15 651
7	Total Europe du sud	9 065	7 738	10 647	10 883	38 333
8						
9	Belgique	4 250	1 850	2 560	3 250	11 910
10	Grande-Bretagne	6 580	4 560	3 250	5 210	19 600
11	Total Europe du nord	10 830	6 410	5 810	8 460	31 510
12						
13	Total Europe	19 895	14 148	16 457	19 343	69 843

8 - DÉFINISSEZ LES BORDURES ET LES COULEURS DE FOND DE CELLULE

- Sélectionnez la plage A3:F13, actionnez le bouton **Bordures** puis l'option *Autres Bordures...*
  - Dans la zone <Style> actionnez le symbole de l'épaisseur❶, puis sous <Bordure> actionnez la bordure supérieure de la vignette❷, faites de même pour la bordure inférieure❸.
  - Dans la zone <Style> actionnez le symbole de l'épaisseur❹, puis sous <Bordure> actionnez la bordure gauche ❺ de la vignette, faites de même pour la bordure droite❻.
- Validez par [OK].

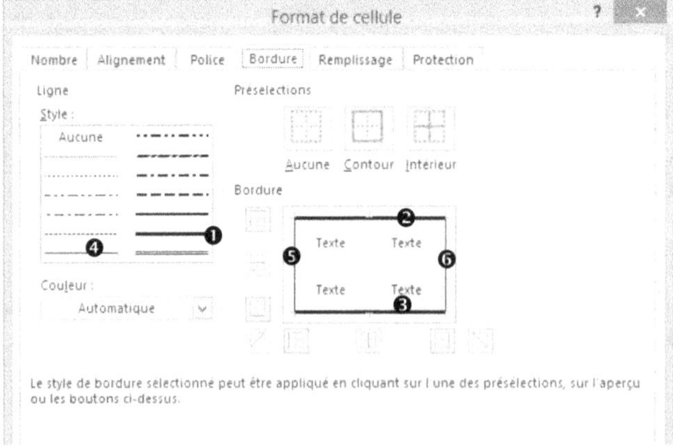

- Désélectionnez la plage pour mieux voir le résultat : actionnez une cellule quelconque.
- Sélectionnez les plages A7:F7 et A11:F11, actionnez le bouton **Bordures** puis *Bordure supérieure...* Actionnez à nouveau le bouton **Bordures** puis *Bordure inférieure...*
- Sélectionnez A3:F3, actionnez le bouton **Bordures**, puis *Bordure inférieure.*
- Sélectionnez A13:F13, actionnez le bouton **Bordures** puis *Bordure supérieure...*

■ (Souris seulement) actionnez le bouton **Bordures** puis, sous *Traçage de bordure*, actionnez *Style de trait* puis sélectionnez un trait continu fin. Le pointeur prend la forme d'un crayon, faites glisser le crayon sur les limites des cellules pour tracer une bordure à droite des cellules A3:A13, et une bordure à gauche des cellules F3:F13. Echap pour terminer le traçage de bordure.

	Trim1	Trim2	Trim3	Trim4	Année
		Exportations (K€) - Zone Europe			
Italie	1 256	2 560	1 394	3 152	8 362
Espagne	4 562	3 658	4 250	1 850	14 320
Portugal	3 247	1 520	5 003	5 881	15 651
Total Europe du sud	9 065	7 738	10 647	10 883	38 333
Belgique	4 250	1 850	2 560	3 250	11 910
Grande-Bretagne	6 580	4 560	3 250	5 210	19 600
Total Europe du nord	10 830	6 410	5 810	8 460	31 510
Total Europe	19 895	14 148	16 457	19 343	69 843

Si vous n'utilisez pas la souris, appliquez les mêmes bordures à l'aide d'*Autres bordures*, comme à l'étape 8 de ce même cas.

9 - DÉFINISSEZ LA MISE EN PAGE DE LA FEUILLE

■ Sous l'onglet **Mise en page**>groupe **Mise en page**, actionnez le bouton **Marges**, sélectionnez le choix *Marges Étroites* (0,64 cm pour les marges gauche et droite).

■ Actionnez à nouveau le bouton **Marges**, puis *Marges personnalisées...* dans le dialogue sous *Centrer*, cochez l'option <☑ Centrer sur la page:Horizontalement>. Actionnez le bouton [Aperçu] pour visualiser la feuille telle qu'elle sera imprimée. Revenez à l'affichage de la feuille.

■ Sous l'onglet **Insertion**>groupe **Texte**, actionnez le bouton **En-tête/pied de page**, puis sous l'onglet contextuel **Outils en-tête/pied de page/Création**>groupe **Navigation**, actionnez le bouton **Atteindre le pied de page** ❶.

Le pied de page s'affiche avec trois zones respectivement à gauche, au centre et à droite.

■ Actionnez la zone de gauche, puis le bouton **Nom de fichier**.
Actionnez la zone du centre, puis le bouton **Nom de la feuille**.
Actionnez la zone de droite, puis le bouton **Date actuelle**.

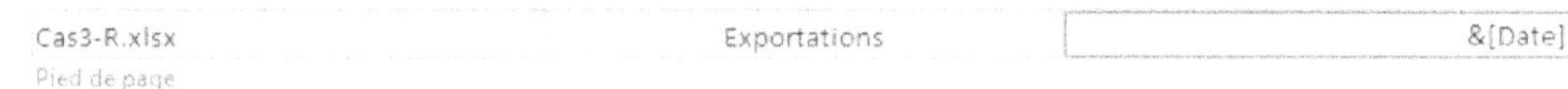

■ Terminez la définition des en-têtes et pieds de page : cliquez sur une cellule en dehors du pied de page, puis actionnez l'icône *Normal* de la barre d'état d'Excel.

■ Sous l'onglet **Mise en page**>groupe **Mise en page**, actionnez le bouton **Imprimer les titres**, ce qui affiche le dialogue *Mise en page* ouvert sur l'onglet *Feuille* qui présente les options d'impression de la feuille. Dans ce dialogue, décochez l'option <☐ Quadrillage> pour que le quadrillage des cellules ne soit pas imprimé (car cette option a été activée dans le fichier Cas3 pour les besoins de l'exercice). Validez par [OK].

■ Actionnez l'onglet **Fichier** puis **Imprimer**. Constatez dans l'aperçu avant impression que toutes les colonnes ne tiennent pas en largeur dans une même page imprimée. Définissez une orientation Paysage : dans la page *Imprimer* du mode « Backstage », actionnez le bouton *Orientation* puis *Orientation Paysage*. Observez le résultat dans l'aperçu, puis revenez à l'affichage de la feuille.

10 - POUR TERMINER

- Actionnez le bouton   *Aperçu et impression* de la barre d'outils *Accès rapide*, ou actionnez l'onglet **Fichier** puis **Imprimer**, pour revoir sur l'aperçu avant impression que toutes les colonnes tiennent en largeur sur un page imprimée. Revenez à l'affichage de la feuille de calcul.

- Actionnez le bouton   *Impression rapide* pour imprimer, ou actionnez l'onglet **Fichier** puis **Imprimer**, enfin actionnez l'icône *Imprimer*. L'impression démarre.

- Lorsque l'impression est terminée, actionnez le bouton   de la barre d'outils *Accès rapide* pour enregistrer le classeur, ou actionnez l'onglet **Fichier** puis **Enregistrer**. Enfin fermez le classeur.

CAS 4 : ÉVOLUTION D'UN RATIO

LES DONNÉES

	A	B	C	D	E	F	G	H
1	Sondage sur la popularité du gouvernement français							
2								
3	Année	2007	2008	2009	2010	2011	2012	2013
4	Personnes interrog	4000	4500	7000	3500	5000	6000	4500
5	Bonnes opinions	2440	2115	2940	1925	3000	2880	1440
6								
7	% de bonnes opinions							

LES CALCULS

	A	B	C	D	E	F	G	H
1	Sondage sur la popularité du gouve							
2								
3	Année	2007	2008	2009	2010	2011	2012	2013
4	Personnes interrogées	4000	4500	7000	3500	5000	6000	4500
5	Bonnes opinions	2440	2115	2940	1925	3000	2880	1440
6								
7	% de bonnes opinions	=B5/B4	=C5/C4	=D5/D4	=E5/E4	=F5/F4	=G5/G4	=H5/H4

LE RÉSULTAT

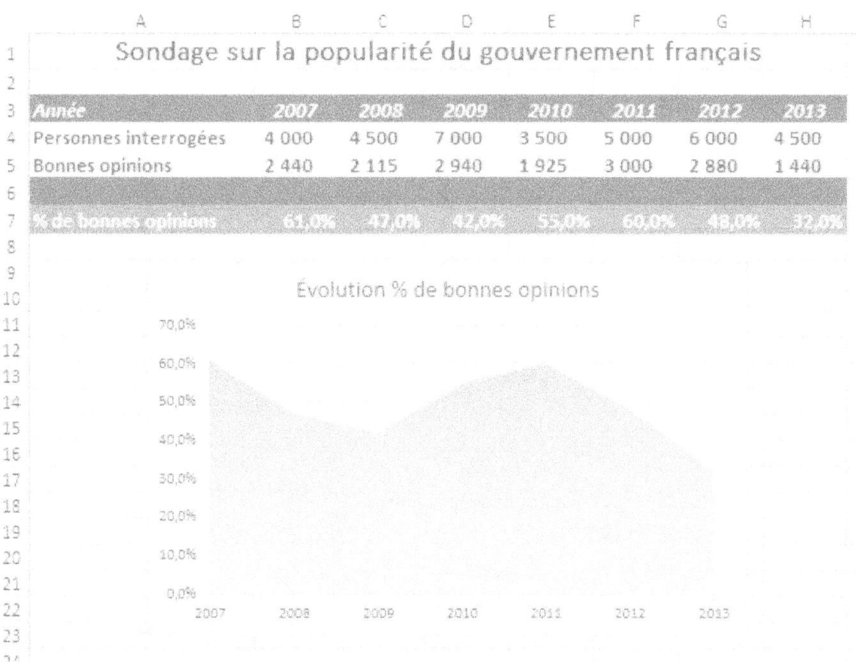

CAS 4 : ÉVOLUTION D'UN RATIO

Fonctions utilisées

- *Formule de calcul d'un pourcentage*
- *Copie de formule*
- *Couleur de remplissage*
- *Couleur des caractères*
- *Largeur de colonnes*
- *Graphique : aire*

10 mn

À partir des chiffres donnés, calculez le pourcentage de bonnes opinions obtenues par le gouvernement et illustrez son évolution dans le temps à l'aide d'un graphique de type courbe.

Les données ont déjà été saisies dans le classeur `Cas4.xlsx`, enregistré dans le dossier `C:\Exercices Excel 2013`. Ouvrez ce fichier classeur et enregistrez-le sous le nom `Cas4-R`.

1 - MODIFIEZ LA LARGEUR DES COLONNES

Vous utiliserez les deux méthodes : le bouton **Format** du Ruban, puis le glisser/déplacer du séparateur d'en-tête de colonnes.

- Sélectionnez une cellule de la colonne A, sous l'onglet **Accueil**>groupe **Cellules**, actionnez le bouton **Format**, puis sur l'option *Largeur de colonne*, saisissez `25` (exprimé en nombre de caractères de la police par défaut), validez par [OK].
- Sélectionnez les colonnes B:H. Agrandissez le zoom à 140 % pour plus de confort, puis faites glisser le trait séparateur droit de l'en-tête de la colonne H, jusqu'à une largeur de `9 (68 pixels)`. La largeur de la colonne s'affiche soit dans une infobulle (utilisation de la souris), soit dans la zone *Nom* de la barre de formule (utilisation tactile). Repassez en affichage à 100 %.

2 - CALCULEZ LES POURCENTAGES

- Sélectionnez la cellule B7, tapez = pour indiquer que vous créez une formule, sélectionnez la cellule B5, tapez / (le signe de la division) puis sélectionnez la cellule B4 (formule `=B5/B4`), validez par ⏎ ou en actionnant ✓ . Un chiffre décimal entre 0 et 1 s'affiche.

6		
7	% de bonnes opinions	=B5/B4
8		

- Recopiez la formule de la cellule B7 : sélectionnez la cellule B7, puis :
  - (souris) faites glisser la poignée de recopie afin d'étendre la sélection jusqu'à H7.
  - (tactile) appui suivi de *Recopie incrémentée*, puis faites glisser la poignée ⬇ jusqu'à H7.

	A	B	C	D	E	F	G	H
1	Sondage sur la popularité du gouvernement français							
2								
3	Année	2007	2008	2009	2010	2011	2012	2013
4	Personnes interrogées	4000	4500	7000	3500	5000	6000	4500
5	Bonnes opinions	2440	2115	2940	1925	3000	2880	1440
6								
7	% de bonnes opinions	0,61	0,47	0,42	0,55	0,6	0,48	0,32
8								

3 - METTEZ EN FORME LE TABLEAU

Pour les formatages suivants utilisez seulement les boutons du Ruban :

- Sélectionnez la plage A3:H7, mettez les caractères en taille `12` et en gras, appliquez une couleur d'arrière-plan : *Orange, Accentuation 2, plus sombre de 25%,* appliquez une couleur de caractère : *Blanc, Arrière-plan 1.*
- Sélectionnez la plage A4:H6, mettez les caractères en taille `11`, appliquez une couleur de remplissage : *Blanc, Arrière-plan 1, plus sombre 15%.* Appliquez une couleur de caractère : *Bleu, Accentuation 5, plus sombre 25%.*

- Sélectionnez la plage B3:H3, centrez les caractères. Sélectionnez A3:H3, mettez en italique. Sélectionnez la plage B7:H7, formatez en % à une décimale.
- Sélectionnez A7:H7, appliquez une couleur de remplissage : *Or, Accentuation 4, plus sombre 25%*.

	A	B	C	D	E	F	G	H
1	Sondage sur la popularité du gouvernement français							
2								
3	Année	2007	2008	2009	2010	2011	2012	2013
4	Personnes interrogées	4000	4500	7000	3500	5000	6000	4500
5	Bonnes opinions	2440	2115	2940	1925	3000	2880	1440
6								
7	% de bonnes opinions	61,0%	47,0%	42,0%	55,0%	60,0%	48,0%	32,0%
8								

4 - FORMATEZ LE TITRE

- Sélectionnez la plage A1:H1, fusionnez les cellules et centrez le texte avec le bouton **Fusionner et centrer** du Ruban. Choisissez la police de thème pour les en-têtes, *Calibri Light* pour le thème actuel par défaut qui est *Office*. Mettez les caractères en gras et en taille 16. Appliquez une couleur de police : *Orange, Accentuation 2, plus sombre de 50%*.

	A	B	C	D	E	F	G	H
1	Sondage sur la popularité du gouvernement français							
2								
3	Année	2007	2008	2009	2010	2011	2012	2013
4	Personnes interrogées	4000	4500	7000	3500	5000	6000	4500
5	Bonnes opinions	2440	2115	2940	1925	3000	2880	1440
6								
7	% de bonnes opinions	61,0%	47,0%	42,0%	55,0%	60,0%	48,0%	32,0%
8								

5 - SÉPARATEUR DES MILLIERS

- Utilisez les boutons situés sur le Ruban : sélectionnez la plage B4:H5, actionnez le bouton ❶ **Séparateur des milliers**, puis actionnez deux fois le bouton ❷ **Réduire les décimales**.

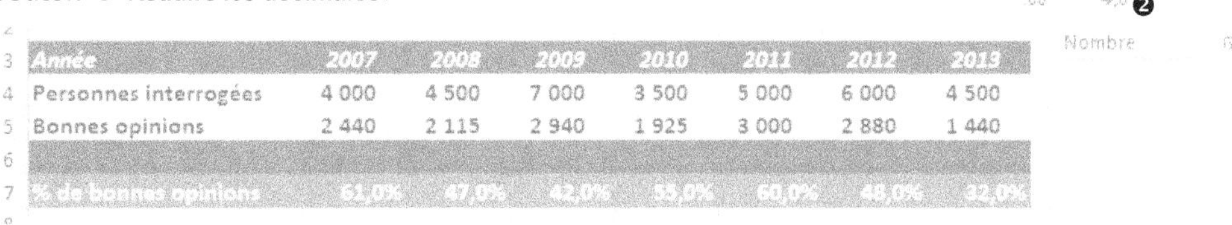

	A	B	C	D	E	F	G	H
3	Année	2007	2008	2009	2010	2011	2012	2013
4	Personnes interrogées	4 000	4 500	7 000	3 500	5 000	6 000	4 500
5	Bonnes opinions	2 440	2 115	2 940	1 925	3 000	2 880	1 440
6								
7	% de bonnes opinions	61,0%	47,0%	42,0%	55,0%	60,0%	48,0%	32,0%

6 - CRÉEZ LE GRAPHIQUE

Vous représenterez, sous la forme d'une surface, l'évolution du pourcentage d'opinions favorables sur la période 2007-2013.

- Sélectionnez la plage contenant les données à représenter : A7:H7. Sous l'onglet **Insertion**>groupe **Graphiques**, actionnez le bouton **Aires**, puis la première vignette.

Le graphique ne porte pas les années sur l'axe des abscisses. Vous allez donc maintenant ajouter les années sur l'axe des abscisses du graphique.

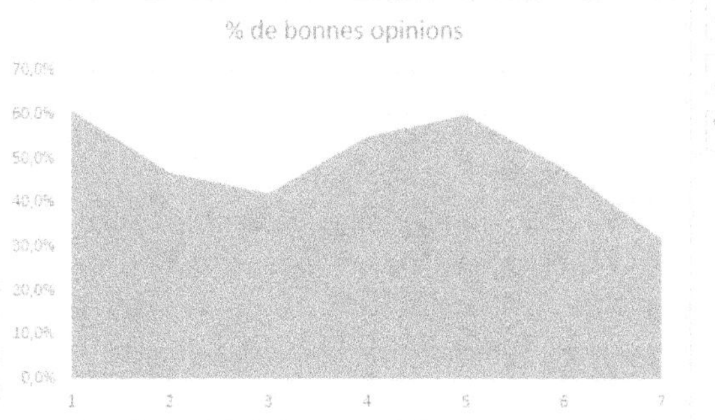

CAS 4 : ÉVOLUTION D'UN RATIO

- Onglet **Outils de graphique/ Création**>groupe **Données**, actionnez le bouton **Sélectionner les données**. Dans le dialogue *Sélectionner la source de données*, actionnez le bouton [Modifier] sous <Étiquettes de l'axe horizontal>, puis définissez la plage : actionnez la cellule A3, tapez : (deux-points), actionnez la cellule H3 et validez par [OK]. Validez le dialogue par [OK]

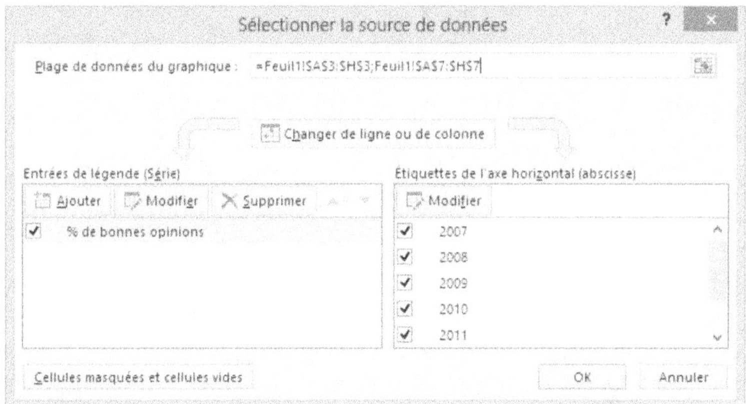

- Validez le dialogue par [OK].

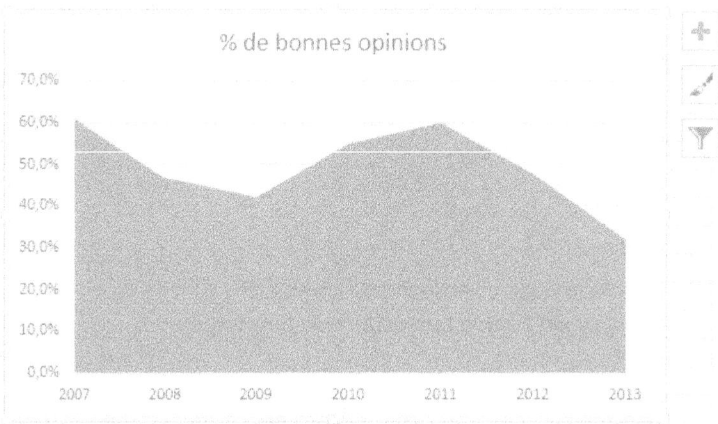

Le graphique a été créé en tant qu'objet.

- Faites glisser l'objet graphique pour le placer centré sous le tableau, augmentez sa largeur en faisant glisser les poignées situées aux quatre coins.

7 - DÉFINISSEZ LES MARGES D'IMPRESSION ET CENTREZ L'IMPRESSION

- Actionnez une cellule de la feuille de calcul, puis sous l'onglet **Mise en page**>groupe **Mise en page**, actionnez le bouton **Marges** et sélectionnez *Étroites*.
- Actionnez le bouton *Aperçu et impression* de la barre d'outils *Accès rapide*, pour vérifier que le tableau entier et le graphique tiennent sur la même page.
- Actionnez l'icône *Zoom* si la page entière n'est pas affichée. Actionnez l'icône *Afficher les marges* en bas à droite de l'aperçu : vous constatez que le tableau n'est pas centré sur la page.
- Actionnez le lien *Mise en page* dans le panneau central de commandes, puis l'onglet *Marges*. Dans le dialogue *Mise en page*, sous *Centrer sur la page*, cochez la case <☑ Horizontalement>, validez par [OK].
- Revenez à l'affichage de la feuille de calcul, soit actionnant l'icône ⊙, soit en tapant Echap.

CAS 4 : ÉVOLUTION D'UN RATIO

8 - MODIFIEZ L'APPARENCE DU GRAPHIQUE

- Actionnez la forme graphique (l'aire) représentant les données, puis sous l'onglet **Outils de graphique/Format**>groupe **Styles de formes**, actionnez le bouton **Remplissage**, puis l'option *Dégradé* et choisissez la deuxième vignette sous la section *Variations claires*.

9 - MODIFIEZ LE TITRE DU GRAPHIQUE

- Actionnez l'objet contenant le titre du graphique. Puis modifiez le titre en `évolution du % de bonnes opinions` : actionnez deux fois de suite l'élément titre, le point d'insertion se place devant le symbole % et saisissez `évolution` suivi d'un espace, actionnez le mot évolution pour placer le point d'insertion dedans, tapez Maj+F3 pour changer le é en É.

Si vous avez saisi `Evolution`, la majuscule non accentuée peut être détectée et rectifiée par le vérificateur orthographique si l'option Office est activée, **Fichier**>**Options** - *Vérification* - <☑ Majuscules accentuées en français>.

10 - POUR TERMINER

- Cliquez sur le bouton ⌕ *Aperçu et impression* de la barre d'outils *Accès rapide* pour voir l'aperçu avant impression, ou actionnez l'onglet **Fichier** puis **Imprimer**. Revenez à l'affichage de la feuille de calcul.

- Cliquez sur le bouton 🖨 *Impression rapide* pour imprimer, ou actionnez l'onglet **Fichier** puis **Imprimer** enfin actionnez l'icône *Imprimer*. L'impression démarre.

- Lorsque l'impression est terminée, actionnez le bouton 💾 pour enregistrer le classeur, ou actionnez l'onglet **Fichier** puis **Enregistrer**. En dernier lieu, fermez le classeur.

CAS 5 : ÉVOLUTION D'ÉCARTS EN POURCENTAGE

LES DONNÉES

	A	B	C	D	E	F	G
1	Salaire net moyen annuel en Euros						
2							
3		2008	2009	2010	2011	2012	2013
4	Hommes	16310	17500	18690	19540	20120	20260
5	Femmes	12190	13180	14170	15160	15550	16460
6	Différence						
7	Ecart en %						
8							

LES CALCULS

	A	B	C	D	E	F	G
1		Salaire net moyen annuel en Euros					
2							
3		2008	2009	2010	2011	2012	2013
4	Hommes	16310	17500	18690	19540	20120	20260
5	Femmes	12190	13180	14170	15160	15550	16460
6	Différence	=B4-B5	=C4-C5	=D4-D5	=E4-E5	=F4-F5	=G4-G5
7	Ecart en %	=B6/B4	=C6/C4	=D6/D4	=E6/E4	=F6/F4	=G6/G4
8							

LE RÉSULTAT

	2008	2009	2010	2011	2012	2013
Hommes	16310	17500	18690	19540	20120	20260
Femmes	12190	13180	14170	15160	15550	16460
Différence	=B4-B5	=C4-C5	=D4-D5	=E4-E5	=F4-F5	=G4-G5
Ecart en %	=B6/B4	=C6/C4	=D6/D4	=E6/E4	=F6/F4	=G6/G4

Salaire net moyen annuel en Euros

CAS 5 : ÉVOLUTION D'ÉCARTS EN POURCENTAGE

Fonctions utilisées

– Calculs : différence et écart en %   – Largeur des colonnes

– Copie de formule   – Bordures d'un tableau

– Format des nombres   – Graphique : barres

8 mn

À partir des chiffres annuels sur les rémunérations moyennes, vous allez calculer l'écart entre le salaire des hommes et celui des femmes, vous illustrerez l'évolution par graphique de type barres. Les données se trouvent dans le classeur `Cas5.xlsx`, présent dans le dossier `C:\Exercices Excel 2013`. Ouvrez ce fichier classeur et enregistrez-le sous le nom `Cas5-R`.

1 - CALCULEZ LES DIFFÉRENCES DE SALAIRE

■ Dans la cellule B6, tapez = pour commencer une formule, actionnez la cellule B4, tapez – puis actionnez la cellule B5 (formule `=B4-B5`), validez par ⏎ ou en actionnant ✓.

■ Recopiez cette formule : sélectionnez la cellule B6, puis :
  - (souris) faites glisser la poignée de recopie afin d'étendre la sélection jusqu'à G6.
  - (tactile) appui suivi de *Recopie incrémentée*, puis faites glisser la poignée 🔽 jusqu'à G6.

2 - CALCULEZ L'ÉCART EN POURCENTAGE

■ Dans la cellule B7, tapez = pour commencer une formule, actionnez la cellule B6, tapez / (signe de la division) puis actionnez la cellule B4 (formule `=B6/B4`), tapez ⏎ ou actionnez ✓.
  Le résultat calculé s'affiche avec des décimales.

■ Recopiez cette formule : sélectionnez la cellule B7, puis :
  - (souris) faites glisser la poignée de recopie afin d'étendre la sélection jusqu'à G7.
  - (tactile) appui suivi de *Recopie incrémentée*, puis faites glisser la poignée 🔽 jusqu'à G7.

	A	B	C	D	E	F	G	H
1	Salaire net moyen annuel en Euros							
2								
3		2008	2009	2010	2011	2012	2013	
4	Hommes	16310	17500	18690	19540	20120	20260	
5	Femmes	12190	13180	14170	15160	15550	16460	
6	Différence	4120	4320	4520	4380	4570	3800	
7	Ecart en %	0,2526058	0,2468571	0,2418406	0,2241556	0,2271372	0,1875617	
8								

3 - METTEZ EN FORME LE TABLEAU ET LE TITRE

Vous allez appliquer la mise en forme d'un autre tableau déjà mis en forme dans la feuille `Feuil2`.

■ Sélectionnez dans la feuille `Feuil2` la plage A1:G5 qui a déjà été mise en forme, puis sous l'onglet **Accueil**>groupe **Presse-papiers**, actionnez le bouton **Reproduire la mise en forme**.

■ Actionnez l'onglet de la feuille `Feuil1`, actionnez la cellule A3 : la mise en forme précédemment copiée dans le Presse-papiers et collée à partir de la cellule A3.

■ Sélectionnez la plage B7:G7, actionnez le bouton **Style de pourcentage**, puis **Ajouter une décimale**.

■ Sélectionnez la plage A1:G1, fusionnez les cellules et centrez le texte avec le bouton **Fusionner et centrer** du Ruban. Choisissez la police de thème pour les en-têtes, *Calibri Light* pour le thème actuel par défaut qui est *Office*. Mettez les caractères en taille 16 et en caractère Gras.

■ Passez en aperçu avant impression, affichez les marges. Centrez l'impression sur la page : actionnez le lien <u>Mise en page</u>, puis dans le dialogue *Mise en page*, sous l'onglet *Marges* sous *Centrer sur la page*, cochez <☑ Horizontalement>, validez par [OK].

CAS 5 : ÉVOLUTION D'ÉCARTS EN POURCENTAGE

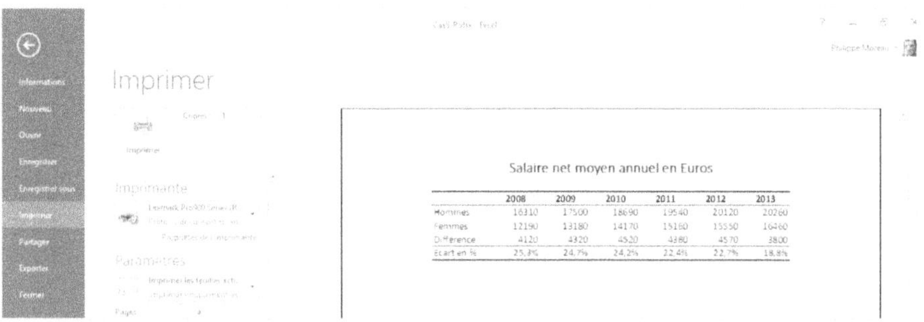

■ Revenez à la feuille de calcul en tapant sur la touche Echap, ou en actionnant ⊙.

4 - SUPPRIMEZ LA MISE EN FORME

■ Pour supprimer la mise en forme d'une plage de cellules, il suffit de lui appliquer le style *Normal* : sélectionnez la plage A3:G7 du tableau, puis sous l'onglet **Accueil**>groupe **Style**, actionnez le bouton **Style de cellule** puis la vignette *Normal*.

■ Réappliquez la mise en forme précédente en utilisant les boutons **Bordures**, **Couleur de remplissage** et **Italique**, situés sur le Ruban et sans reproduire, comme précédemment, la mise en forme du tableau de la feuille Feuil2.

■ Sélectionnez la plage B7:G7, pour réappliquer le format pourcentage avec 1 décimale.

5 - AUGMENTEZ LA LARGEUR DES COLONNES ET FORMATEZ EN MONÉTAIRE

■ Sélectionnez la plage B4:G6, actionnez le bouton *Format Nombre Comptabilité* (onglet **Accueil**> groupe **Nombre**). L'affichage des cellules devient ######, car elles ne sont pas assez larges.

■ Augmentez le zoom à 140%. Sélectionnez la colonne B, en actionnant l'en-tête de la colonne, puis étendez la sélection jusqu'à la colonne G, en faisant glisser le carré (souris) ou la poignée ronde (tactile). Faites glisser le séparateur d'en-tête de la colonne G pour augmenter la largeur de colonne à 11(82 pixels). Rétablissez un zoom de 100%.

■ Sélectionnez la plage B4:G6, actionnez deux fois le bouton **Réduire les décimales** du Ruban pour diminuer de 2 le nombre de décimales.

	A	B	C	D	E	F	G
1		Salaire net moyen annuel en Euros					
2							
3		2008	2009	2010	2011	2012	2013
4	Hommes	16 310 €	17 500 €	18 690 €	19 540 €	20 120 €	20 260 €
5	Femmes	12 190 €	13 180 €	14 170 €	15 160 €	15 550 €	16 460 €
6	Différence	4 120 €	4 320 €	4 520 €	4 380 €	4 570 €	3 800 €
7	Ecart en %	25,3%	24,7%	24,2%	22,4%	22,7%	18,8%
8							

6 - CRÉEZ LE GRAPHIQUE

Vous représenterez, sous la forme de barres horizontales, les salaires respectifs des hommes et des femmes année par année au cours de la période.

■ Sélectionnez la plage A3:G5 contenant les données à représenter incluant les étiquettes de données puis, sous l'onglet **Insertion**>groupe **Graphiques**, actionnez le bouton **Barres** puis la première vignette sous *Barre 2D*.

Le graphique en barres horizontales est créé dans un objet graphique qui peut être déplacé et redimensionné à loisir. L'axe des abscisses porte l'échelle de valeurs des salaires formatées en monétaire avec le symbole €, car les cellules sont formatées de cette façon dans la feuille.

CAS 5 : ÉVOLUTION D'ÉCARTS EN POURCENTAGE

- Enlevez le symbole € de l'échelle des valeurs d'abscisses : clic droit ou appui long sur la ligne des valeurs de l'axe des abscisses puis sur l'option *Mise en forme de l'axe...* Le volet *Format de l'axe* s'ouvre, sous l'onglet ▮▮ ouvrez la rubrique *Nombre*, dans la zone <Catégorie> sélectionnez *Nombre*, et dans la zone <Décimales> tapez 0.

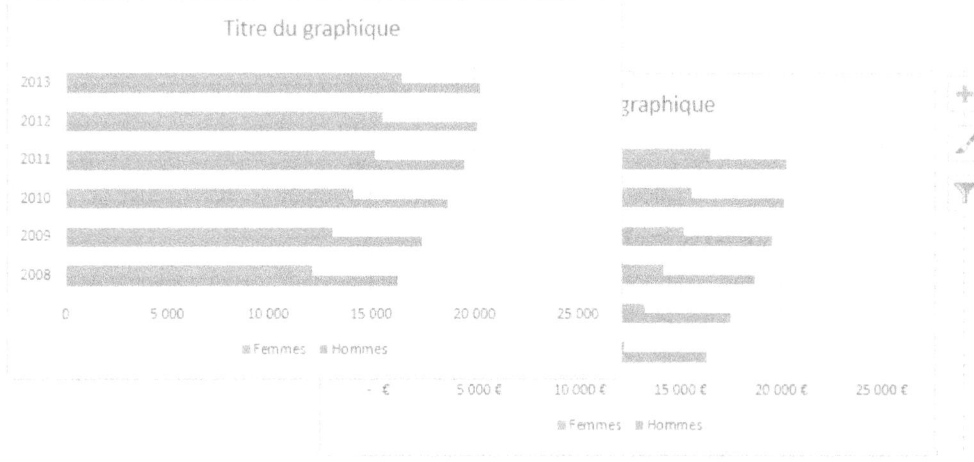

- Le titre par défaut est le texte `Titre du graphique`, remplacez ce texte : double-clic/double-appui sur l'élément titre, puis remplacez le texte par `Salaires hommes/femmes`.

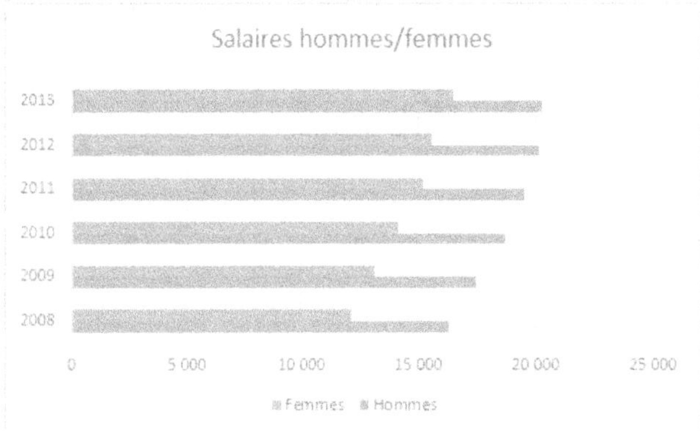

7 - POUR TERMINER

- Actionnez le bouton 🔍 *Aperçu et impression* dans la barre d'outils *Accès rapide* pour voir l'aperçu avant impression, ou actionnez l'onglet **Fichier** puis **Imprimer**.
  Revenez à l'affichage de la feuille de calcul.

- Actionnez le bouton 🖶 *Impression rapide* pour imprimer ; ou actionnez l'onglet **Fichier** puis **Imprimer**, enfin actionnez l'icône *Imprimer*. L'impression démarre.

- Lorsque l'impression est terminée, actionnez le bouton 🖫 pour enregistrer le classeur, ou actionnez l'onglet **Fichier** puis **Enregistrer**. En dernier lieu, fermez le classeur.

CAS 6 : COMPARAISON RÉSULTATS/OBJECTIFS

LES DONNÉES

	A	B	C	D	E
1	Comparaison aux objectifs				
2					
3		Objectifs	Réalisations	Ecarts	Ecarts en %
4	Italie	8000	8360		
5	Espagne	15000	14320		
6	Portugal	13000	15651		
7	Belgique	11000	11910		
8	Grande-Bret	21000	19600		
9	Total				

LES CALCULS

	A	B	C	D	E
1			Comparaison aux objectifs		
2					
3		Objectifs	Réalisations	Ecarts	Ecarts en %
4	Italie	8000	8360	=Réalisations-Objectifs	=Ecarts/Objectifs
5	Espagne	15000	14320	=Réalisations-Objectifs	=Ecarts/Objectifs
6	Portugal	13000	15651	=Réalisations-Objectifs	=Ecarts/Objectifs
7	Belgique	11000	11910	=Réalisations-Objectifs	=Ecarts/Objectifs
8	Grande-Bretagne	21000	19600	=Réalisations-Objectifs	=Ecarts/Objectifs
9	Total	=SOMME(B4:B8)	=SOMME(C4:C8)	=Réalisations-Objectifs	=Ecarts/Objectifs
10					

LE RÉSULTAT

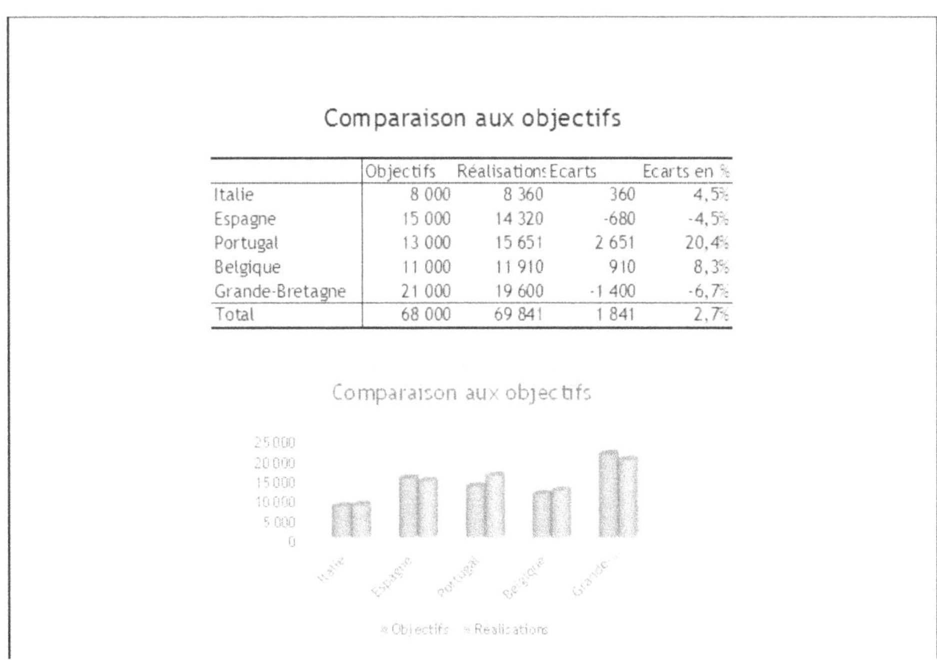

Comparaison aux objectifs

	Objectifs	Réalisations	Ecarts	Ecarts en %
Italie	8 000	8 360	360	4,5%
Espagne	15 000	14 320	-680	-4,5%
Portugal	13 000	15 651	2 651	20,4%
Belgique	11 000	11 910	910	8,3%
Grande-Bretagne	21 000	19 600	-1 400	-6,7%
Total	68 000	69 841	1 841	2,7%

CAS 6 : COMPARAISON RÉSULTATS/OBJECTIFS

Fonctions utilisées

– *Calculs des écarts en valeur et en %*   – *Bordures*

– *Format des nombres*   – *Graphique : cylindre*

– *Utilisation des noms*

10 mn

À partir de données chiffrées, vous allez calculer l'écart en valeur et en pourcentage entre les prévisions et les résultats, puis vous en ferez l'illustration par un graphique de type cylindre.

Les données se trouvent dans le classeur `Cas6.xlsx`, présent dans le dossier `C:\Exercices Excel 2013`. Ouvrez ce fichier classeur et enregistrez-le sous le nom `Cas6-R`.

1 - NOMMEZ LES CELLULES À PARTIR DES ÉTIQUETTES

Vous allez nommer les cellules du tableau en utilisant les étiquettes des lignes et des colonnes du tableau. Vous pourrez ensuite utiliser ces noms dans les formules.

- Sélectionnez la plage A3:E9, puis sous l'onglet **Formules**>groupe **Noms définis**, actionnez le bouton **Depuis sélection**.

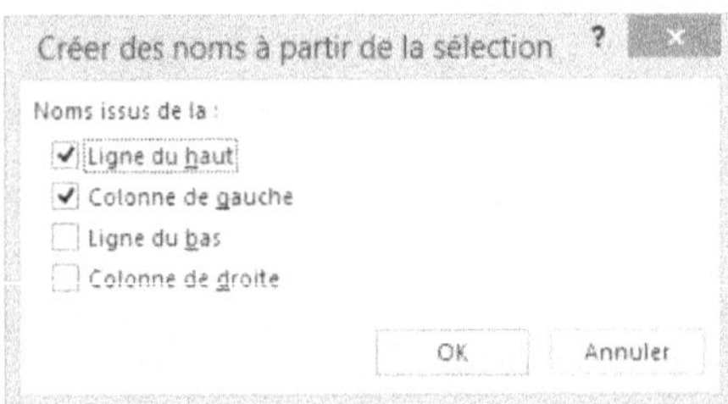

- Cochez les deux premières cases si ce n'est déjà fait, validez par [OK].
- Actionnez le bouton **Gestionnaire de noms** du Ruban, une fenêtre affiche les noms qui ont déjà été créés et la plage qu'ils référencent. Actionnez le bouton [Fermer].

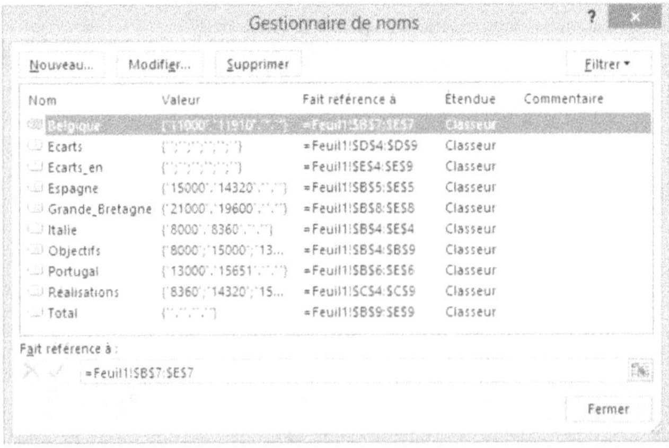

2 - CALCULEZ LES TOTAUX

- Sélectionnez la cellule B9, actionnez le bouton Σ *Somme* (onglet **Formules**>groupe **Bibliothèque de fonctions**) puis l'option *Somme*, la plage sélectionnée automatiquement étant correcte, validez par ⏎ ou en actionnant ✓.
- Recopiez cette formule dans la plage B9:C9, comme vous l'avez fait dans les cas précédents.

CAS 6 : COMPARAISON RÉSULTATS/OBJECTIFS

3 - CALCULEZ LES ÉCARTS EN VALEUR

- Dans la cellule D4, tapez `=Réalisations-Objectifs`, validez par ⏎ ou actionnez ✓. Le résultat de la formule s'affiche.
- Vous pouvez sélectionner les noms lors de la saisie de la formule : supprimez le contenu de la cellule D4, puis tapez =, tapez sur F3, sélectionnez *Réalisations* [OK], tapez sur l'opérateur –, tapez sur F3, sélectionnez *Objectifs* [OK], validez par ⏎ ou actionnez ✓.
- Recopiez la formule de cellule D4, dans la plage D4:D9, comme dans les cas précédents.

4 - CALCULEZ LES ÉCARTS EN POURCENTAGE

- Dans la cellule E4, saisissez `=Ecarts/Objectifs`, validez par ⏎ ou actionnez ✓.

Il est normal qu'une valeur avec des décimales s'affiche. Recopiez la formule :

- Sélectionnez la cellule E4, recopiez la formule dans la plage E4:E9.

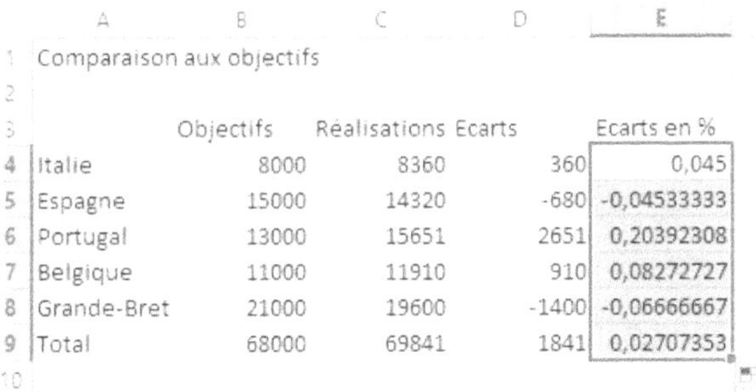

	A	B	C	D	E
1	Comparaison aux objectifs				
2					
3		Objectifs	Réalisations	Ecarts	Ecarts en %
4	Italie	8000	8360	360	0,045
5	Espagne	15000	14320	-680	-0,04533333
6	Portugal	13000	15651	2651	0,20392308
7	Belgique	11000	11910	910	0,08272727
8	Grande-Bret	21000	19600	-1400	-0,06666667
9	Total	68000	69841	1841	0,02707353
10					

5 - FORMATEZ LES NOMBRES

- Sélectionnez la plage E4:E9, sous l'onglet **Accueil**>groupe **Nombre**, actionnez le **lanceur** du groupe. Dans le dialogue, sous l'onglet *Nombre*, sélectionnez dans <Catégorie> : *Pourcentage* puis dans la partie droite sélectionnez une seule décimale.

- Sélectionnez la plage B4:D10, sous l'onglet **Accueil**>groupe **Nombre**, actionnez le **lanceur** du groupe. Dans le dialogue, sous l'onglet *Nombre*, sélectionnez dans <Catégorie> : *Nombre* puis dans le partie droite, cochez la case <☑ Utiliser le séparateur de milliers> et spécifiez 0 décimale.

6 - FORMATEZ LE TITRE

- Sélectionnez la plage A1:E1, fusionnez les cellules et centrez le texte avec le bouton **Fusionner et centrer** (onglet **Accueil**>groupe **Nombre**). Choisissez la police de thème pour les en-têtes, *calibri Light* pour le thème actuel par défaut qui est *Office*. Mettez les caractères en taille 16, en gras.
- Changez le thème pour voir l'effet sur les polices : sous l'onglet **Mise en page**>groupe **Thèmes**, actionnez le bouton **Thèmes**. Dans la galerie des thèmes, faites défiler les vignettes, actionnez celle du thème que vous voulez appliquer. Essayez différents thèmes *Brin*, *Organique*, *Berlin*. Enregistrez le classeur avec le thème *Berlin*, dont les polices sont *Trebuchet MS* (pour les en-têtes) et *Trebuchet MS* (pour le corps).

	A	B	C	D	E
1		Comparaison aux objectifs			
2					
3		Objectifs	Réalisations	Ecarts	Ecarts en %
4	Italie	8 000	8 360	360	4,5%
5	Espagne	15 000	14 320	-680	-4,5%
6	Portugal	13 000	15 651	2 651	20,4%
7	Belgique	11 000	11 910	910	8,3%
8	Grande-Bretagne	21 000	19 600	-1 400	-6,7%
9	Total	68 000	69 841	1 841	2,7%

7 - APPLIQUEZ DES BORDURES

- Sélectionnez la plage A3:E9. Clic droit, ou appui long suivi de ▾, sur la sélection puis actionnez l'option *Format de cellule*. Dans le dialogue, sous l'onglet *Bordure*, sélectionnez un style de ligne épais, puis sous *Bordure*, clic ou double-appui sur la bordure haute puis basse de la vignette. Validez par [OK].

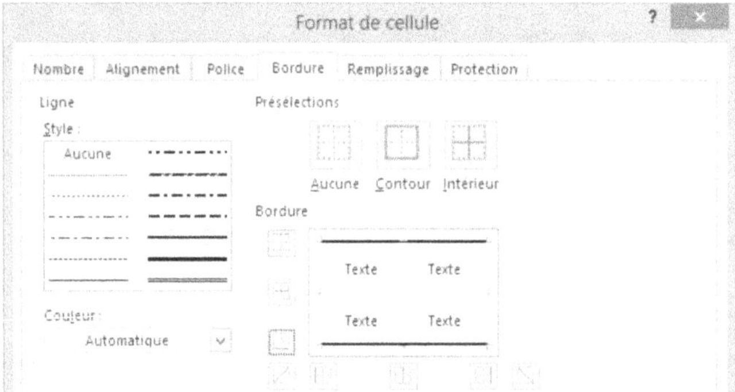

- Sélectionnez la plage A4:E8. Clic droit, ou appui long suivi de ▾, sur la sélection puis actionnez l'option *Format de cellule*. Dans le dialogue, sous l'onglet *Bordure*, sélectionnez un style de ligne fin, puis sous *Bordure*, clic ou double-appui sur la bordure haute puis basse de la vignette. Validez par [OK].

- Sélectionnez la plage B3:B9, sous l'onglet **Accueil**>groupe **Police**, actionnez la **flèche** du bouton **Bordures** (onglet **Accueil**>groupe **Police**) puis l'option *Bordure gauche*.

8 - ÉLARGISSEZ LA PREMIÈRE COLONNE

- Faites glisser-déplacer le séparateur droit de l'en-tête de colonne A, jusqu'à la largeur de à 15.

	A	B	C	D	E
1		Comparaison aux objectifs			
2					
3		Objectifs	Réalisations	Ecarts	Ecarts en %
4	Italie	8 000	8 360	360	4,5%
5	Espagne	15 000	14 320	-680	-4,5%
6	Portugal	13 000	15 651	2 651	20,4%
7	Belgique	11 000	11 910	910	8,3%
8	Grande-Bretagne	21 000	19 600	-1 400	-6,7%
9	Total	68 000	69 841	1 841	2,7%
10					

9 - CRÉEZ LE GRAPHIQUE

Vous représenterez, sous forme de cylindres, les objectifs et les résultats de chaque pays. Il faut commencer par un histogramme que vous changerez en cylindres.

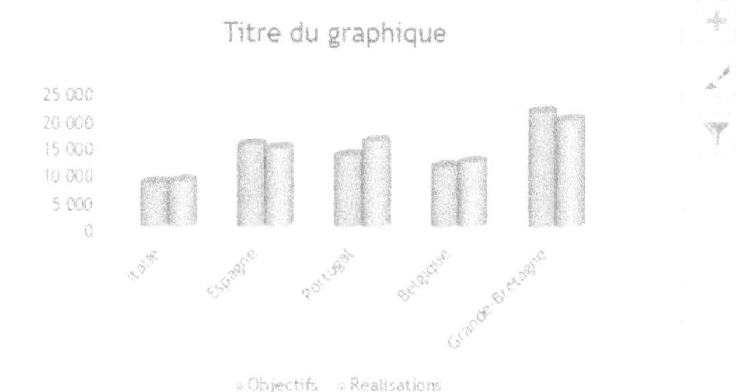

- Sélectionnez la partie du tableau contenant les données à représenter incluant les étiquettes des données, la plage A3:C8, puis sous l'onglet **Insertion**>groupe **Graphiques**, actionnez le bouton **Insérer un histogramme**, puis la première vignette sous *Histogramme 3D*.

- Double-clic/appui sur la série des *Objectifs*, le volet *Mettre forme des séries de données* s'ouvre sur la droite de la fenêtre. Actionnez l'onglet ▥*Options de séries*, sous la rubrique *Options des séries* activez la forme d'histogramme <⊙ Cylindre>.

- Actionnez la série des *Réalisations*, et activez aussi la forme d'histogramme <⊙Cylindre>.

- Modifiez le titre en `Comparaison aux objectifs`.

10 - VISUALISEZ L'APERÇU AVANT IMPRESSION

- Redimensionnez l'objet graphique légèrement moins large que le tableau en faisant glisser les poignées. Faites glisser ensuite l'objet graphique sous le tableau.

- Le graphique étant sélectionné, actionnez le bouton 🔍 *Aperçu et impression* de la barre d'outils *Accès rapide*. La page imprimée représentée à l'écran ne contient que le graphique. Revenez à l'affichage de la feuille de calcul.

- Actionnez une cellule de la feuille, puis repassez en mode *Aperçu avant impression*. Cette fois-ci la feuille est imprimée avec l'objet graphique à l'emplacement où vous l'avez positionné. Revenez à l'affichage de la feuille.

11 - DÉFINISSEZ LES MARGES D'IMPRESSION ET CENTREZ L'IMPRESSION

- Sélectionnez une cellule de la feuille de calcul, puis sous l'onglet **Mise en page**>groupe **Mise en page**, actionnez le bouton **Marges** puis l'option *Étroites*.

- Passez en mode *Aperçu avant impression*, actionnez l'icône *Zoom sur la page* : le tableau n'est pas centré sur la page. Actionnez le lien <u>Mise en page</u> en bas du panneau central des commandes, puis dans le dialogue *Mise en page*, sous l'onglet *Marges*, sous la section *Centrer sur la page*, cochez la case <☑ Horizontalement>, validez par [OK].

- Revenez à l'affichage de la feuille en actionnant ⊙ ou en tapant Echap.

12 - IMPRIMEZ LA FEUILLE

- Actionnez le bouton 🔍 *Aperçu et impression* de la barre d'outils *Accès rapide* pour voir l'aperçu avant impression, ou actionnez l'onglet **Fichier** puis **Imprimer**. Actionnez l'icône *Imprimer*. Revenez à l'affichage de la feuille de calcul.

- Même si l'impression n'est pas encore terminée, actionnez le bouton 💾 pour enregistrer le classeur, ou actionnez l'onglet **Fichier** puis **Enregistrer**. En dernier lieu, fermez le classeur.

CAS 7 : ÉVOLUTION ET TAUX DE CROISSANCE

LES DONNÉES

	A	B	C	D	E	F	G
1	Quantités consommées en litres, par an et par personne						
2							
3		1993	2003	2013	Croissance s	Croissance sur 10 ans	
4	Vin ordinaire	83,6	62,4	21,2			
5	Vin supérieur	7,5	8,7	10,4			
6	Apéritifs	2,7	3,1	3,6			
7	Bière	20,8	17,4	11,8			
8	Eau minérale	5,2	25,7	72,5			
9							

LES CALCULS

	A	B	C	D	E	F
1		Quantités consommées en litres, par an et par personne				
2						
3		1993	2003	2013	Croissance sur 20 ans	Croissance sur 10 ans
4	Vin ordinaire	83,6	62,4	21,2	=(D4-B4)/B4/20	=(D4-C4)/C4/10
5	Vin supérieur	7,5	8,7	10,4	=(D5-B5)/B5/20	=(D5-C5)/C5/10
6	Apéritifs	2,7	3,1	3,6	=(D6-B6)/B6/20	=(D6-C6)/C6/10
7	Bière	20,8	17,4	11,8	=(D7-B7)/B7/20	=(D7-C7)/C7/10
8	Eau minérale	5,2	25,7	72,5	=(D8-B8)/B8/20	=(D8-C8)/C8/10
9						

LE RÉSULTAT

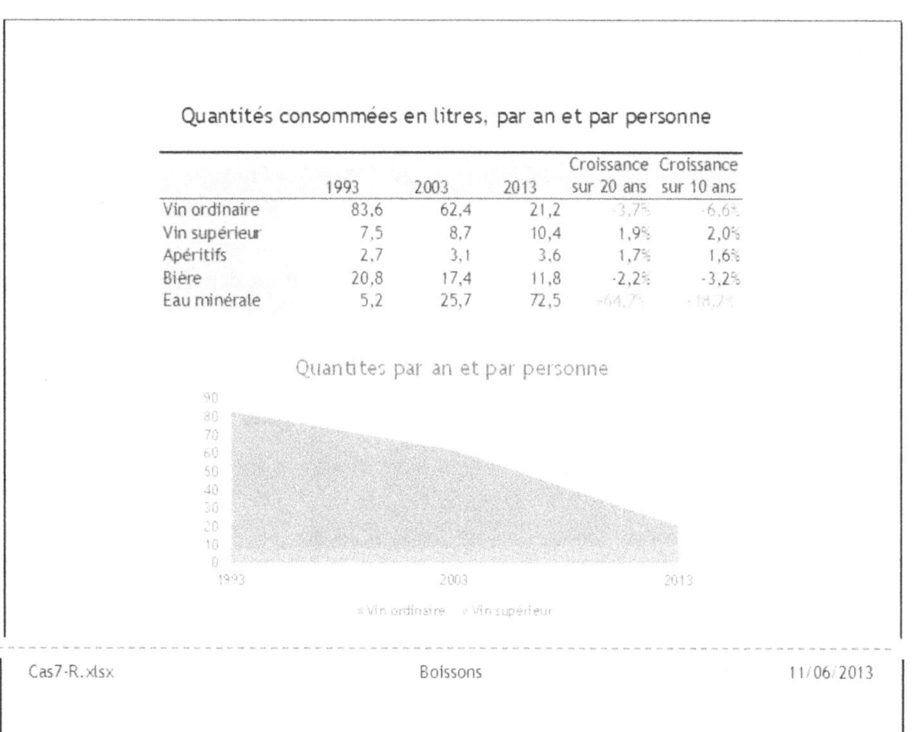

	1993	2003	2013	Croissance sur 20 ans	Croissance sur 10 ans
Vin ordinaire	83,6	62,4	21,2	-3,7%	-6,6%
Vin supérieur	7,5	8,7	10,4	1,9%	2,0%
Apéritifs	2,7	3,1	3,6	1,7%	1,6%
Bière	20,8	17,4	11,8	-2,2%	-3,2%
Eau minérale	5,2	25,7	72,5	-64,7%	-18,2%

CAS 7 : ÉVOLUTION ET TAUX DE CROISSANCE

Fonctions utilisées

– *Calculs : croissance en %*   – *Styles*

– *Largeur de colonne*   – *Format personnalisé*

– *Renvoi du texte à la ligne*   – *Graphique : surface*

12 mn

Vous allez calculer l'évolution de la consommation de certaines boissons en France, puis vous illustrerez celle du vin avec un graphique de type surface.

Les données chiffrées se trouvent dans le classeur `Cas7.xlsx`, présent dans le dossier `C:\Exercices Excel 201` ». Ouvrez ce fichier classeur et enregistrez-le sous le nom `Cas7-R`.

1 - MODIFIEZ LA LARGEUR DE COLONNE PAR GLISSER DU SÉPARATEUR D'EN-TÊTE

■ Actionnez l'en-tête de la colonne A. Augmentez le zoom à 150% pour plus de confort. Faites glisser le séparateur droit de l'en-tête de colonne jusqu'à une largeur de `15,00`. Revenez au facteur zoom 100%.

La largeur en cours de modification s'affiche dans une infobulle (glisser avec la souris) ou dans la zone Nom (glisser avec le doigt).

2 - CALCULEZ LE TAUX DE CROISSANCE ANNUEL MOYEN

Le taux de croissance annuel moyen sera pour nous la croissance en pourcentage entre les valeurs de deux années (celle de 2013 et celle de 2003), divisée par le nombre d'années.

■ Dans la cellule E4, tapez = pour commencer à créer une formule, tapez la parenthèse ouvrante (, actionnez la cellule D4, tapez –, actionnez la cellule B4, tapez la parenthèse fermante), tapez /, actionnez la cellule B4, tapez /20, validez par ⏎ ou actionnez ✓ .

■ Dans la cellule F4, tapez = pour commencer à créer une formule, tapez la parenthèse ouvrante (, actionnez la cellule D4, tapez –, actionnez la cellule C4, tapez la parenthèse fermante), tapez /, actionnez la cellule C4, tapez /10, validez par ⏎ ou actionnez ✓ .

■ Recopiez la formule de la cellule E4 dans la plage E4:E8 : sélectionnez la cellule E4, puis
  - (souris) faites glisser la poignée de recopie vers le bas sur la plage E4:E8 ;
  - (tactile) appui suivi de *Recopie incrémentée*, faites glisser la poignée 📥 sur la plage E4 :E8.

■ Recopiez de la même façon la formule de la cellule F4 dans la plage la plage F4:F8.

■ Définissez le nombre de décimales (visibles) à 4 : sélectionnez la plage E4:F8, puis sous l'onglet **Accueil**>groupe **Nombre**, actionnez le bouton **Réduire les décimales** jusqu'à avoir quatre décimales.

	A	B	C	D	E	F	G
1	Quantités consommées en litres, par an et par personne						
2							
3		1993	2003	2013	Croissance s	Croissance sur 10 ans	
4	Vin ordinaire	83,6	62,4	21,2	-0,0373	-0,0660	
5	Vin supérieur	7,5	8,7	10,4	0,0193	0,0195	
6	Apéritifs	2,7	3,1	3,6	0,0167	0,0161	
7	Bière	20,8	17,4	11,8	-0,0216	-0,0322	
8	Eau minérale	5,2	25,7	72,5	0,6471	0,1821	

3 - RENVOYEZ LE TEXTE À LA LIGNE DANS UNE CELLULE

	A	B	C	D	Croissance sur 20 ans	Croissance sur 10 ans
3		1993	2003	2013		
4	Vin ordinaire	83,6	62,4	21,2	-0,0373	-0,0660

■ Sélectionnez les cellules E3:F3, puis sous l'onglet **Accueil**>groupe **Alignement**, actionnez le bouton **Renvoyer à la ligne automatiquement**.

La hauteur de ligne s'ajuste automatiquement de façon à pouvoir afficher le texte entier contenu dans les cellules E3:F3, en conservant leur largeur actuelle et en renvoyant les mots qui ne tiennent pas sur une ligne à la ligne suivante dans la même cellule.

4 - FORMATEZ LE TITRE

- Sélectionnez la plage A1:F1, fusionnez les cellules et centrez en même temps : actionnez le bouton **Fusionner et centrer** du Ruban.
- Mettez la taille des caractères à *14* et appliquez la police du thème pour les en-têtes (*Calibri Light* avec le thème *Office* actuel). Appliquez ensuite le thème Berlin.

5 - FORMATEZ LES NOMBRES

- Sélectionnez la plage E4:F8, actionnez le bouton **Pourcentage** du Ruban, puis augmentez le nombre de décimales à 1 en actionnant le bouton **Ajouter une décimale**.

	A	B	C	D	E	F
1	Quantités consommées en litres, par an et par personne					
2						
3		1993	2003	2013	Croissance sur 20 ans	Croissance sur 10 ans
4	Vin ordinaire	83,6	62,4	21,2	-3,7%	-6,6%
5	Vin supérieur	7,5	8,7	10,4	1,9%	2,0%
6	Apéritifs	2,7	3,1	3,6	1,7%	1,6%
7	Bière	20,8	17,4	11,8	-2,2%	-3,2%
8	Eau minérale	5,2	25,7	72,5	64,7%	18,2%
9						

6 - FORMATEZ LES CELLULES DES ÉTIQUETTES

- Sélectionnez la plage B3:F3, actionnez le bouton **Centrer** (onglet **Accueil**>groupe **Alignement**).
- Changez la couleur de remplissage des plages A3:F3 et A4:A8 : actionnez la **flèche** du bouton **Remplissage** (onglet **Accueil**>groupe **Police**), puis actionnez la pastille *Blanc, Arrière-plan 1, plus sombre 15%*.
- Sélectionnez la plage A3:F3, appliquez une bordure épaisse en haut et une bordure fine en bas.

	A	B	C	D	E	F
1	Quantités consommées en litres, par an et par personne					
2						
3		1993	2003	2013	Croissance sur 20 ans	Croissance sur 10 ans
4	Vin ordinaire	83,6	62,4	21,2	-3,7%	-6,6%
5	Vin supérieur	7,5	8,7	10,4	1,9%	2,0%
6	Apéritifs	2,7	3,1	3,6	1,7%	1,6%
7	Bière	20,8	17,4	11,8	-2,2%	-3,2%
8	Eau minérale	5,2	25,7	72,5	64,7%	18,2%
9						

7 - DÉFINISSEZ UN STYLE DE CELLULE

Un style est un ensemble d'attributs de format qui sont mémorisés sous un nom et qui peuvent être appliqués ensemble en appliquant le style.

- Sélectionnez une des cellules d'étiquette, par exemple A5, puis, sous l'onglet **Accueil**>groupe **Style**, actionnez le bouton **Styles de cellules**, puis l'option *Nouveau style de cellule...* saisissez le nom du style `Tab1` et validez.

Le style `Tab1` est constitué des attributs de mise en forme de la cellule sélectionnée.

- Créez un style constitué des attributs de caractère *Rouge, Gras, Souligné* : actionnez une cellule qui n'a pas été mise en forme, par exemple A10 puis, sous l'onglet **Accueil**>groupe **Style**, actionnez le bouton **Styles de cellules** puis l'option *Nouveau style de cellule...*

CAS 7 : ÉVOLUTION ET TAUX DE CROISSANCE

- Dans le dialogue *Style*, saisissez le nom du style `RougeGrasSoul`, puis décochez les cases <☐ Nombre> <☐ Alignement> <☐ Bordure> <☐ Remplissage> <☐ Protection> pour ne laisser que <☑ Police>, et actionnez le bouton [Format].
  - Dans le dialogue *Format de cellule*, sous l'onglet *Police*, sélectionnez la <Couleur> : *Rouge*, le <Style> : *Gras* et le <Soulignement> : *Simple*, validez par [OK].
- Dans le dialogue *Style*, validez par [OK].

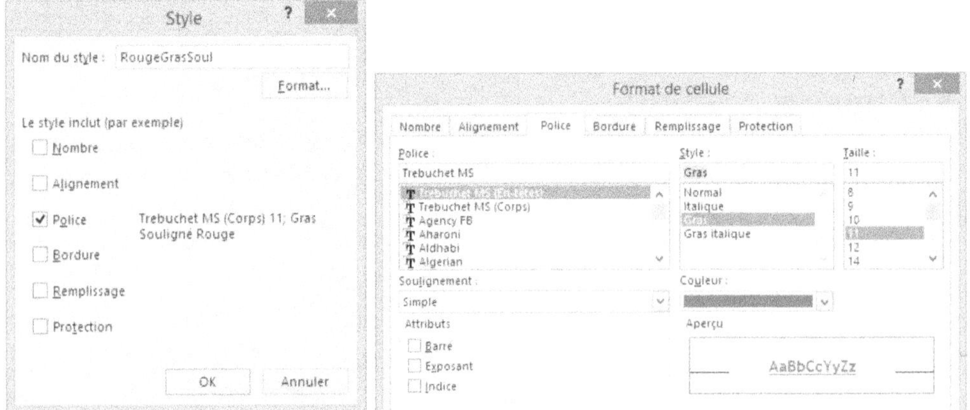

- De la même façon, créez un style `VertGras`, correspondant aux attributs de caractère couleur verte et gras.
- Appliquez un style : actionnez la cellule F4 puis, sous l'onglet **Accueil**>groupe **Style**, actionnez le bouton **Style de cellule**, dans la galerie des styles, actionnez la vignette du style *RougeGrasSoul*.
- Appliquez de la même façon le style *VertGras* à la cellule E5.
- Annulez l'application des formats personnalisés en annulant les deux dernières opérations : actionnez deux fois l'outil *Annuler* de la barre d'outils *Accès rapide*.

8 - UTILISEZ UN FORMAT PERSONNALISÉ

Nous voudrions que dans une plage les valeurs positives apparaissent automatiquement en vert et précédées du signe +, et que les valeurs négatives apparaissent automatiquement en rouge et précédées du signe -. Il faut utiliser un format personnalisé.

- Sélectionnez les cellules E4:F8 puis, sous l'onglet **Accueil**>groupe **Nombre**, actionnez le **lanceur** du groupe. Dans le dialogue, dans la zone <Catégorie> : sélectionnez *Personnalisée*, puis saisissez dans la zone <Type> : `[Vert]+0,0%  ;[Rouge]-0,0%`, validez par [OK].

- Nous voudrions maintenant que seules les valeurs positives `>+10%` (soit `>0,1`) apparaissent en vert, les valeurs négatives `<-3,5%` (soit `<-0,035`) apparaissent en rouge, les autres restent à la couleur définie pour la police de la cellule. Appliquez aux mêmes cellules le format personnalisé suivant : `[Vert][>0,1]+0,0%  ;[Rouge][<-0,035]-0,0%;0,0%`.

CAS 7 : ÉVOLUTION ET TAUX DE CROISSANCE

Le format personnalisé contient ici trois formats séparés par un point-virgule. Le premier format s'applique si la valeur est positive (ou condition entre crochets vraie), sinon le deuxième s'applique si la valeur est négative (ou condition entre crochets vraie), sinon le troisième s'applique si la valeur est nulle (ou les conditions précédentes fausses).

9 - SUPPRIMEZ DES FORMATS PERSONNALISÉS

Les formats personnalisés *RougeGrasSoul* et *VertGras* ont été créés comme cas d'école. Il faut les supprimer, car ils ne serviront plus.

- Sous l'onglet **Accueil**>groupe **Style**, actionnez le bouton **Styles de cellules**. Dans la galerie des styles, sous *Personnalisé*, clic droit ou appui long sur le style *RougeGrasSoul* puis actionnez l'option *Supprimer*.
- Supprimez de la même façon le style *VertGras* dont nous n'aurons plus besoin. Supprimez aussi le style *Tabl1*.

10 - CRÉEZ LE GRAPHIQUE

Nous voulons représenter les consommations de vin de qualités ordinaire et supérieure, sous la forme de surfaces (zones).

- Sélectionnez la partie du tableau contenant les données à représenter incluant les étiquettes des données, la plage A3:D5 puis, sous l'onglet **Insertion**>groupe **Graphiques**, actionnez le bouton **Insérer un graphique en aires** et sélectionnez la première vignette sous *Aires 2D*.
- Redimensionnez l'objet graphique pour que sa largeur soit la même que celle de la plage de données, et faites-le glisser sous le tableau.
- Modifiez le titre du graphique en Quantités par an et par personne.

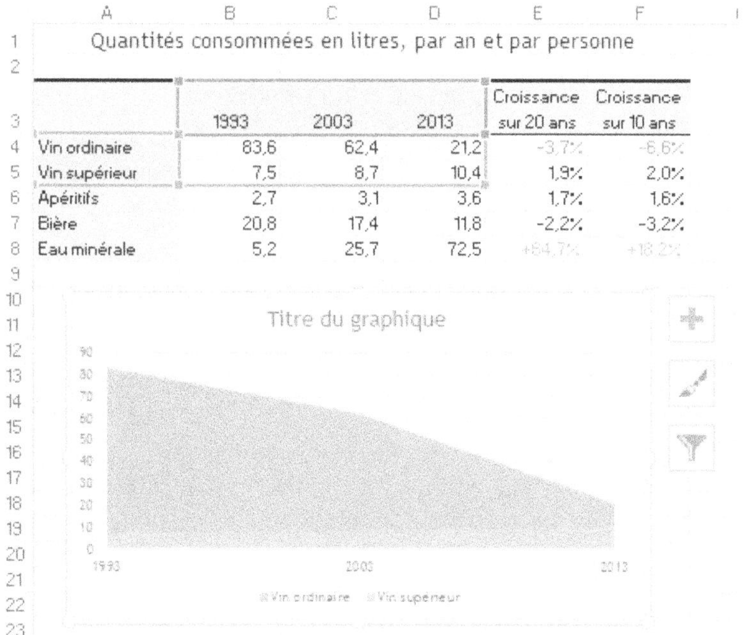

Quantités consommées en litres, par an et par personne

	1993	2003	2013	Croissance sur 20 ans	Croissance sur 10 ans
Vin ordinaire	83,6	62,4	21,2	-3,7%	-6,6%
Vin supérieur	7,5	8,7	10,4	1,9%	2,0%
Apéritifs	2,7	3,1	3,6	1,7%	1,6%
Bière	20,8	17,4	11,8	-2,2%	-3,2%
Eau minérale	5,2	25,7	72,5	+64,7%	+18,2%

La surface représentant le vin supérieur est devant la surface représentant le vin ordinaire. Elle recouvre partiellement la surface des vins ordinaires.

11 - DÉFINISSEZ LES MARGES D'IMPRESSION ET CENTREZ L'IMPRESSION

- Actionnez une cellule de la feuille de calcul puis, sous l'onglet **Mise en page**>groupe **Mise en page**, actionnez le bouton **Marges** puis l'option *Étroites*.

- Passez en mode aperçu avant impression et actionnez l'icône *Zoom sur la page*, de façon à voir les données en plus grand. Actionnez ensuite l'icône *Afficher les marges* : vous constatez que le tableau n'est pas centré sur la page.
- Actionnez le lien <u>Mise en page</u> dans le bas du panneau central des commandes. Dans le dialogue *Mise en page*, sous l'onglet *Marges*, sous *Centrer sur la page*, cochez la case <☑ Horizontalement>, validez par [OK].
- Revenez à l'affichage de la feuille de calcul.

12 - DÉFINISSEZ LES EN-TÊTES ET PIEDS DE PAGE

- Sous l'onglet **Insertion**>groupe **Texte**, actionnez le bouton **En-tête/pied de page** puis, sous l'onglet contextuel **Outils en-têtes/pieds de page/Création**>groupe **Navigation**, actionnez le bouton **Atteindre le pied de page ❶**.

Le pied de page s'affiche avec trois zones respectivement à gauche, au centre et à droite.

- Actionnez la zone de gauche, puis actionnez le bouton **Nom de fichier**.
  Actionnez la zone du centre, puis actionnez le bouton **Nom de la feuille**.
  Actionnez la zone de droite, puis actionnez le bouton **Date actuelle**.

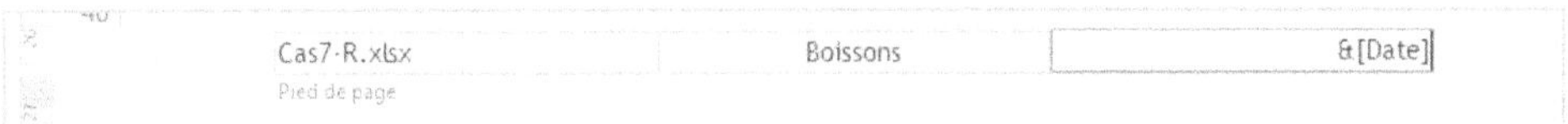

- Masquez les en-têtes/pieds de page : cliquez sur une cellule en dehors du pied de page, puis actionnez le bouton *Normal* dans la barre d'état d'Excel.

13 - POUR TERMINER

- Cliquez sur le bouton Q *Aperçu et impression* de la barre d'outils *Accès rapide* pour voir l'aperçu avant impression ; ou, actionnez l'onglet **Fichier** puis **Imprimer**.
  Revenez à l'affichage de la feuille de calcul.
- Actionnez le bouton *Impression rapide* pour imprimer ; ou, actionnez l'onglet **Fichier** puis **Imprimer**, enfin actionnez l'icône *Imprimer*. L'impression démarre.
- Actionnez le bouton de la barre d'outils *Accès rapide* pour enregistrer le classeur ; ou, actionnez l'onglet **Fichier** puis **Enregistrer**. En dernier lieu, fermez le classeur.

CAS 8 : CALCULER UNE RÉPARTITION

LES DONNÉES

	A	B	C	D	E	F
1	Exportations					
2						
3		CA	Répartition			
4	Europe du Nord	8362				
5	Europe du Sud	14320				
6	Afrique	15651				
7	Asie	11910				
8	Amérique du Nord	19600				
9	Total Export					
10						

LES CALCULS

	A	B	C
1		Exportations	
2			
3		CA	Répartition
4	Europe du Nord	8362	=CA/Total_Export
5	Europe du Sud	14320	=CA/Total_Export
6	Afrique	15651	=CA/Total_Export
7	Asie	11910	=CA/Total_Export
8	Amérique du Nord	19600	=CA/Total_Export
9	Total Export	=SOMME(B4:B8)	=SOMME(C4:C8)
10			

LES RÉSULTATS

	A	B	C	D	E
1		Exportations			
2					
3		CA	Répartition		
4	Europe du Nord	8 362 K€	12,0%		
5	Europe du Sud	14 320 K€	20,5%		
6	Afrique	15 651 K€	22,4%		
7	Asie	11 910 K€	17,1%		
8	Amérique du Nord	19 600 K€	28,1%		
9	Total Export	69 843 K€	100,0%		

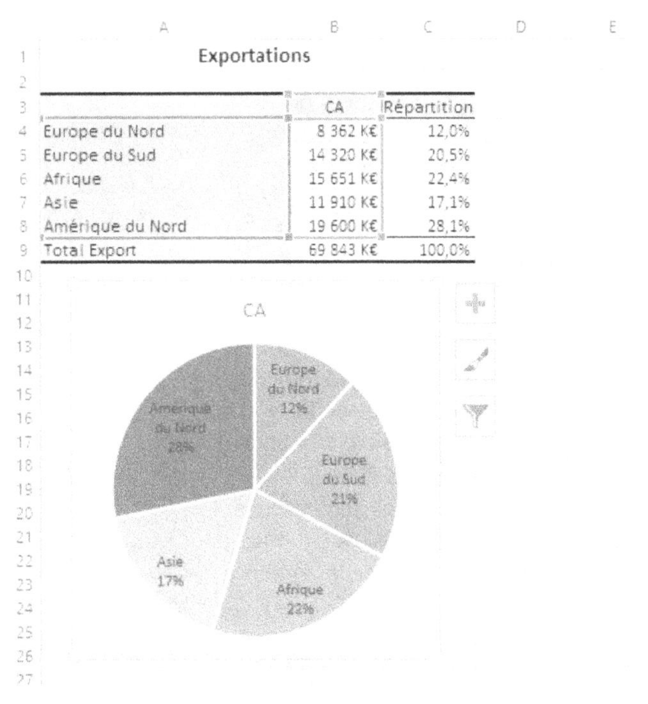

CAS 8 : CALCULER UNE RÉPARTITION

Fonctions utilisées

– *Calculs : répartition en %*
– *Format des nombres*
– *Format personnalisé*

– *Référence relative/absolue*
– *Utilisation des noms*
– *Graphique : secteur 3D*

8 mn

Partant de données chiffrées, vous allez calculer la répartition des ventes par pays et l'illustrer à l'aide d'un graphique de type secteur 3D. Les données chiffrées se trouvent dans le classeur `Cas8.xlsx`, présent dans le dossier `C:\Exercices Excel 2013`. Ouvrez ce fichier classeur et enregistrez-le sous le nom `Cas8-R`.

1 - CALCULEZ LES TOTAUX

- Sélectionnez la cellule B9, actionnez le bouton Σ *Somme* (**Formules**>**Bibliothèques de fonctions**, ou **Accueil**>**Édition**) la plage sélectionnée étant correcte, validez par ⏎ ou actionnez ✓.
- Copiez la formule : actionnez la cellule B9, puis :
  - (souris) faites glisser la poignée de recopie vers le bas sur la plage B9:C9 ;
  - (tactile) appui suivi de *Recopie incrémentée*, faites glisser la poignée ⬇ sur la plage B9:C9.

2 - CALCULEZ LA RÉPARTITION AVEC LES ADRESSES DES CELLULES

- Dans la cellule C4, tapez = pour commencer une formule, actionnez la cellule B4, tapez l'opérateur/, actionnez la cellule B9, validez par ⏎ ou actionnez ✓.
- Copiez la formule : sélectionnez la cellule C4, puis :
  - (souris), faites glisser la poignée de recopie jusqu'à C8 ;
  - (tactile) faites glisser la poignée tactile ronde pour englober C4:C8 puis **Remplissage**/*En bas* (procédé légèrement différent de celui utilisé ci-dessus).

Vous obtenez des erreurs `#DIV/O !`.

En effet, lorsque vous recopiez une formule d'une cellule source dans une cellule cible n lignes plus bas, si la formule contient des références relatives (ici B4 et B9), le numéro de ligne des références relatives s'accroît de n dans la formule de la cellule cible (ici 4+n et 9+n). La formule obtenue par copie dans la cellule C5 est donc `B5/B10`. Or, la cellule B10 est vide, c'est cela qui provoque une erreur de division par 0.

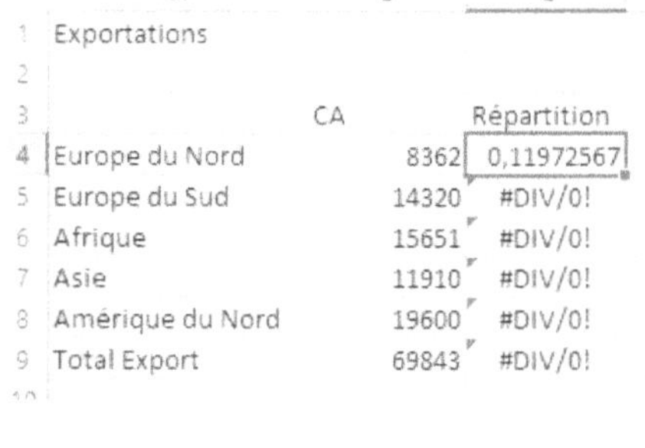

Pour éviter l'ajustement automatique de la référence B9 lors de la copie de la formule, il faut écrire la formule avec une référence absolue ($B$9 absolue en ligne et en colonne ou B$9 absolue en ligne et relative en colonne).

- Dans la cellule C4, réécrivez donc la formule `=B4/B$9`, avant de la recopier sur les autres lignes. Pour cela, double-clic/appui sur la cellule C4, puis actionnez dans la formule avant le 9 de la référence B9 et saisissez un symbole $.
- Recopiez ensuite la formule de la cellule C4 sur C4:C8, vous obtenez les valeurs de répartition. Le résultat dans la cellule C9 de la somme des valeurs des cellules C4:C8 est 1.

3 - Nommez les cellules

Les cellules ayant des étiquettes, il est commode de les utiliser dans les formules.

Aucune cellule n'a encore été nommée, vous pouvez le vérifier : sous l'onglet **Formules**>groupe **Noms définis**, actionnez le bouton **Gestionnaire de noms**. La liste des noms dans le dialogue est vide, refermez le dialogue.

Nous allons maintenant nommer automatiquement les cellules de la plage en utilisant les étiquettes des lignes et des colonnes, les noms pourront ensuite être utilisés dans les formules.

- Sélectionnez la plage A3:B9 puis, sous l'onglet **Formules**>groupe **Noms définis**, actionnez le bouton **Depuis sélection**, validez par [OK].

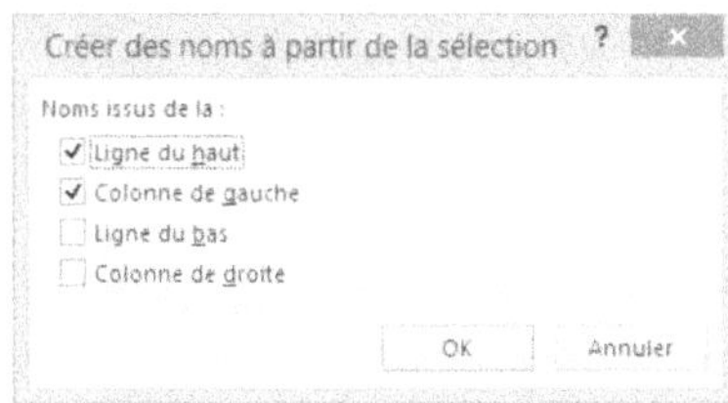

- Les noms sont créés, visualisez la liste des noms créés : sous l'onglet **Formules**>groupe **Cellules**, actionnez le bouton **Gestionnaire de noms**.

Notez que les espaces dans les noms ont été remplacés par des espaces soulignés.

4 - Calculez la répartition avec les noms des cellules

- Supprimez les formules des cellules C4:C8, pour les saisir à nouveau, cette fois-ci en utilisant les noms des cellules.

- Sélectionnez la cellule C4, tapez = pour commencer une formule, appuyez sur F3, double-clic/appui sur le nom *CA*, tapez /, appuyez sur F3, double-clic/appui sur le nom *Total_Export*, validez par ⏎ ou actionnez ✓.

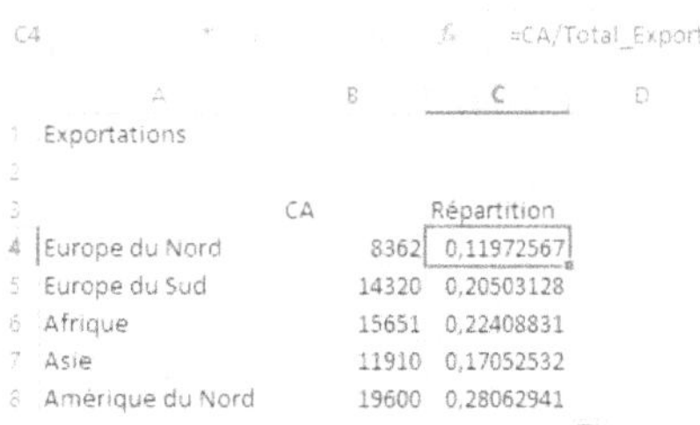

- Recopiez la formule de la cellule C4, comme à l'étape 2.

Le nom *CA* désigne la plage de cellules B4:B9 en colonne. Lorsque, dans une formule, vous utilisez le nom CA, vous référencez la cellule de colonne *CA* qui se trouve sur la même ligne que la formule. Voilà pourquoi, lorsque vous avez recopié la formule, la même formule donne des résultats calculés différents selon la ligne.

5 - Modifiez la largeur d'une colonne

- Actionnez l'en-tête de colonne A. Augmentez temporairement le zoom pour plus de confort. Faites glisser le séparateur droit d'en-tête de la colonne jusqu'à une largeur de 30.

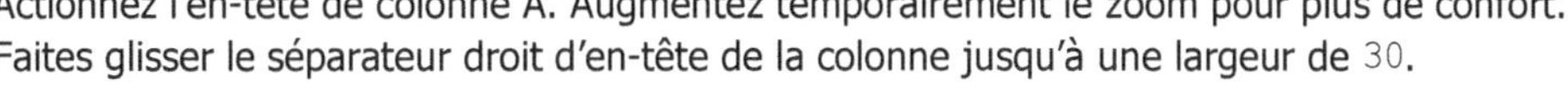

- Modifiez la largeur de colonne en l'ajustant automatiquement au contenu de la colonne : sélectionnez toute la colonne en actionnant l'en-tête A, puis sous l'onglet **Accueil**>groupe **Cellules**, actionnez le bouton **Format** puis l'option *Ajuster la largeur de colonne*.

6 - FORMATEZ LE TITRE ET LES ÉTIQUETTES

- Sélectionnez la plage A1:C1, fusionnez les cellules et centrez à l'aide du bouton situé sur le Ruban. Mettez en gras avec le raccourci clavier (tactile : utiliser le clavier virtuel), choisissez la taille de caractère 14 par la zone du Ruban.

- Sélectionnez les étiquettes du tableau A3:C3 et actionnez le bouton **Centrer**.

- Sélectionnez les cellules A9:C9, puis sous l'onglet **Accueil**>groupe **Police**, actionnez le bouton **Bordures**, puis l'option *Bordure simple en haut et épaisse en bas*.
  Sélectionnez les cellules A3:C3 puis, sous l'onglet **Accueil**>groupe **Police**, actionnez le bouton **Bordures**, puis l'option *Autres bordures* et spécifiez une bordure haute épaisse et une bordure basse simple, validez par [OK].

- Sélectionnez les plages A3:C3 et A3:A9, en même temps si vous utilisez la souris, successivement en utilisation tactile, et actionnez le bouton **Couleur de remplissage** puis l'option *Blanc, Arrière-plan 1, plus sombre 15%*.

7 - FORMATEZ LES NOMBRES EN POURCENTAGE

- Sélectionnez la plage C4:C9, actionnez le bouton **Pourcentage**, puis augmentez le nombre de décimales à 1.

8 - CRÉEZ UN FORMAT PERSONNALISÉ

Les chiffres du tableau sont en K€, vous voulez les faire apparaître dans un format personnalisé.

- Sélectionnez la plage B4:B9, sous l'onglet **Accueil**>groupe **Nombre**, actionnez le **lanceur** du groupe. Dans le dialogue, sélectionnez dans <Catégorie> : *Personnalisée*, dans <Type> : sélectionnez le format personnalisé # ## €;-# ##0 €" (le dixième dans la liste). Insérez des guillemets droits dans chacune des parties du format personnalisé, pour obtenir # ##0" K€";-# ##0" K€", validez par [OK].

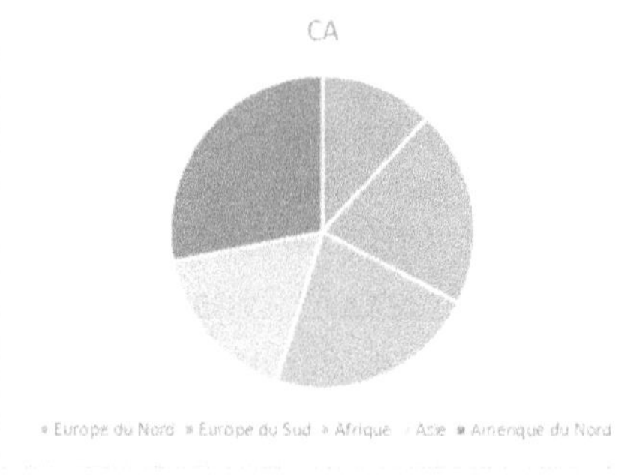

		A	B	C	D
1			Exportations		
2					
3				CA	Répartition
4		Europe du Nord		8 362 K€	12,0%
5		Europe du Sud		14 320 K€	20,5%
6		Afrique		15 651 K€	22,4%
7		Asie		11 910 K€	17,1%
8		Amérique du Nord		19 600 K€	28,1%
9		Total Export		69 843 K€	100,0%

- Les caractères que vous placez entre guillemets droits après # ##0 dans le format personnalisé sont affichés dans la cellule après le nombre.

9 - CRÉEZ LE GRAPHIQUE

Nous voulons représenter la répartition des exportations par pays sous forme d'un diagramme sectoriel.

- Sélectionnez la partie du tableau contenant les données à représenter incluant les étiquettes des données puis, sous l'onglet **Insertion**>groupe **Graphiques**, actionnez sur le bouton **Insérer un graphique en secteur**.
  Prévisualisez le graphique en amenant dessus le pointeur de la souris sans cliquer (ou, le doigt que vous glissez en gardant la pression).

- Lorsque vous avez choisi l'allure du graphique, cliquez sur la vignette (ou relâchez la pression du doigt).

10 - MODIFIEZ LE GRAPHIQUE

■ Nous voulons que les secteurs soient étiquetés, Actionnez le contour de l'objet graphique pour le sélectionner puis, sous l'onglet **Outils de graphique/Création**>groupe **Dispositions du graphique**, actionnez le bouton **Disposition rapide**, puis la première vignette de la galerie de disposition.

Les étiquettes comportent ici la légende suivie de la valeur du pourcentage représenté. Si un secteur est trop petit pour contenir l'étiquette sans qu'elle chevauche les secteurs adjacents, l'étiquette est en dehors du secteur, c'est le cas pour l'Europe du Nord.

■ Pour forcer cette étiquette à se placer sur le secteur : actionnez l'étiquette, ce qui sélectionne la série des étiquettes, puis actionnez une deuxième fois l'étiquette pour la sélectionner individuellement. Clic droit ou appui long sur cette étiquette, puis actionnez l'option *Mettre en forme l'étiquette de donnée...* et dans le volet, sous *Position de l'étiquette*, cochez l'option <⊙ Bord intérieur>, validez par [Fermer].

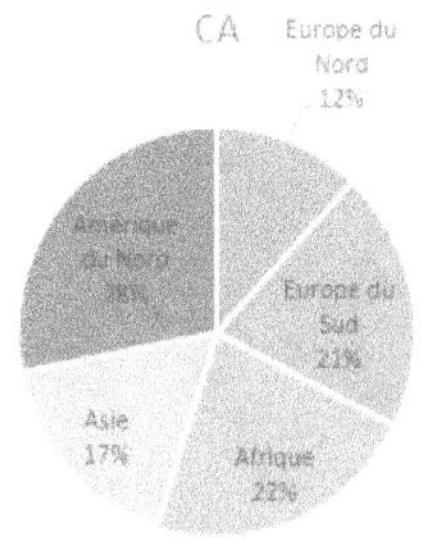
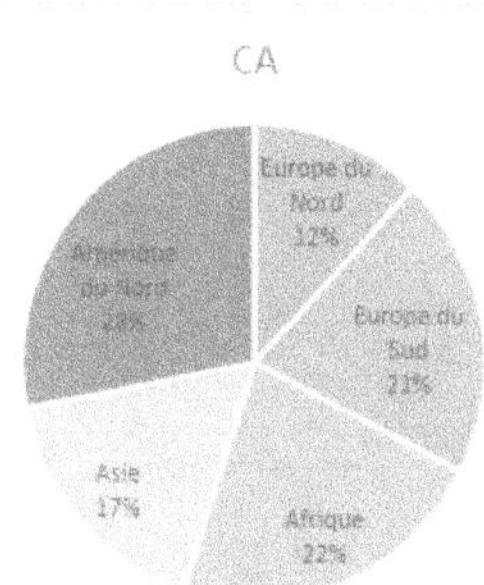

■ Actionnez un autre élément du graphique, puis actionnez une étiquette, ce qui sélectionne toute la série. Clic droit ou appui long sur la sélection, puis actionnez *Police...* et modifiez la taille des caractères à 10.

■ Redimensionnez l'objet graphique, à une taille légèrement inférieure à la largeur du tableau, positionnez-le sous le tableau.

11 - DÉFINISSEZ LES MARGES D'IMPRESSION ET CENTREZ L'IMPRESSION

■ Actionnez une cellule de la feuille de calcul puis, sous l'onglet **Mise en page**>groupe **Mise en page**, actionnez le bouton **Marges** puis l'option *Étroites*.

■ Passez en mode aperçu avant impression et actionnez l'icône *Zoom sur la page* pour voir l'impression en plus grand. Actionnez l'icône *Afficher les marges*.
Vous constatez que le tableau n'est pas centré sur la page.

■ Actionnez le lien <u>Mise en page</u> dans le bas du panneau central de commandes. Dans le dialogue *Mise en page*, sous l'onglet *Marges*, sous *Centrer sur la page* cochez la case <☑ Horizontalement>, validez par [OK].

■ Après avoir visualisé l'aperçu avant impression, revenez à l'affichage de la feuille de calcul.

12 - DÉFINISSEZ LES EN-TÊTES ET PIEDS DE PAGE

■ Sous l'onglet **Insertion**>groupe **Texte**, actionnez le bouton **En-tête/pied de page** puis, sous l'onglet contextuel **Outils en-têtes et pieds de page/Création**>groupe **Navigation**, actionnez le bouton **Atteindre le pied de page ❶**.

Le pied de page s'affiche avec trois zones respectivement à gauche, au centre et à droite.

- Actionnez la zone de gauche, puis le bouton **Nom de fichier**.
  Actionnez la zone du centre, puis le bouton **Nom de la feuille**.
  Actionnez la zone de droite, puis le bouton **Date actuelle**.

- Terminez la définition des en-têtes et pieds de page : actionnez une cellule en dehors du pied de page, puis actionnez l'icône *Normal* dans la barre d'état d'Excel.

13 - POUR TERMINER

- Actionnez le bouton *Aperçu et impression* de la barre d'outils *Accès rapide* pour obtenir l'aperçu avant impression ; ou actionnez l'onglet **Fichier** puis **Imprimer**.

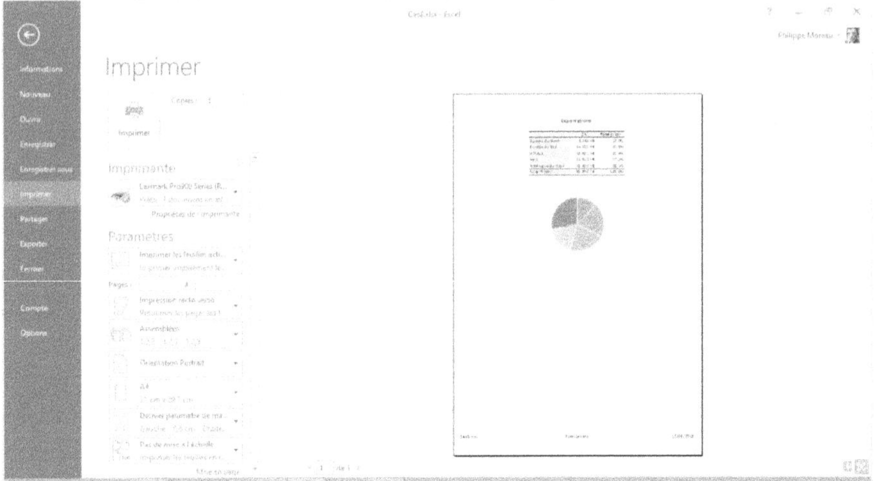

- Actionnez l'icône *Zoom sur la page* plusieurs fois pour basculer entre l'affichage à 100% et l'affichage page entière.

- Actionnez l'icône *Afficher les marges* plusieurs fois pour faire apparaître et masquer les marges sur l'aperçu.

- Actionnez l'icône *Imprimer*, dans le haut du panneau central de commandes, pour lancer l'impression.

- Revenez à l'affichage de la feuille de calcul, actionnez le bouton de la barre d'outils *Accès rapide* pour enregistrer le classeur ; ou actionnez l'onglet **Fichier** puis **Enregistrer**.

CAS 9 : ESTIMATIONS PRÉVISIONNELLES

LES DONNÉES

	A	B	C	D	E	F
1	Prévisions					
2						
3		Ventes anné	Taux prévu	Ventes anné	Ventes année n+2	
4	Italie	8360	0,07			
5	Espagne	14320	0,1			
6	Portugal	15651	0,05			
7	Belgique	11910	0,03			
8	Grande-Bret	19600	0,09			
9	TOTAL					

LES CALCULS

	A	B	C	D	E
1			Prévisions		
2					
3		Ventes année n	Taux prévu	Ventes année n+1	Ventes année n+2
4	Italie	8360	0,07	=B4*(1+C4)	=D4*(1+C4)
5	Espagne	14320	0,1	=B5*(1+C5)	=D5*(1+C5)
6	Portugal	15651	0,05	=B6*(1+C6)	=D6*(1+C6)
7	Belgique	11910	0,03	=B7*(1+C7)	=D7*(1+C7)
8	Grande-Bretagne	19600	0,09	=B8*(1+C8)	=D8*(1+C8)
9	TOTAL	=SOMME(B4:B8)		=SOMME(D4:D8)	=SOMME(E4:E8)

LES RÉSULTATS

	A	B	C	D	E	F
1			Prévisions			
2						
3		Ventes année n	Taux prevu	Ventes année n+1	Ventes année n+2	
4	Italie	8 360	7,0%	8 945	9 571	
5	Espagne	14 320	10,0%	15 752	17 327	
6	Portugal	15 651	5,0%	16 434	17 255	
7	Belgique	11 910	3,0%	12 267	12 635	
8	Grande-Bretagne	19 600	9,0%	21 364	23 287	
9	TOTAL	69 841		74 762	80 076	

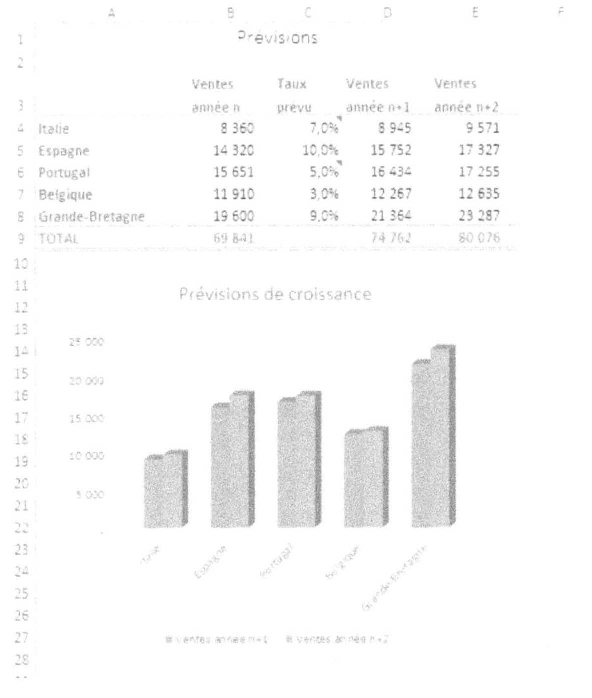

CAS 9 : ESTIMATIONS PRÉVISIONNELLES

Fonctions utilisées

– *Calculs basés sur un taux*

– *Format des nombres*

– *Copie de format*

– *Commentaire*

– *Modifier un style*

– *Graphique : histogramme 3D*

10 mn

À partir des ventes de l'année n, vous devez estimer celles des années n+1 et n+2 en vous basant sur un taux de croissance prévisionnel. Vous illustrerez les prévisions pour l'année n+1 avec un graphique de type histogramme 3D.

Les données chiffrées se trouvent dans le classeur `Cas9.xlsx`, présent dans le dossier `C:\Exercices Excel 2013`. Ouvrez ce fichier classeur et enregistrez-le sous le nom `Cas9-R`.

1 - METTEZ EN FORME LES ÉTIQUETTES

- Sélectionnez les étiquettes des colonnes du tableau A3:E3 puis, sous l'onglet **Accueil**>groupe **Alignement**, actionnez le bouton **Renvoyer à la ligne automatiquement**. Actionnez ensuite le bouton **Aligner en haut** sur le Ruban.

- Élargissez à `16,00` la colonne A contenant les étiquettes des lignes du tableau, en faisant glisser la séparation droite de l'en-tête de colonne A.

- Sélectionnez les cellules A3:E3, puis appliquez un style : sous l'onglet **Accueil**>groupe **Style**, actionnez le bouton **Style de cellules** puis la quatrième vignette (style nommé *Titre3*) dans la galerie sous la section *Titres et en-têtes*.

- Sélectionnez les cellules A4:A9, et appliquez-leur le style *Titre4*.

2 - FORMATEZ LES NOMBRES

- Sélectionnez B4:B9 puis, sous l'onglet **Accueil**>groupe **Nombre**, actionnez le bouton **Séparateur des milliers** puis deux fois le bouton **Réduire les décimales**.

- Sélectionnez C4:C9 puis, sous l'onglet **Accueil**>groupe **Nombre**, actionnez le bouton **Pourcentage** puis une fois le bouton **Ajouter une décimale**.

3 - CALCULEZ LES PRÉVISIONS

Calculez les estimations pour l'année n+1.

- Dans la cellule D4, tapez = pour commencer une formule, actionnez la cellule B4, tapez `*` (signe de multiplication), tapez la parenthèse ouvrante `(`, tapez `1`, tapez `+`, actionnez la cellule C4, tapez la parenthèse fermante `)`, validez par ⏎ ou actionnez ✓.

D4	▾	f_x	=B4*(1+C4)

- Recopiez la formule : (souris) actionnez la cellule D4 puis faites glisser la poignée de recopie pour étendre la sélection à la plage D4:D8 ; (tactile) faites glisser la poignée tactile ronde pour sélectionner D4:E8, puis utilisez le bouton **Remplissage**/*En bas* du Ruban.

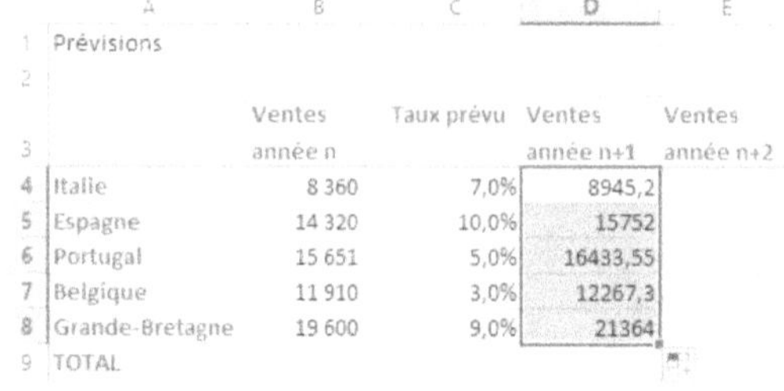

	A	B	C	D	E
1	Prévisions				
2					
3		Ventes année n	Taux prévu	Ventes année n+1	Ventes année n+2
4	Italie	8 360	7,0%	8945,2	
5	Espagne	14 320	10,0%	15752	
6	Portugal	15 651	5,0%	16433,55	
7	Belgique	11 910	3,0%	12267,3	
8	Grande-Bretagne	19 600	9,0%	21364	
9	TOTAL				

CAS 9 : ESTIMATIONS PRÉVISIONNELLES

Calculez les estimations pour l'année n+2.

- Dans la cellule E4, tapez = pour commencer une formule, actionnez la cellule D4, tapez *
  (signe de multiplication), tapez la parenthèse ouvrante (, tapez 1, tapez +, actionnez la cellule
  C4, tapez la parenthèse fermante), validez par ⏎ ou actionnez ✓.

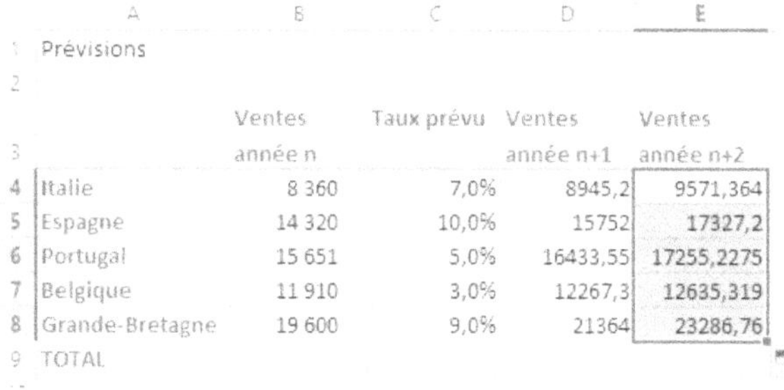

- Recopiez la formule de la cellule E4 sur la plage de cellules E4:E8.

	A	B	C	D	E
1	Prévisions				
2					
3		Ventes année n	Taux prévu	Ventes année n+1	Ventes année n+2
4	Italie	8 360	7,0%	8945,2	9571,364
5	Espagne	14 320	10,0%	15752	17327,2
6	Portugal	15 651	5,0%	16433,55	17255,2275
7	Belgique	11 910	3,0%	12267,3	12635,319
8	Grande-Bretagne	19 600	9,0%	21364	23286,76
9	TOTAL				

4 - FORMATEZ LES NOMBRES

- Sélectionnez les cellules D4:E9 puis, sous l'onglet **Accueil**>groupe **Nombre**, cliquez sur le **lanceur**
  du groupe. Dans le dialogue *Format de cellule*, sous l'onglet *Nombre*, sélectionnez dans
  <Catégorie> : *Comptabilité*, dans <Nombre de décimales> : 0, dans <Symbole>: *Aucune* pour
  ne pas afficher de symbole monétaire, validez par [OK].

- À titre d'exercice, vous allez utiliser la copie de mise en forme seule. Pour cela, commencez par
  annuler la commande précédente ou sélectionnez les cellules A4:D9 et appliquez-leur le style
  Normal. Ensuite, actionnez une cellule B4:B9 puis, sous l'onglet **Accueil**>groupe **Presse-papiers**,
  actionnez le bouton **Reproduire la mise en forme**, puis faites glisser le pointeur de la souris sur la
  plage D4:E9 (tactile : double-appui sur le bouton **Reproduire la mise en forme**, puis appui successif
  un à un sur chaque cellule de la plage D4 :D9).

5 - CALCULEZ LES TOTAUX

- Sélectionnez la cellule B9, actionnez le bouton Σ *Somme* du Ruban, la plage sélectionnée
  étant correcte, validez par ⏎ ou actionnez ✓.
- Recopiez cette formule : actionnez la cellule B9, utilisez les raccourcis clavier Ctrl+C et Ctrl+V
  pour copier la formule de la cellule B9 dans les cellules D9:E9. Pas dans la cellule C9, car faire la
  somme des taux de croissance n'aurait pas de sens.

6 - FORMATEZ LE TITRE

- Sélectionnez la plage A1:E1, fusionnez les cellules, en police de taille 14, choisissez la police du
  thème pour les en-têtes (*Calibri Light* pour le thème *Office*), centrez le contenu.

7 - APPLIQUEZ UN STYLE À LA LIGNE DES TOTAUX ET MODIFIEZ LE STYLE

- Sélectionnez les cellules A9:E9, appliquez-leur le style *Total*.
- Modifiez la couleur de police du style *Total* : actionnez le bouton **Styles de cellules** sur le Ruban, puis dans la galerie des styles, clic droit ou appui long sur la vignette du style *Total*, puis actionnez l'option *Modifier…* Dans le dialogue *Style* : actionnez le bouton [Format] qui ouvre le dialogue *Format de cellule* : sous l'onglet *Police* actionnez sous *Couleur de thème* la pastille *Bleu Accentuation 5*, validez le format par [OK], puis validez le style par [OK].

8 - APPLIQUEZ UN FOND GRISÉ UNE LIGNE SUR DEUX

- Sélectionnez A3:E4, A5:E5, A7:E7, A9:E9, en même temps à la souris, ou successivement en cas d'utilisation tactile. Puis, actionnez la **flèche** du bouton **Couleur de remplissage** sur le Ruban et sélectionnez la couleur *Blanc, Arrière-plan 5, plus sombre 5%*.

	A	B	C	D	E
1			Prévisions		
2					
3		Ventes année n	Taux prévu	Ventes année n+1	Ventes année n+2
4	Italie	8 360	7,0%	8 945	9 571
5	Espagne	14 320	10,0%	15 752	17 327
6	Portugal	15 651	5,0%	16 434	17 255
7	Belgique	11 910	3,0%	12 267	12 635
8	Grande-Bretagne	19 600	9,0%	21 364	23 287
9	TOTAL	69 841		74 762	80 076

9 - ASSOCIEZ UN COMMENTAIRE À UNE CELLULE

- Actionnez la cellule C3 puis, sous l'onglet **Révision**>groupe **Commentaires**, actionnez le bouton **Nouveau commentaire**. Saisissez le texte du commentaire puis actionnez une cellule en dehors du cadre de commentaire.

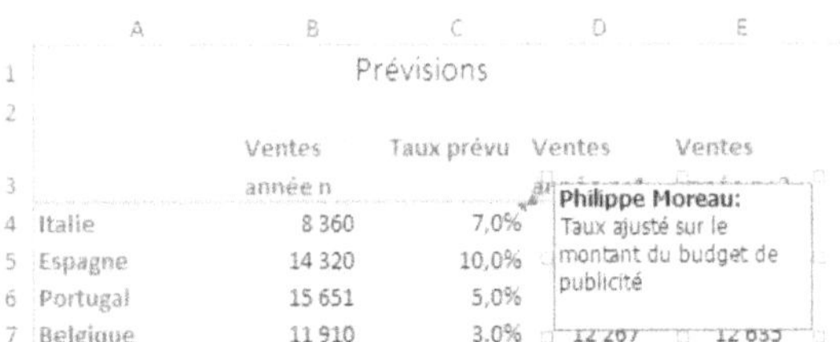

Une option permet de laisser tous les commentaires affichés : sous l'onglet **Révision**>groupe **Commentaires**, actionnez **Afficher tous les commentaires** pour activer ou non l'option. Dans notre cas, désactivez l'affichage permanent des commentaires.

L'existence d'un commentaire associé à une cellule est repérable par un triangle rouge dans le coin haut droit de la cellule.

- Pour afficher temporairement le commentaire d'une cellule, amenez le pointeur sur la cellule (pas d'équivalent tactile). Pour afficher en permanence le commentaire d'une cellule, actionnez-la, puis actionnez **Afficher/masquer le commentaire** (onglet **Révision**>groupe **Commentaires**).

10 - CRÉEZ LE GRAPHIQUE

Nous allons illustrer les prévisions par un histogramme 3D.

- Si vous utilisez la souris, sélectionnez les plages disjointes A3:A8 et D3:E8 (maintenez appuyée la touche Ctrl pour sélectionner des plages disjointes) contenant les données à représenter incluant les étiquettes, puis sous l'onglet **Insertion**>groupe **Graphiques**, actionnez le bouton **Colonne**, puis la première vignette sous *Histogramme 3D*.

- Si vous utilisez l'écran tactile seulement, sélectionnez d'abord D3:E8 une plage simple, construisez le graphique, comme précédemment. Puis, actionnez le bouton **Sélectionner des données** (onglet **Création**>groupe **Données**). Dans le dialogue, définissez la série des abscisses A3:A8 qui manquait.

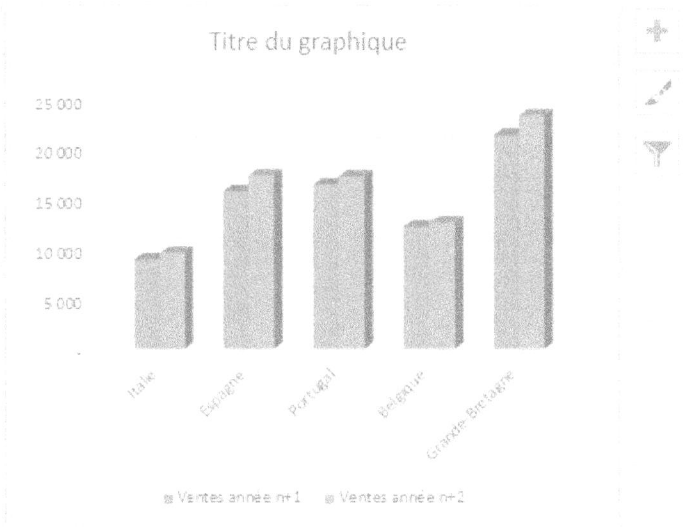

- Redimensionnez l'objet graphique, et positionnez-le sous le tableau.
- Modifiez le titre du graphique en `Prévisions de croissance`.

11 - DÉFINISSEZ LES MARGES D'IMPRESSION ET CENTREZ L'IMPRESSION

- Actionnez une cellule de la feuille de calcul puis, sous l'onglet **Mise en page**>groupe **Mise en page**, actionnez le bouton **Marges** et sélectionnez *Étroites*.
- Passez en mode aperçu avant impression et actionnez l'icône *Zoom sur la page*, pour voir la page réduite ou l'affichage en grand. Actionnez l'icône *Afficher les marges*. Vous constatez que le tableau n'est pas centré sur la page.
- Actionnez le lien <u>Mise en page</u> dans le bas du panneau central de commandes, puis dans le dialogue *Mise en page*, sous l'onglet *Marges*, sous *Centrer sur la page* cochez la case <☑ Horizontalement>, validez par [OK].
- Revenez à l'affichage de la feuille de calcul.

12 - DÉFINISSEZ LES EN-TÊTES ET PIEDS DE PAGE

- Sous l'onglet **Insertion**>groupe **Texte**, actionnez le bouton **En-tête/pied** puis, sous l'onglet contextuel **Outils en-têtes et pieds de page/Création**>groupe **Navigation**, actionnez le bouton **Atteindre le pied de page ❶**.

Le pied de page s'affiche avec trois zones respectivement à gauche, au centre et à droite.

- Actionnez la zone de gauche, puis le bouton **Nom de fichier**.
  Actionnez la zone du centre, puis le bouton **Nom de la feuille**.
  Actionnez la zone de droite, puis le bouton **Date actuelle**.

| Cas9-R.xlsx | Exportations | &[Date] |

13 - POUR TERMINER

- Actionnez le bouton 🖶 *Aperçu et impression* de la barre d'outils *Accès rapide* pour obtenir l'aperçu avant impression ; ou actionnez l'onglet **Fichier** puis **Imprimer**.

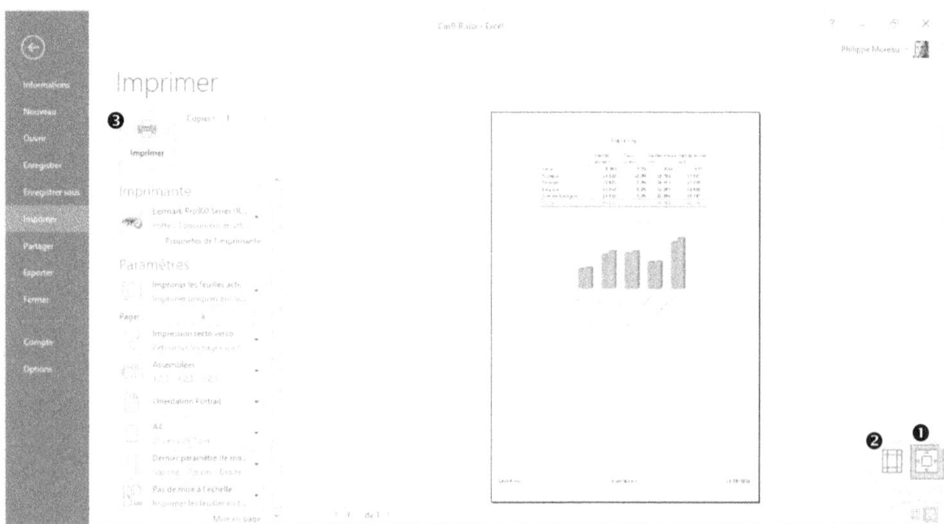

- Actionnez l'icône *Zoom sur la page* ❶ plusieurs fois pour basculer entre l'affichage à 100% et l'affichage page entière.
- Actionnez l'icône *Afficher les marges* ❷ plusieurs fois pour faire apparaître et masquer les marges sur l'aperçu.
- Actionnez l'icône *Imprimer* ❸, en haut du panneau central de commandes, pour lancer l'impression.
- Actionnez le bouton 🖶 de la barre d'outils *Accès rapide* pour enregistrer le classeur ; ou, actionnez l'onglet **Fichier** puis **Enregistrer**.

CAS 10 : STATISTIQUES SUR DES NOTES

LES DONNÉES

	A	B	C	D	E	F	G	H	I	J
1	Classe Terminale S									
2	Nom	Prénom	Philosophi	Histoire Gé	Mathémati	Physique Cl	Anglais	Moyenne	Moyenne pondérée	
3	LESIEUR	André	10,4	13,8	17,9	15,6	17,3			
4	PERRUCIO	Thérèse	11,2	15,6	11,5	12,4	13,3			
5	ROMERO	François	8,4	14,4	11,8	13,3	14,2			
6	TRIBOULET	Marie	8,5	9,8	17,2	15,3	10,5			
7	VILLON	Arnaud	13	13,5	11,5	9,4	14			
8	SCHNEIDER	Bernard	7,5	11,3	14,3	13,5	11,7			
9	PERROT	Alix	6,4	9,6	14,9	18,1	17,2			
10	MICHALON	Camille	12,5	11,5	16	13	15,5			
11	LOISEL	Bastien	14	13,5	11,2	12,5	11,5			
12	JACQUINOT	Laurent	9,5	7,5	9,5	11,5	8,5			
13	DUPUIS	Pierre	7,5	16,5	18	15	12			
14	FRANCESCI	Anne	12,5	11	13,4	11,5	15			
15	HIDALGO	Guillaume	6,5	12	13,5	11	12			
16	BLAYAU	Vincent	13	12,5	14	15,5	14,5			
17	KLEIN	Damien	10,5	9,5	12	11	12			
18	ALLIOT	Thierry	11	15	10	16	14			
19	DE KISS	Christophe	12,5	12	16	13,5	14			
20	GRATIEN	Daniel	9	11	13	11	8,5			
21	GRAVELAT	Edouard	10	14	10	15	13,5			
22	DENIAU	Hélène	11	14	10	11	12			
23	CHATEL	Marjorie	6,5	13,5	9,5	11	14			
24	BLANC	Hubert	8,5	12	14	8	12,5			
25										
26	Pondération		2	4	8	6	5			
27	Moyenne									
28	Note la Plus Basse									
29	Note la plus haute									
30	Nb d'élèves ayant 10 ou plus									
31	Nb d'élève ayant moins de 8									
32										

FONCTIONS STATISTIQUES ET GRISÉ D'UNE LIGNE SUR DEUX

	A	B	C	D	E	F	G	H	I	J
1	Classe Terminale S									
2	Nom	Prénom	Philosophie	Histoire Géographie	Mathématiques	Physique Chimie	Anglais	Moyenne	Moyenne pondérée	
3	LESIEUR	André	10,4	13,8	17,9	15,6	17,3	15	15,972	
4	PERRUCIO	Thérèse	11,2	15,6	11,5	12,4	13,3	12,8	12,708	
5	ROMERO	François	8,4	14,4	11,8	13,3	14,2	12,42	12,784	
6	TRIBOULET	Marie	8,5	9,8	17,2	15,3	10,5	12,26	13,524	
7	VILLON	Arnaud	13	13,5	11,5	9,4	14	12,28	11,936	
8	SCHNEIDER	Bernard	7,5	11,3	14,3	13,5	11,7	11,66	12,564	
9	PERROT	Alix	6,4	9,6	14,9	18,1	17,2	13,24	14,6	
10	MICHALON	Camille	12,5	11,5	16	13	15,5	13,7	14,18	
11	LOISEL	Bastien	14	13,5	11,2	12,5	11,5	12,54	12,164	
12	JACQUINOT	Laurent	9,5	7,5	9,5	11,5	8,5	9,3	9,46	
13	DUPUIS	Pierre	7,5	16,5	18	15	12	13,8	15	
14	FRANCESCI	Anne	12,5	11	13,4	11,5	15	12,68	12,808	
15	HIDALGO	Guillaume	6,5	12	13,5	11	12	11	11,8	
16	BLAYAU	Vincent	13	12,5	14	15,5	14,5	13,9	14,14	
17	KLEIN	Damien	10,5	9,5	12	11	12	11	11,24	
18	ALLIOT	Thierry	11	15	10	16	14	13,2	13,12	
19	DE KISS	Christophe	12,5	12	16	13,5	14	13,6	14,08	
20	GRATIEN	Daniel	9	11	13	11	8,5	10,5	10,98	
21	GRAVELAT	Edouard	10	14	10	15	13,5	12,5	12,54	
22	DENIAU	Hélène	11	14	10	11	12	11,6	11,36	
23	CHATEL	Marjorie	6,5	13,5	9,5	11	14	10,9	11,16	
24	BLANC	Hubert	8,5	12	14	8	12,5	11	11,5	
25										
26	Pondération		2	4	8	6	5			
27	Moyenne		10,00	12,43	13,15	12,91	13,08			
28	Note la Plus Basse		6,40	7,50	9,50	8,00	8,50			
29	Note la plus haute		14,00	16,50	18,00	18,10	17,30			
30	Nb d'élèves ayant 10 ou plus		12	18	20	20	20			
31	Nb d'élève ayant moins de 8		5	1	0	0	0			

CAS 10 : STATISTIQUES SUR DES NOTES

Fonctions utilisées

– Fonction SOMME(), MOYENNE()   – Moyenne pondérée

– Fonction NB.SI()   – Griser une ligne sur deux

– Bordures de cellules   – Orientation Paysage

10 mn

Vous allez établir la moyenne pondérée des notes des élèves d'une classe et, pour évaluer la classe dans son ensemble, vous calculerez la moyenne par matière, le nombre d'élèves ayant au moins la moyenne et le nombre d'élèves ayant moins de 8.

Les données chiffrées se trouvent dans le classeur `Cas10.xlsx`, présent dans le dossier `C:\Exercices Excel 2013`. Ouvrez ce fichier classeur et enregistrez-le sous le nom `Cas10-R`.

1 - RÉGLEZ LA LARGEUR DES COLONNES ET LA HAUTEUR DES ÉTIQUETTES

■ Sélectionnez les cellules d'étiquettes des colonnes A2:I2 puis, sous l'onglet **Accueil**>groupe **Alignement**, actionnez le **lanceur** du dialogue du groupe. Le dialogue *Format de cellule* s'affiche, avec l'onglet *Alignement* actif.

■ Choisissez un alignement <Horizontal> : *Centré*, un alignement <Vertical> : *Haut*, et cochez <☑ Renvoyer à la ligne automatiquement>, validez par [OK].

■ Réglez la largeur des colonnes en faisant glisser les séparateurs d'en-têtes de colonne : sélectionnez les colonnes C:I, faites glisser le séparateur droit de la dernière colonne I, jusqu'à une largeur de `16.00`, assez large pour bien afficher toutes les étiquettes.

2 - ENCADREZ LES CELLULES EN UTILISANT LE BOUTON BORDURES

■ Sélectionnez C2:I24, actionnez la **flèche** du bouton [   ] puis l'option *Autres bordures…* Actionnez l'icône *Contour* ❶, puis dans la vignette le trait vertical central ❷, validez par [OK].

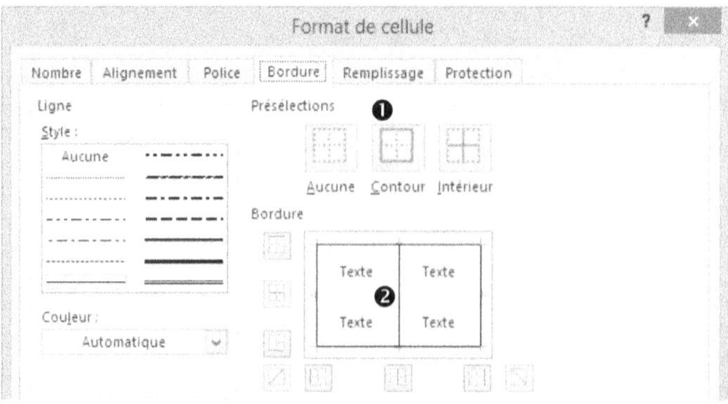

CAS 10 : STATISTIQUES SUR DES NOTES

- Sélectionnez A2:I2, puis actionnez la **flèche** du bouton puis *Bordures extérieures*.
- Sélectionnez A2:B24, puis réappliquer la même bordure de la même façon.
- Sélectionnez A26:B31, puis réappliquez la même bordure en utilisant le bouton *Répéter*.
- Sélectionnez C26:I31, puis actionnez la **flèche** du bouton □ puis *Toutes les bordures*.

	A	B	C	D	E	F	G	H	I
1	Classe Terminale S								
2	Nom	Prénom	Philosophie	Histoire Géographie	Mathématiques	Physique Chimie	Anglais	Moyenne	Moyenne pondérée
3	LESIEUR	André	10,4	13,8	17,9	15,6	17,3		
4	PERRUCIO	Thérèse	11,2	15,6	11,5	12,4	13,3		
5	ROMERO	François	8,4	14,4	11,8	13,3	14,2		
6	TRIBOULET	Marie	8,5	9,8	17,2	15,3	10,5		
7	VILLON	Arnaud	13	13,5	11,5	9,4	14		
8	SCHNEIDER	Bernard	7,5	11,3	14,3	13,5	11,7		
9	PERROT	Alix	6,4	9,6	14,9	18,1	17,2		
10	MICHALON	Camille	12,5	11,5	16	13	15,5		
11	LOISEL	Bastien	14	13,5	11,2	12,5	11,5		
12	JACQUINOT	Laurent	9,5	7,5	9,5	11,5	8,5		
13	DUPUIS	Pierre	7,5	16,5	18	15	12		
14	FRANCESCI	Anne	12,5	11	13,4	11,5	15		
15	HIDALGO	Guillaume	6,5	12	13,5	11	12		
16	BLAYAU	Vincent	13	12,5	14	15,5	14,5		
17	KLEIN	Damien	10,5	9,5	12	11	12		
18	ALLIOT	Thierry	11	15	10	16	14		
19	DE KISS	Christophe	12,5	12	16	13,5	14		
20	GRATIEN	Daniel	9	11	13	11	8,5		
21	GRAVELAT	Edouard	10	14	10	15	13,5		
22	DENIAU	Hélène	11	14	10	11	12		
23	CHATEL	Marjorie	6,5	13,5	9,5	11	14		
24	BLANC	Hubert	8,5	12	14	8	12,5		
25									
26	Ponderation		2	4	8	6	5		
27	Moyenne								
28	Note la Plus Basse								
29	Note la plus haute								
30	Nb d'élèves ayant 10 ou plus								
31	Nb d'élève ayant moins de 8								

3 - CRÉEZ LES FORMULES DE MOYENNE DES ÉLÈVES

- Sélectionnez la cellule H3, actionnez l'icône f_x dans la barre de formule, sélectionnez la catégorie *Statistiques*, sélectionnez la fonction *MOYENNE*, validez par [OK]. Sélectionnez dans la feuille la plage C3:G3 (argument de la fonction moyenne), validez par [OK].
- Copiez la formule sans la mise en forme de la cellule : actionnez la cellule, puis :
    - (souris) faites glisser la poignée de recopie vers le bas sur la plage H3:H24 ;
    - (tactile) appui suivi de *Recopie incrémentée*, faites glisser la poignée ⬇ sur la plage H3:H24.
- Actionnez ensuite la balise ▦ ·, puis l'option *Recopier les valeurs sans la mise en forme*.

4 - CRÉEZ LES FORMULES DE MOYENNE PONDÉRÉE DES ÉLÈVES

Vous utiliserez des références absolues en ligne pour les pondérations (C\$26, D\$26, E\$26, F\$26 et G\$26) car vous voulez recopier la formule dans les cellules des autres lignes.

- Dans I3, créez la formule :

```
=(C3*C$26+D3*D$26+E3*E$26+F3*F$26+G3*G$26)/somme(C$26:G$26).
```

Vous pouvez saisir les références aux cellules, vous pouvez aussi les collecter : dans la cellule I3, tapez = (, actionnez la cellule C3, tapez *, actionnez la cellule C26, tapez deux fois sur la touche F4, tapez sur +, actionnez la cellule D3, tapez *, actionnez la cellule D26, tapez deux fois sur la touche F4, etc.

- Copiez la formule : actionnez la cellule I3, puis :
    - (souris) faites glisser la poignée de recopie vers le bas sur la plage I3:I24 ;
    - (tactile) appui suivi de *Recopie incrémentée*, puis faites glisser la poignée ⬇ sur la plage I3:I24.
- Actionnez la balise ▦ ·, puis l'option *Recopier les valeurs sans la mise en forme*.

5 - CRÉEZ LES FORMULES STATISTIQUES SUR LA CLASSE

Nous utiliserons des références relatives en colonne, de façon à pouvoir recopier la formule dans les autres colonnes, avec ajustement de la référence colonne.

- Dans la cellule C27, créez la formule :
  `=MOYENNE(C3:C24)`.

- Dans la cellule C28, créez la formule :
  `=MIN(C3:C24)`.

- Dans la cellule C29, créez la formule :
  `=MAX(C3:C24)`.

	A	B	C
25			
26	Pondération		2
27	Moyenne		9,995454545
28	Note la Plus Basse		6,4
29	Note la plus haute		14
30	Nb d'élèves ayant 10 ou plus		12
31	Nb d'élève ayant moins de 8		5

- Dans la cellule C30, créez la formule : `=NB.SI(C3:C24;">=10")`.

  Procédez de la façon suivante : actionnez la cellule C30, actionnez l'icône f_x de la barre de formule, sélectionnez la <Catégorie> : *Statistiques*, sélectionnez la fonction *NB.SI*, validez par [OK]. Actionnez la zone <Plage> et puis sélectionnez dans la feuille la plage C3:C24 (argument de la fonction), actionnez la zone <Critère> et saisissez le critère >=10, validez par [OK].

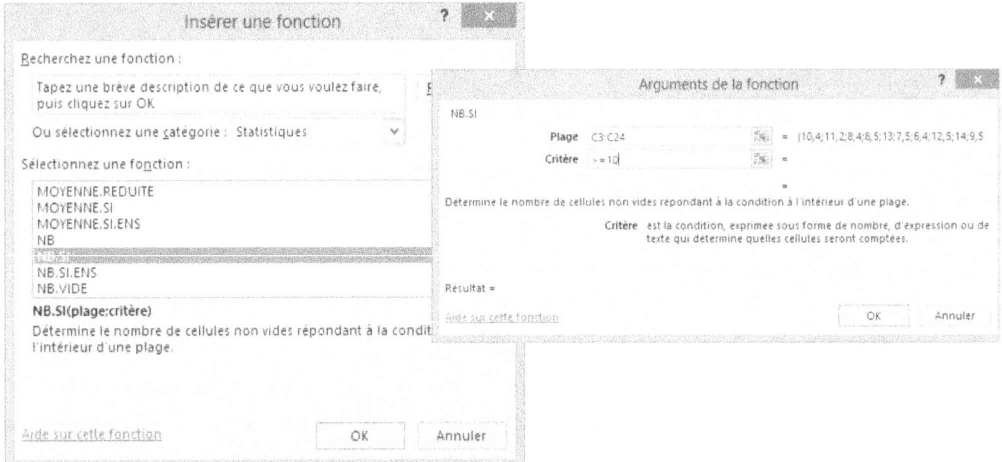

- Dans la cellule C31, créez la formule : `=NB.SI(C3:C24;"<8")`.

6 - FORMATEZ LES CELLULES ET COPIEZ LES FORMULES AVEC LES FORMATS

- Le résultat des formules peut avoir des décimales, nous voulons fixer l'affichage de ces décimales au nombre de 2. Pour cela, sélectionnez les cellules C27:C29 puis, sous l'onglet **Accueil**, actionnez le **lanceur** de dialogue du groupe **Nombre**. Dans la zone <Sélectionnez une catégorie> : choisissez *Nombre*, dans la zone <Nombre de décimales> : spécifiez la valeur 2, validez par [OK].

- Recopiez les formules des cellules C27:C31 : sélectionnez la plage C27:C31, puis :
  - (souris) faites glisser la poignée de recopie vers la droite sur la plage C27:G31 ;
  - (tactile) appui suivi de *Recopie incrémentée*, faites glisser la poignée sur la plage C27:G31.

Le format est copié avec la formule, selon notre figure, c'est ce que nous voulons.

26	Pondération	2	4	8	6	5
27	Moyenne	10,00	12,43	13,15	12,91	13,08
28	Note la Plus Basse	6,40	7,50	9,50	8,00	8,50
29	Note la plus haute	14,00	16,50	18,00	18,10	17,30
30	Nb d'élèves ayant 10 ou plus	12	18	20	20	20
31	Nb d'élève ayant moins de 8	5	1	0	0	0

CAS 10 : STATISTIQUES SUR DES NOTES

Le format Nombre à deux décimales affiche deux décimales, en arrondissant le nombre à la deuxième décimale la plus proche. Par exemple, dans la cellule C27, `9,995454545` est arrondi à `10,00`. Et, lorsqu'un nombre n'a pas deux décimales, le format ajoute le chiffre 0 non significatif de façon à obtenir deux décimales : par exemple, dans la cellule C29, `14` s'affiche `14,00`. Et dans la cellule C28, `6,4` s'affiche `6,40`.

7 - MISE EN FORME CONDITIONNELLE SELON LA PARITÉ DES N° DE LIGNE

Pour lire les notes d'un même élève sur une même ligne, vous pouvez surligner une ligne sur deux par une couleur de remplissage peu soutenue. Une astuce peut être d'utiliser une mise en forme conditionnelle selon que le numéro de ligne des cellules est pair ou impair.

La fonction LIGNE(référence) renvoie le numéro de ligne de la cellule référencée. La fonction EST.IMPAIR(nombre) renvoie la valeur VRAI si le nombre est impair ou FAUX s'il est pair.

- Sélectionnez la plage A2:I24 puis, sous l'onglet **Accueil**>groupe **Style**, actionnez **Mise en forme conditionnelle**, puis l'option *Règles de mise en surbrillance des cellules*, puis *Autres règles...*

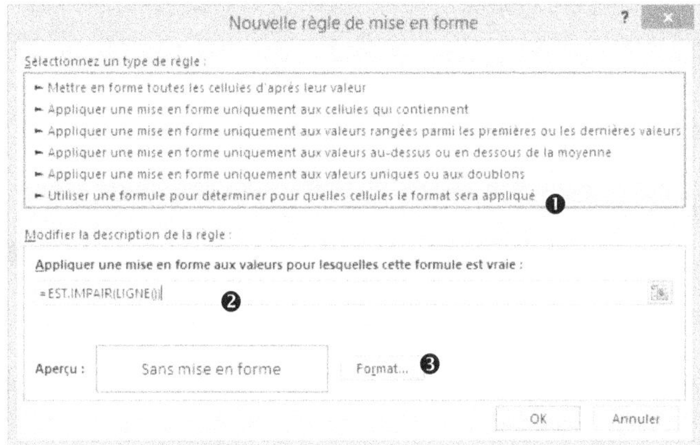

- Sélectionnez le type de règle ❶ *Utiliser une formule pour déterminer pour quelles cellules le format sera appliqué*, puis ❷ saisissez la formule `=EST.IMPAIR(LIGNE())`, ❸ actionnez le bouton [Format] et choisissez la couleur de remplissage, un grisé par exemple, validez le format par [OK], puis validez la règle par [OK].

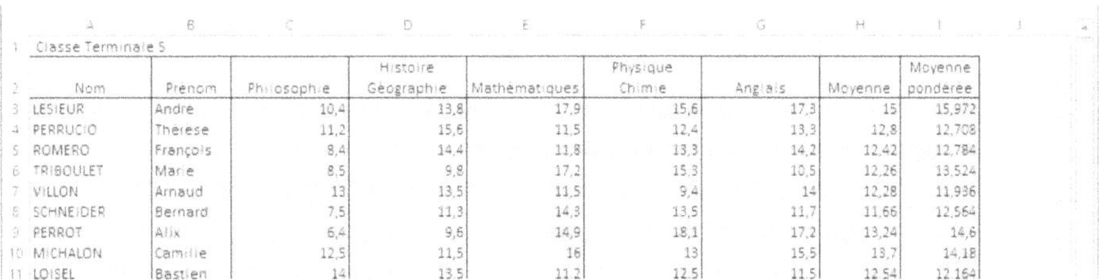

	A	B	C	D	E	F	G	H	I	J
1	Classe Terminale S									
2	Nom	Prénom	Philosophie	Histoire Géographie	Mathématiques	Physique Chimie	Anglais	Moyenne	Moyenne pondérée	
3	LESIEUR	Andre	10,4	13,8	17,9	15,6	17,3	15	15,972	
4	PERRUCIO	Therese	11,2	15,6	11,5	12,4	13,3	12,8	12,708	
5	ROMERO	François	8,4	14,4	11,8	13,3	14,2	12,42	12,784	
6	TRIBOULET	Marie	8,5	9,8	17,2	15,3	10,5	12,26	13,524	
7	VILLON	Arnaud	13	13,5	11,5	9,4	14	12,28	11,936	
8	SCHNEIDER	Bernard	7,5	11,3	14,3	13,5	11,7	11,66	12,564	
9	PERROT	Alix	6,4	9,6	14,9	18,1	17,2	13,24	14,6	
10	MICHALON	Camille	12,5	11,5	16	13	15,5	13,7	14,18	
11	LOISEL	Bastien	14	13,5	11,2	12,5	11,5	12,54	12,164	

- Procédez de la même façon pour appliquer la même règle à la plage A27:I31.

8 - METTEZ EN PAGE ET IMPRIMEZ

- Passez en aperçu avant impression, actionnez le lien <u>Mise en page</u>. Sous l'onglet *Page*, activez `<⊙ Paysage>` et `<⊙ Ajuster>`, validez par [OK].
- Vous pouvez imprimer. Ensuite, enregistrez et fermez le classeur.

9 - EFFACEZ LA MISE EN FORME CONDITIONNELLE

Il faut sélectionner les cellules pour lesquelles vous voulez effacer toute mise en forme conditionnelle et effacer les règles de mise en forme conditionnelle.

- Réouvrez votre classeur `Cas10-R`.
- Sélectionnez la plage de cellule A2:I24 puis, sous l'onglet **Accueil**>groupe **Style**, actionnez le bouton **Mise en forme conditionnelle**. Dans la galerie des règles, actionnez *Effacer les règles...* puis l'option *Effacer les règles des cellules sélectionnées*.

	Nom	Prénom	Philosophie	Histoire Géographie	Mathématiques	Physique Chimie	Anglais	Moyenne	Moyenne pondérée
3	LESIEUR	André	10,4	13,8	17,9	15,6	17,3	15	15,972
4	PERRUCIO	Thérèse	11,2	15,6	11,5	12,4	13,3	12,8	12,708
5	ROMERO	François	8,4	14,4	11,8	13,3	14,2	12,42	12,784
6	TRIBOULET	Marie	8,5	9,8	17,2	15,3	10,5	12,26	13,524
7	VILLON	Arnaud	13	13,5	11,5	9,4	14	12,28	11,936
8	SCHNEIDER	Bernard	7,5	11,3	14,3	13,5	11,7	11,66	12,564

- Faites de même pour supprimer la mise en forme conditionnelle des cellules A27:I31.

Dans le menu, il vous est possible d'*Effacer les règles de la feuille entière* d'un seul coup.

10 - UTILISEZ UN STYLE DE TABLEAU POUR SURLIGNER UNE LIGNE SUR DEUX

Voilà une astuce pour surligner rapidement une ligne sur deux d'une plage de données. La transformer en tableau avec mise en forme prédéfinie, puis reconvertir le tableau en plage.

- Sélectionnez la plage A2:I24 puis, sous l'onglet **Accueil**<groupe **Style**, actionnez le bouton **Mettre sous forme de tableau**. Dans la galerie, actionnez une vignette dont la mise en forme vous convient, dans notre cas la deuxième vignette de la troisième rangée, puis validez par [OK] le tableau à mettre en forme.
- Actionnez une cellule du tableau, et convertissez le tableau en plage normale : sous l'onglet **Outil de tableau/Création**>groupe **Outils**, actionnez le bouton **Convertir en plage**, validez par [OK].

La plage conserve la mise en forme du tableau.

	Nom	Prénom	Philosophie	Histoire Géographie	Mathématiques	Physique Chimie	Anglais	Moyenne	Moyenne pondérée
1	Classe Terminale S								
3	LESIEUR	André	10,4	13,8	17,9	15,6	17,3	15	15,972
4	PERRUCIO	Thérèse	11,2	15,6	11,5	12,4	13,3	12,8	12,708
5	ROMERO	François	8,4	14,4	11,8	13,3	14,2	12,42	12,784
6	TRIBOULET	Marie	8,5	9,8	17,2	15,3	10,5	12,26	13,524
7	VILLON	Arnaud	13	13,5	11,5	9,4	14	12,28	11,936
8	SCHNEIDER	Bernard	7,5	11,3	14,3	13,5	11,7	11,66	12,564

- Faites de même pour surligner une ligne sur deux dans la plage A27:I31 : sélectionnez cette plage et appliquez-lui une mise en forme de tableau.

Lorsque vous appliquez une mise en forme de tableau sans ligne d'en-tête, Excel insère au-dessus de la plage une ligne contenant les libellés *colonne1, colonne2*, etc. Il faudra supprimer cette ligne, lorsque vous aurez reconverti le tableau en plage de données.

27	Pondération	2	4	8	6	5
28	Moyenne	10,00	12,43	13,15	12,91	13,08
29	Note la Plus Basse	6,40	7,50	9,50	8,00	8,50
30	Note la plus haute	14,00	16,50	18,00	18,10	17,30
31	Nb d'élèves ayant 10 ou plus	12	18	20	20	20
32	Nb d'élève ayant moins de 8	5	1	0	0	0

- Visualisez l'aperçu avant impression, puis fermez le classeur en enregistrant les modifications.

CAS 11 : SUIVI DES IMPAYÉS

INSÉRER DES LIGNES DE FACTURE

	A	B	C	D	E
1	Date du jour				
2	Date_Fact	No_Fact	Client	Montant_HT	Date_Regl
3	27/12/2013	1475	SIGA	516,00	07/01/2014
4	23/12/2013	1474	BIBLIMEDIA	738,00	
5	16/12/2013	1473	MARINOS	10,00	

	A	B	C	D	E
1	Date du jour				
2	Date_Fact	No_Fact	Client	Montant_HT	Date_Regl
3	14/01/2014	1478	BIBLIMEDIA	321,00	
4	11/01/2014	1477	CHORUS	1 037,00	
5	07/01/2014	1476	IBFOR	414,00	
6	27/12/2013	1475	SIGA	516,00	07/01/2014
7	23/12/2013	1474	BIBLIMEDIA	738,00	

AJOUT DES FORMULES DE CALCUL

	A	B	C	D	E	F	G	H
1	Date du jour							
2	Date_Fact	No_Fact	Client	Montant_HT	Date_Regl	TVA	Montant_TTC	Date_Ech
3	41653	1478	BIBLIMEDIA	321		=D3*19,6%	=D3+F3	=FIN.MOIS(A3;1)
4	41650	1477	CHORUS	1037		=D4*19,6%	=D4+F4	=FIN.MOIS(A4;1)
5	41646	1476	IBFOR	414		=D5*19,6%	=D5+F5	=FIN.MOIS(A5;1)
6	41635	1475	SIGA	516	41646	=D6*19,6%	=D6+F6	=A6+30
7	41631	1474	BIBLIMEDIA	738		=D7*19,6%	=D7+F7	=A7+30
8	41624	1473	MARINOS	10		=D8*19,6%	=D8+F8	=A8+30
9	41623	1472	SOPROGIX	116		=D9*19,6%	=D9+F9	=A9+30

RÉSULTAT DES FORMULES DE CALCUL

	A	B	C	D	E	F	G	H
1	Date du jour							
2	Date_Fact	No_Fact	Client	Montant_HT	Date_Regl	TVA	Montant_TTC	Date_Ech
3	14/01/2014	1478	BIBLIMEDIA	321,00		62,92	383,92	28/02/2014
4	11/01/2014	1477	CHORUS	1 037,00		203,25	1 240,25	28/02/2014
5	07/01/2014	1476	IBFOR	414,00		81,14	495,14	28/02/2014
6	27/12/2013	1475	SIGA	516,00	07/01/2014	101,14	617,14	26/01/2014
7	23/12/2013	1474	BIBLIMEDIA	738,00		144,65	882,65	22/01/2014
8	16/12/2013	1473	MARINOS	10,00		1,96	11,96	15/01/2014
9	15/12/2013	1472	SOPROGIX	116,00		22,74	138,74	14/01/2014

MISE EN ÉVIDENCE AUTOMATIQUE DES FACTURES EN RETARD DE PAIEMENT

	A	B	C	D	E	F	G	H
1	Date du jour	14/01/2014						
2	Date_Fact	No_Fact	Client	Montant_HT	Date_Regl	TVA	Montant_TTC	Date_Ech
3	14/01/2014	1478	BIBLIMEDIA	321,00		62,92	383,92	28/02/2014
4	11/01/2014	1477	CHORUS	1 037,00		203,25	1 240,25	28/02/2014
5	07/01/2014	1476	IBFOR	414,00		81,14	495,14	28/02/2014
6	27/12/2013	1475	SIGA	516,00	07/01/2014	101,14	617,14	26/01/2014
7	23/12/2013	1474	BIBLIMEDIA	738,00		144,65	882,65	22/01/2014
8	16/12/2013	1473	MARINOS	10,00		1,96	11,96	15/01/2014
9	15/12/2013	1472	SOPROGIX	116,00		22,74	138,74	14/01/2014
10	12/12/2013	1471	ZINFO	52,00		10,19	62,19	11/01/2014
11	12/12/2013	1470	ACCOREM	30,00		5,88	35,88	11/01/2014
12	09/12/2013	1469	AVERTEGO	55,00		10,78	65,78	08/01/2014
13	07/12/2013	1468	SYSALPES	111,00	05/01/2014	21,76	132,76	06/01/2014
14	05/12/2013	1467	IBFOR	397,00		77,81	474,81	04/01/2014
15	04/12/2013	1466	CHORUS	1 274,00	05/01/2014	249,70	1 523,70	03/01/2014
16	02/12/2013	1465	DOMEYA	2 868,00		562,13	3 430,13	01/01/2014
17	30/11/2013	1464	ACCOREM	324,00		63,50	387,50	30/12/2013
18	22/11/2013	1463	AVERTEGO	110,00	14/01/2014	21,56	131,56	22/12/2013
19	19/11/2013	1462	INFOTIC	188,00		36,85	224,85	19/12/2013
20	19/11/2013	1461	CHORUS	3 770,00	04/01/2014	738,92	4 508,92	19/12/2013
21	13/11/2013	1460	IBFOR	1 909,00	07/01/2014	374,16	2 283,16	13/12/2013
22	07/11/2013	1459	BIBLIMEDIA	875,00		171,50	1 046,50	07/12/2013
23	25/10/2013	1458	MARINOS	16,00	15/12/2013	3,14	19,14	24/11/2013
24	22/10/2013	1457	CREDITIS	210,00	07/12/2013	41,16	251,16	21/11/2013
25	20/10/2013	1456	MONDIALFOR	29,00		5,68	34,68	19/11/2013
26	17/10/2013	1455	ATFOR	100,00	10/01/2014	19,60	119,60	16/11/2013

Fonctions utilisées

– Formules simples	– Recopie de formules
– Calculs sur date	– Bordures de cellules
– Fonctions date	– Mise en forme conditionnelle

20 mn

Vous tenez un tableau de suivi des factures émises et de leurs règlements. Chaque ligne porte la date de facture, vous utilisez une formule pour en déduire par calcul la date d'échéance et vous utilisez un format conditionnel pour que la ligne de suivi soit mise en évidence automatiquement lorsqu'une facture n'a pas été réglée alors que son échéance est dépassée.

Les données chiffrées se trouvent dans le classeur `Cas11.xlsx`, présent dans le dossier `C:\Exercices Excel 2013`. Ouvrez ce fichier classeur et enregistrez-le sous le nom `Cas11-R`.

1 - CRÉEZ LE TABLEAU

Vous avez saisi dans la Feuil1 du classeur les informations de suivi des factures émises avec leur date de règlement. Les nouvelles factures que vous ajoutez sont insérées dans le haut du tableau.

■ Insérez les nouvelles factures : actionnez l'en-tête de la ligne 3 pour la sélectionner, puis actionnez le bouton **Insérer** (onglet **Accueil**>groupe **Cellules**) pour insérer une ligne, et saisissez les données de la facture n° 1476. Recommencez pour les factures n°1477 et 1478.

La saisie d'une date, par exemple `7/01/2014` formate automatiquement la cellule au format *Date*, la saisie de nombre laisse le format de cellule au format par défaut *Standard*.

Lorsque vous saisissez les premières lettres d'un client, Excel détecte le nom du client déjà existant dans la colonne remplie et vous le propose.

	A	B	C	D	E
1	Date du jour				
2	Date_Fact	No_Fact	Client	Montant_HT	Date_Regl
3	27/12/2013	1475	SIGA	516,00	07/01/2014
4	23/12/2013	1474	BIBLIMEDIA	738,00	
5	16/12/2013	1473	MARINOS	10,00	
6	15/12/2013	1472	SOPROGIX	116,00	
7	12/12/2013	1471	ZINFO	52,00	
8	12/12/2013	1470	ACCOREM	30,00	
9	09/12/2013	1469	AVERTEGO	55,00	
10	07/12/2013	1468	SYSALPES	111,00	
11	05/12/2013	1467	IBFOR	397,00	
12	04/12/2013	1466	CHORUS	1 274,00	
13	02/12/2013	1465	DOMEYA	2 868,00	
14	30/11/2013	1464	ACCOREM	324,00	
15	22/11/2013	1463	AVERTEGO	110,00	14/01/2014
16	19/11/2013	1462	INFOTIC	188,00	
17	19/11/2013	1461	CHORUS	3 770,00	04/01/2014
18	13/11/2013	1460	IBFOR	1 909,00	07/01/2014

	A	B	C	D	E
1	Date du jour				
2	Date_Fact	No_Fact	Client	Montant_HT	Date_Regl
3	14/01/2014	1478	BIBLIMEDIA	321,00	
4	11/01/2014	1477	CHORUS	1 037,00	
5	07/01/2014	1476	IBFOR	414,00	
6	27/12/2013	1475	SIGA	516,00	07/01/2014
7	23/12/2013	1474	BIBLIMEDIA	738,00	
8	16/12/2013	1473	MARINOS	10,00	
9	15/12/2013	1472	SOPROGIX	116,00	
10	12/12/2013	1471	ZINFO	52,00	
11	12/12/2013	1470	ACCOREM	30,00	
12	09/12/2013	1469	AVERTEGO	55,00	
13	07/12/2013	1468	SYSALPES	111,00	
14	05/12/2013	1467	IBFOR	397,00	
15	04/12/2013	1466	CHORUS	1 274,00	
16	02/12/2013	1465	DOMEYA	2 868,00	
17	30/11/2013	1464	ACCOREM	324,00	
18	22/11/2013	1463	AVERTEGO	110,00	14/01/2014

■ Formatez les cellules D3:D5 contenant des montants monétaires, appliquez un format *Comptabilité* sans symbole monétaire : actionnez le bouton **Séparateur de milliers**.

■ Complétez les étiquettes de colonnes à droite.

	A	B	C	D	E	F	G	H
2	Date_Fact	No_Fact	Client	Montant_HT	Date_Regl	TVA	Montant_TTC	Date_Ech

■ Puis saisissez les formules :
- Dans la cellule F3, entrez la formule de calcul de TVA : `=D3*19,6%`.
- Dans la cellule G3, entrez la formule de calcul du montant TTC : `=D3+F3`.
- Dans la cellule H3, entrez la formule de calcul de l'échéance à 30 jours : `= A3+30`.

CAS 11 : SUIVI DES IMPAYÉS

- Recopiez les formules F3:H3 au-dessous sur la plage F4:G81 (jusqu'au bas des données).

La date de la colonne H est calculée à partir de la date de la colonne A. Dans la colonne E, vous entrez la date règlement, la cellule reste vide tant que la facture n'a pas été réglée.

	A	B	C	D	E	F	G	H
1	Date du jour							
2	Date_Fact	No_Fact	Client	Montant_HT	Date_Regl	TVA	Montant_TTC	Date_Ech
3	14/01/2014	1478	BIBLIMEDIA	321,00		62,92	383,92	13/02/2014
4	11/01/2014	1477	CHORUS	1 037,00		203,25	1 240,25	10/02/2014
5	07/01/2014	1476	BFOR	414,00		81,14	495,14	06/02/2014
6	27/12/2013	1475	SIGA	516,00	07/01/2014	101,14	617,14	26/01/2014
7	23/12/2013	1474	BIBLIMEDIA	738,00		144,65	882,65	22/01/2014
8	16/12/2013	1473	MARINOS	10,00		1,96	11,96	15/01/2014
9	15/12/2013	1472	SOPROGIX	116,00		22,74	138,74	14/01/2014
10	12/12/2013	1471	ZINFO	52,00		10,19	62,19	11/01/2014
11	12/12/2013	1470	ACCOREM	30,00		5,88	35,88	11/01/2014

2 - CALCULEZ LES DATES D'ÉCHÉANCE À 30 JOURS FIN DE MOIS

Le délai de règlement des factures était de 30 jours en 2013, donc la date d'échéance se calculait par la formule : `=Dat_Fact+60` .

À partir de 2014, l'échéance passe à 30 jours fin de mois date de facture. La formule est plus complexe, on calculera l'échéance en utilisant la fonction `FIN.MOIS(date;n)` qui renvoie la date du dernier jour du énième mois suivant de la date.

`FIN.MOIS(date(2014;01;11);1)=28/2/13,`

`FIN.MOIS(date(2013;12;21);1)=31/01/14.`

- Saisissez la nouvelle formule de calcul de l'échéance à partir de 2014, sur la ligne 5 (première facture datée de 2014). Dans la cellule H5, saisissez `=FIN.MOIS(A5;1)`.
- Recopiez cette formule vers le haut dans les cellules H5:H3.

3 - METTEZ EN FORME LE TABLEAU

	A	B	C	D	E	F	G	H
1	Date du jour							
2	Date_Fact	No_Fact	Client	Montant_HT	Date_Regl	TVA	Montant_TTC	Date_Ech
3	14/01/2014	1478	BIBLIMEDIA	321,00		62,92	383,92	28/02/2014
4	11/01/2014	1477	CHORUS	1 037,00		203,25	1 240,25	28/02/2014
5	07/01/2014	1476	BFOR	414,00		81,14	495,14	28/02/2014
6	27/12/2013	1475	SIGA	516,00	07/01/2014	101,14	617,14	26/01/2014
7	23/12/2013	1474	BIBLIMEDIA	738,00		144,65	882,65	22/01/2014
8	16/12/2013	1473	MARINOS	10,00		1,96	11,96	15/01/2014
9	15/12/2013	1472	SOPROGIX	116,00		22,74	138,74	14/01/2014
10	12/12/2013	1471	ZINFO	52,00		10,19	62,19	11/01/2014
75	11/03/2013	1406	LIBRETIS	928,00	15/04/2013	181,89	1 109,89	10/04/2013
76	11/03/2013	1405	INFOTIC	174,00	27/04/2013	34,10	208,10	10/04/2013
77	28/02/2013	1404	BIBLIMEDIA	1 979,00	15/04/2013	387,88	2 366,88	30/03/2013
78	28/02/2013	1403	CHORUS	480,00	21/04/2013	94,08	574,08	30/03/2013
79	28/02/2013	1402	CHORUS	219,00	23/04/2013	42,92	261,92	30/03/2013
80	28/02/2013	1401	CHORUS	1 562,00		306,15	1 868,15	30/03/2013
81	28/02/2013	1400	INFOTIC	115,00	21/04/2013	22,54	137,54	30/03/2013
82								

- Sélectionnez les cellules d'étiquettes des colonnes A2:H2, centrez les cellules et mettez en gras. Actionnez la **flèche** du bouton **Bordures**, puis l'option *Toutes les bordures*.
- Agrandissez les largeurs de colonnes en faisant glisser le séparateur droit de l'en-tête de colonne. Largeurs : colonne C `17,00` ; colonnes D, F et G `13,00` ; colonnes A, E, H `14,00`.
- Sélectionnez la plage de données dans son ensemble : pour cela, actionnez une cellule de la plage puis utilisez le raccourci clavier `Ctrl`+A (tactile : utilisez le clavier virtuel). Actionnez ensuite la **flèche** du bouton **Bordures** puis l'option *Autres bordures*, et dans la vignette actionnez les trois bordures verticales.

4 - METTEZ EN ÉVIDENCE LES LIGNES DE FACTURES À RELANCER

Nous voulons que les lignes des factures impayées au-delà de leur échéance apparaissent automatiquement sur fond jaune, avec des caractères gras en rouge. Pour savoir si l'échéance est dépassée, il faut comparer la date d'échéance avec la date du jour (date système de l'ordinateur). Entrez la fonction date du jour dans la cellule A2, `=AUJOURDHUI()`.

Avec les données de notre exemple qui sont les factures de l'année 2013 et début 2014, la date du jour prise comme exemple sera 14/01/14. Pour cet exercice, saisissez donc `14/01/14` dans la cellule A2.

Pour la facture n°1471 sur la ligne 10, la condition pour déterminer si la facture est impayée et a dépassé son échéance est `=ET($H10<$B$1;ESTVIDE($E10);NON(ESTVIDE($H10)))`.

- Sélectionnez les cellules A10:G10 puis, sous l'onglet **Accueil**>groupe **Style**, actionnez le bouton **Mise en forme conditionnelle**, puis l'option *Règles de mise en surbrillance des cellules*, puis *Autres règles...*

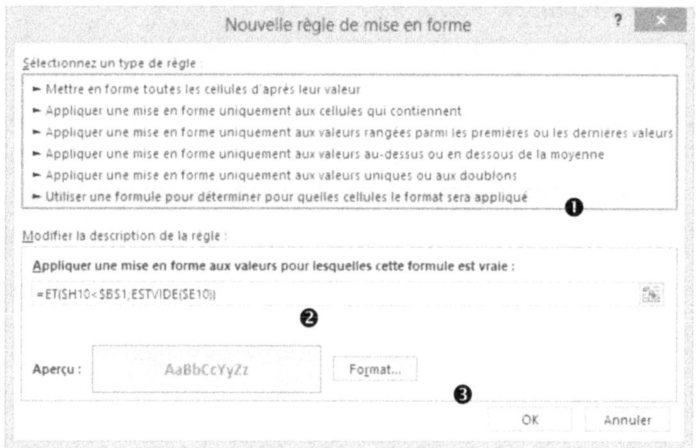

- Sélectionnez le type de règle ❶ *Utiliser une formule pour déterminer pour quelles cellules le format sera appliqué*, puis saisissez la formule :
  `=ET($G10<$B$1;ESTVIDE($E10);NON(ESTVIDE($H10)))` ❷, actionnez le bouton [Format] ❸ et choisissez la couleur de remplissage : *Jaune*, la couleur de police : *Rouge*, et l'attribut *Gras*, validez le format par [OK], puis validez la règle par [OK].

La ligne de la facture n° 1471 s'affiche en caractères rouges sur fond jaune. La règle a été définie sur la plage de cellules A10:G10, vous pouvez modifier la règle afin qu'elle s'applique à toutes les lignes de la plage A3:G81.

- Sous l'onglet **Accueil**>groupe **Style**, actionnez le bouton **Mise en forme conditionnelle**, puis l'option *Gérer les règles...* Dans la zone ❶, sélectionnez *Cette feuille de calcul*.

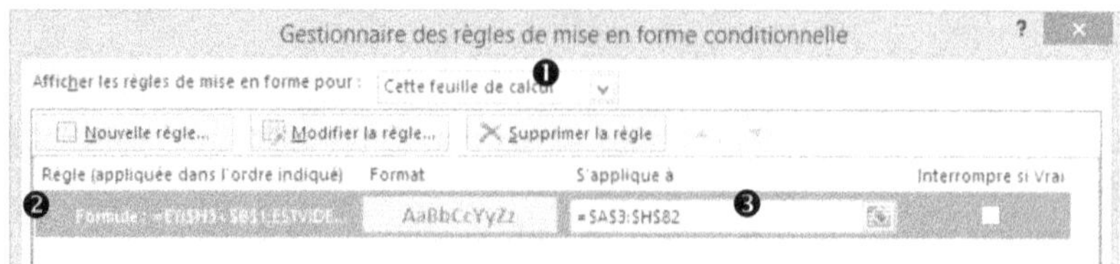

- Sélectionnez la règle définie ❷, modifiez le champ d'application : dans la zone ❸ <S'applique à>, modifiez la plage `=$A$3:$G$81`, puis actionnez [Appliquer].

Notez qu'il était important de définir la formule avec une référence relative à la ligne 10, afin que cette référence s'ajuste lorsque le champ d'application est étendu à toutes les lignes.

	A	B	C	D	E	F	G	H
1	Date du jour	14/01/2014						
2	Date_Fact	No_Fact	Client	Montant_HT	Date_Regl	TVA	Montant_TTC	Date_Ech
3	14/01/2014	1478	BIBLIMEDIA	321,00		62,92	383,92	28/02/2014
4	11/01/2014	1477	CHORUS	1 037,00		203,25	1 240,25	28/02/2014
5	07/01/2014	1476	IBFOR	414,00		81,14	495,14	28/02/2014
6	27/12/2013	1475	SIGA	516,00	07/01/2014	101,14	617,14	26/01/2014
7	23/12/2013	1474	BIBLIMEDIA	738,00		144,65	882,65	22/01/2014
8	16/12/2013	1473	MARINOS	10,00		1,96	11,96	15/01/2014
9	15/12/2013	1472	SOPROGIX	116,00		22,74	138,74	14/01/2014
10	12/12/2013	1471	ZINFO	52,00		10,19	62,19	11/01/2014
11	12/12/2013	1470	ACCOREM	30,00		5,88	35,88	11/01/2014
12	09/12/2013	1469	AVERTEGO	55,00		10,78	65,78	08/01/2014
13	07/12/2013	1468	SYSALPES	111,00	05/01/2014	21,76	132,76	06/01/2014
14	05/12/2013	1467	IBFOR	397,00		77,81	474,81	04/01/2014
15	04/12/2013	1466	CHORUS	1 274,00	05/01/2014	249,70	1 523,70	03/01/2014
16	02/12/2013	1465	DOMEYA	2 868,00		562,13	3 430,13	01/01/2014
17	30/11/2013	1464	ACCOREM	324,00		63,50	387,50	30/12/2013
18	22/11/2013	1463	AVERTEGO	110,00	14/01/2014	21,56	131,56	22/12/2013
19	19/11/2013	1462	INFOTIC	188,00		36,85	224,85	19/12/2013
20	19/11/2013	1461	CHORUS	3 770,00	04/01/2014	738,92	4 508,92	19/12/2013
21	13/11/2013	1460	IBFOR	1 909,00	07/01/2014	374,16	2 283,16	13/12/2013

Observez que la facture d'échéance du 14/01/2014 et les suivantes qui n'ont pas été réglées, ne sont pas surlignées car leur date d'échance n'est pas dépassée.

5 - FILTREZ SUR LA COULEUR

Vous pouvez filtrer les lignes de cette table de données selon différents critères tels que la couleur.

- Actionnez une cellule des étiquettes de la 2ᵉ ligne puis, sous l'onglet **Données**>groupe **Trier et filtrer**, actionnez le bouton **Filtrer**.
- Actionnez une des flèches apparues à côté d'une des étiquettes, puis l'option *Filtrer par couleur*, une galerie des couleurs présentes dans la colonne s'affiche, actionnez la couleur de cellule jaune.

Seules les lignes de factures sur fond jaune restent visibles, vous pouvez imprimer cette liste.

	A	B	C	D	E	F	G	H
1	Date du jour	14/01/2014						
2	Date_Fact	No_Fact	Client	Montant_HT	Date_Regl	TVA	Montant_TTC	Date_Ech
10	12/12/2013	1471	ZINFO	52,00		10,19	62,19	11/01/2014
11	12/12/2013	1470	ACCOREM	30,00		5,88	35,88	11/01/2014
12	09/12/2013	1469	AVERTEGO	55,00		10,78	65,78	08/01/2014
14	05/12/2013	1467	IBFOR	397,00		77,81	474,81	04/01/2014
16	02/12/2013	1465	DOMEYA	2 868,00		562,13	3 430,13	01/01/2014
17	30/11/2013	1464	ACCOREM	324,00		63,50	387,50	30/12/2013
19	19/11/2013	1462	INFOTIC	188,00		36,85	224,85	19/12/2013
22	07/11/2013	1459	BIBLIMEDIA	875,00		171,50	1 046,50	07/12/2013
25	20/10/2013	1456	MONDIALFOR	29,00		5,68	34,68	19/11/2013
27	15/10/2013	1454	EIT SARL	393,00		77,03	470,03	14/11/2013
35	30/09/2013	1446	ZINFO	168,00		32,93	200,93	30/10/2013
38	30/09/2013	1443	BIBLIMEDIA	1 577,00		309,09	1 886,09	30/10/2013
64	30/04/2013	1417	IBFOR	324,00		63,50	387,50	30/05/2013
66	28/04/2013	1415	LMS	34,00		6,66	40,66	28/05/2013
80	28/02/2013	1401	CHORUS	1 562,00		306,15	1 868,15	30/03/2013

- Sélectionnez les lignes que vous voulez imprimer, A1:H71, puis actionnez l'onglet **Fichier** puis **Imprimer**. Dans le panneau central, actionnez le bouton immédiatement sous Paramètres, et sélectionnez *Imprimer la sélection*.
- Dans le panneau central des commandes, actionnez le lien <u>Mise en page</u>, puis sous l'onglet *Page* activez <⊙ Ajuster> pour avoir toute la largeur des lignes sur une seule page. Puis, si l'aperçu vous convient, actionnez l'icône *Imprimer*.
- Actionnez le bouton **Filtrer**, pour enlever le filtre.
- Enregistrez le classeur puis fermez-le.

6 - INSÉREZ DE NOUVELLES FACTURES

Lorsque vous insérez une nouvelle facture au-dessus de la ligne 3, vous choisirez d'appliquer la mise en forme des cellules du dessous en actionnant la balise qui apparaît à droite des cellules insérées, sinon elles prendraient la mise en forme des étiquettes.

De plus lorsque vous insérez des cellules au-dessus de la ligne 3, les formules de calcul de la *TVA*, du *Montant_TTC* et de la *Date_Ech* ne sont pas reprises dans les cellules. Une fonctionnalité d'Excel permet cela, il faut transformer la plage de cellules en tableau de données.

- Sélectionnez la plage A2 :H81 puis sous l'onglet **Accueil**>groupe **Styles**, actionnez le bouton **Mettre sous forme de tableau**. Dans la galerie des styles de tableau, actionnez par exemple la deuxième vignette de la deuxième rangée, validez la sélection et ses en-têtes par [OK].

	A	B	C	D	E	F	G	H
2	Date_Fact	No_Fact	Client	Montant_H	Date_Regl	TVA	Montant_TT	Date_Ech
3	14/01/2014	1478	BIBLIMEDIA	321,00		62,92	383,92	28/02/2014
4	11/01/2014	1477	CHORUS	1 037,00		203,25	1 240,25	28/02/2014
5	07/01/2014	1476	IBFOR	414,00		81,14	495,14	28/02/2014
6	27/12/2013	1475	SIGA	516,00	07/01/2014	101,14	617,14	26/01/2014
7	23/12/2013	1474	BIBLIMEDIA	738,00		144,65	882,65	22/01/2014
8	16/12/2013	1473	MARINOS	10,00		1,96	11,96	15/01/2014
9	15/12/2013	1472	SOPROGIX	116,00		22,74	138,74	14/01/2014
10	12/12/2013	1471	ZINFO	52,00		10,19	62,19	11/01/2014
11	12/12/2013	1470	ACCOREM	30,00		5,88	35,88	11/01/2014
12	09/12/2013	1469	AVERTEGO	55,00		10,78	65,78	08/01/2014
13	07/12/2013	1468	SYSALPES	111,00	05/01/2014	21,76	132,76	06/01/2014
14	05/12/2013	1467	IBFOR	397,00		77,81	474,81	04/01/2014
15	04/12/2013	1466	CHORUS	1 274,00	05/01/2014	249,70	1 523,70	03/01/2014
16	02/12/2013	1465	DOMEYA	2 868,00		562,13	3 430,13	01/01/2014
17	30/11/2013	1464	ACCOREM	324,00		63,50	387,50	30/12/2013
18	22/11/2013	1463	AVERTEGO	110,00	14/01/2014	21,56	131,56	22/12/2013

- Sélectionnez une cellule de la dernière facture déjà saisie dans le tableau (ligne 3), puis sous l'onglet **Accueil**>groupe **Cellules**, actionnez la **flèche** du bouton **Insérer**, puis l'option *Insérer les lignes de tableau au-dessus*.

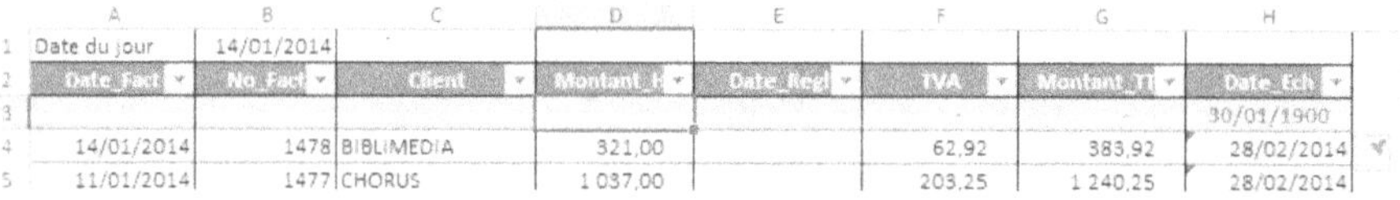

	A	B	C	D	E	F	G	H
1	Date du jour	14/01/2014						
2	Date_Fact	No_Fact	Client	Montant_H	Date_Regl	TVA	Montant_TT	Date_Ech
3								30/01/1900
4	14/01/2014	1478	BIBLIMEDIA	321,00		62,92	383,92	28/02/2014
5	11/01/2014	1477	CHORUS	1 037,00		203,25	1 240,25	28/02/2014

Les formules ont été automatiquement intégrées dans les nouvelles cellules. La mise en forme conditionnelle s'est appliquée sur les nouvelles cellules insérées. Il reste donc seulement à saisir les informations.

Index

A